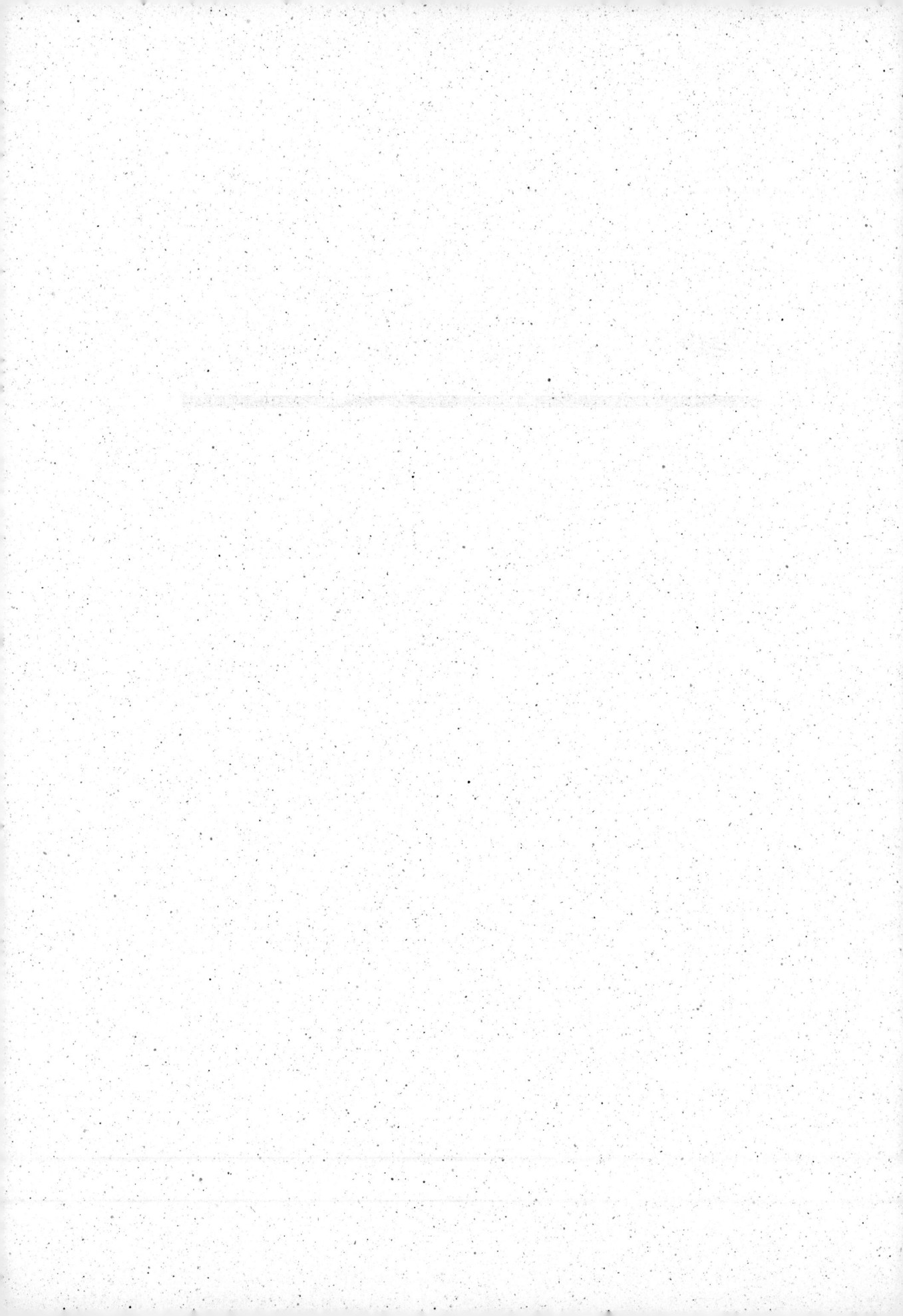

廖辅叔全集

第四卷·文学译作卷

（上册）

中央音乐学院《廖辅叔全集》编委会◎编

中央音乐学院出版社

图书在版编目（CIP）数据

廖辅叔全集. 第四卷，文学译作卷：共 2 册／中央
音乐学院《廖辅叔全集》编委会编 . —北京：中央音乐
学院出版社，2017. 12

ISBN 978 - 7 - 81096 - 854 - 6

I. ①廖… Ⅱ. ①中… Ⅲ. ①廖辅叔 - 全集 ②世界文
学 - 作品综合集 Ⅳ. ①C52 ②I11

中国版本图书馆 CIP 数据核字（2017）第 302275 号

责任编辑：肖　琳　欧阳韫

廖辅叔全集（第四卷·文学译作卷）　　　　　《廖辅叔全集》编委会编

出版发行：中央音乐学院出版社
经　　销：新华书店
开　　本：787×1092 毫米　16 开　印张：50.25　字数：897 千字
印　　刷：北京京都六环印刷厂
版　　次：2018 年 2 月第 1 版　　2018 年 2 月第 1 次印刷
印　　数：1—600 套
书　　号：ISBN 978 - 7 - 81096 - 854 - 6
定　　价：1280.00 元（五卷八册）

中央音乐学院出版社　北京市西城区鲍家街 43 号　　邮编：100031
发行部：(010) 66418248　　　　66415711（传真）

第四卷编辑说明

一、本卷是廖辅叔的文学译作卷。译著包括：世界文学名著——小说《饭桶生涯的片段》、长篇童话《小彼得云游记》、从德文译出获波兰国家奖金的小说《煤》。三部戏剧分别为以法国大革命为背景的《博马舍》、被恩格斯称赞为"第一部德国有政治倾向的戏剧"《阴谋和爱情》、德国现实主义的代表作《玛利亚·玛格达莲》。以及"短篇与诗歌"：包括自 1942—1984 年以来所写的 12 篇短篇和 49 首诗歌。

二、长篇童话《小彼得云游记》初版为上下册，本卷并为一册。

三、《阴谋和爱情》于 1955 年为纪念世界文化名人席勒逝世 150 周年而译，被誉为信、达、雅的典范，多次再版，并搬上中国话剧舞台。

四、本卷所辑以首刊稿、初版本为据校勘整理，参照部分手稿校录。编校以保持作者著述本来面貌为依据，严守存真慎校的准则，对文稿中明显的笔误、衍文、漏字、标点加以订正，繁体字、异体字按现行规定书写。

五、对标有原文的人名、地名、曲名译法与当今译法不同的均加了注释，因时代原因，译文中有的字、词、语言表达方式与今大不相同，因找不到原文无法核对均保持原貌。

六、论文《普希金的遗产》目前只找到下，上有待进一步查访，特此说明。

七、短篇的末篇和诗歌为遗稿，外文的人名、地名按新译法规定书写。诗歌按作者西文姓氏字母排列，中文标名和姓，作者的简介与附注由译者提供。

目 录

（上 册）

饭桶生涯的片段

〔德〕约瑟夫·埃贤朵夫著

版本：商务印书馆，1934年

世界文學名著

飯桶生涯的片段

埃賢朵夫 著
廖輔叔 譯

AUS DEM LEBEN
EINES TAUGENICHTS

By

JOSEPH FREIHERR VON
EICHENDORFF

Translated by
LIAW FUU SHU

题 记

这本书《饭桶生涯的片段》原名《一个全不中用的人的生平的片段》（*Aus dem Leben eines Taugenichts*）。这个书名不独太长，而且 Taugenichts 译作"全不中用的人"也嫌太噜苏，所以结果译作"饭桶"。我知道有些读者或许会说它太俗，但是我自己译前，译时以至译后都经过一番思索，却终于找不到比饭桶更得体的名称，所以只得题作《饭桶生涯的片段》。

原作者埃贤朵夫是德意志浪漫派的一个代表诗人，现在把他的生平简短地记在下面：

约瑟夫·埃贤朵夫男爵（Joseph Freiherr von Eichendorff），1788 年 3 月 10 日生于上许列济恩的卢波维茨封地（Lubowitz in Oberschlesien），1801 年进勃列斯劳（Breslau）的天主教文科中学，1805 年到哈莱（Halle）研究法学，1806 年在家中过冬，明年到海代尔堡（Heidelberg）继续研究。在那里他发表了他初期的诗作。他交接的人物如亚宁（A. von Arnim，1781—1831）、勃连泰诺（C. Brentano，1778—1842）、哥列司（J. Goerros，1776—1848）、克雷赤尔（Creuzer，1771—1859）及罗厄本（O. von Loeben）等，都是浪漫派的诗人，他对于浪漫派的工作就在这个时候定局。1808 年他游巴黎，回家时他取了一段"罗曼忒克"的行程，他溯梅恩河直上到维尔慈堡，巴姆堡和女仑堡，再从女仑堡经过列根斯堡沿多瑙河到维也纳，然后折回许列济恩故乡。

1813 年 2 月他投入义勇军参加解放战争，1815 年他也到过滑铁卢，但是碰巧都不曾打过大仗。1816 年在勃列斯劳任司法见习生，1819 年任职柏林教育部，1821 年任丹七希（Danzig）政务委员，1824 年调任到大王堡（Koenigsberg），1831 年再到柏林，结交诗人沙密苏（A. von Chamisso，1781—1838），音乐家门迭尔斯尊（F. Mendelssohn，1809—1847）等。他的漫游诗歌多由门迭尔斯尊谱曲，为音乐界的珍品。1841 年特任宗教事务部机要委员。1844 年因寺院问题与该部部长埃希荷恩（Eichhorn）意见不合而辞职。自是或居丹七希，或居维也纳，或居柏林，或居美莲（Maehren），自置别业。至 1855 年迁居奈塞（Neisse），至 1857 年 11 月 26 日逝世。

埃贤朵夫虽然一生写作不倦，他写作的范围兼及于戏剧、小说、抒情诗和叙事诗。但是他作品的主要性质却是抒情的，它的内容也多是童年的，学生时代的，漫游时代的回忆，以及地上的乐园的追求。这部《饭桶生涯的片段》是他的代表作品。

我译这本书，经过的时间是意外的长久。这原因，正如周作人先生所说，不是由于难，而是由于妙，敷衍又不是我的本倾，如果还有"讨好"的希望，多吃一点力是不妨事的。我虽然不敢引 L. van Beethoven 写 Missa Solemnis 的故事来遮羞，但是我自信我不曾草率过。

Frau E. Valesby 对我翻译的工作给我种种宝贵的帮助，谨在这里对她表示诚恳的谢意。萧友梅先生善意的鼓励也给我培加不少的兴趣和勇气。

上海，1934 年 2 月 15 日

一

我父亲的水磨的轮子又转得十分有趣了，雪水从屋檐上频频溜下来，小麻雀也吱吱喳喳，互相追逐。我坐在门槛上把我的睡意从眼上揩去，在那暖烘烘的太阳光里面我真是舒服极了。我父亲从大清早便在磨坊里忙这件，忙那件，那顶睡帽斜戴在他的头上，他现在从屋里出来，对我说："你这饭桶！你又在这里晒太阳，伸腰骨伸得懒洋洋的，一切的事情都让我一个人去做。我再不能够在这里养你。春天已经来到门外了，你也到世界上去自己挣面包吃罢！"——"哦"，我说，"假如我是一个饭桶，那好，就让我自己到外面去创造我的幸福罢！"老实说，这是很合我的意的，因为就在不久以前，我自己也曾经想到，出去游历一番。因为当着秋天和冬天常常有金丝雀在我们的窗前凄苦地唱着："农夫啊，雇用我罢，农夫啊，雇用我罢！"现在当着这美丽的春天我又听到它在树上神气十足地唱着"农夫啊，保守着你的工作罢"了。——我于是走进屋里，从墙上拿下我那具我已经奏得够巧妙的小提琴，我的父亲还给我一些钱做路上的零用。就是这样我大摇大摆，经过这长远的乡村出外去。当我向着那广阔的自由的世界一路走着，看见左右都是我旧日的相识或是同伴上工去掘地或是犁田的时候，我心里实在有一种说不出的欢喜。我向那些可怜的人们，得意地而且满足地叫着再会，但是他们却大都不很理会。在我心境上，这真像是一个永远的安息日，到我后来走到空旷的田野上的时候，我取出我那可爱的提琴，一面走路、一面奏、一面唱：

> 上帝要向谁特别垂恩，
> 便教他认识这宇宙。
> 他让人认识他的神力，
> 有山川林木与田畴。
>
> 那些在家躲懒的人们，
> 不领略朝露的可爱。
> 他只晓得小孩的摇篮，
> 还有是家计与愁怀。

溪水在山间潺潺地流，
云雀也在高声欢唱。
为甚我不共他们一块
开怀唱得声音嘹亮！

一切任上帝自作安排，
他有心保持这天地，
清溪、云雀、山林与田畴，
也好心照顾我的事。

在我周围看望的当中，有一辆装潢华丽的车子驶近我的身边。那辆车子在我后面恐怕已经行了好些的时候，只因为我满心都是美妙的声音，自己没有觉察到。看它走得非常慢，两位高尚的太太从车窗里探出头来，留神地听着我。内中有一个比别一个更加美丽而且年纪也较轻，但是老实说，她们两个都中我的意。当我停住不唱的时候，那个年纪大一点的便教车子停了，柔和地对我说："嗳，快活的朋友，你唱歌唱得真好！"我不敢怠慢，对她说："为侍候你慈惠的太太，我还有比这更美丽的。"接着她再问我："你这样大清早要到那里去？"被这一问，我不觉难为情起来，因为我实在连自己都不晓得。只得硬着头皮说道："到维也纳去。"她们两个在那里说着一种我听不懂的外国话，那个年轻的摇了几次头，别一个只是吃吃地发笑，结果是向我叫道："跳上车子后面来罢，我们也是到维也纳去的。"谁还比我更快乐！我尽了我的礼貌，一脚便跳上车子后面去。车夫打起马鞭，我们在这光灿灿的路上飞快地驶去，风在我的帽上吹哨。

乡村，花园和礼拜堂都一一转到我后面去了，在我前面的是新的乡村，宫殿和山岭；在我脚下飞动着颜色斑斓的禾苗，嫩树和青草，在我的头上是无数的云雀在晴朗的青空里面。——我不敢大声叫出来，但是我在心里却实在是尽情欢呼。而且在踏板上手舞足蹈，连那具挟在我胁下的小提琴都掉出来了。但是当那太阳渐渐升高，在地平线的周围涌起浓重的，中午的白云来的时候，在空中和那广阔的地面上都是那么空旷和沉闷，在那轻偃的麦穗上面也是很平静的。我因此重新想起我的乡村，我的父亲和我们的磨坊。在那盖着阴影的鱼池边该是多么清凉啊，可是现在都是远远地离开在我的后面了。我心中生出一种奇怪的感觉，好像我要回去的样子，我把我的提琴放在我的外套和马甲的中间，怀着满腔心事坐在踏板上面而且睡着了。

到我打开双眼，那辆车子已经停在菩提树下，树后面是一条阔的阶梯，两旁围柱直通着一座辉煌的宫殿。从树的侧面望去便可以看见维也纳的塔楼。那些太太们好像早就下了车的样子，那些马也已经解下了鞍辔。我看见自己一个人坐在那里，不觉大吃一惊，只得飞步跑进宫殿里面去，从上面的窗里我听见吃吃的笑声。

在这宫殿里我的遭遇非常神妙，最先，当我在那个阔大的凉爽的前厅里面东张西望的时候，有人用手杖敲我的肩膀，我急忙转身一看，原来那里站着一个高大的先生，他穿着礼服，一条用金和丝做成的肩带一直垂到腰部，手里是一根上头镀银的官杖，此外面上还有一个非常长的钩曲的选帝侯式的鼻子。它阔大而且雄伟到活像是一只斗气的火鸡。他问我，我想在这里干什么。我被这一吓，吓得我话都说不出来。那时有几个仆役从阶梯一上一下地跑着，他们不说一句话，只把我从头到脚看一遍。后来有一个宫女（我后来听说是这样）一直来到我的面前，说：我是一个惹人怜爱的少年，那位慈祥的太太特地使她问我，我肯不肯在这里做园丁？——我抓抓我的马甲，我的那一点钱，——天晓得，它们一定是当我在车上狂跳乱舞的时候飞了出来了。——已经不见了，除了提琴的演奏之外我再没有别的什么东西了，而那位手提官杖的先生在我面前走过的时候，便已经对我声明，他不为弹琴布施一文钱。因此我慌张地对那个宫女说：好。那眼睛却还是从侧面瞟着那神秘的躯体，那躯体老是像一只塔楼大钟的钟摆一般来回转动，现在又庄严地而且凛凛地从后面上来了。临末那个花园管理人终于来到，从胡须里爆出流氓和地痞一类的说话，并且领我到花园里去。半路上还给我说了一大篇的教训：只要我淡泊和勤勉，不到各处浪荡，不做各种没出息的和没有用处的事情，那么我也会渐渐地有出头的一日。——此外还有很多极美妙的，编制得极好的，有用的教训，可惜我从那时起便通通忘记掉了。老实说，我压根儿就不明白，为什么一切事情会这样发生，我对一切事都说个"是"字。——因为我活像是一只被水淋湿了翅膀的鸟子——这样一来，我总算是，多谢上帝，面包有了着落了。

在花园里的生活过得非常安适，我每天得到热的，丰盛的食物，并且买酒之外还有多余的钱，只可惜我要做的事情略为多了一点。至于那些寺院，凉亭以及那美丽的青绿的走道都很使我喜欢。我只愿我能够安闲地在那里周围散步，并且像那些不时来到的先生们和太太们一样好好地谈闲天。每当那个花园管理人一走开，只剩落我一个人的时候，我便即刻抽出我那支短小的烟斗，坐下来，想出一些优美的，高雅的辞句，预备跟那位带我到这宫殿里来的太太谈心。啊，怎么我不是一个贵客，可以陪她到各处散步呢？有时当这沉闷的下午我也常常仰天躺下，一切都非常静寂，只听见蜜蜂嗡嗡的声音，并且望着在我上头的白云向我的乡村飞过，草和花来回的摇荡，并且思念着那位太太，叮是碰巧常常有这种事情发生，那位美丽的贵人提着一具六弦琴或是一本书的确是从远处走过花园，这么静穆，伟大而且和善，活像是一幅天使的图画。使我简直不能够确切明白，我究竟是做梦还是醒着。

有一次当我要去上工，经过一所消闲别馆的时候，我自己一路哼着：

> 我每到一处张望，
> 在田间、林间、溪谷间，
> 从山头直望到天上，
> 总见有不少的太太，美丽慈祥，
> 我问候你千万遍。

我从那凉暗的别馆里面在半开的窗帘和花的中间，看见两只美丽的、年轻的、鲜艳的眼睛闪耀着。我吃这一惊，歌儿也唱不出来了，只是走，头也不转一下，走去上工。

晚上，那天刚好是星期六，我正站在花园屋里的窗面前带着小提琴充满了安息日到来的先期的欢喜，并且想着那闪光的眼睛。忽然闻那个宫女穿过暮霭走近我的面前："那位美丽的，慈惠的太太教我把这东西送给你，祝你饮后健康。还有是一声晚安！"接着便把一瓶酒快快放在窗槛上面，同时便又在花与绿丛中间消失了，像一条蜥蜴一样。

可是我却还是久久的痴对着这个神妙的酒瓶，不知对我发生了什么事情。——我本来先前就得意地拉过我的提琴，现在我才更尽情弹唱，并且把那首关于那个美丽的女郎的歌完全唱出来，只要我晓得的歌，我都给它完全唱一个痛快，直到外面的夜莺完全惊醒，月亮和星星都已经多时挂在花园的上头。哈，这实在是完好的，美丽的一夜！

谁都不能当着唱摇篮歌的时候，决定他的将来，一只盲鸡有时也会找到一粒谷，谁最后笑，笑得最好，意外的事常会发生，凡人思虑，上帝统驭。当我第二天再衔着烟斗坐在花园里面的时候，我这样胡思乱想，我同时把我自己留心细看一下，真不免要把我当作一个道地的流氓，——我现在一反平时的习惯，天天依时起床，不用等花园管理人和别的工人来把我推动。在花园外面实在是美丽得很，那些花，那些喷泉，那些玫瑰丛以至全个花园都映着爽朗的朝阳，像是无数的黄金和宝石。在那林荫路上面一切都还是这么静寂，凉爽，而且肃穆，像是在一座礼拜堂里面。只有鸟雀们在那里飞翔，或在沙地上啄嘴。正在那位美人儿居住的宫殿的前面，窗户的下面，长着一簇开花的矮树丛。那个地方我每天清早必到，弯身躲在树枝的后面，好让我去看望这些窗户。因为公然停在空地上我实在没有这胆量。在那里我总是看见那位天下无双的美人还是暖烘烘的，而且在半睡眠状态中穿着雪白的衣裳。走到这打开的窗前，有时她梳理她那深色的金丝发，同时把那灵活的眼睛望着花丛和花园，有时弯身编织那在她窗前开放的花枝，有时也在她那雪白的臂膊上面抱着她的六弦琴，同时向花园唱得这么神妙，使我有时想起，那些歌儿的每一首都不免翻乱了凄凉的心肠。——啊，这一切都是很久很久的事情了。

这样约莫过了一个星期，但是有一次，她又正在站在窗前，周围的一切都很静寂，忽然有一只扫兴的苍蝇飞进我的鼻孔，我忍不住要打起喷嚏来，而且一开始便再也不愿停止，她向窗外望出来，看见我绝顶寒伧的站在丛林后面窃听。——于是我感到极大的惭愧，一连有好几天都没有再去。

最后我鼓起勇气再干，但是窗门这一次已经关上了。我在那矮树下面坐了四五六个早晨，窗前却再也没有她的踪影。后来我觉得这样干实在太无聊，于是放大胆量，每天早上居然自由地沿着宫殿在所有的窗户下面兜圈子，但是那位可爱的美人却永远看不见。在一处不远的地方我常常看见别的一位太太站在窗前，这样清楚我还未曾把她看过，她的确是嫣红，肥胖并且是够光彩，而架子十足，好像是一朵大的芙蓉花。我总是对她行一个深深的敬礼，并且，我只有这样说，她每次都向我道谢，点头并且眨眼，表示出非常有礼。——仅仅有一次我相信我看见，那位美丽的也站在她的窗帘后面，偷偷地望出来。——

日子一天一天的过去，我却总看她不见。她不再来花园里，她也不再在窗前出现。那个花园管理人骂我做懒骨头，我有冤无处告诉，我自己的鼻尖都妨碍我了，当我想远望那个上帝的自由的世界的时候。

有一个安息日我躺在花园里，凝望着从我自己的烟斗里烧出来的青烟，不由我不生气，我竟不能找到别的什么工作，因此也总不能够为一个空闲的星期一得意。别的徒弟们恐怕是装扮得好好的，到城厢附近的跳舞场去了，那里一切都像潮水一般带着安息日的装饰在暖烘烘的空气里面光亮和房屋和扳机风琴中间来来去去的涌着。我呢，却像鹭停在冷落的鱼池的芦苇里面一样枯坐在花园里面，并且在那系在那里的划船上面自己左摇右摆，正当那晚钟从城里向这花园敲过来，那些水上的天鹅在我的附近慢慢地游来游去，我真是苦闷得要命。——

在这当儿我从远处听见各色各样的人声，愉快的杂谈和笑谑越来越近，到后来经过绿丛掩映着红色的和白色的衣裳，帽子和羽毛，一霎时便来了一队晴朗的，漂亮的年轻的先生们和太太们，从宫殿那边经过阜地向我一直走来，我的那两位太太也在内。我站起来，正想走开，那位老成一点的美丽的太太已经望着我："哈，好像是听着叫唤来的！"她张开笑口向我说："请把我们渡过池塘的对面去罢！"那些太太们于是一个一个跟着小心而且谨慎地踏到船上来，那些先生们从旁帮忙，在水上稍为显显他们的胆量。太太们在边凳上坐定之后，我便把船从岸上撑开，那些先生们中间那个坐在最前面的暗暗颠簸起来，那些太太们因此不免惊慌地看左看右，有一些简直叫了出来。那个美丽的太太手里拿着一枝百合花，正坐在小船的边沿，她用她的百合花轻蘸水面，同时含着静默的微笑望着那清澈的波浪，因为这样她的全身肖像在水里反映着的云和树的中间可以再看一次，活像是一个通过蔚蓝的天界轻盈地过去的天使。

我正在这样凝望着她，我那两位太太当中那位凑趣的，肥胖的忽然想起，要我在摆渡的当中给她唱一只歌。在她旁边坐着的那个鼻架眼镜的，温柔的，年轻的先生和善地吻吻她的手，说："我多谢你这有意思的提议，一首民歌，从自然的田间和林间的民众口里唱出来的，是一朵在高山的草原上面开花的蔷薇——神奇的号角（指亚宁与勃连泰诺两人印行的那部民歌集），不过是干压的植物标本罢了。——它是民族的灵魂的灵魂。"但是我说，我不晓得要怎样的东西才配在老爷太太面前唱。那个俏皮的宫女，她提着一个装满酒杯和酒瓶的篮子，正站在我的身边，我却一点都没有觉察到，她说："你不是会唱那首关于一位绝世的美人的很美妙的歌儿吗？"——"是的，是的，你尽管放胆唱去好了"，那位太太接着又这样说。我的脸一阵阵红起来。——同时那位美人也忽然从水边望上来，看着我，那简直透过了我的骨髓和灵魂，我不再多想振起精神，放怀欢唱：

　　我每到一处张望，
　　田间、林间、溪谷间，
　　从山头直到草原上，
　　总见有不少的太太，美丽、堂皇，
　　我问候你千万遍。

　　我看见我的花园，
　　花开得十分美丽，

我用它织成花冠，
同时织上我的心绪万端，
更有我的问候在一起。

可是我不敢献给她，
她是太高贵而韵秀，
它得尽行枯萎，
仅有我的爱是无可比拟
永藏在我的心头。

我虽然一样笑呵呵，
并不曾消沉下去，
也不管我心残破，
只是提着锄头唱着歌
早早挖掘我的坟墓。

　　我们到了岸边，老爷太太们都上岸去了。那许多少年公子，我是看得清楚的，当我唱歌的时候，做出一种狡猾的神色对那些太太们细声嘲弄我。那位戴眼镜的先生临走的时候，牵住我的手向我说了一些话，说些什么我自己都记不起来了。我那年纪大一些的太太很和蔼地看了我一眼。那位美人当我唱着的时候，从头到尾都是垂下她的眼睛，现在一声不响就走开了。——我呢，当我还在唱歌的时候，我的双眼已经噙着汪汪的眼泪，我的心简直要为从这只歌所受到的耻辱和痛苦爆裂开来，现在我猛然醒悟，她是那么美丽，我是那么贫穷，并且受人的嘲弄和废弃。——待到他们通通在丛林后面消失了，我再也不能制止自己，我倒在草地上尽情痛哭。

二

　　正在我主子的花园外面有一条大路，这两处是只用一道高墙隔开的，那里建筑有一所怪干净的铺着红瓦面的税务处。在那税务处后面有一个小巧的，周围圈有篱笆的花园，穿过那宫殿围墙的空隙便来到这最阴的，而且最僻静的地方。那时那个税务官刚刚死掉，他本来是住在那里的。有一天清早，我还睡得很熟，那个书记从宫殿里到我这里来，叫我即刻到大老爷那里去，我急忙穿好衣服，跟着那个善于凑趣的书记后面走。他在路上或从这里或从那里折下花来插在自己外套的襟头。有时又用手杖在空中飞舞，并且向我空讲了各种各样的东西，只可惜我一点都不曾听懂，因为我的眼睛和耳朵都是给睡眠塞得满满的。到我踏进了办公厅，那里还不能算是白天，那个长官坐在一个大墨水缸与纸堆和书堆的后面，戴着一个有威仪的假发，像一个出巢的猫头鹰一样，看看我，开口问道："你叫什么名字？你是从那里来的？你会写字，读书和算数吗？"我答道是。他又说道："呐，那位慈惠的主人检查过你平日良好的行为和特殊的劳绩，因此决定把这个税务官的缺由你递补。"——我在迅速的一俄顷回想一下自己平日的工作和行为，老实说，结果就我自己只也有承认，那位长官一点不错——这样一转眼间，我便真的做了税务官了。

于是我即刻搬进新房子，并且不一会就安排妥当了。我在那里还找到好些东西，是那个故税务官给他的继任人遗留下的。那里有一件黄点的，红色的，漂亮的睡袍，绿色的拖鞋，一顶睡帽，还有一些长烟管，这些东西都是当我还在家里看见那个宣教师舒服地来来往往的时候就曾经想要得到的东西。我整天（实在并没有什么事情可办）都是坐在屋面前的长凳上面，穿着睡袍，戴着睡帽，用那支从故税务官那里得来的最长的烟管抽着烟，静看那些在大路上来来往往的走着的，驾着车的或是骑着马的人们，我心里不歇一个愿望，总有一天，那些平日总是说，我这个人终生都不会有一点出息的，我的同乡从我的面前走过，看看我现在这一副神气。——那件睡袍很配合我的面貌，那一切东西压根儿对于我都非常合式。我这样坐在那里，想三想四，如开头总是艰难的，那种比较高尚点的生活是怪舒服的，一类的话，并且暗地里打定了一个主意，一切游历的事都不要理会，就是钱也要像别人一样积蓄一点，那么经过相当的时间之后，一定可以在这世界上做得成一点大事业，当然，在这决断，顾虑和工作当中不曾忘记那位天下无双的美人。

在那小花园里面本来种着马铃薯和蔬菜，我统统把它们拔出来丢到外面去，然后在那里把全园都种上美丽的花。那个翘着选帝侯式的鼻子的宫殿司阍，自从我住在这里之后，他不时到这里来，而且做了很要好的朋友了，他对于这件事深沉地侧眼看我，把我当作一个被意外的运气弄得发疯的人。但是我不管，在离我不远那个贵族花园里面我常常听得到一种优美的声音，虽然隔着密层层的矮树我看不见一个人，但是我辨别得出那是我那个美丽的太太的声音。我于是每天从我所有的花里面拣出那最美丽的编成一束，一到晚上，便趁昏暗的时候跨过墙头，把它放在凉亭中间的一张石桌子上面；当我第二晚去送新的花束的时候，那束旧的已经不在桌子上面了。

　　有一天晚上那些贵人都打马出猎去了，那时候太阳刚刚西沉，全世界都盖上了光辉和灿烂，多瑙河从远处曲折转来，华丽得像是金和火溶成的一片，从所有的山头直到乡村里面都响着，"收葡萄"的歌唱和欢呼。我和那个司阍一同坐在屋外的长凳上面，在那温暖的空气里我觉得非常快活，看那有趣的白天在我们面前慢慢地昏暗下去，消沉下去，忽然间我们听到了那些打猎归来的号角的声音，它们从对望的山上每隔一间隔便响答一次，我真是从心里快乐起，我跳起来，着了魔一般高兴地叫道："唔，对于我那实在是一种职业。那高贵的打猎！"那个司阍却静静地在那里敲他烟管里的灰。说道："你以为是这样罢了。我也曾经一齐干过。一个人因此所获得的，只勉强够补偿他因此踏坏了的鞋跟；并且永远湿着双脚，因此咳嗽伤风便连绵不断。"——我莫名其妙，一种疯癫的愤怒使我周身尽情发抖。我忽然觉得那个家伙，和他的闷气的外套，永远的脚，他的鼻烟，那只大鼻子以及一切都惹起我的憎厌。——我忘其所以，抓住他的胸部，说道："司阍，滚回你家里去，或者让我马上痛打一顿！"在这一段话当中，那个司阍的旧见解重行得势，我是疯了。他深沉地而且怀着秘密的恐惧望着我，一言不发，从我的身上挣脱，便大踏步跑回宫殿里去。走的时候还不歇阴凄凄地回头望着我，他透不过气地说出来，我真是疯了。

　　但是结果我却大声笑起来，我实在满心欢喜，那个不识趣的伙伴走开了，因为这正是我惯把花束放在凉亭里面的时候，我一听到在相当距离外的马蹄声，我便赶忙跳过围墙，正向石桌走去。可是逃走我已经来不及，因为我那个美丽的慈惠的太太已经自己来到了。她穿着狩猎的衣裳，帽上装着软溜溜的羽毛，慢慢地而且，照她那时的情形看来，像是怀着一种深沉的心事从林荫路上跨马跑下来。我那时的心情差不多和我从前从我父亲的旧书里面读到那个美丽的麦哲伦尼的时候没有两样，看她在这越响越近的号角声和变幻的夕阳里面从树下走过来的时候。——我呆立着动也不会动。至于她呢，一看见我吃惊也很不小，她几乎把马勒住了，我已经怕到像喝醉了一样，心头卜卜地跳，同时又说不出的大欢喜，因为我觉察到，她襟头挂着的当真是我昨天送来的花球。我于是再不迟疑，迷乱地说道："最美丽的慈惠的太太，请你再从我手上接受这一束花以及所有我园里的花以及我所有的一切罢！啊，就为你跳进火里去我也决不推辞！"——最先她严厉到几乎生气地望着我，我的恐惧攒透了我的骨髓，后来当我说话的整段时间，她都是低垂双眼。在丛林中刚一听见一阵马蹄声和人声，她便忙从我手上把那束花一手抢去，一言不发，赶快从蛾眉径的另一边隐去了。

　　从那晚起我便坐不安，睡不宁，跟平时每逢春天来到的时候一样，我的心总是莫名其妙的不安和高兴，好像有什么大得意或是别的什么非常的事情就要来到的样子。那讨厌的账目又偏偏不能够顺利地做去。每当那太阳穿我窗前的栗树，闪着绿金色落在计数表上，从"上存"到"总结"一上一下地频频计算的时候，我心中总有种种奇异的思想，因此每每把我弄得头昏脑胀，实在算不到三款便又乱了。对着那个 8 字正如看见那个肥胖的束腰的太太戴着宽广的首饰，那个讨厌的 7 却像是一个永远指向后面的指路牌或是绞首架，——最使我觉得有趣的还是一个 9，当我还未定神看时，它常常是有趣地像是一个倒头立着的 6，至于那个 2 像一个问号一样，狡猾地看望的时候，好像是想问我：你将来还要变成怎样，你可怜的零？没有它们，那苗条的 1 和别的一切，你便永远是一无所有！

　　在门外闲坐也不能使我感到适意了，为求更加舒服起见，我带张长凳到外面去，把那双脚架在上面，把上一任的税务官的一把旧太阳伞修补好了，并且把它撑起来盖在我的头上像是一座中国式的凉亭，隔开太阳的烘热，但是这一切都没有用处。当我望在那里吸着烟，胡思乱想的时候，我的腿好像是沉闷得要渐渐地拉长的样子，我凝神向鼻子望下去，它便好像是闲到长起来。——有一次还在破晓之前有一辆特别邮车驶过。我半醒半睡踱出门外，去享受点清凉的空气，那时候有一个娇小的脸庞从车里面好奇地探出来，向我亲切地说声早安，但是在朦胧中你只能见到那亮晶晶的眼睛，可是在乡村已经到处是雄鸡新鲜的啼声漾过那轻轻簸荡的稻田，在高空的朝阳光线中也已经飞翔着醒得太早的云雀，那个邮车马夫提起他的号角，一路驶去，一路吹，吹，吹！——我在那里站了一会，凝神望着那辆车子，那时候我心中只是想着，马上一道出去，远远的，远远的去。——

　　我的花束本来还是每当太阳西下的时候便放在那阴暗的凉亭里面的桌子上面的，但是事情就是这样糟：自从那晚之后便一切都完了，——再也没有人理会它。每天一早我赶过去看动静，那些花总还是照昨天的原样放在那里，那些憔悴的头低垂着和着滴在上面的露珠望着我，像是啜泣的样子，——这教我非常懊丧。我不再扎花束了，我任那些野草在我的园里随意滋长，那些花我也任它自开自落，直到风吹叶脱。我心中总是那么荒芜，混杂而且烦乱。

　　在这跷蹊的期间发生了一件事情。有一次我正凭在窗内，没精打采地对着空虚凝望，那个宫女从宫殿穿过街道向我这边安详地走来，她一看见我便越走得快，她来到窗前站定。——"那位主人昨天旅行回来了"，她紧张地说，——"这样吗？"我愕然回答。——因为我这几个星期以来，不论什么都给它一个不理，就连他去旅行的事都不晓得了——"那么他的女儿，那个年轻的太太也将得到极大的快乐了罢。"那个宫女出奇地把我从头到脚看一遍，把我自己弄得回头详细检点，看我有没有说了什么傻话。——"你也的确是什么都不晓得。"她终于说话了，同时抽抽她的鼻子。"现在"，她继续说，"今天晚上为表示对于主人的尊敬，特别发起一个跳舞会，并有假面跳舞，我的女主人要化装做一个女园丁，——你也得听清楚，——做女园丁，我的女主人看见在你的花园里有特别美丽的花。"那就够古怪了，我自己想，现在这里已经差不多被野草遮到看不见花了。——但是她继续说道："那位女主人需要美丽的花去装饰她的衣服，要最新鲜的，刚从花坛上摘下来的。这件事你应该做。最好在今天晚上天黑之后，把花带到宫殿园内那棵大梨树底下等候，那时她自然会来把那些花拿去。"

我得到这个消息，不觉又快乐，又诧异，狂喜之余，我从窗口向那个宫女跳出去。——

"呸！这丑恶的睡袍！"她一看见我这服装出现，她便叫出来。这使我生气，我也不愿意被这种装饰缠夹着，我于是做了一些巧妙的手脚，打算把她抓住，把她亲吻。但是事不凑巧，我的那件睡袍本来是不免太长，那时候竟把我的双脚绊紧了，我因此一笔直跌在地上，待到我重新爬得起来，那个宫女已经去远，我还听得她在远处捧腹大笑。

现在我可有些东西给我思量，给我快活了。原来她还在思念我和我的花，我跑进我的小花园里面去，从花坛上把所有的野草用力拔出，向闪烁的空中高高地抛出去，好像我在把我的一切晦气和忧愁，都从此连根拔掉的样子。玫瑰花又好比她的口，天青色的旋花是她的眼睛，雪白的百合垂着沉忧的头正跟她是一个样。我把它们小心地放在花篮里面。那时正是一个沉静的美丽的黄昏，天上没有一点微云，那些孤单的星星已经升上天空，从远处有多瑙河从田野上涌过来的溅溅的水声，在我旁边的那大花园里面的大树上面有无数的鸟雀快活地，错综地唱着。啊，我是这么幸福！

夜色终于来到了，我挽起我的花篮，向那个大花园走过去，篮里的一切是那么绚烂，那么娇媚的搅做一团，白的、红的、蓝的，而且是香喷喷的。只要我看进去，我便要心花怒放。

我充满了快乐的思想，映着皎洁的月色走过那寂静的，纯粹用沙铺好的花径，行过那洁白的小桥，小桥底下有些天鹅在水面睡着，我再从那里走过那秀致的凉亭和小休亭，那棵大梨树一下子便给我找到了，那棵树是我从前做园丁的时候，当沉闷的下午在下面睡觉的。

这里是暗得这么沉寂，只有那高的白杨在摇曳，那些银色的树叶不歇在絮语。从宫殿里有时有跳舞的乐音传过来。在花园里也不时听到有人声来近我的身边，但是一下子又完全沉寂下去。

我心跳，我生出一种危惧的奇异的感觉，好像我是在想偷窃人家的什么东西。我木鸡一般靠树站了一会，同时向各方面留心倾听。因为总不见有人来，我再也受不住了，我挽起我的花篮，快快攀上那棵梨树，让我自在地从新透透气。

在这上面那舞乐才真正清楚地向我传过来。我一眼望过全园，我的视线正对着宫殿的灯烛辉煌的窗户。那冠形烛架像是星圈一样慢慢地闪动，无数盛服的先生和太太像是影画一样，翻涌着，滚动着，混淆着夹在一块，光彩陆离，使人分别不出。有时他们又靠在窗前，向花园里望下去。在宫殿的外面，那些草坪，矮树和大树受到画堂里面散射出来的光辉如像镀了金一样，于是乎那些花朵和鸟雀们好像都要醒来的样子。至于在我的周围和后面那花园却是那么黑暗和静寂。

现在她在跳舞了。我一个人这样想着，她一定早就把你和你的花丢在脑后了。一切都是那么愉快，谁还高兴理会你。——这样的事情我是随时随地都要碰到的。在地上每一个人都有他占有的地方，有他温暖的火炉，他的一杯咖啡，他的女人，他晚上的一杯酒，因此总是怪写意的；就是那个司阍也老是舒服地被他的皮囊缠裹着。——只有我没有一处地方是合式的，好像我来到的时候总是太迟。这整个的世界简直就像是没有我的份！——

我正在这样玄妙地深思，忽然听见下面在草坪上有些声音移过来。两种微细的声音切近地而且轻轻地对语。不一会那丛矮树向两边分开，那个宫女探出头来四处张望。月亮正照着她那正在张望的狡猾的眼睛。我屏绝声息，目不转睛望下去。这样经过也并不长久，那个女园丁像那个宫女对我叙述的情形一样，当真从大树里面走出来，我的心跳得就要崩裂了。那时我觉察到，她并不怎样苗条而且娇小，——后来她终于行到树的附近，并且把那个面具扯下。——她的确是另外那一个年纪大些的太太。

在我惊魂略定之后，我是多么高兴啊，我能够稳当地躲在这上面。在这个时候，我这样想，偏偏只有她到这里来，假如那个可爱的漂亮的太太来拿花——那该会是一件好事罢！我对于这全套的把戏简直要气到哭出来！

那个化装的女园丁说话了："在上面的大堂里真是热得闷人，我要在这空旷的，美丽的自然里面凉一下。"她说着，同时不歇用那个面具扇她自已，并且呼呼透气。

在月光底下我看得她颈上的青筋都涨起来，她的样子是十分生气，脸上是墙砖般红。那个宫女那时正在到处找寻，似乎她是丢掉一支别针。——

"我现在还急等着要鲜花来帮助我的化装。"那个女园丁重新说，"他究竟会躲到那里去呢？"——那个宫女一面找寻，一面不歇在吃吃地暗笑。——"你说什么，罗塞蒂？"女园丁厉声问。——"我说的就是我平常说过的话。"宫女说时，装出一个十分正经而且恳切的脸色，"那整个的税务官，就是一个而且也永远是一个坏蛋，他一定是躺在一丛矮树的后面睡觉。"

我那时恨不能即刻跳下来，挽救我的名誉。——忽然间听见一阵大鼓声，乐声，嘈声从宫殿里过来。

现在那个女园丁再不停留，"他们要在那里祝贺主人了"，她懊恼地动身，说，"来罢，他们会当我们是失踪了！"——于是她赶忙戴上面具，愤愤地和那个宫女走去，那些大大小小的树木像是用长的鼻子和手指在她的后面奇异地指着。月亮还是灵敏地像是在钢琴键盘上面跟着她阔大的腰身来去跳动，她就像我在戏园里看见过的女歌人一样在喇叭和鼓声中赶着回去了。

我在树上一时却的确糊涂起来，我究竟要怎样办法呢？我把我的眼光移注在宫殿里面，那里有一圈高烧的御风灯从下面大门口的阶砌上射出一道稀罕的光辉，从窗上远照到花园里面。那时那些侍役正好给他们的少主人奏出一首夜曲。在他们中间站着那个装扮得风头十足的司阍，像是一个部长站在乐谱架前面，整顿全神，同时却手忙气急地去吹奏一支法葛（一种低音吹乐器）。

正当我坐定一个合式的位置，打算凝神倾听那美丽的夜曲的时候，忽然在宫殿的露台上面打开了那一双翼门，一位高贵的漂亮的穿着华美的军服的公子，闪着很多的宝星，到露台上面来，手里挽着——那个美丽的少年太太。她穿着雪白的衣裳，像是一朵夜色里的百合，或是说是好比那个月亮在清朗的天空移转。

我一眼也不能够从那个地方移往别处，花园、树木、田地都在我眼前消失了，看她映着神奇的光辉苗条地站在高处，有时娴雅地跟那个漂亮的军官谈天，有时又亲切地向下面的乐手点头，后来我也不能自已地不歇出力跟着高呼万岁。——

可是不一会她便从露台上消失了，下面的灯烛一一熄灭，乐谱架也完全搬走了之后，花园里又重新阴沉起来，像刚才一样只有轻微的啸响，——那时我才觉察到——我忽然心里明白，约我送花的实在是那个伯母，那个美丽的压根儿就没有想到我，而且早就结过婚了，只有我自己是一个大大的傻子。

这一切把我沉到思虑的深渊里面去，我蜷缩起来像一只刺猬在我自己的思想的针刺里面：从宫殿里还偶然有一些舞乐的声音，孤零地从那昏暗的花园里飘过。就是这样我坐在树上，好比一只猫头鹰，在我幸福的废墟里面度过一夜。

清凉的晓风把我从梦幻里唤醒过来。我这一惊吃得很不小，当我猛然向我周围看望一下的时候，音乐和跳舞早就没有了，在宫殿里面以及宫殿的周围草坪上，石阶上，石柱上都是那么静寂，清凉而且庄严。只有那大门外的喷水池独自在那里激射。我身边那些鸟雀已经在枝上醒来，震动它们斑斓的羽毛，张开那小翅膀，好奇地而且诧异地望着那个稀奇的睡眼同伴。那愉快地散射着的朝阳照过花园直到我的胸前。

那时我从树上醒来，在久违之后重新好好地向田野间望过去，从那里已经可以看见有孤舟在多瑙河上在夹岸的葡萄山中间向下游驶去。那些还是空空的大道像桥一样，在那闪烁的地面向山谷上面跨过去。

我自己莫名其妙——但是我旧日的游兴又重新骤然发生出来：所有旧日的伤感快乐和远大期望。同时我更想起那个美人现在正在宫殿上，鲜花中间，锦缎被下面睡着，有一个安琪儿当这静穆的清晨在床上靠着她坐着。——不，我叫了出来，我定要离开这里去，去，远去，只要天色还是蔚蓝的地方，我便要到去！

于是我提起我的花篮，向空中高高一掷，看起来才有趣啊！那些花在树枝中间和草坪上面零落地，缤纷地落下，接着我自己也从树上快快爬下，穿过那所静寂的花园向我的住所走去。在有些地方，我还不时停留一下子，那些地方是我平时偶然看见过她，或者是在阴影里躺着思念过她的。

在我的房子内面一切都还是我昨天出门时的情景。那个小花园已经是残破而且荒芜，房里面还放着那本摊开的大账簿，我的提琴，简直完全忘却了的提琴，挂在墙上被尘灰罩着，但是朝阳的光线却从对面的窗户里正亮晶晶地射在它的琴弦上面。这在我心里可发出一下神奇的音响。是的，我说，到这里来罢，你忠实的乐器！我们的国土是不在这个世界里面的！——

我于是从墙上取下我的提琴，让那些账簿、睡袍、拖鞋、烟管以及太阳伞通通丢在那里，我还是同初来的时候一样两袖清风走出我的住所，马上踏上那条灿烂的大路。

我还不歇回头看望，我的心情很是奇特，这么忧愁同时却又是非常的愉快，好比一只鸟儿从牢笼里面逃出。当我已经走了一大段路的时候，我在旷野中取出我的提琴，随奏随唱：

一切任上帝自作安排，

他有心保持这天地，

清溪、云雀、山林与田畴，

也好心照顾我的事！

宫殿，花园，以及维也纳的塔楼已经在我背后的晓风中消隐了。在我头上有无数的云雀在天空的高处尽情欢唱，这样，我在青山的中间走路，经过趣致的小城和乡村，一直朝南向意大利走去。

三

现在可糟透了！原来我刚才一点都不曾想到，我实在不认识那条正确的道路。在这样寂静的清早四周一个可以问路的人都看不见，而且离我不远那条大路就要另外分做好几条大路，那些路一直延长下去，远远地越过高山，好像它们要一直伸出到这个世界的外面。因此只要我定眼一看，我便要不住头昏脑胀。

后来终于有一个农夫一路走来。我相信，他是到礼拜堂里去的，因为今天刚好是礼拜日。他披着一件古装的外套，和着大粒的银钮子，提着一根镶着纹银的拙重的头顶的长的西班牙式手杖。那颗杖头远远便映着日光映得辉煌灿烂，我恭敬地向他问道："你可以费神告诉我，那一条是到意大利去的路吗？"——那个农夫站定了，先望望我，然后贴起他那向前伸出的下唇在思索，然后又望着我。我于是再说一遍："到意大利去，那个生长香橼的地方。"——"咳，他的香橼干我什么事！"那个农夫说着便大踏步走了过去。我本来对于这个人的品行有较高的信任，因为他的样子是够堂皇的。

现在怎么办呢？转身回乡下去吗？那些人一定用手指指着我，那些少年在我的周围跳来跳去；"嗳，千万欢迎世界的归客！世界上是怎么样子的？你有没有给我们从世界里带来香椒饼？"——那个翘着选帝侯式的鼻子的司阍是有极丰富的世界史的知识的，他常常对我说："高贵的税务老爷！意大利是一个美丽的国度，上帝是把一切都照顾到的，一个人可以躺着晒太阳，葡萄自然会生到嘴里来，当毒蜘蛛咬着什么人的时候，即使那个人完全不会跳舞也自然会跳舞得非常之灵敏。"——唔，到意大利去，到意大利去！我满心欢喜的叫出来！不管那些道路是如何的错杂，脚踏的就是路，我只是向前走去。

在我这样发极地走了一段路之后，我在路的右边看见一个极美丽的果树园，那里的朝阳在树干和树梢中间映照得怪有趣致。看起来，那一片草坪像是铺上金色的地毯。因为我看不见人，我便爬过那排精巧的园篱，在一株苹果树下舒服地躺在青草地上。昨天树上的夜宿到现在还教我全身的骨节酸痛。从那里远望，可以看见野外，因为是礼拜日，钟声从最远的远处越过寂静的田亩传到这边来，那些扮装好的乡下人从各处草地和丛林向礼拜堂走去。我于是满心高兴，树上的鸟儿在我的头上唱，我想念我的磨坊，想念我的美丽的太太的花园，但是现在却一切都是那么辽远了。——到后来我睡着了。我做梦，梦见那个美人从她那辉煌的处所跑到我这里来，或者实在是在嘹亮的钟声里慢慢地飞过来，披着长长的白色的轻纱在朝霞中飘荡。接着又换了一个样子，好像我们并不是在异乡，却是傍着我乡下的磨坊，在深沉的阴影下。但是那里一切都是那么寂静而且空虚，似乎什么人都是在礼拜堂里面守礼拜，只有那大风琴的音响，穿林传过来，使我的心房十分伤痛。但是那个美人非常之善良而且亲爱，她手挽着我和我一道走路。在这孤寂的情境里连续唱她那只美丽的歌，那是她从前每当清早在洞开的窗前用六弦琴伴着唱的。我同时从那平静的池塘里面熟视她的影像，比实在的更美丽千百倍，就是有奇怪的大眼睛凝固地望着我，教我几乎要害怕起来。——忽然间那架水磨转动起来，响起来，最先是孤单的，慢慢的几下，接着是越来越快，越来越猛，池塘的水变浊，而且在那里搅起水涡，那个美人的脸色变苍白，她的轻纱越拖越长，像雾线一样可怖地连着长的尖端向天空高高飘起；那呼啸也不歇加强，那个司阍又似乎夹在中间吹奏他的法葛。直到后来我心跳得十分利害的时候才醒过来。

原来那里的确是翻了一阵风，它穿过苹果树轻轻地吹到我头上；但是那种咆哮和吵闹的声音却不是水磨也不是司阍，而是刚才那个不愿给我指路到意大利去的农夫。但是他已经把他的礼拜日的盛服脱掉，换上了一套白的短衣站在我面前。"呐"，他说时，我正还在揩我的睡眼，"莫非你是想在这里偷摘香橼？你不到礼拜堂里去，却躲在这里把我这美丽的草地践踏到一塌糊涂，你这懒骨头！"——我只是气，恨那个莽汉把我闹醒了。我愤然跳起来，马上回答："什么，你想在这里辱骂我吗？我曾经做过园丁，而且你还料不到，我是一个税务官，假如你要进城，你还得向我脱下你这顶腻脏的睡帽，而且我有我的房子，和衬着黄点的红色的睡袍。"——但是那个捡芋芳的家伙并不因此退缩，反把双手拦腰撑起，只是说道："那你打算怎样？嘿！嘿！"当下我看见他实在是一个短小的壮健的，拐腿的家伙，此外更有凸出的眼睛和一个红的，略斜的鼻子。看他那时只是不歇地说：

"嘿！——嘿！"——同时一步紧一步向我逼过来，于是我忽然知道事情不妙，不觉连忙打战，赶紧发脚跳过园篱，不管三七二十一，老是在田上横冲过去，连我的提琴都在口袋里响起来。

当我后来再行站定，预备透一透气的时候，那个园和那全部的溪谷再也看不见了。我自己站在一簇美丽的树林里面。但是这个我不大理会。我现在才为那一场争吵生我的气。那个家伙居然敢对我称他（这是德国人的习惯，除了亲属或熟人之外，称呼对方惯用第三人称，但为表示敬意起见，总是呼作他们；如果老实叫"他"，便是对对方表示轻蔑的意思）。我自己一壁暗暗咒骂，一壁赶路，越走越离开那条大路，直走进深山里面去。那条我刚才乱走的迷路到了尽头，在我面前摆着的，只是一条小小的，不大有人走过的山路，周围看不见一个人，也听不见一点声息。但是除此之外，这条路走起来却是够有趣的，树梢呼啸着，鸟儿又唱得非常好听，我于是对于路径的领导全凭上帝作主，我取出我的提琴，奏尽我的心爱的曲子，那些乐音在那寂寞的树林里面愉快地响着。

但是这弹奏并不会过得长久，因为当我弹琴的时候，在每一映眼的工夫都要踢到那没趣的树根，而且后来，肚子也有点饿了。只有那树林还是老不愿意尽头的样子。就在这种情形之下我整天的迷路，直到太阳已经从树干中间打斜射过来，我才终于从树林里面走出，行到一个小小的草原。那草原的周围有山岭环抱着，上面开满了红色和黄色的花，花上面有无数的蝴蝶在来回飞舞。这里是这么寂寞，就像是和人世隔绝三百里，只有沙鸡在那里低吟，还有一个牧童在对面那高挺着的蔓草丛中躺着，并且凄伤地吹弄他的芦管。那声音实在可以使一个人痛摧心脾。是的，我自己想，谁能够像这个懒骨头一般逍遥自在！我们每一个人都要在他乡吃苦头而且还要提心吊胆。——因为在我们中间横着一条美丽的，清冽的溪水，我不能跑到对面去，因此只得从远处向他叫道："喂，这里最近的村子在什么地方？"但是他一点不受人扰乱他的清兴，他只把他的头从草丛里面稍为伸出，用他的芦管向那边的树林一指，便又放心继续吹他的芦管。

我立即尽力赶路，因为天色已经要朦胧起来了。那些鸟儿刚才还在那里放大喉咙闹了一阵，经过那末尾的阳光在树林中一闪，便也忽然收敛了声音。我那时在树林的持续的寂寞的声响里面几乎要害怕起来，到我终于听见狗吠的声音，于是我加快走去，那簇树林越来越亮，不一会我便看见在最末了的那些树木的中间有一个美丽的，青绿的地方，在这上面有很多的儿童们闹成一片，在草地中间的一棵大菩提树的周围他们在互相追逐。再过去不远便有一间客店，店面前有几个农夫围着一张桌子在玩纸牌，吸烟草。另一面则有一些少年男女坐在门前，他们把手裹在她们的围裙里面大家在这凉风里面谈闲天。

我一出树林之后，不待多想，便取出我的提琴，快快奏一支快活的乡村舞曲。女子惊奇，老人发笑，那笑声一直传送到树林里面去。但是到我这样走到那棵菩提树前面，把背靠着树身，连续不断地奏琴的时候，在这左右的少年人里面发生了一种秘密的唧唧哝哝的声响，那些少年男子终于丢掉了他们礼拜日的烟管，各人拖着他的情人，在我定睛看时，那些少年农民已经在我的周围发狠地跳舞，狗在吠，衣服在飞舞，儿童们在我的周围结成一个圆圈，好奇地望着我的脸和我那运用自如的手指。

当那第一滑转舞已完之后，我可以认真看见，一种优美的音乐是怎样有支使肢体的魔力啊！那些种田郎，在先是口里衔着烟管，懒懒躺在长凳上面躺着那挺硬的脚腿，现在忽然好像换了一个样子，把他们那些彩色的手帕在胸前的钮洞里长长地垂下来，而且跳舞得那么精巧，别人看起来也可以得到一种高尚的乐趣。他们内中有一个，自以为他很懂事，他在他那背心袋里挖了又挖，目的是想让别人看见的，结果，挖出一个小银币来，想塞进我的手里。这教我生气，即使我口袋里真是不名一钱，我也不会这么下作和小器的。我于是告诉他，他还是把他的钱自己留下来用罢，我所以要奏琴，是因为我高兴我再和人类在一块儿的缘故。但是不一会，有一个娇美的姑娘捧着一大盅酒走到我面前。"音乐师都是喜欢饮酒的。"她说，同时向我亲切地笑，她那珍珠一般洁白的牙齿在那红色的嘴唇里面掩映得十分娇媚，使我几乎要趁势吻她一吻，她用她的小口在酒里舔一舔，她的眼睛同时从玻璃杯上面向我射过来，然后把那杯酒递给我，我把那杯酒一口喝个干杯，于是振作精神，再次奏琴，大家也就再次快活地在我的周围打旋子。

那些老头子当着这个时候停止玩他们的纸牌，那些少年男女也疲倦起来，彼此分散了。就是这样客店面前渐渐沉静而且空虚起来了。连那个给我酒喝的姑娘也向村中去，但是她走得很慢，而且不时四处张望，好像忘记了什么，到后来她终于站定，在地上细心找寻一点东西，但是我看见清楚，她趁这弯身的机会，从胁下放眼望着我。我是在宫殿里学会了生活的规矩的。于是飞步跳到她面前，说道："你遗失了什么吗，最美丽的小姐？"——"啊不"，她回答，霎时满脸飞红，"那不过是一朵玫瑰。——你要不要它？"——我谢谢她，并且把这朵玫瑰花插在钮洞里。她和善地望着我，说道："你奏得的确不错。""是的。"我回答，"这是一种天帝的赐予。"——"在这四近音乐家是极其稀罕的，"那个姑娘再度发言，忽又中止，那双眼睛老是低垂下去。"你能够在这里挣一笔像样的钱，——我的父亲也会奏一点提琴，并且喜欢听异乡的客人的故事。——而且我的父亲是很富有的。"接着她笑了出来，又说道："就差你当弹奏的时候把头面歪扭得太过利害了。"——"最尊敬的姑娘"，我回答，"第一不要老是对我用第三人称（她全段话里面当说你的地方都是用第三人称的他），至于那种摇头摆脑的动作是无从改变的，我们演奏专家都少不了这一套，"——"哦，这样！"那个姑娘回答。她还想再说什么，但是在客店里忽然闹起恐慌的乱子来，那扇门轰然打开，一个瘦削的男子像是一根杖锥飞了出来。那扇门便又即刻关上。

那个姑娘跟着第一声已经像一只鹿一样跑掉，并且在黑暗中消失了。但是那个门前的人物却敏捷地从地上翻身站起，接着便对那客店开始了一番詈骂，它是这么快口，谁听了都要大大吃惊。"什么？"他说，"我喝醉了，我没有清偿那烟灰薰黑了的门板上的粉笔线？（这是乡间酒店的记账法）抹掉它，抹掉它！我不是昨天才盛着瓢羹替你剃须而且割伤鼻子，因此你把我这瓢羹一口咬破了吗？剃须算一划线，——瓢羹再算一划线！——贴鼻子的膏药又算一划线，——你还要敲多少这一类无赖的竹杠？但是好，算了罢，我此后再不干碍这全村，这全世界，让你们拖着你们的胡子，使上帝到了末日审判的时候，还认不出你们是犹太人还是基督教徒！好，挂着你们自己的须罢，你们蓬松的狗熊！"说到这里，他忽然放声痛哭，而且带着十分可怜的声调呜咽地继续说道："我只应该喝水，像一条苦楚的鱼吗？这是所谓人类爱吗？我不是一个人，而且是一个学习成功的年中剃须师傅吗？啊，我今天气到这个地步！我的心是充满感情和人类爱的！"说过这一些话之后他渐渐地退开，因为那所客店一切都静到不透一丝声息。他一看见我，立刻张开手向我扑来，我相信，那个疯子是想把我亲吻。但是我向侧边一跳，他于是又跟跄地走过去，很久很久我还听见他忽然粗鲁忽然文雅地在黑暗中自言自语。

但是我脑里计算着一些东西。那个刚才送玫瑰给我的姑娘，真是又年轻、又美丽、又有钱，——我在她身上创造我的幸福，实在比一反掌还容易。还有羊肉和猪肉，火鸡和内填苹果的肥鹅。——是的，我那时好像什么都不晓得，只看见那个司阍向我走来："动手罢，税务官，动手罢！少年结婚，无人悔恨！谁有福气，娶妻回家，住在乡下，把你好好地将养罢！"怀抱着这种玄妙的思想我坐在这现在变成十分冷落的地方的一个石头上面，酒店的门我是不敢去敲的，因为我身边没有一个钱。月亮照得极华美，树林从山上经过沉沉的夜色响过来，在那山谷里面像是被大树和月光掩藏着的乡村里面有时有些狗吠的声音。我静看天象，看那些孤云慢慢地穿过月亮移动过去，偶然又有一颗星在远处落下。这个月亮，我想，一定也是这个样子照着我父亲的磨坊以及那座白色的，伯爵的宫殿。在那里的一切一定早就已经沉静下来，那位太太睡着，园里的喷水池和树木还像从前一样响动着，而且一切都是一个样子，管我是还在那里，在他乡或者是死掉，——在我的眼前那个世界忽然是阔大得怕人，只有我是完全孤独停在里面。我真想痛哭一场。

我还在这样坐着，忽然听见从远处的树林里面有马蹄的声音，我屏绝声息，留心细听。后来是越来越近了。我已经能够听到马喷鼻，不一会果然有两个骑马客从树下跑来，但是刚到树林的边沿便把马勒定，只极紧张地在那里秘密商量，这是我从那在月光照耀的地面上忽然闪现的影子且用长的浓暗的手臂在那里忽东忽西的指划可以看出来的。——记得从前我那亡故的祖母给我讲述那些荒野的森林以及那些枭悍的强盗的故事的时候，我真不知曾经暗地里愿望过多少回，亲身一次经历这样的一段故事。现在它忽然当真应我这愚蠢的惹事的思想，临到我的头上了！——我于是在我刚才坐在下面的菩提树边，偷偷地竭力伸长，直到我拉到一条树枝之后便马上纵身耸上去。但是当那中间的一个骑马客从我的背后赶快跑过来的时候，我在枝上还只吊得个半身，正在要把那双脚腿也一起搬上去。我只得在树影里把眼拼命闭紧，身子也一点不动弹。——"谁在那里？"他忽然紧贴在我后面喊着。"没有人！"我吓得出力叫喊，他却还是把我抓住了。但是我暗地里却不免要笑起来。那些家伙该会怎样自寻烦恼啊！当他把我那空洞洞的口袋翻转来的时候。——"嗳，嗳"，那个强盗又说，"这双在下面吊着的是谁的脚腿？"——现在是无可抵赖了。"那不过是"，我回答，"一双寒素的，迷路的音乐家的脚腿！"说完，便一下子再落在地上，老实说，我也不好意思，再像一把残缺的叉子一样挂在树枝上面了。

那匹骑马客的马吃了一惊，当我这样忽然落在地上的时候。他拍拍它的颈并且笑着说道："原来，我们也是迷路的，因此我们是真正的伙伴了，我以为你稍为帮忙我们一块儿去找那条到 B 去的路，这不会是你的损失的。"我那时向他切实说明，我的确不知道 B 是在什么地方，还是不如由我向那客店探问，或者引他们下那个乡村去。那个家伙完全不讲道理，他从容地从腰间拉出一管手枪来，它在月光里闪烁得非常好看。"我最亲爱的"，当他忽而揩抹他的枪管，忽而靠在眼上试验的时候，他亲切地对我说，"我最亲爱的，你该是这么好心，走在我们的前头罢。"

我那时真不知如何是好。假如碰中了那条路，那我一定是陷入贼党，因为我没有钱，一场打是免不掉的；假如我碰不中那条路——也逃不掉一场打。于是我不假思索，立刻指出那第一条最好的路，那条路是从乡村里经过客店延长过来的。那个骑马客急忙跑回他的同伴那里去，他们两个于是在相当的距离内慢慢的跟在后面。就是这样，我们实在是痴呆地听天由命地在这月夜里走路。那条路总是在林中经过山坡往下延长，不时可以从那从下面生长着的，在黑暗中摇摆着的松树梢上面，向那深的静的溪谷向远处望过去。那边或是这边有时唱着一只夜莺，狗在远村吠。一条溪水向低处不歇潺潺地流，往往在月色里闪出光耀。跟着一起的便是那单调的马蹄声，以及我背后那骑马客的絮絮叨叨的言语，他们不歇用一种外国话谈天。至于那皎洁的月光和那长大的树影时有时无在那两个骑马客的头上飞过，因此他们投在我前面的身影忽然浓黑，忽然轻淡，忽然小，忽然又非常巨大。我的思想那时实在是混乱得很，好像我是在梦中，永远不会醒来。我只顾大踏步向前走去，我们终归要从树林里和夜里出来的罢，我想。

后来终于有长的微红的光线在天上来回飞动，十分之轻，像是镜上的呼气。同时更有一只云雀下临幽谷在高空曼声歌唱。那时我心里忽然对着我阳光的问讯完全明白。一切的恐惧都成过去了。那两个骑马客伸长了颈四处张望，好像现在才觉察到我们或者不是在那条正确的路上。他们的谈话又多起来，大体上我觉察到，他们在谈论我，好像他们里面有一个开始在害怕我，怕我本身就是一个秘密的强盗，现在想在树林里引他们走错路。这很使我高兴，周围的天色越高，我越发增加勇气，而且我们现在正好来到一个美丽的，空旷的林场。我因此发狠地向各处张望，有时也凑起手指吹几次哨，活像那些强徒用暗号来通声气。

"住！"骑马客中间的一个忽然叫出来，把我吓做一团。待我回头一看，他们已经下马，把他们的马系在树上。有一个立刻向我走来，凝神熟视我的面孔，并且忽然出乎常态地笑起来，老实说，这种不近情理的嘻笑使我生气。但是他说道："的确不错，他是那个园丁，啊，不，宫殿的税务官！"

我睁大眼睛看他。但是一时想不出他究竟是什么人。假如我真的要把那些有时在宫中跑跑马的少年郎一一看个详细，那我也实在会忙到不得开交了。但是他笑个不住的说道："这真凑巧！照我看来，你现在是闲着的，我们现在正要用一个仆人，要是你跟我们在一块儿，那你便会有永远的清闲。"我心中十分惊奇，后来我终于说出来，我现在正走路到意大利去。——"到意大利去！"——那个生客对我说，"我们也正想到那边去！"——"假如事情真是这样！"我一声喊，便从袋里取出那具小提琴使劲的奏，连树里面的鸟儿都惊醒了。但是那位先生却立刻拖着那另一位在草地上发疯一样跳起回旋舞来。

后来他们忽然停止了。"天啊"，那一个叫道，"我已经看见 B 城的那个礼拜堂尖顶了！现在，我们快要到那下面了。"他掏出他的时表，让它报告时刻，摇摇头，让它再打一次，"不行"，他说，"这不行，我们到得太早，事情是会弄糟的。"

当下他们便从马上把饼子，烧肉和酒拿出来，在那碧绿的草地上面铺开一张美丽的，彩色的毯子。他们在那上面伸伸腰，然后快活地吃他一顿，同时我也得到一切都很丰富的一份。这对于我的确是好到极点，因为这几天来我已经再没有像样吃过一顿饭。——"现在让你晓得罢"，有一个对我说，——"莫非你是不认识我们？"——我摇头——"那么，就让你晓得罢；我是画家列奥奈，——至于那边的一个——也是一个画家——季度。"

我现在在朝阳里更详细地把那两个画家审视一下，那一个，列奥奈，是高大的瘦削的，褐色的，有活泼的，英气勃勃的眼睛。另一个是年轻得多，短小些而且文雅些，穿着旧式德意志的服装，那个司阍给它这样一个名称，白的领，光着颈，在颈的周围垂着深褐色的鬈发，他不得不频频把它从那美丽的脸上摆开去。——当这一个用够早餐之后，立刻在我身边把那具小提琴从地上抓起来，坐在一条砍下来的树枝上面，用手指一挑一拨地弹起琴来，接着他像一只林中小鸟一样清亮地和着唱起来，直打入我的心坎：

> 朝霞天上飞来，
> 飞过雾的幽谷。
> 山林醒来发言，
> 能飞者振翼飞去！

> 游客向空掷帽，
> 呼声得意洋洋。
> 歌唱还得飞翔，
> 我也甘心欢唱！

同时那微红的朝阳在他那略带苍白的脸上和那黑色的多情的眼睛上面极适意地戏弄着。但是我是那么疲倦，当着他唱的时候，那些歌词和曲调都渐渐地模糊起来，到后来便熟睡了。

待到我的头脑渐渐地清楚转来，我还好像在梦中一样听见那两个画家不歇在我身边谈话，鸟儿在我的头上唱，朝阳的光芒照在我那闭上的眼睛上面，使我觉得我暗地里照到一种阴暗的明亮，如同那太阳照过那红色的丝窗幔。come ê bello！（意文：这是多么好看啊！）我听见正在我身边叫了出来，我打开双眼，望望那个少年画家，他正映着阳光在我的上面弯身站着，差不多只可以看到那在下垂的鬈发中间的那双大的，黑的眼睛。

我立刻跳起来，因为现在已经是白天了。列奥奈先生好像有一肚闷气，他的额上有两条愤怒的皱纹，急迫地催促起程。那另一个画家却当他整理马鞍的时候，把他的鬈发从脸上摆开，安闲地低唱一只短歌，到后来列奥奈先生忽然放声大笑，快快地抓起一个放在地上的酒瓶，把那残酒斟在玻璃杯里面，"祝福快乐的到达目的地！"他叫出来，他们碰一碰杯，碰出一声美丽的音响。过后列奥奈把那个空瓶向朝霞里高高掷去，它在空中趣致地闪烁着。

末了他们终于跨上他们的马，我也清爽地跟在旁边开步走。正在我们前面有一个不容忽略的溪谷，我们现在就要下去，那里有一种闪烁和声响和光彩和欢畅。我觉得清凉而且愉快，恨不能从这山上飞入这灿烂的周遭。

四

好了，再会了，磨坊和宫殿和司阍。现在一路下去。风在我帽上呼啸。那些乡村，城市和葡萄园在我的左右飞过，简直把我弄得眼花缭乱。在我背后是那两个画家在车中，在我的前面是四匹马和一个风头十足的驿马夫。我高高坐在驾马座上面，时常飞起一尺多高。

事情是这样的：当我们来到 B 的前面，在乡村里已经有一个高大的，干燥的，木强的，穿着绿呢厚大衣的男子来迎接我们。他向那两位画家行了很多鞠躬礼之后，便引我们进乡村里去，在那高大的菩提树下，驿站前面已经停着一辆驾着四匹马的华丽的车子。列奥奈先生在半路上说，我已经从衣服里面长出来了，他因此连忙从他的包袱里取出一套新的来，我于是便穿上一套簇新的漂亮的燕尾服和背心。那套衣裳使我面子上显得非常高尚，只可惜对于我的身段都是太长而且太宽，因此穿起来便不免拖泥带水般摇摇曳曳。除此之外，我还得到一顶新的帽子。它在阳光中闪烁起来，好像是用新鲜的奶油搽过的一样。后来那个面生的木强的男子把那画家的两匹马拉住，那两个画家跳进车中，我坐在驾马座上，马车便向前飞驶过去。正当那个邮务长戴着睡帽从窗口望出来的时候，那个驿马夫吹起那支号角，就是这样我们生气蓬勃地直向意大利进发。

老实说，我坐在上面的确是过着一种适意的生活，好比是鸟在空中，而我自己还用不着飞。除了日夜坐在驾马座上以及有时到饭店里把酒食拿到车上来之外也并没有别的什么工作。原来那两个画家到处都不停留。在白天也把那些车窗用窗帘遮得紧紧的，像是怕太阳把他们炙坏。只有那位季度先生偶然从车窗里探出他那美丽的头和我亲切地谈天，他并且嘲笑那位列奥奈先生，因为他不高兴这样做，而且每一次都要嗔怪这种长久的谈话。有两次我几乎和我的主人吵起来。一次是，我对着美丽的，星光灿烂的静夜在我的驾马座上开始奏小提琴，因此忽然惹起一场睡眠的纠纷。但是这也的确是值得惊呀！你知道我是打算详细地观赏意大利的，所以时时刻刻都是睁开我的双眼。但是我刚好看了不多时候，那16只马脚便在我眼前乱成一片，像是网纹一般来回在交十字，登时把我弄得两眼发昏，结果我无计可施，只得屈服在利害到无从抵御的睡眠底下。不管是白天或是黑夜，突罗或是意大利，我总是一下右边一下左边，一下又向后倒在驾马座上，是的，有时又这么势凶把头向板上垂下，因此我的帽子从我的头上飞去，季度先生于是在车中大声呼喊。

就是这样，我自己实在不知道是怎样，我经过了半个意大利，他们叫做蓝巴带的那个地方。有一天晚上他们在这地方的一间客店面前停住，驿马要在这停靠的驿站里在几个钟头之后才去定来，那两位画家于是下车教人给他们开一个特别的房间，预备在那里休息一下，并且要写几封信。我呢，当下非常高兴，即刻跑到客室里，打算在那里安心地舒服地再来吃他一顿，喝一顿。这也困顿得够久了。那里的一切都颇不整齐，那些女子披着蓬松的头发，那条颈巾也凌乱地围在那黄色的毛皮上面。在一张圆桌子的周围坐着那些店中的侍役，他们穿着蓝色的衬衫在用晚餐，并且频频从侧面睁眼望着我。他们通通有短的，粗大的发辫，他们的样子就真是高雅得像是那些年轻的先生。——你现在在那个地方了，我自己想道，尽力吃罢，你现在终于到了这个地方，而那些向我讲的宣教师出卖捕鼠机，晴雨表，以及图画的奇人就是出自这个地方的。假如一个人不愿意从火炉后面跑到前面来，什么东西他也经验不到！

正当我这样随食随想的时候，有一个男子，他直到现在都是在室内的一个角隅里坐守着他的酒杯，忽然像一个蜘蛛一样从角隅里向我抢过来，他的样子很矮小而且驼背，但是有一个大的，凶猛的头颅和一个长的罗马式的鹰鼻子，以及节省的红的胡子，那扑粉的头发向各方山一般的突起，像是刚刮过一次大风暴。此外他穿着一件老式的，褪色的燕尾服，短的丝绒裤子，以及完全变黄了的丝袜。他曾经到过德国一次，自以为有天大的本领，懂得德国话。他坐在我身边，问我这样，问我那样，同时不歇吸他的鼻烟；他问我是不是仆役？我们什么时候到达目的地？我们是不是到罗马去？但是这一类的事情就连我自己也不知道，而且像他那样胡说乱道，我也听不懂。"Parlez vous Français?"（法文：你懂法国话吗？）我心惊胆战地向他说出这一句。他摇摇他的大头颅。这正合我的意思，因为我也不懂法国话。但是这一点都没有用处，他就像是把我钩住了，老是寻根究底的问了一样又一样，我们话说得越多，不懂的程度也越高，到后来我们都着急了，我有时好像觉到，那位先生要用他的鹰鼻子向我钩来，幸亏结末那些女子听够了这个奇话大会串把我们两个笑得不亦乐乎，我于是连忙放下刀叉，跑出门外。原因是我身在异乡，一切都不是路，只有和我的德意志舌头沉到万丈深渊里面去。各色各样的素不相识的贱种把我包围，当僻静的时候在我的周围闹乱子，向我睁眼，向我张牙。

外面是一个温暖的夏夜，正合去闲散心，从葡萄山那边有时还可以听到一个葡萄园丁的歌唱，偶然又从远处闪过一抹的电光，同时在月光里各处立刻震颤而且呼飕起来。是的，有时我觉得好像有一个长大的，暗黑的身躯从屋外那榛树丛的后面溜过来，从树枝中间偷偷看望，忽然又沉静下去。——那时候季度先生正在跑到客店的露台上面，他没有觉察到我在那里，极熟练地在奏和音五弦琴，我相信那是他在客店里碰巧找到的，同时唱着像是一只夜莺。

> 人类的欢声消歇。
> 大地如在梦中
> 衬树林漾起神奇的响动。
> 在心头潜藏的一切，
> 逝去的年华，轻微的感伤，
> 如同幻闪的电光
> 激起轻颤在胸中飘然生灭。

我不知道，此外他还唱了什么，因为我在门外的一张长凳上面把四肢伸长，经过极度的疲倦之后，在那温和的夜里沉沉睡熟了。

有一种号角的声音，向我的梦魂得意地吹进来，他把我唤醒了。但是在我完全意识到之前。或者已经经过了两三个钟头的时间。我终于跳了起来，白日已经照在山头，清晨的凉气浸透了我周身的筋骨，那时我才想起，现在已经应该是动身的时候了。啊哈，我想，今天那唤醒和嘲笑的工作要轮到我做了，且看季度先生披着睡意惺忪的鬈发怎样支吾，当他听见我在外面的时候！于是我在小花园里走到屋外凑近在我的主人们的窗下。在朝阳中，再伸一伸腰然后快乐地唱道。

小鸟一声叫，

不久将破晓。

太阳自东起，

睡味依然美！——

那个窗子是开着的，但是窗上面一切都很寂静。有那夜风还在吹弄那伸长到窗里去的葡萄藤。——现在，那又是什么意思呢？我满怀惊疑叫了出来，我跑进屋里去，通过那寂静的走廊直向那个房间走去。但是那里却正给我心头一枝针刺。因为当我把门推开，里面已经完全是空洞洞，没有燕尾服，没有帽子，没有靴子。——只有季度先生昨晚弹过的那具和音五弦琴挂在墙上，在房里一张桌子上面的中间放着一个漂亮的，装满了的钱袋。钱袋上面黏着一张纸条，我拿着它凑近窗口，几乎不相信我的眼睛，那上面当真是用大字写着：给税务官先生！

但是这一切对于我有什么用处，假如我找不到那两个有趣的主人！我把那个钱袋向我那个深底的大衣袋里一丢，像是落在一个深井里面，连我都当真要倒向后面去。接着我跑到外面，大声叫喊，把客店里所有的男女仆役都完全唤醒，他们不晓得我想什么，只当我是发了疯。接着他们也吃了不小的一惊，当他们看见楼上那个空巢的时候。没有一个人晓得我主人的消息，只有一个女仆——就我从她那记号和手势所能够联结起来的意思说——曾经觉察到，当季度先生昨天晚上在露台上面唱歌的时候，忽然放声大叫，接着便立刻跑进房里找那另一位先生去了。到她半夜醒来，听见外面有马蹄的声音，她从小窗里望见那个昨天和我讲了一大堆话的驼背先生，跨着一匹白马从地上横跑过去，频频在鞍上向空腾起一两尺高，那个女仆因此划十字，因为那个样子好像是一个妖魔跨着一匹三脚马。——现在我真是不知如何是好。

在这时候我们的那辆车早就在门外驾好了。那个驿马夫不耐烦地几乎吹裂他的号角，因为他趁一定的时间赶到第二站，在那里是依照行车的时刻表每一分钟都是事先排定的。我再在全屋走了一遍叫着那两个画家，但是没有人给我回答，客店里的人都聚拢来睁眼看我，驿马夫咒骂，马喷鼻，我呢，完全惊得呆了，终于急忙跳进车里去，那个仆役跟着在我后面把门一推，驿马夫鞭子一抽，便带着我向那辽阔的世界进发。

五

我们日夜都是这样子驶过山，驶过谷。我一点都没有时间，来考虑这件事情。因为我们每到一处，那处的马已经配好鞍辔，我对那些人本来言语不通，因此我的解释也就全无用处；每每正当我在客店里受用精美的肴馔的时候，那个驿马夫吹起号角，逼着我要丢下刀叉，再向车里跳进去，而实际上我却完全不晓得我要到什么地方去。而且究竟为什么我偏要取这样一个非常的速度呢。

至于我的生活情形此外并不怎样坏。我像是在一张挂着帐子的长躺椅上面有时躺在车的这一角，有时躺在车的另一角，并且认识了一些人和一些地方，每逢我们从城里经过的时候，我便搭起双臂，自己靠在上面向车窗口伸出去，有人在那里向窗恭敬地脱帽，我便向他们道谢。或者我向那些窗上的女郎打招呼，像是一个旧相识。于是她们便常常非常惊讶，久久还在那里出奇地望着我。

但是后来我却吃惊不小，我从没计算过那个不意得到的钱袋里的钱，到处我都要给邮务长和客店主人像样的一注，到我现在留心一看，钱袋早已空了。最先我本来已经打定主意，一到我们驶过一簇寂静的树林的时候，我便从车里跳出来，好给我溜之大吉。但是接着我又可惜那一辆美丽的空车，我原来是可以驾着它直驶到世界的尽头去的。

当那辆马车忽然从大路上向边驶去的时候，我正在那里满肚心事，进退两难。我从车厢里喝住那个驿马夫，你往那里驶去？但是任我怎样讲法，那个家伙老是这样说："Si，Si，Signore！"（意文：是的，是的，先生！）同时便不管三七二十一，只是向前驶去，我因此从车的一角飞到另一角。

这真教我摸不着头脑，因为那条大路正经过一个华美的景色向着落日，像是一个光辉的大海。但是在我们刚才弯过去的那旁边却只有荒凉的山岭连着灰暗的溪谷在我们前面。在那中间早就已经黑暗了。——我们驶去越远，那地方也越粗野，越冷落，到后来那个月亮终于在云后出来，在那树木和岩石中间忽然照得怪亮，看起来真使人得到阴森的感觉，我们在这狭隘的，岩巉的溪谷上面只可以慢慢的驶过，那单调的不断的，辚辚的车声在那石壁前面响破那沉沉的夜，好像我们要驶进一条大墓道里面去似的，只有那眼看不见的，无数的瀑布是深林里一种不绝的音响。还有夜枭从远处频频叫着："同来，同来！"在这个时候我留心一看，才觉得那个马车夫并没有制服，而也不是驿马夫，他着忙地向四周看了几次，开始快些驾驶，到我自己好好地靠到车厢外面，忽然有一个骑马客跑出丛林，正接近我们的马在那条路上拦头跑过，接着便立刻在树林的另一面消失了。我那时简直摸不着头脑，因为，据我在月亮里认得清楚的来说，他正是那个骑着白马的，曾经在客店里用他的鹰鼻子向我钩来的驼背先生。那个马车夫摇摇头，放声大笑，笑那发疯的驰骋。但是接着便立刻转过头来，向我紧急地说了一大堆话，只可惜这些话我完全不懂，接着是驶得更快。

但是我高兴了。当我看见远处有灯光闪烁的时候，那里渐渐地有更多的灯光，它们越来越大，而且越亮。后来我们更经过一些烟薰的像是挂着岩石上的燕窝一样的草屋。因为夜里是暖的，所以那些门户都是开着，我可以看见那些照着灯光的房间，以及各色各样的褴褛的穷人像黑影一样在炉火的周围攒坐着。但是我们驾着车在沉沉的夜里驶到一条石路前面。那条石路是延长到一座高山上面去的，不一会那些大树以及那些下垂的矮树丛完全遮盖了那条山凹路，又一会忽然可以再见到天色以及深处那辽阔的，寂静的，有山岭，树林和溪谷的原野。在这雪亮的月色里有一座大的，旧的宫殿兀立在峰头。——"上帝有灵！"我叫了出来，这期望使我十分兴奋，他们说不定会带我到那边去呢。

在我们来到山上那殿门外面之前，约莫还经过了半小时以上。入门是一座阔大的，圆的碉楼，它的顶已经完全剥落了。那个马车夫抽了三鞭，宫殿里面因此发出强烈的回响，那里的一群乌鸦受了这意外的一惊，从角隅里以及罅隙里飞出来，失声大叫，在空中迎头乱飞。那辆车当下便驶进那条长的，黑暗的走道。马踏在石路上面在它的铁蹄底下进出火来，一只大狗在吠，车在那穹圆的墙壁中间雷一般在转动。那些乌鸦还不歇在那里夹着叫。——就是这样我们混成一片可惊的喧闹驶进那狭隘的，铺石的院子。

一个出奇的站头！我自己这样想，当那辆车子这样停住的时候。在那个地方那车门忽然从外面打开，一个年老的，长大的男子提着一只小灯笼在他的浓眉下面气闷地望着我。过后他挟住我胁下，像是侍奉一个贵人一般帮助我下车。在门外站着一个年老的、极丑的妇人，穿着黑的坎肩和大衣，挂着一条白色的围裙和黑色的风帽，那风帽的一条滚边直下垂到她的鼻子上面，她一手拦腰拿着一大串钥匙，另一只手提一个老式的双头烛台点着两支蜡烛。她一看见我，便向我屈膝行礼，说话问话乱了一大堆，但是我一点都不懂，只是不歇用脚底摩地向她回礼。老实说，我那时的心情的确有点莫名其妙。

那个老头子其间已经提起灯笼把车厢各面都照到，待他找不到一个箱子或是包袂的时候，他便噜噜苏苏，只顾摇头。那个马车夫并不向我需索赏钱，接着便把那辆车驶进院子旁边一间车厂里面去，那车厂已经在那里开门等着了。那个老妇人却恭敬地做了各种手势请我跟她走去。她提着她的蜡烛领我走过一条长的，狭窄的走道，接着是一条小的石扶梯。当我们走过厨房的时候，有几个年轻的女仆从那半开门里面好奇地把头伸出来。这么凝神地望着我，同时互相使眼色，又点点头，好像她们生平从来不曾见过一个男子汉。那个老妇人后来打开了上面的一道门，使我立刻说不出的惊讶。因为这是一个阔大的，美丽的，华贵的房间，天花板上是金的装潢，墙上裱着各色各样的人物和花卉的花纸。中间有一张摆设好的桌子，上面摆着烧肉，饼子，莴苣，水果，酒和糖果，使人看了真不免要暗中欢笑。在那两个窗户的中间挂着一面非常高大的镜子，从地面直到墙顶。

我不能不说，这当真是合我的脾胃。我欠伸几下，然后神气十足在房间里面来回踱方步，末了我忍不住，要向大镜里面照照我的芳容，这是真的，列奥奈先生的衣服很合我的身段，而且我在意大利也已经得到像样的，精神奕奕的眼睛。此外则我还是像在家里一样有一副牛奶须，只在上唇刚好有几根雏毛生出。

在这个时候那个老妇人用她那脱尽牙齿的嘴磨个不住，看起来活像是在咬嚼她那长的垂下来的鼻子。接着她逼我坐下，用她那瘦削的手指抚摩我的颔腮，叫我做 Poverino！（意文：可怜的小姑娘。）同时用她的红眼睛狡猾地望着我，她的一边嘴角直拉高到半边面颊上面去，后来终于深深一屈膝便溜出门外去了。

我呢，我在那张摆设好的桌子面前坐下，当一个年轻的娇美的婢女进来，预备伺候我吃饭的时候，我向她引起各种温文的谈话，但是她完全不懂，只是十分出奇地斜眼看我，因为我很显示出我的食量，那原来是极精美的肴馔啊！当我吃完之后，再站起来，那个婢女从桌上提起灯引我到另一个房里去。那里有一张沙发，一面小镜子，以及一张华丽的床，挂着青丝的帐子。我打起记号来问她，我可不可以躺下去？她虽则点头说"是"，但是事实上却办不到，因为她像是钉住了的站在我身边。末了我走到大餐间里再拿一大杯酒进来，向她说出："Felicissima notte！"（意文：夜安！）这一点的意大利话我已经学会了。但是当我把我那杯酒使劲喝干的时候，她忽然发出一声忍不住的嘻笑，脸上涨得通红，走进大餐间里去，随手关上那扇房门。这有什么可笑？我惊奇地这样想，我相信，意大利人都是疯了的。

现在我一心只怕那个驿马夫，怕他又要立刻吹起号角来。我靠窗倾听，但是外面一切都是静悄悄。由他吹罢！我想，于是脱下衣服躺在那华丽的床上。这不是别的，正好像是在奶汁和蜜糖里面游泳！窗外有一株老的菩提树在院中呼呼作响，偶然还有一只乌鸦忽然从瓦面飞起，结末我是一团高兴的睡着了。

六

当我一觉醒来，初阳的光线已经在我头上的青丝帐上寻它的开心了。我自己简直无从设想，我究竟是在什么地方。我觉得我好像还在车中驶个不住。我好像是在月亮里梦到一座宫殿，还有一个年老的妖妇和她苍白的女儿。

到我后来赶忙跳起卧床，穿上衣服，同时向各方面观看，却发现到一扇小的花纸门，我昨天完全没有看见它。它只是虚掩着，我把它打开一看，里面原来是一个精巧的小房间。在那黎明的时分显得很是深沉。在一张椅子上面胡乱堆着一些女式的衣裳，在旁边的一张小床上面躺着那个昨天侍候我吃晚饭的女子。她还是很安稳的睡着，把头部枕在那条白的裸露的手臂上面，手臂上面则铺着她那黑色的鬈发。假如她晓得，那扇门是不曾关好的话！我自言自语地走回我的睡房里来，随手把那扇门关好，再上了闩，免得她醒来吃惊而且还要难为情。

外面还听不到一点声息，只有一只早醒的林鸟停在我窗前一株从壁缝里长出来的小树上面，已经唱起一首晨歌。"不"，我说，"你不要耻笑我，老早便在那里用功赞美上帝！"——我赶紧从桌上拿起我的小提琴，就此跑到外面去。在宫殿里面还是死一般的沉寂，经过了不少的时间，我才从那黑暗的走道摸索到空旷的外面。

到我走出宫外，我便身在一所大花园里面。它是由广大的平台构成的，它一级一级的低下，低到半山为止。但是这是一个杂乱无章的园艺。那些通路完全生满高的草。那些黄杨的各种形象完全没有修剪，像妖怪一样向空中翘起长鼻子或是一两尺高的尖顶帽。在那朦胧的时分着实可以教人害怕。在一个干涸了的喷泉上面的一些残破了的石像上面居然挂着衣裳，在花园的中心种满了白菜，过来便是一些庸俗的花。一切都乱做一团，长满了高大的野草。在这中间有彩色的蜥蜴在蜿蜒。通过那古老的大树却处处都是一幅辽远的，孤寂的风景。眼力可以望得到的地方，只是一片层峦叠嶂。

在我当朦胧的晓色在荒野里周围散步了一会之后，我瞥见我下面的平台上有一个瘦长的，苍白的少年穿着一件破大衣，两手架在胸前，大踏步走来走去。他做成好像没有看见我的样子，不一会又在一张石凳上面坐下，从衣袋里拿出一本书来，放声诵读，像是要向人说教，有时抬头向天凝望，接着又忧郁地用右手支住头部。我望了他很久，结果我好奇心起，究竟他为什么要扯起这样一个奇怪的面相。于是便向他快步走去，他那时刚刚叹了长气，待我来到面前，他便一惊跳起。他觉得十分不好意思，我也是，我们大家都想不出一句好说的话，各人只是胡乱恭维对方，结果是他向矮树丛中溜走。那时太阳已经升上树梢，我跳上长凳，快活地拉我的小提琴，它的乐音直传到幽静的溪谷下面。那个带着钥匙串的老妇人已经着急地找遍全宫，想找我去用早餐。现在出现在我的平台上面，非常惊讶，我竟能够奏得这样一手好提琴。还有宫中那个老年的木强的男子也在那里一样的惊讶。到后来那些婢女也全都走来，大家站在上面充满了惊讶。我使出指法，引动琴弓，越奏越美妙越灵活，奏出尾调以及诸变调，直到后来我完全疲倦了才罢手。

但是在这宫殿里却实在十分出奇！没有人想到继续起行。这座宫殿也并不是客店。据我从那婢女所得到的消息乃是一个豪富的伯爵的产业。有时我向那个老妇人探听一下，那个伯爵姓什么，他住在什么地方？她老是抿着嘴笑，像我头一晚到来的时候一样，并且向我翻翻眼睛，使使眼色，似乎她的神经有点失常。在炎热的一天我有一次喝干了一瓶酒，那些婢女便一定吃吃地笑起来，当她们再拿第二瓶的时候。还有当我甚至于向她们做出记号要一筒烟草的时候，她们更要同时爆出一声不合情理的大笑。——最使我奇怪的是一种夜乐，它每每当深沉的黑夜在我的窗下发出来。那只是在六弦琴上面发出来的单调的，极轻微的声响。有一次却使我觉得，好像下面有一种叫上来的"静！静！"的声音，我因此赶快跳起床来，把头伸到窗外："喂！喂！谁在外面？"我向下面叫，但是没有人回答，我只有过一种迅速攒过矮树丛的声音。那只院中的大狗跟着我的嘈声吠了两三声，接着便一切都复归沉静。而那夜乐也从此再听不到了。

说到我在这里所过的一种生活，实在是极尽人间所能想望的适意。那个好司阍！他该还记得他说过的话罢，他惯是这样说，在意大利是有葡萄自行长到口边来的。我住在这孤寂的宫殿里活像是一个受了魔君安排的王子。我所到的地方，那些人对我表示一种至高的尊敬，虽则他们通通晓得，我身边没有一文钱。只要我一说，"桌子，摆设罢！"（《格林童话》里的一句术语）那里立刻摆上精美的菜、饭、酒、瓜，以及半肥的细磨干酪，让我享尽口福。睡的是精美的天床，散步便有花园，高兴时弄弄音乐，有时也帮帮那园工的忙。我也常常在园里那高的野草上面躺上几个钟头。至于那个瘦长的少年（他是一个学生，那个老妇人的亲戚，现在因为放假住在这里），却穿着他那件长的破大衣在我的周围打大圈子，并且像一个魔术师一样对着他的书本念念有辞，我也总是每次都因此睡着了。——就是这样过了一天又一天。直到后来我开始对着那些精美的饮食发愁了，那些筋骨因为太过闲了的缘故，都着实节节发松，使我觉得我快要全身拆散下来的样子。

在那里有一天沉闷的下午，我坐在山坡上面的一棵大树的树顶，俯视那沉寂的山谷慢慢地在枝头簸荡。那些蜜蜂在我周围的叶缝里嗡嗡地飞翔，此外便一切都似乎死掉。在山岭中间一个人都看不见，低低在我的脚下有一些母牛停在那沉寂的原野的茂草上面，只有从十分辽远的地方越过这森林的山峰传来一阵邮车号角的声响，有时只能够勉强听到，有时又非常响亮而且清楚，我心头忽然切实记念起一首古歌，那首歌是当我还在家中的时候，在我父亲的磨坊里从一个行脚手作工人学来的。我唱道：

> 谁要到异乡流连，
> 千万要携恋人同去。
> 别人留心自己的欢娱，
> 怎管得你只身羁旅！

> 浓密的树林，你可知
> 旧日的太平景物？
> 嗟你辽远的故乡
> 为甚这么关山阻绝！

> 我爱看闪烁的明星，
> 它照我探访伊人；
> 我爱听呖呖的夜莺，
> 它啼向伊人的窗前。

> 我趁这静穆的清晨，
> 欣然登上万仞的高岗。
> 我向你声声问讯。
> 鉴我精诚啊，父母之邦！

说也奇怪，那支邮车号角就好像是来给我唱歌伴奏，在和着我的歌唱在山岭中间越来越近，到后来我简直听见它在山上宫院里响着。我连忙从树上跳下，那个老妇人也已经带着一个打开的包裹走到我面前，"这里也有一点给你一起送来的东西。"她说着便从包裹里拿出一封小小的，玲珑的书信递给我。上面并没有署款。我赶快把它拆开，但是我的脸忽然涨得通红像是一朵大红芍药，心跳得非常利害，连那个老妇人都可以觉察到。原来那封信是由——我那个美妇人写来的，她的便条我在衙门里看过好几次。在信里面她只简短地写着："一切都已经重归于好，一切的障碍都已经清除，我现在私下里趁这机会，做给你报告这快乐的消息的第一个人。回来罢，赶快回来罢！这里是这么冷落，自从你离开我们之后，我几乎活不下去了。奥列尔耶。"

我那时的眼泪忍不住跟着读信的时候掉下来。我是那么颠倒，那么惶恐，同时又是说不出的欢喜。我对着那个老婆娘不觉难为情起来，她又在那里抿着嘴笑了。我于是箭一般飞跑到园里一个最僻静的角落里去，一翻身便整个儿倒在榛树丛的草地上面再读那封信，读到给我自己背诵出来，然后再读，读了又读。太阳光穿过叶缝落在字母上面，它们就活像是金的，淡绿的，红的花在我的眼前扭做一团。难道她还不曾结婚吗？我想，从前那个面生的军官说不定是她的兄弟或者现在是已经死了，或者是我疯了，或者是——"无论如何总是一样！"结束我一声叫，跳了起来，"现在是明白了，她爱我啊，她爱我！"

待到我从丛林里再爬出来，太阳已经斜到西边，天色是红的，在树林里面到处都充满了鸟雀们的欢唱，谷中布满了霞光，但是在我心中却比这一切都还更美丽更快乐！

我向宫中呼唤，叫他们给我在园里安排晚餐，那个老妇人，那个木强的老头子，那些婢女，他们都要出来，陪我在树下那饭桌旁边坐下。我取出我的小提琴，奏一回，吃一回，喝一回，他们都因此高兴起来。那个老头子脸上的皱纹都变成平滑，一杯干了又是一杯，那个老妇人唠唠叨叨说个不住，天晓得她说什么；那些婢女开始在草坪上面跳舞，最后那个苍白的大学生也好奇地走过来，给这嘈闹丢下几个轻蔑的眼色，并且就此神气十足地走开了。但是我毫不怠慢，我一跳起来，趁他措手不及，抓住了他的长外套同他跳了一个回旋舞。他使出周身本领，要好好跳得柔媚而且还要新式的，他的脚步转动得那么紧张而且美妙，他的汗因此在脸上涔涔流下，那长大衣的衣裾在我们的身边像车轮一般飞舞。但是同时他斜着眼睛奇怪地望了我几眼，使我对他渐渐害怕，因此忽然放松了他。

那个老妇人现在竟然还想晓得，信里面说了些什么话，而且我究竟为甚么今天忽然会快乐到这个地步。但是要向她一件一件说明白，那真是话太长，我只向她指一指刚在我们头上从高空飞过去的一双白鹤，说道："我现在也要像这个一样去，老是去，直到那辽远的远处!"——她一听，睁大了她那干枯的眼睛，像是一条毒蛇，望望我又望望那个老头子，那时候我已经觉察到，每逢我把头转向别处的时候，他们两个便鬼鬼祟祟地交头接耳，极其紧急地商量着一些什么，偶然又斜眼望着我。

我惊怪。我用心细想，他们想在我身上捣什么鬼呢？我因此渐渐沉默，太阳也早已经沉下去了。于是我向他们说过晚安，独自沉吟地上我的睡房里去。

我当时是这么透心的快乐而且不安，因此很久都还在房里来回踱方步，外面的风把那些沉重的黑云从宫殿塔楼顶上推过，连那最近的山峰都在浓重的晦暗里几乎认不清楚。忽然我好像听见，花园下面有什么声音。我熄灭了我的灯火，我自己跑到窗面前。那些声音好像来得更近，但是他们的说话是非常轻细的，忽然在一个人的外套底下有一个灯笼射出一道长的光，我这才认出他们是那个木强的宫殿看管人和那个老的女管家。那道光线射在那个老婆娘的脸上。这般丑恶的面孔我就从来不曾见过，它并且照出她手上拿的一把长刀。同时我也可以见到，他们两个正在望着我的窗口。接着那个老头子把他的外套再抽紧一下，一切便也回复到先前的晦暗而且沉寂。

他们在那里干吗，我想，在这个时候还在花园外面？我害怕，因为我生平听过的关于妖妇和强盗的谋杀的故事都一齐涌上心头，他们要谋害人的性命，为的是要吃掉他的心。我正在这样细细思量，又听到人的脚步声，最先是上楼梯，后来便在那条走道上面，极轻的，极轻的向我的房门走来，同时又好像有人不时在那里秘密地耳语。我立刻跳到房间后半的一张大桌子后面，有一响动我便要把它在我面前举起来，使出全身的气力拼命对门冲出去。但是在黑暗中我碰翻了一把椅子，因此发出一阵剧烈的声响，跟着外面也忽然沉静下来。我在桌子后面留心细听，并且不歇望着房门，似乎要用我的眼睛把那扇门戳穿，我的眼睛差不多完全突到头部外面。在我屏绝声息地挨了一阵，连一只苍蝇在墙上走过的声音都可以清楚听到之后，我便听见有人在外面轻轻地把一条钥匙纳进钥匙孔里面。我正在想举起桌子冲出去，那条钥匙却已经在门板里面扭了三下，然后再谨慎地抽出来，然后再小心从走道沿楼梯溜下去。

我现在松了一口长气，呜呼哀哉，他们把你关起来了。等到我睡熟之后，他们才容易下手。我马上去审查那扇门，不错，它是锁紧了。那个美丽的，苍白的婢女的睡房门也一样锁紧。自从我在宫殿里居住以来，这种事就从来不曾发生过。

现在我在他乡被人捉住了！那个美人现在或者正在她的窗前张开双眼从寂静的花园向大路上张望，看我是不是从税务处门前奏着小提琴回来。云迅速飞过半天，时间一刻一刻的过去。——我呢，逃不出这个地方！啊，我的心是这么创痛，我再不晓得我现在应该怎么办。同时我又觉得，每逢窗外的树叶萧萧作响，或者是一只鼠子在地上爬行，我便疑心是那个老妇人偷偷摸进那一扇偏僻的花纸门探索着。而且拖着那把长刀在房里轻轻走动。

当我正在怀着满腔忧虑，坐在床上的时候，忽然又听见那久已消失的夜乐在我的窗下奏弄。这六弦琴的第一声对于我便活像是忽然有一线朝阳从我的灵魂中闪过。我连忙打开窗门，向下面轻轻叫喊，表示我还是醒着，"静！静！"从下面发出这回答。我再不多思索，把那封信和我的小提琴收拾好，跳过那个窗口，沿着那老古的剥蚀的墙爬下来，同时我手攀着那些在墙罅里长出来的小树，但是有几块颓败的砖松脱了，我因此笔直滑下来，而且来得很凶，到我两脚顿在地面的时候，我的脑袋已经爆震不堪了。

我刚得这样落到花园里面，便有人发狠把我抱住，我因此放声叫出来。但是那个好朋友急忙用手掩住我的口，牵着我的手，把我从矮树丛里引到空旷的外面去。在那里我带着惊讶的心情认出他原来是那个好的，长的大学生，他用一条丝带把那具六弦琴挂在颈上。——我使出最高的速度向他表示，我要逃出这所花园。他似乎早就已经知道，带我兜了各种偏僻的圈子才跑到那幢高大的花园围墙脚下的大门口。但是就是那花园门也是紧紧地锁着！可是那个大学生早就已经料到，他取出一条大钥匙，小心地把它扭开。

我们现在已经跑到树林里面，我正在想问他那条最便捷的，进城的路，他却忽然翻身翘起一个膝头跑在我面前，向空中高高举起一只手，并且在那里咒骂和发誓，听起来是够怕人的，我一点都不晓得，他想要什么。我只听得这么接连不断的一串：Idio 和 cuore 和 amore 和 furore！（意文：上帝，心，爱和狂热。）到后来他简直慌忙双膝跪下，向我一步一步移近来，却使我毛骨悚然，我很觉得他是疯了，于是发脚快跑，头也不回直跑入深林里面去。

我现在听到那个大学生像发狂一般在我后面喊着赶来，紧接着又有一种粗暴的声音从宫殿那边向这边回答，我心里自然明白，他们会来把我抓回去。那条路我是不认识的，夜色黝黑，我很容易再落在他们手里。我因此攀上一棵大松树的树顶，静待较好的机会。

从那里我听得到，在宫殿里一声跟着一声醒转来，几个防风的灯笼在上面放出它们怪红的光辉，越过那老古的围墙从山上直到远处照透了那黝黑的夜色。我把我的身心完全交付上帝，因为那个混杂的喧扰越来越大而且越来越近，到后来那个大学生拿着一把火炬竟从我的树下冲过。他的外套衣裾趁势在风中远向背后飘起。过后他们好像都渐渐地转向山的另一面，那声音也渐去渐远，那风也就再在沉寂的树林里飕飕作响了。我那时急忙从树上爬下来，上气不接下气地走过溪谷和夜色。

七

我无昼无夜赶我的路，因为那种呼啸久久留在我的耳边，好像他们还是带着叫喊，火炬和长刀不歇在我后面追来。走到半路我听见人说我离罗马只有二三哩路，这快乐教我大大吃惊。因为关于这华丽的罗马我自小在家里便听人说过不少神妙的故事。每当礼拜日下午我在磨坊的青草上面躺着，周围的一切都是沉静的时候，我便想起罗马像是我头上的浮云，在蔚蓝的海边有奇妙的山峰和斜坡，有金门以及巍峨的，灿烂的塔楼，从那里有天使穿着黄金衣在歌唱。——到我走出树林登上山岗，那座城忽然从远处传入眼底的时候，夜色早就散了开来，月亮和美地照着。——那个海面从远处闪着波光，天上灿烂的无数的星星勾引着你的眼睛，在这下面是那座神圣的城，望过去你只见那里扯起一条雾线。它像是一头睡着的狮子躺在沉静的大地上面，附近排列山岭，像是守护它的巨灵。

我最先来到一片广大的荒原，那上面是那么灰黯而且静寂，跟坟墓没有两样。只有或东或西站着一片古旧的七零八落的颓墙或是一株干枯的，弯扭得很巧妙的灌木；有时有夜鸟在空中一声凄叫，我自己的影在寂寞中老是长而且暗的拖近我身边。

他们说，这里是一座太古的城，维奴丝女神就是埋葬在这里。那些古代的异教徒有时还会从他们的坟墓里爬上地面，当静夜在荒原上徘徊，并且迷惑过往的旅客。但是我总是放胆前行，不受任何东西的扰乱。原来那座城已经更清楚更华美的向我升起，那些高耸的堡垒，城门以及金色的圆屋顶都在皎洁的月夜里照耀得这么美丽，使人当真相信有天使们穿着黄金的衣裳在顶上歌唱，透过沉沉的夜色传到这边来。

我一路行，行过一些小屋再通过一座雄伟的城门，于是便踏进名城罗马。月色照入宫殿，像是白天，但是那些街道已经完全是冷清清没有人行，只有那边这边躺着一个褴褛的流氓，死尸一样当这暖和的夜里在那大理石门槛上面睡着。同时那些飞泉在寂静的地方潺潺作响，园中的树木也夹在中间呼啸，并且给空气散布出清凉的香气。

当我正在沿路闲行，对着这种快乐，月亮以及香气简直不晓得我应该向那面走去的时候，忽然有一阵六弦琴的声音从一个花园里传出。天呵，我想，难道那个拖着长外套的发疯的大学生偷偷的追我追到这里来吗？当下有一个女人在花园里开始非常可爱地唱起，我完全像着魔一样站在那里，原来那是那个美丽的太太的声音啊！而且她唱的就是她平时在家里倚窗低唱的那首异国情调的短歌。

过去的福乐的时光蓦地冲上了我的心头，我真想痛哭一场。当宫外静穆的花园里的清晨我躲在丛林后面充满了福乐的心情，却无端被那讨厌的苍蝇从鼻子上面钉散了我整个的福乐。我再不能制止我自己。我从那金色门饰攀过那扇格子门，然后飞身向花园里跳下去追踪那发出歌声的地方。我已经看见一个苗条的，白皙的身躯远远站在一棵白杨树后面，惊异地看我爬过格子门。但是接着她便飞步从花园跑进屋里，使人在月光里几乎看不见她的举步。"这是她自己！"我叫出来，我的心快活到狂跳，因为我认出那是她的纤小的，敏捷的脚。只是不凑巧，我跳格子门的时候扭伤了我的右脚，我只得先把我的脚腿伸屈几次，然后才能够向那幢房子追去。但是她已经趁这机会把门和窗都紧紧关上了。我谦卑地敲门，过敲便听，听了再敲。我相信我所能察觉到的，只是里面有一种轻细的耳语和嘻笑。是的，有一会我好像看到有两只明亮的眼睛透过窗棂在月光里闪烁。接着便一切都复归沉寂。

这只因为她不知道，这个人就是我，我想。于是取出那具随时随地不离身边的小提琴。在屋外的走道上面来回走着，同时一面奏，一面唱那首美妇人的歌。更乘兴把我曾经当美丽的夏夜在花园里或是在税务处面前那张长凳上面奏过的所有的曲子都奏出来，那些乐音一直传入宫殿的窗内的深处。——但是这一切都是枉然，在全间屋里简直没有一点动静。我到了这个地步就只得说不出的懊丧，把我的小提琴塞入衣袋里面，并且在门槛上面躺下，因为跑了这一段长远的路，我现在已经倦得要命了。夜是暖的，花坛上面散出可爱的香气，稍远还有一座喷水池，在下面伴着喷个不住。我梦着天青色的花，美丽的，深绿的孤寂的地方，那里有山泉的潺湲和溪水的徐流，还有彩色的鸟雀唱得出神入化。到后来我便睡熟了。

到了醒来，晓风沁透了我周身的骨节。鸟雀已经醒过来，在树上环向着我低徊百啭，似乎要把我尽情捉弄。我急忙跳起，向各处察看一遍。那座喷水池还是响个不住，但是从房里却听不到一点声音。我从一片绿的窗棂望进一个房间里面去，里面有一张躺椅，一张大的圆桌子，一张灰色的桌布铺在上面四边垂下来，椅子都是十分合式，不经移动的靠墙放着，只有那些向外的窗棂都放了下来，好像这幢房子已经多年没有人住过。——于是关于那幢冷落的房屋以及昨天那个白皙身躯的一种非常的恐怖猛袭上我的心头，我发脚走，再不回头，走过那些冷静的亭台和走道，急忙爬上那扇格子门。当我从那高的格子门上面向那座壮丽的城望下去的时候，我简直着了魔一样在那里坐定。太阳光正照在屋顶上和长的，静的路上，使我不得不大声欢呼，于是我充满了愉快的心情笔直再跳到路上。

但是在这陌生的大城里教我去那里栖身好呢？昨天那一个复杂的夜晚，和那个美丽的太太的那一首外国歌还不时盘旋在我的脑际。临末我坐在那寂静的地方的中心那座石造的喷泉边上坐下。用清水洗明净我的眼睛，并且唱道：

> 假如我是一只小鸟
> 我该知道什么我应该唱，
> 假如我也有一双翅膀
> 我该知道，我要向何处飞翔！

"嗳，有趣的朋友，你唱得真好比一只在初起的朝霞里的云雀！"忽然有一个少年男子对我说话，他是因为我的歌唱跑到喷水池前面来的，我呢，因为意外地听见有人说德国话，心头就正像忽然从故乡静穆的安息日早上给我传来一片钟声。"上帝欢迎，我最好的乡亲！"我一声叫喊，便充满快乐从石造的喷水池边上跳到地面。那个少年男子微笑着，把我从头到脚看了个详细。"你到罗马来是'干'什么的？"他终于问了。我一时想不出适当的回答，因为刚才那件追寻美丽的太太的事件我是不愿意对他说的，"我'赶'"我回答，"'赶'我自己来略为见识见识这个世界。"——"原来如此！"那个少年男子回答，同时放声大笑。"那么我们是一条路。我要做的事正是一样，见识见识这个世界并且还要把它描绘。"——"哦，原来是一个画家！"我快活地叫出来，因为我同时想起了列奥奈和季度两位先生。但是那位先生不让我说话。"我以为"，他说，"你同我一道来并且和我一同吃早餐，我想替你自己写照，这可以是一种快乐的！"我于是听从他的意见，跟那个画家一同走过空洞的街道，那里只是东一家西一家打开了几扇百叶窗，偶然伸出一双白的手臂，偶然又伸出一个睡态惺忪的面孔向着那清新的晨曦。

他带我弯弯曲曲走过一大帮的难认的，狭窄的，而且黑暗的街巷，终于跑进一所老旧的，烟薰的房屋。我们走完了一条阴沉的楼梯之后又是一条，好比我们要从这里登天。我们结果上到屋顶底下，一扇门面前站定了。那个画家开始在他前后的所有口袋里大忙特忙的找寻，但是事实上是他今天早上出门的时候忘却锁门，那条钥匙就始终留在房里。据他半路上告诉我的话，他是在还未破晓之前就已经走到城外去观察那处日出时的景色。他只是摇摇头，一脚把门踢开了。

这是一个很长很长的房间，假如地上不是堆满了东西。简直就可以跳舞。但是那里放着靴子，纸张，衣服，打翻了的颜色盒，一切都是夹七夹八的乱做一堆。在房间的中心摆着大的架子，像是摘梨子用的。靠在墙壁的周围是大幅的图画。在一张长的桌子上面有一个盆子，在那里面的一个颜色污点旁边是面包和黄油，在这附近更有一瓶酒。

"现在先吃一些，喝一些什么罢，乡亲！"那个画家对我说。——我也想立刻就给我搽两块黄油面包，但是又正巧缺少了刀子。我们只得再在纸堆里沙沙地翻，临末是在一只大包底下找到了。当下那个画家推开窗门，清晨的新鲜空气跟着便拥进房间里面来了。这是一片瑰丽的风景，从城上望过山岭那边去，朝阳正在愉快地照着那些别墅和葡萄园。——"我们清绿的山外的德意志万岁！"那个画家一叫，便从瓶口里喝他的酒，接着便递过给我。我对他恭敬遵命，在心里却对那辽远的美丽的故国还问讯了几千万遍。

那个画家却当这个时候把那个蒙着大幅的画纸的木架子移近窗下。在纸上只有用粗大的线条很巧妙画成的一间旧茅屋，坐在里面的那位圣母有一张绝美的，愉快的，同时却又极其凄伤的面孔。在脚下的一个稻草窝里面躺着那个圣婴耶稣，极亲爱但是有大的，严肃的眼睛。在这开门的茅屋的门槛上面跪着两个牧童带有杖子和袋子。——"你看"，那个画家说，"我要给这一个牧童把你的头画上去，这样一来，你的面孔也可以在众人面前出现，上帝在上，他们还要从这里得到快乐，即使我们两个早就已经被人埋葬了，还是这么静默而且快乐对着圣母和她的儿子跪着像这些幸福的少年一样。"——他说着，便去拉一张椅子，但是当他把它提起来的时候，有一边靠背却留在他的手里。他连忙重新装好，再把它推到架子前面，于是乎我便坐在上面，我的面孔要略斜对着那个画家。——我照这个样子完全静定地坐了几分钟，但是不知什么缘故，我再忍不下去了，这里又发痒，那里又发痒，而且在我的对面正挂着一块破了的半边镜，我因此不时望过去，正当他描画的时候，我厌闷得做成各色各样的鬼脸，那个画家觉察到了，终于放声大笑，并且向我招手，教我重新站起来。我那牧童身上的面孔也已经画好了，那副神情是这么清朗，连我自己都觉得十分满意。

他现在趁这清新的朝凉不歇用功绘画，同时唱着一首短歌，有时又从窗口眺望那伟丽的风景。我呢，我当那个时候再给我自己切一块黄油面包，一手拿着在房里走来走去，同时观赏那些靠在墙上的图画。里面有两张我尤其喜欢。"这也是你画的吗？"我问那个画家。"为什么说出这样荒谬的话？"他回答。"这是那有名的大师列奥奈朵达文齐（Leonardo da Vinci，1452—1519）和季度列尼（Guido Reni，

1575—1642。这两人都是意大利顶有名的画家）画的。——但是这种东西你本来是一点都不知道的啊！"——这段话的结尾教我生气。"哦"，我泰然回答，"我认识那两位大师就像认识我自己的口袋一般清楚。"——他因此睁大眼睛。"什么话?"他连忙问。"那么"，我说，"我不是跟他们日夜同行，骑马和走路和乘车，风因此在我的帽上吹哨子，直到在客店里走失了他们，然后才一个人坐在他们的特别快车一路行驶。那辆雷轰一般的车老是靠着两个轮子飞过那可怕的石头而且"，——"哦哦！哦哦！"那个画家打断我的说话，睁眼呆望着我，似乎他要把我当作疯子看待。"啊"，他叫，"我现在才明白，你是和两个画家同路，他们名叫季度和列奥奈是不是?"——我说是，他便马上跳起来，把我从头到脚详细地再看一遍。"我甚至于相信"，他说，"莫非——你还奏小提琴?"——我向大衣袋里一扑，小提琴在里面发一声响。——"那就不错了。"那个画家回答，"这里从德国来了一个伯爵夫人，她就连罗马的每一个角落都叫人去打探那两个画家和一个带着提琴的少年音乐家的消息。"——"一个从德国来的少年伯爵夫人"？我神采焕发地叫了出来，"那个司阍有没有同来呢?"——"呐，这些我一概不懂。"那个画家回答，"我不过在一个女朋友家里看过她几次，但是她是不住在城内的。——你认识她吗?"他一面说下去，一面便在一个角落里忽然把一幅麻布从一幅大画上面高高揭开来。这对于我就好比有人在那晦暗的房里打开窗门，朝阳骤然射到眼上，那是——那个年轻的太太！她穿着天鹅绒的衣裳站在花园里，用一只手从面上揭起她的面纱，静穆地而且亲切地眺望那辽远的，瑰丽的风景。我越看，便越看得清楚，这似乎就是那所宫殿的花园，花朵和树枝轻轻地在风中摇曳。在低处我仿佛看见我的税务处和那条在碧绿中延长过去的大路，还有多瑙河那些辽远的青山。

"这就是她，这就是她！"我临末这样叫喊，抓起我的帽子，冲出门外，溜下那重叠的楼梯，只听见那个惊讶的画家向我叫，叫我晚上再来，那时候或者能够听到更多的消息。

八

我三步凑作两步走过城市，打算立刻赶到那个美妇人昨晚唱歌的花园里去报到。在这个时候街上已经完全活动起来，老爷们和太太们在阳光中来来去去，大家鞠躬问候。衣裳的颜色乱凑成一片斑斓。那些辉煌的马车夹在中间有时驶过。所有的钟楼都敲钟在做弥撒，那些钟声在群众的头上，清洁的空中神妙地交响着。我一因快乐，二因那种喧嚣已经像醉了一样，我满怀高兴只顾向前走去，直到后来我自己都不晓得，我站在什么地方，这真好比是变戏法，那个有喷水池，花园和房屋的寂静的地方不过是一个梦，当着青天白日便一切都重新从地上消隐了。

我不能问人，因为我不晓得那处地方的名字，到后来，闷热开始，太阳光就像火箭一样直射在石路上面。人都躲进屋里去，到处的窗棂都关上了，街上忽然又好像死了过去，我后来绝望地在一所美丽的大屋前面躺下，那里正好有一座露台和柱投下一个阔大的阴影。我有时观望那平静的城市，因为那光亮的中间忽然生出来的冷落使人看了着实有点心惊；有时又看那蔚蓝的万里无云的天空，直到我倦到极处的时候便居然睡着了。我梦见我躺在我乡间的一片冷静的碧绿的草原上面，一阵温暖的夏雨沙沙落下来，在那正在山后西沉的霞光中闪烁，待到那些雨点滴到草地上面的时候全都变作美丽的，缤纷的花朵，我就完全被它铺满了。

但是我是多么诧异啊，当我一觉醒来，当真看见有大堆的美丽的鲜花散在我的身上和身边！我一跳起来，但是所觉察到的，却只是在我头上一个窗子的顶上满是香喷喷的花草，在那里面有一个鹦鹉不歇地在说在叫。我于是把那些散乱的花拣出来把它扎好，并且把它插在我胸前的钮洞里面，接着我便开始和那个鹦鹉谈谈闲天。因为我很欢喜，看它在那镀金的架笼上面做出各色各样的姿态，上上下下的翻转，同时又总是累赘地站在那个大脚趾上面。可是乘我不备，它竟骂我做"furfante!"（意文：贼骨头）虽则它是没有理性的畜生，但是我听到总不免生气，我回骂它一顿，结果我们两个都一样发狠，我越发说起德国话来骂它，它越发用意大利话向我咕哩咕哩地乱骂。

忽然间我听见在我后面有人在笑，我急忙回头，原来是今天早上的那个画家。"你又在这里玩什么鬼东西呢？"他说，"我已经等你等了半个钟头了。空气已经又凉了一些，我们到城外一所花园里去罢。在那里你将要看见更多的本国人而且或者更可以得到一点切实些的关于那个伯爵夫人的消息。"

对于这个我感到异常的快乐，我们立刻走我们的路，那时我久久还听见那个鹦鹉在我背后乱骂。

当我们走出城外上了那狭窄的，岩巉的山坡上面在那些别庄和葡萄园中间走了不少时间之后，我们便来到一个高处的小花园，有好几个少年男女在绿丛中围着一张圆桌子坐着。我们一入门，他们便向我们一齐招手，教我们保持静默，并给我们指向花园的另一边。在那边一座大的，生满绿叶的凉亭里面对坐着两个女人。一个在唱，一个在弹六弦琴，在她们中间桌子后面站着一个和蔼的男子，他用一根小杖在那里打拍子，还有落日透过葡萄叶闪出霞光，有时照着凉亭里面摆满一桌的酒瓶和水果，有时照着那手弄六弦琴的女人的，丰满的，浑圆的，迷眼的白肩膀，另一个则兴高采烈，巧妙地唱着意大利文的歌，连颈上的筋都涨起来了。

正当她张着向天的眼睛唱定一个悠长的尾调，那个男子在她身边高举着那枝指挥杖留神着那她将要接上的节拍的一瞬间，在全花园里再没有人敢透一口气息，忽然花园门飞得洞开，一个十分愤激的女子和她背后一个有秀雅的，苍白的面孔的少年男子大争特吵地冲进来。那个吃惊的音乐指挥，捏着他那支高举的指挥杖呆立在那里像是一个化石的魔术师。不管那个女歌人老早已经把那个悠长的颤音戛然吞掉，气忿地站了起来。别的人们都愤然向那两个刚来的人吹牙哨。"野蛮的家伙！"圆桌边的一个向他叫道，"你胡乱闯入这一幅意义丰富的描写美丽的画镜的中间了，这幅画镜是那个幸福的何夫曼，在那本 1816 年《妇女便览》第 348 页上面，根据那幅 1814 年在柏林艺术展览会里面展览的最美的胡墨尔的绘画构成的！"——但是一点都没有用处。"啊，什么"，那个少年男子答复，"管你画镜不画镜！我自己创作的图画为别人，我的女郎只为我自己！我要这样子维持着，哦，你这不忠实的，你这虚伪的！"接着他又从头再向那个可怜的女郎骂下去，"你这长舌妇人，你在绘画艺术里只会找寻银光，在诗歌艺术里面只会找寻金线。你没有情人，有的都是姘头，我更要祝望你，不要是一个真爱的画家的画笔，却是一个老公爵在鼻子上有金钢钻的宝窟，在光头顶上有明亮的银光，在那残余的几茎头发上面有金剪线。好把那张你刚才躲开后的眼目的字条拿出来罢。你又在那里捣什么鬼？那是谁的烂纸头并且是写给谁的？"

但是那个女子奋然反抗，大家越是围着那个生气的少年人并且大声安慰他，他便因这声响越是愤恨而且疯暴。至于那个女子，也一样不肯住口，直到后来哭着飞出那乱烘烘的人丛，出人不意地猛扑在我的胸前，想在我身上得到保护。我也立刻取一个应有的姿势。但是当别人在忙乱中完全没有注意到我们的时候，她忽然向我抬起她的头，带着安详的脸色轻轻地而且快快地在我的耳边说道："你这讨厌的税务官！为你的缘故我不得不受这种种的苦恼。你，快把这张倒霉的字条收起来罢，你从那里可以晓得我们住在什么地方，好依照一定的时刻，当你进了城门之后，尽是向右边僻静的街道走去！——"

我出奇到说不出话来。因为到我定神一看，我忽然认出：她实在是那个刁钻的宫女，那个从前在一个美丽的星期日晚上给我一瓶酒的宫女，她在我的眼里从不曾有过这般美丽，像她现在那么气急地躺在我身上，她的鬓黑的头发在我的臂上垂下来。——"但是，可敬的姑娘，"我十分惊讶地说，"你怎样来到"——"照上帝的意思，住口罢，就住口罢！"她回答，在我还未曾认清一切之前，她已经急忙从我身上跳到花园的另一边去了。

在这个时候他们好像已经完全忘却他们的第一个话题，却在那里高高兴兴继续吵他们的架，同时他们想给这少年男子证明他实在是喝醉了酒，一个真爱的画家是绝不应该有这种行径的。那个圆脸的机敏的从凉亭里出来的人，——我后来听人说——他原是一个艺术的识者和朋友，他喜欢参加各种学术的工作，是出自天然的爱好的，他也把他的指挥杖丢掉，用他那饱满的亲爱到容光焕发的脸热心地在那最密集混乱的中间去考察一切，安抚一切，在谈论中间还频频可惜那一段悠长的尾调和那部他用尽不少精力构成的美丽的画镜。

可是我心里现在是星一般的明白，正如从前的一个星期六晚，我靠着洞开的窗对着那个酒瓶拉小提琴拉到夜深的时候一样。我看见那个乱子似乎不会有个尽头，于是我便兴匆匆的重新取出我的小提琴，不假思索便拉出一支意大利舞曲，那是他们在山中跳舞用的，我学来的地方是那座古旧的，寂寂的荒林宫殿里面。

大家都昂高他们的头，"妙极，真是妙极，一个超卓的提议！"那个有趣的艺术识者叫了出来，立刻关照了一个又一个，照他说，他打算安排一个有故国风味的消遣。他自己做一个开始的人，他把手伸给那位刚才在凉亭里面弹琴的太太。他使出异常美妙的舞步，用他的脚尖在草地上写出各样的字母，两脚尽量摆出灵活的颤动，而且不时做出合度的腾空跳跃。但是只一会已经够他受了，因为他有点胖。他越来越跳得短促而且呆滞，结末他简直跳到圈外在那里剧烈地咳嗽，用他雪白的手帕不歇揩他的汗。当其间那个少年男子，他已经完全清醒了，从饭店里把拍板拿来。待我留神看时，他们已经在树下跳舞起来，穿插成五光十色了。西沉的太阳还在那暗影中间，古旧的墙头和那被常春藤缠绕着的在花园后半的半斜的石柱上面投过一些红的返照。另一面你可以见到低低在葡萄山下那罗马城在霞光里面躺着。他们大家在绿丛中间迎着清爽的静穆的空气跳舞得很可爱，我暗地里开怀欢笑，看那些苗条的女子，那个宫女在内，举高她们的手臂像是异教的山林女神在浓荫中飘荡着。而且每一次都是同时用那拍板在空中高兴地撞击着。我那时再也不能忍耐，我跳入他们中间，一面奏我的小提琴，一面做出各种优美的体态。

大概我这样跳圈子已经有一些时候了，我并不觉得在那个时候别人已经开始疲倦，逐渐从草地上分散。那时有人在我背后用力拉一拉我的衣裾，原来是那个宫女："不要做傻子罢！"她轻声说，"你就跳得活像是那只公山羊！好好地研究你的那张字条，依时早来，那位美丽的少年伯爵夫人等着呢。"说着她在苍茫的暮色里走出园门，一下子便在葡萄园中消失了。

我的心卜卜地狂跳，恨不能立刻跟着跳去。好在那个跑堂看见天黑，便点起园门的大灯笼，我跑近到边去把那张字条拿出，只见上面颇糊涂地用铅笔写明了城门和街道，和宫女刚才说过的一样，此外更写着："11点钟在那小门边。"——

那还有一两个钟头的长时间！——我很想不动声色马上走我的路，因为那时我再没有一点的安静了。但是那个带我来的画家却向我走来。"你有没有和那个女子说过话？"他问，"我现在到处都找不到她，她就是那位德国伯爵夫人的宫女。""不要做声，不要做声！"我回答，"那位伯爵夫人现在还在罗马。""那就更好"，那个画家说，"你还是来同我们一道举杯祝她的健康罢！"他说着便把我拉进花园里面，我虽然竭力挣扎也没有用处。

那里已经完全冷落而且空虚了，那些有趣的游客都各个挽着爱人的手臂回城里去，透过那沉静的暮色在那葡萄园的中间还可以听到他们的谈笑，然而渐去渐远，结末他们的声音便深深地消失在山谷里，树声里和水声里。只有我还同我的画家和厄克勃列希特——那另一个刚才大吵其架的画家的名字——留在里面。月亮辉煌地照过园里那些高大的，浓密的树，一盏灯光在我们面前的桌子上面随风摇曳，照耀着桌上泻成一片的酒。我没奈何只得一齐坐下，我的画家和我谈论我的到来，我的旅行以及我的生活计划。厄克勃列希特先生则当那个姣好的酒家少女把酒瓶摆在桌上之后，便把她抱在他的膝上，并把那具六弦琴放在她怀里，教她奏一首短歌。她也不一会便熟习了那琴弦的位置。于是他们便同唱了一首意大利歌，他唱完一节，她便接着唱下一节，在这绮丽的沉静的暮色里显得特别的美妙。——待到那个女子被人叫走之后，厄克勃列希特便抱着他的六弦琴凭在长凳上面，把他的脚搭着前面的一张椅子，在那里自顾自地唱出很多德意志和意大利的歌，一点不理会我们。那时候星星已经灿烂地照在明净的天上，到处都被月光镀成一片银世界。我想念那个美丽的女人，想念我辽远的故乡，简直忘却那在我身边的画家。厄克勃列希特不时要调准琴弦，因此惹起他的火气，他扭来扭去，临末在乐器上面一扯，猛然断了一条琴弦，他于是把六弦琴一手丢开，跳了起来。现在他才看见，我的画家原来在这时候已经枕着手臂伏在桌上睡着了。他急忙把那件挂在桌边的树枝上面的白色外套盖在他的身上。但是他忽然计上心来，先看看那个画家，然后锐敏地看我两眼，不管三七二十一便兀然坐在当我面前的那张桌子上面，咳咳嗽，整理整理他的领带，然后忽然开始向我发出一篇议论。"亲爱的听者又是乡亲！"他说，"因为瓶子已经差不多完全空了，因为道德断然是市民的第一义务的缘故，所以当品行有消灭的征象的时候，我感觉到被同胞的同情心所驱使，有向你说说道德的必要。——虽然会有人说"，他说下去，"你是一个赤裸的少年，你的燕尾服可同时活过了他最好的午代了；一个人或者可以相信，你刚才的跳舞非常神妙，如同一个羊脚森林神：是的，有些人该想武断，你是一个地头鬼，因为你住在这地面而且摆头摆脑地奏小提琴；但是我不管这种浅薄的判断，我倾心你那尖得巧妙的鼻子，我把你当作一个空洞的天才。"——我痛恨那种奸狡的语调，我在想好好地给他答复，但是他不容我开口，"你看"，他说，"仅仅为这一点点的称赞便已经得意忘形了。回头去想想这种危险的事情罢！我们天才——原来我也是一个——对于这个世界正如这个世界对于我们一样都没有多少的期望。我们多是不管什么困难穿起我们那双与生具来的七里靴，开步走向永恒。吁，最可悲的，最不舒服的，扩大的地位。用一条腿搭着那只有朝霞夹着未来的孩儿面的未来，再用另一条腿搭在罗马中心的市民广场，那里的全部俗人都想趁好机会同去，并且攀附着那只长靴，简直要把一个人的脚腿扯断！所有那些抽搐，烂醉，挨饿都是为着不死的永恒！看那边长凳上面我的伴侣罢，他也同样是一个天才；对于他这段时间已经太长，至于永恒更何从说起!? 是的，值得最高的尊敬的伴侣啊，你和我和太阳，我们今天同一个时候起来，已经整天在化育和绘画，而这一切都是优美的。如今那沉睡的夜色已经用它的皮袖掩过世界，并且涂乱了一切的颜色！"他的说话还在继续，同时披着一头因跳舞和狂饮弄到完全散乱的头发，在月光里他的尊容就像死尸一般苍白。

我早就觉得他的形状和他的说话是使人生畏的了，现在他已经转身向那个睡觉的画家，我便利用这个机会，不动声色轻轻绕过那张桌子一直溜出这所花园，一个人满心欢喜沿着葡萄棚支柱向着辽远的映着月光的溪谷走下去。

从城里传来的钟声正打十下，在我的背后还有那断续的六弦琴和那两个画家偶然发出的声音从远处透过沉静的夜色传到我耳边。他们现在也打算回家去了，因为这个缘故我拼命快跑，免得他们再来左右盘问。

一入城门我便即刻折入右边的街道，带着跳荡的心，我从沉静的房屋和花园中间急忙走过。但是当我忽然出现在那有喷水池的地方，我是多么惊讶啊，我今天就曾经无论如何都找不到的这地方。那幢花园屋依然孤寂地站在那里，映着辉煌的月色，那个美人也依然在花园里唱她昨天晚上唱过的那首意大利歌。——我说不尽的愉快走到那扇小门外面，接着又到前门，临末更全力向高大的花园门跑去，但是全都关得牢牢的，现在我才想起原来 11 点钟还未曾敲过。我痛恨那迟缓的时间，但是要像昨天一样爬过园门，却因为处世的尊严我不想再次尝试，我只得在那冷静的处所来回跑了一阵，结果便带着满怀心事和期望在那石喷泉边上坐下。

天上的星星闪烁着，那里的一切都是空而且静，我充满快乐在倾听那位美人的歌唱，那歌声是从花园里和着喷泉的声音送来的。忽然间我看见有一个白色的身躯从另一边走来，正向那扇小园门走去。我在月光里锐利地观察，原来他是那个野性的画家穿着他那白色的大衣，他快快拿出一条钥匙，扭开门，在我细看之前，他已经进去花园里面。

对于这个画家因为他那没有理性的议论我压根儿就有一种戒心，现在呢，我更加愤怒到不能自制了，那个荒唐的天才一定又是喝醉了酒，我想，他从那个宫女讨到那条钥匙，现在就想去恐吓，陷害，袭击那位太太。——我于是向那个花园夺门直入。

我进去的时候，里面的一切都是静穆而且孤冷，房屋的双开门关着，一种乳白色的灯光照出来，在门外和那青草和鲜花寻开心。我远远望进去，在一个华丽的，青绿色的，只有一盏白色的灯轻轻照亮的房间里面那位太太手里抱着那具六弦琴坐在一张丝的安乐床上面，在她那无邪的心中完全不曾想到外面的危险。

但是我没有多少看望的时间，因为我正在看见那个白衣人在那里十分小心地从那一边的矮树丛后面向那座花园屋潜行过来。同时从屋里传出那位太太的凄婉的歌声，直透入我的骨髓。我那时再不迟疑，拗下一条粗大的树枝直向那件白大衣扑过去，同时放大喉咙狂叫："谋杀呀！"全个花园都因此震动起来。

那个画家看见我出其不意从后面赶来，便立刻发脚逃跑，同时狼狈地叫了出来。我叫得更好，我向那座房屋走去，我追在他后面，——我差不多就要把他捉住了，偏偏有讨厌的花梗把我的双脚缠住，于是一交笔直跌在门外。

"啊，原来是你，傻子！"我听见我头上有人在叫，"你差一点把我吓死了。"——我连忙爬起来，揩去我眼里的沙泥，便看见在我面前站着那个宫女，她因那最后的一跳，把那件白色的大衣从肩膀上丢掉了。"可是"，我惊讶地说，"那个画家不在这里吗？"——"是的，不错"，她尖利地回答，"至少有他的一件大衣。我刚才在城门里碰到他，他把他的大衣披在我身上，因为我觉得冷。"——因为这一段话，那位太太也从沙发上跳起来，跑到门口，我的心那时候跳得快要崩裂了。但是我是怎样的惊讶啊，待我留心细看时，在我眼前的忽然不是那位美丽的太太而是一个完全陌生的人。

那是一个颇高大的，肥胖的，有一个架子十足的鼻子和高高弓起来的黑眉毛的，威风凛凛的太太，有一种足够吓人的美丽。她这么庄严地用她那大的闪光的眼睛望着我，使我敬畏之余简直无地自容，我的神经完全错乱了，我只是不歇请安，临末甚至于想去吻她的手。但是她急忙把手拉开，接着向那个宫女说了一段意大利话，我自然是一点都不懂。

但是那时所有的邻居都因为刚才的呼喊活动起来，狗在吠，小孩在叫，偶然还可以听见一些男子的声音，那些声音越来越近花园。那位太太再看了我一眼，似乎她想用火球把我射穿，过后便跟着骄傲而勉强的一笑退回房里，把那扇门对我的鼻子一推关上了。那个宫女径自把我一手捉紧拖到花园门那边去。

"你又干了一次了不起的笨事"，她在半路恶狠狠地对我说。我那时也变成毒心肠了，"说什么话，捣鬼！"我说，"你们不是自己约我到这里来的吗？"——"就是因为这缘故了。"她叫起来，"我的伯爵夫人待你这么好，先从窗口给你丢下鲜花，唱叙情调，——如今她所得到的是这样的酬报！可是算了罢，你的确是一个不成器的东西，你尽是尽力践踏你的幸福。""可是"，我回答，"我以为那位是从德国来的伯爵夫人，那位美丽的太太。"——"啊"，她打断我的说话"她早就回德国去了，连同你那疯狂的爱情。你现在又可以赶上去了！她渴念着你，你们可以在那里一起奏小提琴，赏玩月色，只是再不要留在我的眼底！"

一种可惊的骚乱，可是已经发生在我们的后面，那些人手提棍棒从隔壁的花园紧急地攀过园篱，另外的一些已经在那里放声咒骂，搜查路径，绝望的面孔戴着睡帽在月光里东望一次篱笆树，西望一处篱笆树，好像魔鬼忽然把那些篱笆树和矮树孵化成贼骨头。——那个宫女并不拖延，"在那边，那个贼在那边走了！"她向众人叫喊，一手指向花园的另一边。接着便赶紧把我推出花园，随手把那扇门关好。

我如今重新同我昨天初来的时候一样，一个人站在上帝的天底下的这一片的地面上了。那座喷水池先前在月光里对着我闪烁得十分有趣，像是有天使在那里上下来往，现在也依然响着，只有我在那一段时间当中已经把所有的兴趣和快乐一齐丢入喷水池里面去了。——我现在斩钉截铁地决定，永远把背向着那虚伪的意大利，和他的疯狂的画家，香橼以及宫女，并且立刻走出城门。

九

兀兀的群山诚心守望：
"是谁自异乡趁这清晨

到这芊绵的郊野逡巡？"
只有我蕴藏着无穷的欢畅，
对群山放开望眼，
一声口号雄壮又庄严
出自我爽快的胸怀：
奥大利万岁！

故土先认得我这游子，
清溪和小鸟柔声问讯，
还有是周遭的丛林，
多瑙河有霞光泛起。
士提凡的塔楼本来相识，
隔山欣望我的颜色。
即使不是他，他也就要来——
奥大利万岁！

我站在一座高山上面，初次再望见奥大利的疆土，并且充满快乐地舞动我的帽子，同时唱着这首歌的末一节。忽然间在我背后的树林里面有一种美妙的管乐伴奏着。我急忙转身看，看见三个穿着长的，蓝色的大衣的少年男子。他们中间有一个吹洋管，第二个吹觱篥，至于那头上戴着一顶旧的三角帽的第三者则吹猎人号角。——他们忽然吹起来伴我唱歌，全部树林都因此响动。我呢，并不怠慢，取出我的小提琴，立刻清爽地随拉随唱，把他们弄到面对面说不出一句话。后来还是那个猎角师，最先放消了他那双鼓胀的面颊，停止吹他的猎人号角，到大家都沉默了，只是望着我。我诧异地停止拉琴，并且也望着他们。——"我们原以为"，那个猎角师终于发言了，"这位先生是一个旅行的英国人，徒步来这里欣赏美丽的自然界，因为先生有一件长的燕尾服，我们因此想挣一点川资。但是照现在的情形看来，先生自己原来也是一个音乐家。"——"实际上是一个税务官"，我回答，"直接从罗马来到这里。但是因为我已经很久没有一点的收入，所以我在路上便靠我的小提琴来维持生活了。"——"现在这个时候不会有多大的出息！"那个猎角师说，那时他又已经退回树林边，用他的三角帽煽动一点自己生起来的火，"那还是吹乐器有较大的好处"，他继续说，"当一位先生舒服地吃午餐的时候，我们忽然出其不意走到他穹形的穿堂里面，三个人同时使尽平生的气力吹他一个爽快，——马上便会有一个仆人带着钱或是饭食跳出来，但求这种震天价响的乱子从此罢手。喂，先生愿不愿意同我们一道用一点小食，旺旺肚子呢？"

那团火已经在树林里烧得很好看，这早上也很新鲜，我们大家便凑成一个圈子坐在草地上面，音乐家中的两个或从火上拿过一个盛着和好牛奶的咖啡的壶子，或从大衣袋里取出面包，把它浸湿来吃，同时轮流啜着壶嘴喝咖啡，他们吃得津津有味，看着都可以说是一种愉快。——可是那个猎角师说，"这种黑的饮料我受不起"，说着便把一块大的重叠面包的一半递给我，然后拿出一瓶酒来，"这位先生愿不愿意也呷一口呢？"——我尽力呷了一口，但是我立刻便要把它放下，同时，扯起一个怪难看的面孔，因为那味道好比三人酒。"这是用本地的葡萄酿成的，"那个猎角师说，"这位先生在意大利已经把德意志的口味戕害了。"

接着他在他的大衣袋里面乱扭乱抓，结末终竟在各色各样的旧东西中间抽出一张断烂的地图来，在那上面还可以看见那个全副制服的皇帝，右手提着一统杖，左手拿着朝廷苹果，他把它在地面上小心打开，别的人便一齐靠拢来，他们在那里商量，他们现在要走怎样的一条路。

"假期就要完了"，有一个说，"我们现在就要从灵慈左面转过去，那么我们还可以依时回到蒲拉格。"——"那一点不错"，那个猎角师叫起来，"你想向什么人吹出些东西来？那里有的只是树林和运煤夫，没有纯正的艺术嗜好，没有合理的，自由的站头！"——"呃，鬼话！"别一个回答，"农夫是我所最喜欢的。他们最明白一个人的苦处。而且他们也不这么严格，即使有时有人吹错了一个音。"——"这样做，你竟没有 point d'honneur（法文：自尊心，）"那个猎角师回答。"odi profanum vulgus est arceo，（拉丁文：我讨厌那些下流人，我从他们远远离开。）"拉丁人说。——"好，礼拜堂大概在半路上总不会没有罢"，第三个人说，"那么我们可以到宣教师那里去歇宿。"——"最驯顺的仆人"，那个猎角师说，"他们出钱少，然而说教多，他们会说我们这样子到处周游实在没有什么用处，还是在学问上多用点工夫的好，尤其是当他在我身上发觉到那个未来的同道的时候，不，不，clericus clericum non decimat（拉丁文：意为同类不相残。）但是这算得什么大不了的灾难吗？那些教授先生现在也还是在卡尔浴场，他们自己也不这么严格地遵守这个期限。"——"是的，distinguendum est inter et inter.（拉丁文：凡人都要晓得彼此的分别。）"别一个回答，"quod licet jovi, no licet bovi!（拉丁文：这一个人容许这样做，未必适合于别一个人。）"

现在我明白了，原来他们是蒲拉格的大学生，于是对他们生出一种十分的敬意，特别是在他们的口角上拉丁文竟像流水般说出来。——"先生可也是一个大学生？"那个猎角师接着问，我谦逊地回答，我向来都很有兴趣研究学问，只是因为没有钱。——"这一点也不妨事"，那个猎角师说，"我们也是没有钱，而且也没有富裕的朋友。但是一个聪明人一定要晓得怎样帮助他自己。Aurora musis amica（拉丁文：清晨是艺术女神的好友）德文就是有丰盛的早餐不要多把时间浪费。但是当正午的钟声从钟楼到钟楼，山岭到山岭传过全城的时候，那些学生便忽然带着大声的呼喊从那古老的，阴郁的学宫冲到外面来，在阳光里穿街过巷的涌过去，——我们跑到卡普栖寺院里面找到那个司厨的师傅，于是我们便会有一张铺排好的饭桌，即使有时没有摆好，也会有一个盛满食物的锅子。我们就此不管一切放开肚皮吃饭，同时更可以熟练我们的拉丁文。先生，我们就是这样一天过了又一天来研究学问。到后来放假了，别的同学或乘船，或骑马回到父母家里去，我们却把我们的乐器挟在大衣底下，穿街过巷，出了城门，整个的世界都在我们的前面开展着。"

我不晓得，——照他这样讲述，——竟伤透了我的心，这种有学问的人为什么会完全被世人遗弃，我同时想到我自己，我还不是遭着同样的命运，我的双眼忍不住流出眼泪来。——那个猎角师惊异地看着我，"这一点也不要紧"，他继续再说下去，"我绝不希冀那么样的旅行，先定下骏马，咖啡，鲜明的床铺，夜帽以及马靴拔。最好的就是这样，当我们清早出门的时候，高高在我们的头上便有一队征鸟飞过，我们自己完全不晓得，那一家的烟囱是替我们冒烟，同时更一点都不能够事先知道，今天到晚我们会碰到什么特别的福气。"——"是的"，另外一个人说。"只要我们行到一处，抽出我们的乐器来，便大家都会快乐。当我们正当中午在乡间跑进一所人家里面去在院子的地板上面吹起来的时候，那些少女们便在门前开始跳舞，那些先生们教人略为打开一些厅堂的门，好让他们听起来便当一些，从门缝里传出那杯盘的碰击声和烧烤的香气来混进那充满快乐的音乐里面去，那些筵席上的姑娘们几乎扭断了她们的颈来看那外面的音乐家。"——"的确。"那个猎角师两眼闪着光叫了出来，"让别人在那里反复温习他们的讲义罢。我们要在这个时候研究我们大本的画册，这本画册是上帝给我们在郊外打了开来的！是的，你先生可以相信，正在我们身上才会教育成那种像样的人物，懂得向那些农夫讲述点什么东西，并且握起拳头在讲台上面一击，使那些芋芳村夫当着这教训和忏悔的时候心崩胆颤。"

他们这样说着，使我生出极大的兴趣，也想马上跟他们一道念书。我听得一点都不感到厌倦。我是向来喜欢和有学问的人谈话的，因为我自己可以得到一点益处。

但是现在总没有方法可以谈到正经的问题上面去。因为那一个大学生着急起来，怕假期就要完结，因此急忙把他的觱篥接好，把一张乐谱放在他那翘起的膝头上面，尽心练习一首弥撒乐里面一段烦难的流水调，这首乐曲是他们打算在回蒲拉格去的路上合吹的。他坐在那里使起指法，翕起嘴唇，有时错得这么利害，教人听见都要肉麻，而且甚至于连自己的话都有时听不懂了。

忽然间那个猎角师用他的低音叫了出来："哈哈，办法有了。"说着他快活地在他身边的地图上面一拍，那另一个暂时停止了他的吹奏，惊异地望着他。"听着"，那个猎角师说，"离维也纳不远有一座宫殿，在那宫殿里面有一个司阍，而那个司阍是我的表兄！最亲爱的同学们，我们一定要到那边去。我们去拜候那位表兄，他便会替我们照料一切！"——一听见这段话，我便跳了起来；"他是不是吹法葛？"我叫，"而且有昂藏的身段和一个肥大的，文雅的鼻子？"——那个猎角师点点头，我那时简直高兴到把他亲吻，连他的那顶三角帽都从头上掉下来。于是我们马上决定，大家一道坐邮船经多瑙河直向那美丽的伯爵夫人的宫殿进发。

我们来到岸边，一切都已经准备停当，可以开行，那只船在一家客店前面停了一夜。那个肥胖的客店主人此刻大模大样，舒服地站在门中间，简直把那个门口塞满了。他说出各种各样的笑话和妙语给人们送行。那时那些舟子正在把他们最后的行李搬到船上去，在每一个窗口都伸出一个姑娘的头向他们亲切地点头。有一个老头子穿着灰色外套和黑的颈巾也想一道乘船，站在岸上十分起劲地和一个穿着长的皮马裤，紧窄的深红的衫，在他面前骑着英吉利种骏马的瘦长的少年讲话。他们引起我大大的惊讶，他们好像不时望着我，而且说着关于我的话。——临末那个老头子笑了，那个少年举起马鞭一挥，于是穿过朝暾，向那闪烁的风景奔腾前进，要和他头上的云雀赌快慢。

在这个时候那些大学生和我已经把我们的钱凑起来，当那个猎角师把我们大家辛辛苦苦挖穿口袋才凑集起来的光是铜板给那个船夫做船钱的时候，他不觉发笑而且摇头，但是我却放声欢呼了，当我看见多瑙河好好地在我前面的时候。我们飞一般跳上船，那个船夫做了一个记号，我们便在美丽的朝霞里面在山岭和草原中间箭一般顺流而下。

林中的小鸟飞了起来，从两边的远处的乡村里传来响亮的晨钟。在高处有时又可以听到云雀们的唱歌。从船上还有一只黄雀把它的欢呼加添上去，更凑成一种合式的欢畅。

那只黄雀是船上一个美好的少女的，她把那个鸟笼放在她身边，另一边挟着一束衣裳在她的胁下。因此她不必管什么闲事只是有时望望她裙脚下面伸出来的新鞋，有时又望望她前面的流水，清晨的太阳同时照在她白晳的额头，额头上的头发分梳得怪整洁的。我当然觉察到，那几个大学生很喜欢和她开始一场温文的谈话。因为他们不歇在她面前走过，那个猎角师在那里或是咳嗽，或是弄弄他的领带，或是移动一下他的三角帽，但是他们缺乏相当的勇气，至于那个少女却只一看见他们行到她的附近，便又马上垂下她的眼睛。

但是特别使他们难为情的，就是对着那个穿灰外套的老头子。他现在坐在船的另一边，而他们立刻便猜到他是一个教士。他看一本摊在他面前的拉丁文的天主教祷告书，但是他常从书本上望到美丽的景色里面去，那书本的金边以及那些彩色的，神圣的插图，在朝阳里面照耀得辉煌灿烂。同时他也容易看出，在船上发生了什么事情；一看羽毛便认得出这是什么鸟子，因为过不了一会，他便向一个大学生说起拉丁文来，他们三个立刻向他揭下他们的帽子用拉丁文回答他的问话。

我那时坐在船的最前头，快活地让我的双脚垂下到水面上，当那只船向前飞驶，波浪在我的脚下劈拍而且飞沫的时候，我总是远远望到前面去，看那里一座座的塔楼和宫殿接二连三地穿过河岸的青绿转出来，越近越大，到后来，又忽然在我的眼前消失了。假使我是有翅膀的话！我想，后来我不耐烦起来，便取出我的小提琴，奏出我旧日在家里和在那美人的宫殿里面学熟了的曲子。

忽然有人从后面拍我的肩膀。原来是那个教士先生。他已经把他的书抛开，静听了一会我的曲子了。"嗳！"他笑着对我说："嗳，嗳，敬爱的名师，你忘记了吃和喝了。"他吩咐我把小提琴收拾好，和他去吃些点心，把我引到一张狭小的，有趣的篷底下去，那张篷是那些船夫们用嫩柳枝和小松树编成，装在那只船的中部的。他叫人在那里摆好桌子，我，那些大学生，以及那个少女，大家都要环坐在那些木桶和铺盖上面。

那位教士先生，于是打开一大包用纸小心地包好的烧肉和奶油面包来。而且更从一个盒子里面拿出好几瓶酒和一个里面镀金的银杯来，把酒斟出，先喝一口，再考究它的气味，然后又试喝一喝，然后一个一个的轮流递给我们。那些大学生蜡烛一般挺直坐在他们的木桶上面，或吃或喝都是十分恭谨地只受用一点点，至于那个少女亦只不过把她的小嘴在酒杯里面浸一浸，同时羞涩地看看我，又看看那些大学生，可是她看得我们越多，她的胆子也渐渐大起来了。

她终于开口告诉那位教士先生，她这次是第一次离开家庭，出来办事。现在正预备到她的新主人的宫殿里去。我的脸不觉飞红，因为她的意思是指那位美丽的贵妇的宫殿。——原来她该是我的将来的宫女！我这样想，我睁大眼睛出奇地望着她，我几乎发起昏来。——"在那宫殿里面快要有一场盛大的婚礼，"那位教士先生接着说。"是的"，那个少女回答，她好像还要多知道一点这段故事。"有人说，这已经是一种长久的，秘密的恋爱关系。但是那位伯爵夫人始终不肯承认这一说。"那位教会先生只是"唔，唔"的回答，当那个时候他斟满了他的猎人酒杯，若有所思地在啜饮，可是我却伸开我的一双手臂将身歪在桌子上面，好让我把这篇谈话听得更清楚些。那位教士先生看出底细了，"我不妨向你们说"，他再开始说话，"那位伯爵夫人特派我出来打探消息，看那个新郎现在是不是已经在这附近。有一位太太从罗马写过信来，说他早就离开那里了。"——他一说起那位罗马的太太，我便又面红起来。"你先生认识那个新郎吗？"我完全迷惑地问。——"不"，那个老头子回答，"但是听说他是一只得意的鸟子。"——"哦，是的"，我急忙说，"这样的一只鸟子，只要有机会便要从鸟笼里面逃出来，一当他再得到自由，他便得意地歌唱。"——"而且在异乡流连"，那位先生从容地接口，"夜里到处浪荡，白天却在大门口睡觉。"——这使我非常难为情。"尊严的先生"，我迫促地叫出，"人家给你报告错了，那个新郎是一个有道德的，细长的，充满希望的少年，他居留在意大利的一座故宫里面，养尊处优，专和伯爵夫人，有名的画家以及宫女们交游，他也晓得很清楚怎样使用他的钱，假如他当真有了这件东西的话，他"——"呐，呐，我就莫名其妙，你怎晓得他这么清楚。"那位教士打断我的话，眼睛溜溜转。——"可是我却听到过"，那个少女又做声了，"那个新郎是一个高贵的，非常富有的先生。"——"啊，皇天，是的，算了罢！糊涂，只有糊涂！"那个教士叫着，同时笑到不得开交。后来咳嗽咳得十分利害，到他略为休息一下之后，他举起他的酒杯，叫道："新婚夫妇万岁！"——我那时一点都不晓得，我对那位教士和他的议论应该作何感想，我因为那一段罗马故事，不好意思对他们大家说明，我自己原来就是那个失踪的，幸福的新郎。

那个酒杯现在又重新兜圈子。那位教士先生同时亲切地向他们谈话，因此每一个人都向他要好，后来大家都互相倾谈，那些大学生也渐渐地欢喜说话，给大家诉述他们山中的旅行，临末简直拿起他们的乐器，快乐地开始吹弄。那些清凉的水气流过篷上的树枝，夕照已经烫金了那些在我们面前飞过去的树林和山谷，正当两岸反响出猎角的音响的时候。——后来那位教士先生被音乐感动到越来越高兴，于是便叙述一些关于他少年时代的有趣的故事：他怎样当着假期也喜欢上山下岭，常常是又饿又渴，但是总是高兴的，而且整个的大学时代就是那狭小的，阴沉的学校和那严肃的职业的中间一段长久的休假。——那时候那些大学生轮流再喝一口，然后开始新鲜地唱一只歌，那歌声直响入远远的山岭里面去。

一群群的小鸟
都连翩飞向南方。
一队队的行客
在朝霞里举帽高扬。
是什么人出城门，
原来都是大学生。
凭借他们的乐器，
吹出他们的离情。
一声再会说向四面八方，
啊，蒲拉格，我们远适他乡。
Et habet bonam pacem,
Qui sedet post fornacem。
（拉丁文：他该会有美适的安静，谁坐在火炉后面。）

我们夜过城中，
远见窗间有辉煌的灯火。
有不少明妆盛服的人，
隔窗映出舞影婆娑。
我们在门外吹奏，
我们是渴到十分。
好主人，给我们一些饮料，
让我们解渴提神。
只要稍为等候，
便送来一壶好酒，
Venit ex sua domo——
Beatus ille homo!
（他从家里出来，
那个福乐的男子。）

现在有寒冷的北风，
吹过簌簌的树林。
我们在田间过路，
雨雪湿透了我们周身。
大衣在空中飘扬。
鞋子已经完全残破。
可是我们毫不延迟，
或吹乐器或唱歌：
Beatus ille homo
Qui sedet in sua domo，
Et sedet post fornacem，
Et habet bonam pacem。
(那个男子有福气，
他坐在他的家里。
至于坐在火炉后面，
有他美适的安静！)

　　我，那些船夫和那个少女虽然都不懂拉丁文，还是每次都畅快地合唱每一节的末段。但是呼喊得极顶快乐的却是我，因为我正从远处看见我的税务处，而且不多时那座宫殿也映着晚霞在树梢头露面了。

✝

　　那只船在岸边靠定了，我们便一跳上岸，各走各路的分头散开，活像是鸟雀们看见笼门忽然打开的样子。那位教士先生匆匆告别，大踏步向那座宫殿走去。那些大学生赶紧跑向一丛零落的矮树，加快敲拍他们大衣上面的沙尘，在他们面前流过的溪水里洗脸，各自替别人刮胡子。那个新来的宫女末后也带着她的黄雀，包袱夹在胁下，跑进宫殿山脚的一间客店里面，好让她在入宫之前，先在那个女店家那里换上一件好看些的衣服，至于那个女店家是我把她当作好人向那个宫女推荐的。我呢，那美丽的晚景一直照透了我的心，现在他们已经走散了，我也就不再迟疑，直向那个主子的花园走去。

我走到税务处的前面。它依然是旧日的样子。主子花园里面那些大树还不歇在上头萧萧吹过，那只每当夕阳西下，便在窗前那棵栗树上面唱它的晚歌的金丝雀也还在那里歌唱，似乎这世界就压根儿不会有过一点的变故。税务处的窗门开着，我满心快乐走到那边，并且探头向旁里看望。那里没有一个人，只有那个挂钟还是一样的滴答作响。写字台摆在窗下。那支长烟管还是照先前的样子放在一个角落里。我再不能忍耐，我从窗口爬进去，坐在那张摆着大帐簿的写字台面前。那些阳光穿过窗前的栗树在那摊开的帐簿的数字上面映成绿金色。那些蜜蜂在那洞开的窗前嗡嗡地飞来飞去，树上的金丝雀也不歇歌唱。——忽然房门打开，一个年老的，长大的税务官穿着我那件花点的睡袍进来！他在房门中间站定，他看见我突如其来，便连忙从鼻子上面取下他的眼镜，凶恶地用眼盯住我。当然，我这一吓，并不小，于是跳起来，一句话也不说，便走出那狭窄的房门，一溜烟向花园里逃走。走不到几步我的脚给那讨厌的马铃薯藤绊住。照我所想到的来说，这些东西是那个税务官接受那个司阍的劝告糟蹋了我旧日的花之后换种上的。我还听到他飞步追出门外，在我背后狠声咒骂，但是我已经高高坐在花园围墙上面，怀着狂跳的心望到宫殿花园里面去。

那里有的是一股香气和光彩，还有各种鸟雀的歌唱；那些亭台和曲径都是空空的，只有镀金的树梢在晚风里向我点头，像是来欢迎我，在旁边的低处偶然在那树罅中间闪着多瑙河的波光。忽然间，从花园里相当的远处我听见一阵歌声：

> 人类的欢声消歇，
> 大地如在梦中，
> 衬树林漾起神奇的响动。
> 在心头潜藏的一切，
> 逝去的年华，轻微的感伤，
> 如同幻闪的电光
> 激起轻颤在胸中飘然生灭。

这声音和歌曲对于我是这么稀奇，同时却又是这么熟悉，似乎是梦中在什么地方听到过的。经过我长久的，长久的思索——"那是季度先生！"我满心欢喜叫了出来，并且赶快纵身跳到花园里面去。——它原来是那一只歌，当那个夏天的晚上我末次在客店里看见他的时候，他正在露台上唱着。

他还是继续的唱，我却跳过花坛，跳过矮树丛，去追寻那阵歌声。到我在最末后玫瑰丛中转身出来，我忽然像着魔一样呆呆站定。原来在那映着晚霞的池塘边上，那位美丽的太太穿着华贵的衣裳，戴着一个用白的和红的玫瑰编成的花冠坐在一张石凳上面，按着歌声在她面前的草地上玩她的马鞭，活像当时在船上我要为她唱那只美人歌的情景。在她的对面坐着一个少年妇人，她那向我这边的圆润的粉颈的周围复满了棕黄的鬈发。当那些天鹅在平静的池水上面慢慢地循环游荡的时候，她一面唱，一而拨动她的六弦琴，——那时那个美妇人忽然抬起双眼，一望到我便放声大叫。另一个太太也急忙向我回转头来，她的鬈发因此飞满一脸。到她详细地把我看过之后，她便爆发出一阵特别的笑声，从石凳上面跳起来，拍了三下手掌。同一瞬间从玫瑰花丛里面跳出来一大堆穿着花白的短衣，打着红红绿绿的蝴蝶结的女孩，使我简直摸不着头脑，她们先前究竟是躲在什么地方的呢。在她们的手上捧着一个大的花环，快快地在我周围结成一个圆圈，绕着我回旋跳舞，同时唱道：

> 我们送你一顶少女冠，
> 装上紫罗兰色的青丝。
> 我们引你欢歌狂舞，
> 共祝这新人的佳期。
> 美丽的，碧绿的少女冠，
> 紫罗兰色的青丝。

这段歌曲是《魔弹枪手》（韦柏尔 K. M. von Weber，1786—1826，谱曲的歌剧）里面的。有几个山歌女我也认出来了，她们是从乡村里来的。我扭扭他们的面颊，很想逃出她们的包围，但是那些幼小的，顽皮的东西不放我出去。——我始终不明白这到底是怎么一回事，只是站在那里出神。

那时从矮树丛忽然跳出一个穿漂亮的猎装的少年男子，我几乎不相信我的眼睛——原来他是那个有趣的列奥奈！——那些女孩子现在把那个圈子拆开，立刻又像着了魔一样，一只脚站着不动，另一只脚却架空摆着，同时把花环用双手高高托在头上。列奥奈先生那时挽着那个永是静静地站着，只偶然望过我这边来的美妇人的手，直带她来到我面前，并且说道：

"爱情——对于这件事所有的学者都是一致的——是人心的最勇敢的品性的一种。它用火热的一盼打破地位与身份的藩篱，对于它世界是太狭小而永恒是太短促。是的，实际上它是一件诗人的外套，每一个幻想家都要在那冰冷的世界里穿上，好到亚卡典（古代希腊彼罗潘臬司风景优美娴静的地方）去出游。两个分手的爱侣距离越远，大风便把他们后面那灿烂的大衣越要吹成更像样的弧线。那些皱折的飞扬越来越威风而且奇异，而在那爱侣后面的衣裾要加长又加长，弄到一个不相干的人要从地上走过，便不得不显明地踏过这样的两条衣裾上面。啊，亲爱的税务官兼新郎，任你穿着这件外套走到梯北尔（中部意大利最大然而不能航行的河流）的尽头，你那位现在的新娘的纤手也会紧紧拉住你这衣裾的最外面，任你挣扎，弹琴，而且嘈闹，你终得回来皈依她那媚眼的沉默的法力。——说到现在，事情已经到了这一步了，你们亲爱的，亲爱的傻子们！穿起你们那件幸福的外套，让此外的整个世界都在你们的周围消沉罢！——祝你们像鸳鸯一样互相爱恋而且享福！"

列奥奈先生的演讲刚刚收梢，那位刚才唱歌的少年太太也向我走来，快快地把一顶新鲜的冬青冠加在我的头上。当她把那顶冬青冠在我的头发里面压紧，她的面孔靠近我的时候，她十分谐谑地唱出一只歌：

> 为什么我对你同情，
> 为什么顶头上加新装，
> 都为你一声声的弦琴
> 使我听到心花怒放！

过后她又退后几步。——"你还记得从前在半夜里把你在树上摇撼的强盗吗？"她说，同时对我弯一弯膝，并且这么和善地而且快乐地望着我，使我心里不免尽情欢笑。接着她也不等待我的回答，便在我的周围旋转。"的确还是那个老样子，不带任何的外国习气！但是哈！看看那个厚的口袋罢！"她忽然向那个美丽的太太说："小提琴，衣服，剃须刀，包袱，通通混在一起。"她扭着我向各方示众，笑得前仰后合。那位美丽的太太当时还在保持着她的沉默，害羞而且纷乱到简直不愿睁开她的眼睛。我不时感觉得，她好像暗地里讨厌这种谈话和嬉笑。末了忽然有眼泪涌出她的眼睛，于是她把她的脸藏在另一位太太的怀里。她最初是惊异地望着她，但接着便把她真切地抱紧。

只有我莫名其妙地呆呆站着。因为我越是详细去打量那个面生的太太，我便认得越清楚，她的确不是别人，除了是——那个少年画家季度先生。

我完全不晓得，我此时应该如何开口，我正在想走近些去问个究竟，列奥奈先生恰巧走到她面前，对她秘密地说话："难道他还不晓得吗？"我听见他问。她摇头。他接着思量了一顷刻。"不，不"，他临末说，"他要赶快明了一切，不然的话，便会徒然生出新的废话和昏乱。"

"税务官先生"，他于是转身向着我，"我们现在并没有充分的时间，但是请你顺从我的意思，在百忙中惊奇一下，免得你后来在众人面前因为问话，惊异以至摇头，再来搬演旧的故事并且弄出新的模拟和猜疑。"他说着便把我拖下矮树丛里面，那时那个小姐正在把那条美丽的太太的马鞭拿在手里在空中挥舞，同时把她的鬈发都摆到脸上。但是虽然这样，我还是可以看见，一直从她的脸红到额角。——"却说，"列奥奈先生开口道，"佛罗拉小姐，那位现在做成好像一点不曾听到也不曾晓得这段故事的样子的佛罗拉小姐，迅速地把她的心和某一个人的心融合了之后，却来了另外一个人，他率领着号角和大鼓来给她演奏一曲凤求凰，并且想用他的心去掉换她的心。但是她的心已经另有所属，某人的那个心也在依附着她。那个某人再不愿意把他的心收回，也不愿意交还她的心。整个的世界哗然，——你该还不曾念过传奇小说罢？"——我说不——"那么你这一回居然是里面的一个角色。简单的说：那是这样一段关于心的乱子的故事，弄到那个某人——他原来就是我——只得自己出来调停，我于是趁一个温暖的夏夜飞身跨上我的骏马，把那位小姐扮做画家季度扶上了另一匹马。就是这样我们向南方进发，打算把她窝藏在我的一座寂寞的宫殿里面，静待那种为心闹出来的乱子平静下去。可是到得半路便有人侦探出我们的踪迹，当你在那家意大利客店里睡着替我们尽了出众的守望的职务的时候，佛罗拉忽然看见我们的追踪者。"——"是那个驼背先生罢？"——"是一个侦探，我们逼着秘密地躲进深林里面去，并且让你一个人乘坐那预定好的邮车继续驶去，我们的追踪者果然上当，甚至连那些在我宫殿里的人也都被蒙混了，他们时刻在等候那个化装的佛罗拉，他们只是恭谨地奉侍你，却没有认真细察，只当你就是那位小姐，而且这边宫殿里的人也都相信，佛罗拉是住在那山头宫殿里面，于是打探，给她写信。——你不是收到过一封信吗？"——应着这些话我闪电般快捷从袋里抽出那张便条。——"哦，这封信吗？"——"是给我的，"佛罗拉小姐本来压根儿就没有理会我们的说话，现在却忽然开口，同时从我的手里把那张便条一手抢去。把它读过之后，便插在襟口里——"可是现在"，列奥奈先生说，"我们快要到宫殿里去，大家都已经等着我们了。好，结末一定不易的，而且适合于一篇正式的传奇小说的，是：'发觉，忏悔，和解，我们大家于是仍旧快乐地同在一块，而后天就是举行婚礼的佳期了！'"

他还这样说着，在那矮树丛里面忽然发出一种由大鼓，喇叭，铜角，长管喇叭凑成的轰响。礼炮也接着放起来，万岁也叫起来了。那些女孩子又重新跳舞，从所有的矮树里，一个一个的头跟着出来，好像它们是从地上生出来的一样。我也在这热闹与跳舞的空气里腾起尺来高的跳来跳去。到得天色昏暗起来，我才渐渐地认识出那些旧日的人面。那个老园丁打鼓，蒲拉格大学生夹在中间穿着外套吹弄他们的乐器，在他们的旁边那个司阍发狂一般在他的法葛上面使出他的指法。当我这样意外地望到他的时候，我立刻向他跑去，把他吻个痛快。这样一来他脱落了他的节拍了。"一点不错，任他走到世界的尽头，他还是而且也会永远是一个傻子！"他向那些蒲拉格学生叫着，便再发狠地吹下去。

这时候那位美丽的太太已经当这乱子偷偷地像一只小鹿从草地上偷偷地溜到下面的花园里面去。亏我看得合时，于是连忙发脚赶上。那些音乐家忙着奏乐，一点没有注意到这件事情，他们后来以为我们是到宫殿里去了，于是全队人员夹着音乐和大阵的骚乱立刻向那边开步走。

可是我们却差不多同时到了那所消夏别墅，它正在那花园的山坡上面。开窗一望，正对着那阔大的，深邃的溪谷。太阳早就已经落到山背后去了，只还像一团红色的空气盖上那温暖的，逐渐沉寂的暮色，周遭越是沉寂，多瑙河溅溅的水声便越发清楚传到上面来。我凝眸痴望着那位贵人，她跑得热腾腾，她站在我前面，我连她心的跳动都可以听得清清楚楚。但是我现在忽然单独和她一块，因为礼仪的拘束，完全不晓得我应该向她说些什么好。后来终于打定一个主意，去握她白晰的纤手。——她于是快快地把我拉近她身边，接着便倒在我身上抱着我的颈，因此我也就双手把她抱紧。

但是她连忙从我的身上摆脱，神志昏乱地凭着窗口，好让她灼热的双颊在晚风里清凉一下，——"啊"，我叫，"我的心跳得真是就要崩裂了，但是我对于一切都还不能好好地考量，对于我这一切都好像是一个梦！"——"我也一样，"那位美丽的太太说，"当我在那个过去的夏天"，停了一会她才接上去说，"同那位伯爵夫人从罗马回来，天幸找到了佛罗拉小姐，并且把她带回。但是关于你的消息却到处都无从打探。那时我真不会想到，一切都能够这样顺利！直到今天约莫中午的时候，那个约克，一个良善的，伶俐的孩子，才上气不接下气地跑到宫里报告这个消息，说你乘着邮船回来。"——接着她在那里暗笑，"你还记得"，她说，"你最后那一次看见我在露台上的时候是怎样的？那回正像今天，也是这样的一个静穆的黄昏，花园里是音乐。"——"究竟是谁死了呢？"我急问。——"什么人啊？"那位美丽的太太说，同时愕然望着我。"你太太的夫君。"我回答，"那个当时一起站在露台上的男子。"——她两颊飞红，"你头里藏着的都是多么希奇的东西啊？"她叫了出来。"他实在是那位伯爵夫人的儿子，那时他刚好旅行回来，并且那天恰巧是我的生日，因此他把我一同领到露台上面，好让我也接受一声万岁的祝贺。——可是你大概就因为这一件事离开这里，是不是？"——"啊，皇天，一点不错！"我叫了出来。同时用手猛力打我的额角。可是她只是摇头，而且开怀欢笑。

我看见她这样快活而且亲切地在我身边闲谈，我真是说不出的舒服，我简直愿意听到明天。我充满了精神上的愉快，于是从衣袋分阶段抓出满手从意大利带回来的杏仁，她也一样拿来受用，我们就一面掰杏仁，一面心满意足地眺望那沉静的景色，——过了一会之后她再说，"对面那座映着月光的白色的宫殿那位伯爵已经赠送给我们，连同那个花园和葡萄山，我们就要住在那里。他早就晓得，我们两个人的感情非常投合，而且他也很喜欢你，因为假如当他同那位小姐从客店里出走的时候少了你，说不定在他们和伯爵夫人和解之前已经会被人双双捉住，那时候便一切都要变样了。"——"天啊，最美丽的，慈祥的伯爵夫人"，我叫了出来，"那些意外的新闻把我弄得这么糊涂，我简直不晓得我的头是在什么地方了；那么是那位列奥奈先生吗？"——"是的是的"，她打断我的话，"在意大利的时候他用这个名字，对面的土地的统治权就是在他手上，现在他快要和我们伯爵夫人的女儿，那位美丽的佛罗拉结婚了。——但是为什么你叫我做伯爵夫人呢？"——我睁大眼睛愕然望着她。——"我实在不是伯爵夫人"，她接着说，"原来我的叔父，那个司阍，因为我是一个弱小的，穷苦的孤女，所以把我一同带到这里来，又得我们那位慈祥的伯爵夫人把我带进宫里去在她身边教养。"

现在我只有一个感觉，正如一块石头从我心上落掉了！"上帝祝福那个司阍"，我欣然这样回答，"原来他是我们的叔父！我往常总当他是一个了不起的人物。"——"他对你也是一片好心"，她回答，"只要你稍为高雅一点，他常常这样说。你现在也要穿得漂亮些了。"——"哦"，我满心欢喜地说，"英吉利式燕尾服草帽，和阔桶马裤和夹环马靴！结婚之后立刻旅行到意大利，到罗马，那里激射着美丽的喷泉，还有，我们要同那几个蒲拉格大学生和那个司阍一道去！"——她静静地笑着，并且快乐而又亲爱地望我；从远处不歇有悠扬的乐音飘送过来，从宫殿那边又飞腾着盛大的烟火，划破夜色，照亮全园，此外更夹杂着多瑙河溅溅的水声。——于是乎这里的一切，一切都好到十分。

小彼得云游记

巴塞维茨（Gerdt von Bassewitz）著

版本：商务印书馆，1934年，上海，
署名伊微译

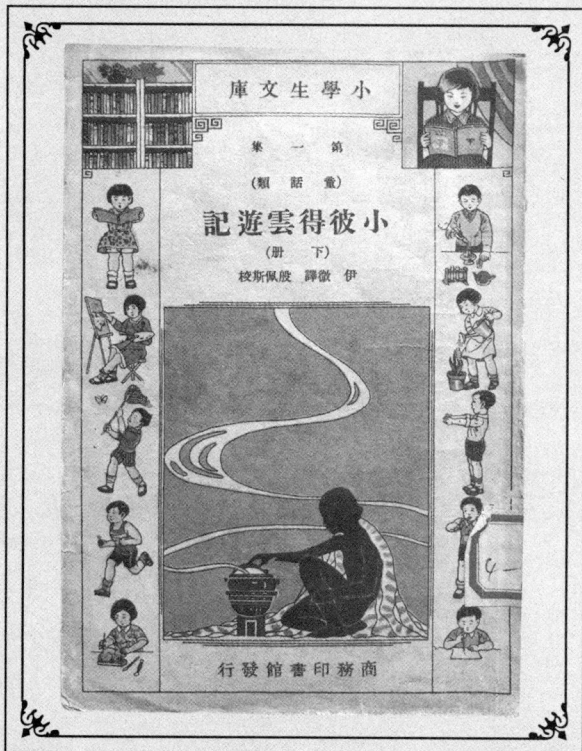

小學生文庫

第一集

（童話類）

小彼得雲遊記

（下冊）

伊微譯　皮波斯校

商務印書館發行

题　记

译完之后，本来还想写一篇序言，说说本书的内容，但是回头一想，又怕我主观的见解毒害了小朋友们纯洁的灵魂，所以终于一笔勾开，只说些关于翻译这本书的故事，这对于小朋友们或者还不致于觉得厌倦吧。

那是四年前的事儿。

在一个冬天，我的小侄女收到一包从德国寄来的书籍，打开一看，这本《小彼得云游记》（Peterchens Mondfahrt）的美丽的插图先就吸引了我们的好奇心。于是到公园里去，看的是小彼得，吃饭的时候谈的是小彼得。而且沙夫子、雷公、月魔以及嗡嗡子的装死等等，都被我们引用起来，直到看完之后还不时谈起。

我当时看见她这种高兴的情形，心里就想把它译成中文，献给我的小朋友们做一件殷勤的礼物，但是结果并没有动手。

有一天不知受了一种什么冲动，忽然记起小彼得，于是利用课后的空闲，一章一章译下去，并且居然译完了。

翻译的时候，一章已完，便受到我的小侄女一度的奖励，所以这本书能够译成中文，而且译起来能够进行得这么快，是不能不感谢我的小侄女的。

现在，我希望这本书，像在它本国一样，能够给我亲爱的小朋友们带来一种至上的快乐！

1933 年 6 月 6 日伊微记于上海

编者注：伊微是廖辅叔的笔名。

小彼得云游记

嗡嗡子的家世

嗡嗡子是那只肥胖的夏甲虫的名字，他春天住在小彼得的父亲花园里的一棵栗树上面，那棵栗树生长的地方距离那块开着满天星的草坪没有多少远。

他是结过婚的，但是他的女人现在是已经死去了。当她有一天下午到院落里面去，想在阳光里找点食物的时候，被一只鸡吃掉了。

白天散步，对于那些夏甲虫是非常危险的，所以人们在夜里睡觉，夏甲虫们却把他们睡觉的时间改在白天。

但是那位不识世故的嗡嗡子夫人非常好奇，就是在白天她也要飞往各处去。那时她正坐在一块莴苣叶上面，想道："试试这个味道怎样！"……啄！——那只鸡就把她吃掉了。

这种变故使嗡嗡子先生，那只夏甲虫，非常伤心，他哭湿了许多的叶，并且把他的脚腿都漆成黑色。他的脚腿本来是红色的，但是在夏甲虫国里的风俗却是这样：一个鳏夫在居丧期内要漆黑他的脚腿。嗡嗡子先生是懂得礼节的，因为他是一家望族的独子。

在好几百年前，嗡嗡子族的祖先，在他的新婚期内曾经发生过一件极大的不幸。

他同他的太太飞到树林中游散——在一个星期日的晚上，他们吃饱了，便在一条桦木的树枝上面休息一下子。

那时刚是新婚，他们自然是了不得的亲热，不提防有一个恶人跑到树林里面来；他是一个偷木贼，正想趁星期日去偷点东西，他猛然飞起他的斧头，把那枝桦木砍下。因为他的手势凶猛，便把嗡嗡子的高祖的一条脚腿也连同砍落了。

这实在是太可悲了！——

他们仰天跌在地上，惊吓得不省人事。经过相当的时间之后，才因为周围照着的一道雪亮的光辉，使他们从新醒过来。

在树林里面，他们的面前站着一个美丽的女人，她说："那个恶人已经因为犯了毁林的罪而受到惩罚了，我是夜女神，从月里看见这件事。现在罚他带着那根砍下来的木头充军到最高的月山上面去。他要永远在那里砍树和搬运木头。"

但是那个嗡嗡子的高祖叫起来了，他说："我的小腿，在哪里呢？我的小腿在哪里呢？我那第六条小腿在哪里呢？"

那位女神吃了一惊。

"啊"，她说："这教我非常伤心；它大概是附在桦木上面一起带到月里去了。"

"哦！哦！我的小腿，我的第六条小腿！"那个不幸的嗡嗡子的高祖叫着，他的太太哭得十分凄惨，她晓得，她的孩子们此后将不会有六条而只有五条脚腿了，这是要遗传的。所以事情的确是非常糟。

好在女神看见这幕极大的悲剧，不觉对那些夏甲虫发生了一种怜悯心，她于是说道："一个人是比一只夏甲虫重要得多，所以我不能因为这样便取消那种对待恶人的惩罚。但是我可以准许你们找着好人去替你们取回那条脚腿。假如你们能够找到两个不虐待牲畜的孩子，你们便可以和他们一同到月里去取回那条小腿。"

这样一来，他们两个人便感到一点安慰，飞回家中，并且揩干了他们的眼泪。

这个故事很快地传到所有的夏甲虫那里去了，所有的蚊子、蟋蟀、蚂蚁都晓得这件事，便是蜻蜓和蝴蝶也都听到过了。嗡嗡子家族于是非常出名，在所有的草场上和树上他总是被人认做一个极高尚的种族。

但是嗡嗡子族的先生和太太们很为他们的名誉受苦，因为每当他们夜里飞进小孩的房里去，想请他们帮忙的时候，常常被人打死，大多是被那些粗蠢的婢女打死的，但是有时连那小孩子自己也这样做。

这是落在他们家中的一种大大的冤苦。

结果嗡嗡子一家在世间便只剩得一个后裔，他是一个鳏夫，他的太太因为太过好奇，不肯睡觉，却要在白天到处飞行，弄到被一只鸡吃掉了。

他是非常谨慎的人，他永远不和别的夏甲虫混在一起，尤其是"悼亡"之后，更爱那种孤独的生活。

每当晚餐过后，他便在朦胧中坐在树枝上面，用他的小提琴奏出那首热情横溢的月光曲和那首伟大的叙事诗：《月中的第六条小腿》。

夏甲虫的音乐会

有时他也奏一首快乐的曲子，同时在大块的栗树叶上面依照一定的节拍跳舞，那个样子是够古怪的。

别的夏甲虫们每天晚上总要在树下开一个低音琴和大鼓的音乐会，每逢邀请的时候，嗡嗡子先生总是推辞不去，这使他们很生气。

他们说道："自从他不奏低音琴换奏小提琴之后，他就全不把别人放在眼上了。"

但是这样还不如说是他们的妒忌。

他们有的不过是大鼓和低音琴，他却有一只精巧的，银色的小提琴，它闪烁得如同月亮，而且有一种精微的声音，正和那些在太阳光中跳舞的、歌唱的小蚊子一样。

这只小提琴是一件传家宝。

有一位嗡嗡子先生曾经救过一只蟋蟀摩翅姐姐，她是住在满天星草坪上面的。当她有一次爬树爬得太高了，忽然头昏眼花的时候，要不是嗡嗡子先生，她一定便要跌死了。

为感谢这种勇敢的行为，这只蟋蟀将特别送一只银色的小提琴给她那位救命恩人做纪念。

蟋蟀送一把小提琴给嗡嗡子

在嗡嗡子一族中承袭这份产业的总是那个长子，而他总是受到极度的宝贵。现在那个最后的嗡嗡子也就是最后的嗣子。

这一切都使他非常地骄傲，这是可以明白的。他过着一种舒服的生活，他长得胖胖的而且非常谨慎，老是记住不要把自己陷入危险的境地里去。但有时，那非常美丽的黄昏会引起他的兴趣，他也就大胆起来。他一口一口地喝那"毋忘花露酒"来纪念他的太太——虽然实际上她一定不会和他一致——他鼓起他非常兴奋的情致，在花园里面一弯一拐地唱着。

他扰乱了蚊虫的夜舞会，以及萤火虫的捉迷藏。他冲撞了苹果花，把那些正想在里面睡觉的金龟孩子翻出来，他毁坏了那只斜眼蜘蛛的网……砰！……他碰着一扇窗门。因为他再也看不清楚，究竟那些窗门是打开还是关着的。但是对于他并没有什么关系，因为他有一副极硬的甲壳。"好碰啦"，他这样叫一声便又被强烈的英雄思想催着飞过去了。"我是一个骑士"，他这样想，"并且是嗡嗡子一族的末代继承人！"

在小孩房里

有一天美丽的晚上，那个末代的嗡嗡子落到小彼得和小安娜的睡房里来，那时正是那个肥胖的明娜带他们来睡觉的时候。

小彼得自然听到了他的嗡嗡声，并且想把他捉住。好在明娜禁止他这么追赶，不然的话，恐怕那嗡嗡子要陷入恶劣的境地里去了。原来她的听觉或者有些不好，她并没有听到什么，只以为小彼得要做点玩艺给她看，好穿着睡衣再在房里操练一下子。

但是这种惊吓毕竟弄到那位高贵的嗡嗡子的手脚发狠地战抖。虽然他今晚喝了特别多的"毋忘花露酒"，也一点没有用处，他的勇气完全不知到哪里去了。他躺在窗幔的棍子上面装死，这是夏甲虫们一遇到极大的危险的时候就要使用的一个古老的，自卫的方法。

但是他同时细心观察房里的动静。

明娜把孩子们在床上安置好了之后，便出去了。小彼得呢，当然马上和小安娜谈论那只夏甲虫的故事。

现在又有一场危险了！

因为小安娜有点害怕，小彼得轻轻地起来去找那只夏甲虫，那位坐在窗幔的棍子上面的嗡嗡子先生，于是心跳得非常利害。

"谁晓得，这说不定有生命的危险，虽然那些孩子平日总是善良的，但是谁也不能够单独倚靠人类的好心。"这一段话他是从他的家史里念熟了的。

但是命运很给他方便；因为正当小彼得行到窗幔旁边，那危险已经达到顶点的时候，那个母亲进来了。

一下子！那个孩子又被捺到床上去了。那两个孩子要合起双手，来举行夜的祈祷。

接着母亲又给他们唱了一只引眠歌——她并且唱那首著名的夏甲虫叙事诗：

> 从前有只夏甲虫，
>
> 嗡——嗡——嗡——
>
> 一双翅膀褐色浓，
>
> 嗡——嗡——嗡——

小彼得和小安娜睡觉

还有六条小脚腿，
在他肚皮的周围，
嗡——嗡——嗡——

他坐在绿树林中，
嗡——嗡——嗡——
做着美丽的幻梦，
嗡——嗡——嗡——
他梦着太阳、月亮和星星，
和辽远的新鲜的奇境，
嗡——嗡——嗡。

那时已暮色苍茫，
嗡——嗡——嗡——
夏甲虫提起皮囊，
嗡——嗡——嗡——

他要开始去远行，
阅历世上的风土人情，
嗡——嗡——嗡。

他飞过一条涧水，
嗡——嗡——嗡——
啊，失掉一条小腿，
嗡——嗡——嗡——
只得用五条腿走路，
所以他哭得很悲苦，
嗡——嗡——嗡。
他向着月光飞翔，
嗡——嗡——嗡——
忽然一阵旋风狂，
嗡——嗡——嗡——
折断了一只翅膀，
他叫得十分凄凉，
嗡——嗡——嗡。

他跌入一簇深林。
嗡——嗡——嗡——
受尽苦痛命归阴，
嗡——嗡——嗡——
旅行只得这样收场，
沙夫子把他埋葬，
嗡——嗡——嗡。

"奇极了！"嗡嗡子先生在窗幔的棍子上面觉得非常奇怪，连人都会唱这支歌。
但是这给他更加证明了他那夏甲虫的名声是传遍天下，这是很使他安心的。

待到孩子们已经入睡，母亲也已经出去之后，他又得到新的勇气，他轻轻地飞起来，在房里各处走动一下。

他察看，审查房里的一切东西。

那里有一所玩偶房间、一只木马、一头绵羊、一队兵和一些图画书——都是厌闷的东西！

在玩偶房间里面确是有些糖；但是糖？——呸，他不高兴要！他简直不明白，为什么这样子的东西竟然有人吃得下。

是的，那里有两篮苹果。是母亲放在那里，预备明天当孩子们好好地睡醒之后给他们吃的，他摇摇头："一个人怎么会吃苹果的呢？"——这对于他简直就无从了解，他万一吃到，他的肚子便会痛起来。他只吃莴苣；这是高尚的。

"古怪，那些人类认做好吃的东西！"他这样想，忍不住放声笑出来了。

因为他本来就喝了许多"毋忘花露酒"。所以身体忽然失了平衡，一个筋斗便背脊贴地，仰天直躺着。

哎哟！……这对于那个肥胖的嗡嗡子是一种非常倒霉的，不利的形势，谁都晓得，一只夏甲虫翻身躺着是再苦不过的，因为他再也不能劈啪劈啪地飞动。

他用他的五条小腿向空中乱钩乱抓，他想道："是的，是的，这是那纪念亡妻的烧酒作怪！"——

假使她还在世，她或者会因为他多喝酒而给他一点责罚。

他像一只小船一样，一会摇向右边，一会摇向左边，像转轮木马一样转圈子，受苦真是够他受了。

后来终于转到一只台脚的附近，这才靠着台脚的撑持重新把自己转过正面来，恢复了他原来的姿势。

他那美丽的，褐色的外套，已经脏得一塌糊涂了，所有的钮子都碰坏了，还有一条缝线也裂开了。好在他的太太现在再也看不见。

那时他在台旁坐了一会，想找个消遣的方法。

他想来想去，想不出什么好方法，可是那忧愁的情味又非要驱除不可，他于是拿出他的小提琴，奏一支快活的夏甲虫舞曲。他依照节拍唱道：

一、二、三——一、二、三，
蜜蜂口太馋，
一跤跌落糖浆里，
苦痛难堪。——

夏甲虫坐在周围，
笑歪腰骨，
笑痛肚皮，
嘻嘻，嘻嘻！

四、五、六——四、五、六，
苍蝇拉矢没面目。
不知礼貌，
活该羞辱——
夏甲虫向它叫声：呸，
厚着脸皮，
尽看东西，
不理，不理。

七、八、九——七、八、九，
夏甲虫舞步优游，
结成圆圈，
上下回旋——
绕着大菩提树唱着歌，
转向右边，
转向左边，
呵呵，呵呵！

他一路唱着，得意起来，完全忘记了他是在什么地方。等到小彼得和小安娜看得他那种回旋的舞步实在是古怪得很，忍不住放声笑起来，他才大吃一惊。

原来他们早就被他的音乐惊醒了，而且已经看了好一会，只是他没有觉察到。

实际上他很有点害怕，并且想急忙装死，但是那些孩子笑得这么高兴，反使他打定了一个新的主意。

他于是把他的小提琴放在桌子上面，把他那美丽的、黑白的马甲抹平，同时伸起头上那双细致的触角，鞠一鞠躬介绍自己道："嗡嗡子先生！"

孩子们从他们的床上爬起来，依照礼尚往来的道理，小彼得于是也鞠一鞠躬，

他们看见了嗡嗡子

小安娜却屈一屈膝，同时也都照样介绍了自己。

　　现在他们生出一种极大的好奇心，察看他的各处，抚摸他的各处，赏玩那只银色的小提琴，并且想知道一切。

那只肥胖的夏甲虫被他们弄得头昏脑胀，他们问那只蟋蟀摩翅姐姐，问那位被鸡杀害了的亡故的太太。

忽然间小彼得又发现到，他少了一条腿，他晓得很清楚，一个像样的夏甲虫是应该有几条腿的，于是他便发问了。

这对于那个嗡嗡子的末代继承人，实在可以说是一个千载一时的机会——两个善良的小孩子问他那条小腿的故事。——

他的祖先不知盼望了几百年，结果都不免被人打死——而现在呢——现在！——

他的眼前闪出青绿色，他的翅膀紧张到打战，几乎一个筋斗便翻转身来。

但是他极力克制他自己，深深地抽一口气，用一块菩提树叶，他总是把它当手帕子用，揩揩他额上的汗，然后做出一个神秘的脸色说道："是的，这是一篇极伤心而且神异的故事！"

现在孩子们自然想听这篇故事，他们拉过三张凳子来，大家一起坐在上面，夏甲虫坐在中间，小彼得在左边，小安娜在右边，靠紧他坐下。

房里是死一般的沉静，充满了神秘的情调，月亮是圆大而且黄澄澄地透过花枝照在窗前，夏甲虫慢慢地，庄重地用一种轻微的声音讲述那条小腿，那位女神以及那个月魔的故事。

孩子们惊异地听着。

是的，这的确是一篇神异的，神秘的故事。

当那只夏甲虫讲完了他的故事，张着一双圆圆的，泪汪汪的大眼迫切地望着他们的时候，他们暗地里生出一种奇异的感觉。

小彼得非常感动，小安娜还用她的衣角揩抹她的眼睛，因为那里不歇地有泪珠流下。

小彼得那时打定了一个主意，他说，他很愿意和小安娜到月里去把那条小腿取下来；但是他早就听他的父亲说过，那个月亮是距离得很远的，它高高挂在天空里；大凡不会飞的人，都没有到达那里的可能。

小安娜对于月亮的智识虽然还不及小彼得，但是高却是一定的，或者比屋顶的烟囱还要高，所以她不免有点害怕。一个不会飞的人想到那上面去，或者会跌碎骨头也说不定呢。——她做出一个非常为难的样子。

但是嗡嗡子晓得：只要孩子们肯去，便一切都有办法；只要他们有帮忙的好意，飞是可以学会的。

这是在嗡嗡子的家谱里面用白墨在绿叶上面清楚地写着的，他完全把它背熟了。

他幸福地拥抱那两个孩子，他说学飞是极容易的，只要他们留心他的做法便可以了。

哈，这是一件合小彼得和小安娜的脾胃的事！——

他们放声笑起来，在房里发狂地大跳大舞。

可是现在的时间是不容糟蹋的，假如他们还要飞到月亮里去的话。那只肥胖的夏甲虫于是做成一个姿势，要飞给孩子们看。

"注意！"他说着，把他那银色的小提琴放在下颔侧边，一面奏，一面唱：

右腿——左腿，
右腿——左腿，
右腿和左腿，……
疾！——翅膀生出来，……
嗡——嗡——嗡！——

他在房里飞来飞去，孩子们快乐得使力拍掌。

现在他们要照样试去做做看。——

这是一个庄严的顷刻！

小彼得做一个姿势，小安娜靠在旁边，心头有一点点的跳动，夏甲虫架着小提琴站在他们面前。他们要把手臂伸开，趁他奏起提琴唱起歌来的时候，他们要依照他先前的样子移动那种古怪的脚步。

忽然，他正在唱："疾！——翅膀生出来，"……怎么样？……他们从地面上升起来了，……是的……他们已经在房里正式飞来飞去了！

最先他们是非常惊讶，他们睁开眼睛，并且张开小口。

后有小安娜高兴到再也忍不住了，那的确是神妙得很，就真像一只夏甲虫一样嗡嗡地在空中飞来飞去，她放声笑出来，一面顿脚，一面热烈地拍掌……嘣……他们跌下来伏在地上！

他们惊奇地望着嗡嗡子先生。

"这是因为拍掌的缘故。"他说。——

自然，假如你想飞，便不要拍掌，那些夏甲虫飞着的时候是一定不这样做的。

　　他们从半空一跤跌下来，虽然着实有点痛，但是他们忍住眼泪，勇敢地再站起来，小安娜觉得很难为情，因为那种顿脚的勾当是她起头做出来的缘故。

嗡嗡子教他们学飞

"再来一次!"话是这样说,那只夏甲虫又从头奏起提琴,唱着歌,他们照他的样子转动他们的脚步。唱到这一句:"疾!翅膀生出来,"……他们便像先前一样飞到空中去了。

现在他们一心提防拍掌,虽然这种妙事使他们忍不住笑,但是他们那双手却总是张开,便是那双脚也不再像先前一样乱顿了。

这样一来,夏甲虫奏琴,他们便留在空中,待到那支歌已经唱完,他们才像两只小蝴蝶一样平稳地落到地上。

那是妙极了!

小彼得以为在他飞着的时候觉得真有一种嗡嗡的声音,小安娜好像也听到一点点。

嗡嗡子觉得一切都合法度,因为那种嗡嗡的声音当夏甲虫飞着的时候是少不得的。

现在那个伟大的冒险可以开始了。

月亮是黄而且圆地挂在窗前满天星草坪的上头。

"那是很远的。"夏甲虫说,虽然看起来似乎是很近;但是他是一定晓得的。

他们因此要带足粮食才好起程。

这样一来,母亲的苹果是再好没有了。但是小囡囡和呆伯公呢,他们也不愿把它们留在家里,它们也要一同去阅历那伟大的冒险呀!

那只夏甲虫起初虽然抽起鼻子,因为那个蠢家伙是完全不了解小囡囡和呆伯公的,但是末了他终于想道:"谁晓得它们就没有用处呢。"于是小囡囡和呆伯公结果也都可以同行了。

自然小彼得还得把他的木剑挂在身边,因为战争是不能避免的。

夏甲虫也同意这种行动,事实上他对于这一次长途的旅行,心里还不免有点惧怯,我们是晓得的,他的天性本来就并不怎样勇敢。——

现在是一切妥当了。

他们成列站着,夏甲虫在前面,带着小提琴,后面跟着小彼得,接着是小安娜。歌声一响,他们便依照学得的方法张开手臂,转动脚步,并且……忽然间房里的墙壁洞开,满天星草坪在他们前面,周围照耀着盈千累万的萤火虫,就是这样他们飞出去了,……飞过那块草坪,越飞越远,……向着那个大的、金黄的月亮,那时它正挂在树梢头,对着他们凝望。

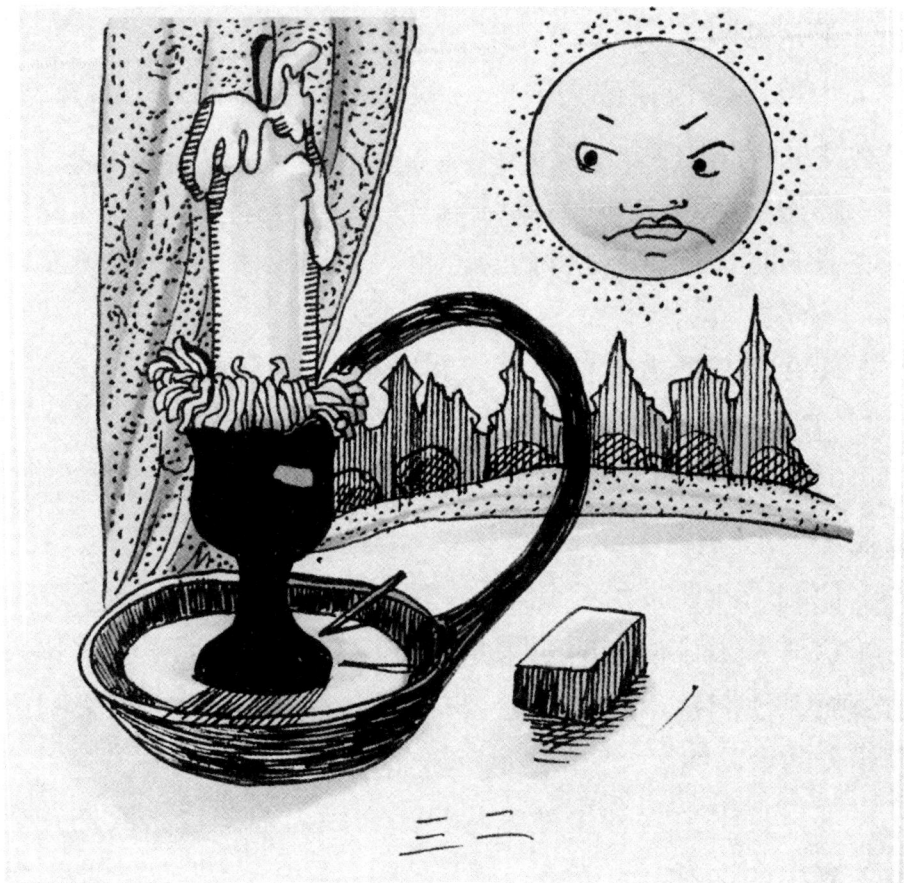

飞往星星平原

"呐!"别的夏甲虫们说,他们正在一棵大栗树底下举行一个音乐会,"那个骄傲的琴师嗡嗡子居然找到了一对愿意同他飞到月亮里去的孩子吗?"

他们的确是太惊讶了,在他们的演奏上不觉把拍子都完全弄错了。

那三个飞得这么快,孩子们的睡衣就像小小的旗帜一样在空中招展,他们几乎把两只不曾留神的,娇小的,可爱的飞蛾碰撞倒了。

现在他们飞过一个湖,它轻微地闪烁着,它的波浪全都映成银色,那住在湖水里面的愚蠢的肥大的鲤鱼从水里钻出来睁大眼睛望着。

"哦",那个鲤鱼的老祖想:"那在上头飘荡着的真是一双稀奇的鸭子。"——凡是在空中飞翔的，在他看来一律都是鸭子，他已经活了 500 岁了，但是愚蠢非常，因为他老是睡觉。

"哦！——哦！"——别的鲤鱼们想，他们许久都没有想过这样多的事情了，他们非常吃力，从嘴里喷出泡沫来；它们浮在水面上活像小小的珍珠。——

但是那三个冒险者已经飞过那簇树林了。

"看！"那只小鹿儿缉缉对他的母亲说："在上头飞着两只白色的蝙蝠！"

鲤鱼从湖里钻出来看

那个母亲的见识毕竟是高人一等，她有很灵敏的耳朵，她早就听到过，别人在树林中讲述的故事。

"那是夏甲虫嗡嗡子连同两个孩子飞到月亮里去。"她说。

"他们想把那个月亮吃掉吗？"缉缉问。他是相信有人能够把月亮吃掉的，因为它的样子很像是一朵万寿菊。

"不要问得这样蠢了，好好地吃你的莴苣罢！"母亲说。

缉缉实在也是太蠢了，他还完全不懂那著名的偷木贼和那条夏甲虫小腿的故事。

他们三个越飞越快，越飞越高了，——那幢房子、那块草坪、那个湖、那簇树林都低低地落在他们底下了。小丘、高山张着夜的雾幕都——向下沉——现在是全个地球都落在他们底下，低不可测的，在这苍茫的，静穆的夜里；带着它所有的陆地和海洋，那可爱的地球完全睡熟了。

小孩子的心扑扑地跳，但是他们勇敢地继续伸开他们的手臂，不做一个错误的动作，那只夏甲虫飞在他们前头，孜孜不倦地奏他的小提琴，同时唱他的那支歌。

"他们飞到月亮里去"

奇怪！现在那星星的样子和地上的人们晚上在花园里看见的比起来，完全两样。它们好像有和蔼的，亲切的，微笑的面口，周围是银色的鬈发。

人飞得越高，星星也越发多起来。在地上看得到的只是那些大的，至于那些小的到现在才看得见，它就是成千成万的挂在天上。

忽然通过了静默的天府像有无数的钟声响动，起先是微细的、轻松的，接着是越来越响亮、越清晰而且越美丽……

不！这绝对不是钟声！——

现在他们听得清楚了；那是周围盈千累万的微细的、清朗的歌声。

星星在夜里合唱，它们的歌是这样的：

> 在地上充满和平，
> 在地上充满安静。
> 孩子们都去睡觉，
> 合上他的小眼睛。
>
> 田野中的走兽，
> 树林中的飞鸟，
> 流水里的游鱼，
> 都快到梦里逍遥。
>
> 在神圣的静夜里，
> 天高高，四野茫茫，
> 有千万的星星，
> 留心它们的守望。
>
> 银钟响亮，
> 银光溶溶，
> 星星唱着歌；——
> 小孩甜蜜地做梦。

在那三个冒险者的周围，当着歌唱的时候有一种神异的光辉闪烁着，而且越来越强烈。

星星在唱歌

那是从一处广大的，银色的云里传出来的，它在他们前面在那无边的天府里荡漾着，像是一缕广大的雾。

地上的人夜间在花园后面河水上面或是湖水上面，有时可以看见这样的雾。那些安定的、洁白的在空中停着的就好像手巾一样。不过在天上这孩子们面前的雾显得更亮更大就是了。当他们现在步步接近的时候，他们很见到一些奇异的东西。

成百成千的小椅子摆在一张精巧的、银色的书桌的周围，正好比学校里那些孩子的椅子和先生的讲座。在那张书桌的附近，从天上垂下一条粗大的、银色的、系着一个神妙的绥子的挂钟绳，在对面则有一个巨大的鼓摆在一座宏伟的、银色的望远镜旁边，再后头，在一座小山上面，有一条狭小的雾道引到前面去，又可以看见有一所精致的白色的羊牢，上面盖着玫瑰红色的瓦面，和圆的稀奇的窗户，像是眨着眼睛，在这所东西的周围却装着栏杆，它细致到像是用瓷器编成的一样。

这一切究竟是什么东西呢？ ——

那是星星平原，他们正要飞近去，它在天的中心，是他们那长途旅行的第一站。

星星平原

在星星平原上面住着那个沙夫子，他是天上的一个重要人物，他有好几种的职务。

他要教星星唱歌，并且他还要考察，教星星趁白天还未曾升到天上去的时候，把它们的光辉好好地打磨。

星星统是小小的，银头发的女孩子。

地上的每一个孩子都有他的一颗星，假如哪个孩子不乖顺，比方偷饼子吃，甚至于说谎，那么在星辰女郎那美丽的光辉冠上便会发出种种丑恶的污点，或者歪斜，或者破裂。

于是那颗小的星星便要用它那金色的抹布尽心揩抹。在平原上的学校里辛辛苦苦地做，然后那座星冠在夜里才能够重新亮起来。

这件事常常很困难，那些小的星星老是苦得一面工作，一面叹气，有时他们甚至于哭起来，因为那个沙夫子非常严厉，即使是只有极小的污点，他也不肯轻轻放过。

星星平原

　　但是大体上它们总是快乐的时候多，有时简直是发狂似的得意，尤其是在冬天，圣诞节快要来到的时候，那时沙夫子维持秩序便很吃力，它们笑得竟是这么多。

　　有时它们取笑那只月绵羊，它白天住在那小山上的羊牢里并且翻翻筋斗；有时笑那只天山羊，它们叫得很古怪，有时它们简直无缘无故地笑起来，而且响到差不多在地上都可以听见，这自然是不应该的。

　　沙夫子于是在鼓上猛击一下，它们吃了一惊，立刻静下来，像水里的鱼一样，但是并不长久。——

沙夫子在星星学校

当地上是白天的时候，星星平原是寂静的，可是黄昏一到，地上的太阳沉下的时候，沙夫子便郑重地站在他的讲台面前，一切星星都戴上它们的星冠，严肃地仰望着他，他郑重地打开讲台上那本金色的月簿的一页，把地上那些孩子们所做的好事一一填进去，——他什么都晓得，因为星星在它们的光辉冠上做了记号——这件事做完之后，他便把那大的银色图章盖在那些文书的下面，恳切地闪着他那双球圆的，亲爱的眼睛，在那钟带上拉一拉。——

在这一瞬间便满天轻微地响着无数的钟声，跟着这种音乐所有的星星便都迅速地从平原上转到天上去。在那里彻夜都像一点微细的光辉闪烁着。大家都守着自己的位置。至于沙夫子呢，他用他的望远镜望到天上去，看它们是不是已经依照位置排列着；因为在那个苍茫的，昏黑的天上一颗星是有时会把它的位置弄错的，那些小的尤其容易，有时它们又偷偷地靠拢来，因为它们还想谈谈闲天，它们也正好比地上的女孩子时常喜欢唧唧地谈，嘻嘻地笑，这个当然是不许可的，沙夫子严厉地管束，使这种行为不致在天上流行起来。

是的，沙夫子要做的事情实在多，尤其是在晚上！

当星星已经在天上排列好了之后就要把月绵羊从牢里放出来。好给它们夜间在天界牧场上走动，这也不是一件等闲的工作。

它们总是很快乐而且非常地放恣！它们披着银色的毛在那里扭成一团像小的滚球一样翻筋斗，直到它们末了安静地在天界牧场上面嚼那些鲜美的星鳞菜，这样要过了一整段的时间。但是就是这样，沙夫子也要留神，不要让它们偷偷地嚼掉那些彗星菜，或者是天皇豆。这些东西虽然在那里生长着，但是绵羊们是动不得的，因为夜女神在半夜里大排筵席，宴请那些强大的自然神的时候，她是要用这一类的菜蔬的。

月绵羊已经通通带到牧场上去了之后，还有一件特别重要的事务要他办理。

在星星平原上面的大鼓旁边有一个球圆的袋子，沙夫子要从这袋子里把一种极微细的沙装进一支喷筒里面去。装好之后，他便郑重地拿着它走到平原各处的边沿，弯身伸到栏杆外面，然后把那些灿烂的微尘向四方吹四次。

那些微尘分散得非常匀细，沙沙地和月光一道凭空落到地上来。凡是小孩子在床上望出来的地方都有那从沙夫子的喷筒里喷出来的银沙，它轻轻地撒在眼皮上，这样一来，它们便变成疲倦而且沉重，不得不闭上而且入睡了。

沙夫子是这样把睡眠和美丽的梦送给孩子们的。

当小彼得和小安娜跟着夏甲虫从夜里飞来的时候，沙夫子刚刚办完了他的公事。他们看得清清楚楚，沙夫子怎样穿着绣上星星的睡袍在平原上拐着腿走来走去，在他的头上有一顶长的尖顶帽，脚上有一双古怪的，长大的绵鞋，那位沙夫子从平原的这一边走到那一边，留心察看，不给天上有一点不整齐的地方。

真的！——他忽然发现出那三个冒险者！他一怔，眏着眼睛，看，抽抽鼻子，又再眏眼。但是后来他连忙跑到他的望远镜后面，把它对准那些小孩，看一遍揩揩眼睛，抹抹那望远镜上面的玻璃，再看一遍，……这样，他就认识出，那来的是什么人了。

他鼓起双颊，惊讶得拍拍他那凸出来的小肚皮。他的眼睛睁得就像点心碟子一样大，他的口张开来好像是一个店门。那在他面前发生的事情，在天上也的确是从来不曾有过，沙夫子已经活了几千岁了，自从他在星星平原上面维持秩序以来，这样的事情还未曾发生过！两个孩子穿着睡衣，和一只弹琴的夏甲虫通过天府飞到这里来，好像这也算是星期日下午的一种娱乐。这真是岂有此理。这种事是不应该有的！他非采取断然的处置不可！

他急忙跑到他的大鼓面前，打起鼓来，扳起一副凶恶的面孔。

在这一瞬间，孩子们和夏甲虫已经小心地来到星星平原上面了。

嘣——嘣——嘣！这里是月亮！

滚出去，这里不是你的家乡！

沙夫子向他们大喝，把他的鼓槌在空中乱舞。

呐，在他们旅程的第一站竟没有一种亲切的接待！

但是那只夏甲虫想道："有礼貌的人最有好处。"他欠身好好地鞠一鞠躬说道："请你原谅沙夫子先生……"

"什么？——什么？原谅？"沙夫子急得两颊通红。嚷道："你想怎样？一只夏甲虫的本分是住在花园里的大栗树上面，但是不应该到月里的星星平原来！待我马上给你射两支流星火箭，戳破你的肚皮，你这顽皮家伙！"

流星火箭！——————

夏甲虫自然是吓得目瞪口呆，他想立刻装死。小彼得虽然因为身边有一把木剑，所以并不害怕，但是他总觉得有点不好办。假如沙夫子当真射起流星火箭来，究竟他应该怎样应付呢？可是小安娜……是的，压根儿就没有人想到这小安娜竟是这么能干！——她昂然走出来，从她的小篮里拿出一个红滴滴的苹果来，紧放在那凶恶的沙夫子的尖鼻子底下。

"唔！"他惊讶地说："这是哪里来的一个勇敢的小姑娘？"——同时他已经向各方面去嗅那美丽的苹果了。

这样的东西天上是没有的。在月里的圣诞园里面诚然是生长着金色的苹果和胡桃，但是沙夫子是不能得到的。那是地上孩子们的东西。

他口里的唾液已经涌起来了。

"给我这个！"他说。

小安娜屈一屈膝，说道："敬请受用！"

嗑！……他一口咬进去。

真是好笑，他忽然高兴起来。他嚼着的时候，他的笑窝从这只耳朵联接着那只耳朵，他摸摸他的肚皮，它的味道真是好极了。

当那个苹果已经吃完之后，沙夫子双手叠在背后，眼望着那些小孩子。他很想做成非常凶恶的样子，但是那只苹果实在是太好吃了，使他再不能扳起一个恶狠狠的面孔来。

"你们睡衣小子！你们来这里干什么？你们应该去睡觉呀！"他笑着说。

现在小彼得走到他面前，鞠一鞠躬，申述这次旅行的理由。

是的，关于那段嗡嗡子的故事，沙夫子早就听到过了。夜女神有一次在咖啡座上闲谈的时候曾经把它讲述过，大约在千年以前；那时在座的宾客对于嗡嗡子的命运表示非常的同情。

"唔，唔。"沙夫子这样哼着，眼睛转着，他用心详细地考虑这件事。——但是在小彼得篮里的那苹果的香气又钻进他鼻孔里去了——"再给我一个苹果吧！"他打断自己的思想，说，把手伸出来，这件事小彼得自然是喜欢做的。

当沙夫子把那第二个苹果也已经吃完之后，他的凶气已经完全消失了，他善意地点头。——"是的，是的，嗡嗡子的故事在天上是无人不晓的。"

但是这个夏甲虫所找到的那两个替他收复小腿的孩子确实是乖顺的吗？这对于嗡嗡子的确可以说是一种极大的幸福！

关于那孩子们究竟是否乖顺的问题还要经过确实的调查，不然的话，这件事是行不得的。——

沙夫子郑重地大踏步走到传声筒面前，向天上高叫道："小安娜和小彼得的星儿快快下来！"

那时发生了什么事情呢？——

两点微细的星光从天顶高高地落下来，亮晶晶地停在平原上。同一瞬间有两个美丽的、娇小的女孩子披着金丝鬈发，闪着含笑的眼睛站在那里。她们穿着银光的衬衣和银鞋；晶莹的星冠却在她们的头上闪烁。

"小彼得，我的小彼得！"有一颗星这样叫。"我的小安娜！"另一颗又这样叫。

接着是一种快乐的问讯。——孩子们跑到他们的星儿面前，拥抱而且亲吻。那只肥胖的夏甲虫看得从他那大眼睛里尽量掉下他的眼泪来。这种情景实在是可爱极了。

伤感是不准流行起来的，因为那故事是严肃的。

沙夫子于是又扳起凶狠的面孔，禁止他们亲吻，并且问那星儿，那两个孩子，小彼得和小安娜，有没有在他们的星冠上着个污点。

那两颗星儿笑了一笑，并且摇它们的鬈发，那星冠是再光亮不过的。

现在那个沙夫子笑起来了，因为这使他非常高兴，孩子们还容许再给星儿一个亲吻。

"啊，好极了！"

一个星的亲吻的滋味是那么美丽，真是不能够用言语形容；谁都要经历一下子；并且只要你乖顺，你便一定经历得到。——

疾！——星儿们已经离开，重新在天上做成光点模样了。孩子们伤感地望着它们，但是忽然间他们放声笑起来了。

那只夏甲虫在星星平原上面四处跳舞得活像一个疯子，同时踢翻了至少有十来个摆在那里的星星座位，他得意非常，因为那两个孩子是乖顺的缘故。在他的家史里面写着，只有乖顺的孩子才行，不然的话，便一切辛苦都成白费。现在呢，他的小腿是准可以拿回来的了——他高兴到疯起来！

沙夫子虽然明白，嗡嗡子所以快乐的原因，但是在星星平原上面跳来跳去，是犯法的，他不得不决断地禁止这种夏甲虫式的行为。

"这算是一种快乐的跳舞吗？——胡闹罢了！在星星平原上面是不能这样做的；一个这么肥胖，而且站脚不稳的人压根儿就不配这样做！"

嗡嗡子受到的责言只好这样了结了。

"沙夫子是极没有教养的。"他想，因为夏甲虫舞是世界上最美丽的跳舞，这是谁都知道的。——

并且他，嗡嗡子真是站脚不稳吗？可笑极了！谁不晓得，他在园里的栗树叶上面跳舞时那种优美的姿态；等到他收回那第六条脚腿之后，大家才要好好地鉴赏鉴赏呢！——

他几乎放声笑出来；但是他忍住笑，因为他是谨慎的，并且不想招惹别人的厌恶，"请你原谅，沙夫子先生！"他说着，欠身行礼，做成非常谦逊的样子。

沙夫子禁止嗡嗡子跳舞

沙夫子用手指捏着鼻子，在沉思。

那两个孩子想要进行的那种工作，是一件非常危险的事；因为他非常喜爱他们，所以他想替他们这长途旅行尽力帮忙。

忽然间他想起了一件事。

正是今夜 12 时夜女神要请各位自然神在她的宫殿里开一个咖啡座谈会。他也接到她的邀请。

夜女神是极有权势的，比他还要威风。当千百年前决定把那个偷木贼充军到月山上面去，而且答应嗡嗡子可以连同两个乖顺的孩子来取回他的小腿的时候，她也是一个执行人。

假如他把孩子们一起带到夜女神的咖啡座谈会里去？——她是一位慈祥的女神，一定会把他们妥当地保护。

小彼得和小安娜并且还可以趁这个机会认识那些自然神，他们将来，能够帮帮他们的忙也说不定呢。

是的，这是一个极妙的计划！沙夫子想到这层，不觉高兴得跳到半天空，他的肚皮摇动着，同时叫道："我有，我有，我有一个像流星一般巧妙的思想，小孩子们！"

他把他刚才想到的话都给他们解释了。

这的确是一个神妙的计划！

小彼得非常高兴，可以见到自然神，小安娜则因为美丽的夜女神高兴。嗡嗡子虽然想起和那些自然神认识许要感到危险，因此不免又害怕起来，但是他克制自己，鼓起勇气，并且承认沙夫子的这个想头非常完善。

沙夫子从睡袍里面掏出一个巨大的时表来，用手指点点那张计时表说道："它快要来到了！"

"它快要来到了。"沙夫子看表说。

他的意思是指他的月橇，他是要乘它到夜女神的宫殿那边去的。

不错，在那里已经有一点东西凌空驶来了。————

那是一具雪白的橇，由八只夜蛾用银索子拖着走的。像一朵云一样没有声息地驶来，在孩子们的面前停住。

夜蛾有大的、光亮的绿眼，用它们那美丽的、闪烁的翅膀神秘地拍着，同时转动着它们那金色的触角，触角上响着玻璃的铃。

孩子们惊异地看着，但是不能因为叹赏便再荒废时间，他们要走的那条路是长远的。

他们于是上车坐定，舒服得就像坐在丝一样的云头上面。沙夫子拉着缰绳，夜蛾展开翅膀，玻璃铃轻轻地响动而且，……起程了，驶过那片星星平原，直向神乳路进发，在神乳路辽远的尽头，便是夜女神的宫殿。

神乳路

这是一种稀奇的车驾！

没有小孩像小彼得和小安娜一样乘坐着沙夫子的月橇在神乳路上驶往夜女神的宫殿那边去。

在他们脚下的路是用一种闪着微光的泡沫造成的。比新鲜的雪更光亮，而且比清澈的浪花更细致。

那具月橇无声地从这神奇的路上滑过天府，只有夜蛾触角上的玻璃铃合拍地轻轻地响动，正和那美丽的动物一上一下拍着它们的翅膀的速度相合。

在神乳路的两边长着巨大的树，它们是透明的，开满大朵的白色的花。

"这是神乳花"，沙夫子解释道，"从那花房里滴出一种甜的神乳蜜，每当星女们饥饿的时候便拿它来当食料。"

在这鲜花夹道的树底下他们一路驶去，那些白色的花有一次和孩子们接拢得那么近，小安娜因此把手伸出去，要把这样的一朵花摘下来。虽然因为那具月橇驶得太快，也不能够攀到，但是她的手指已经涂满那精美的神乳蜜了。

现在来了个吮吸的故事！

小彼得自然也要同样地受用那神妙的蜜糖，小安娜呢，她是一个好孩子。她让他吮吸她的三个手指，别的两个，内中有一个大拇指，她留来自己受用，这也是她合法的权利。

是的，这样甜美的东西，他们从来不曾吃到过！

现在他们在一片平原面前驶过，在那平原上面有一群奇特的动物在蠢动。

乘月橇走上神乳路

它们差不多像山羊，又像是云长着腿。

它们老是翻动着，但是它们并不移动它们的腿。好像是风把它们搅成一团，同时唧唧哝哝地说着话，它的声响，就好比有千百个小孩想要笑死一样。

"这是天山羊"，沙夫子解释道，"它们在这里啃月菠菜，——到圣诞节的时候它们的那些金色角便要拔下来；给星星平原上面的星女们做筵席上盛大的肴饮，这里有一种神乳浆是用天山羊角做的。那种味道真是好到形容不出来。"

孩子们或者能够想象得出,这样子的东西是好吃的。

现在他们驶过一个奇怪的湖,那些水闪烁得像是溶化的银,水面有微风吹拂。那是闪光的雾气,微波涌着。

在湖水里拥挤着无数的小鱼;它们闪耀得如同彩色的火炬。它们老是向各处抽搐着、跳跃着,而且颤动着——同时是死一般的沉寂。

"这是露珠湖和磷火鱼!"沙夫子解释道。

"在每一静夜里有一个美丽的女郎静悄地来到这露珠湖的岸边,她名叫露珠小姐,夜女神的女儿。她拿一个用整块的金钢钻凿成的盆子向湖里汲水,然后她飞到地上去把那清露洒到花园里,草原上,和树木上,让所有的花和树,青草和野蒿在早晨都是新鲜而且美丽。

有时有些闪光的小鱼也同时溜到露珠小姐的盆里去,于是也会和露珠一同散在草原上,在静夜里有人会看见它们在那里跳跃着,闪烁着。

"人们叫它做'磷火'或是'迷光'。"

行驶继续着。

他们现在经由天母牛和月犊的牧场走过去。它们像是广大的浓云在那白的平原上滑来滑去,同时不歇地嚼吃。它们不像在别的牧场上面的月绵羊和天山羊一般透明,却是胖大的,不透明的、灰色的一团。

"它们是得不到星星的喜欢的",沙夫子说:"因为它们用它们胖大的肚皮把对于地面的瞭望完全遮断。星星再也不能够好好地看到下面它们那睡觉的小孩,但是夜女神需要那些天母牛。月奶油是用它们的乳做成的,夜女神的厨子要用它来焙制饼子,尤其是那精美的月光饼;那有时在咖啡座上可以受用到的。"

沙夫子想起月光饼不觉笑逐颜开,这是他最喜欢吃的食物,而且今夜也有这件东西吃,这是那供给月奶油的神乳路管理泄漏出来的。

"天上真有不少的好东西",孩子们想,"好吃的东西真多!"只有那个嗡嗡子坐在橇后面,显得有点厌烦模样。这种东西对于他是没有用处的,他直到现在还未曾发现到一块绿叶,一切的东西都是用银或是糖做成的,对于那些什么月奶油、星光三瓣花、神乳浆以及天山羊角,一只像样的夏甲虫是一点理解都没有的。

可是他也并用不着吃这种东西,他嗡嗡子先生,所以要来这里做这长远的旅行,他主要的任务还是因为要取回他的小腿,他竟是一个主动人物呢!

夜女神的厨子

他明白了这一层道理之后，他又觉得非常满足而且骄傲了。

他们刚刚驶过第一百块的里数牌，天便开始下雪了。

那是一种稀奇的雪！

在他们的周围飞舞着千百万朵的光辉雪花；微细的，光芒迸散的星。它们近在橇的周围飞散着，把他们的眼睛闪烁得再也看不清什么东西。

"现在我们落在一团流星云里面了"，沙夫子这样说，"但是不要紧，那些光是烧不起来的。"

孩子们觉得非常好玩，他们向那些星光抓去，他们很想用它做成流星雪球；但是这不是那么容易。小彼得还几乎跌到橇外面去，小安娜笑个不住，把舌头伸进飞星里面去，这个刺激得真是怪有味儿。

只有嗡嗡子又在那里认真厌闷起来，飞雪对于夏甲虫就是一种可怕的东西。这个本来是不难了解的，他正在想来装死，他们已经驶出云层，在前面高高的银灰色的云上面耸峙着夜女神的宫殿，——无可形容的美丽！

那具月橇停在一道白玻璃的天阶面前，那道天阶是很阔的，在云的中间一直延长到殿门那边去。

现在他们牵着沙夫子的手踏上了玻璃天阶。

那里真是庄严到绝顶。

他们走上玻璃天阶

夜女神的宫殿

夜女神在她宫殿的大厅里面款待她的宾客来参加咖啡夜谈会。

天样高的，银光的柱撑着一个巨大的云顶；被那翩翩的雾就好像是被柔软的旗帜一样环绕着。——地面是用深蓝的水晶铺成的，透明得好像是风平浪静时的海水一样。夜色在柱的中间通过长大的走廊传进来，在它无边的广大里荡漾着千万朵花一般大小的微云，同时发出一道十分温柔的光辉。

但是最美丽的却是大厅中间的夜女神的宝座。那踏步是用整块的青色的宝石雕成的，座位是用珍珠编成的，靠背是银的，上面有七粒蓝色的星轻轻地闪烁着。在这奇丽的宝座的两边摆着成排的银椅，这银椅是预备款待那些请来的宾客的。——

将到半夜了，夜女神坐在她的宝座上面，光亮的新月装饰着她乌黑的头发，同时披上堂皇的外套。在她的旁边站着两个穿着银衣的星女，在后面的夜色里却有一排微细的、歌唱的星星小孩不息地转动。

那是很小很小的，它们还未曾进沙夫子的星星学校，因为它们在地上还没有需要看顾的小孩，它们同时因此在天上也还没有夜里视察和守望地上的位置。

但是它们已经能够很美丽地歌唱了！

忽然间有 12 下低低的钟声响彻天府。夜女神从她的宝座上面站起来，双臂张开，用一种柔软的，和谐而亲切的声音说着：

"半夜！——世界已入睡乡；

和平，让和平布满各方！"

天府发出千万种的回声响应这个祝辞，从远处传来的合唱的歌声一路远下去，轻下去：

"和平，让和平布满各方！"后来是完全沉寂了。

女神静静地坐回她的宝座上面去，在她那苍白的、高贵的脸上浮出一道慈祥的微笑。

周遭经过了一度深沉的静寂之后，便听见辽远的轰响，那轰响越来越强，到后来响得就和猛烈的打雷一样了。

接着那个雷公一声霹雳，使劲地从云里跳到门口；他是来客中的第一个。

他手里捏紧一根粗大的鼓槌，他用它打在肚皮上面，向夜女神欠身行礼，并且叫道：

一声霹雳，我来矣！

再没有一刻延迟；

因为你把我招请，

所以坐在鼓上立刻起行。

我的女人，电母，告诉你，

她还要快去闪电一次，

接着便会立刻赶来，

先叫我问候你，太太！——

噼啪——天——炸——咆哮，

我中途赶过我的中表。

霰珠大士，他就要到来，

先托我向你请罪；

他乘坐一只灰色的云船，

被月镰钩穿帆布所以迟延。——

噼啪——喀啦——电——雷——轰炸，

请你日安我来也！

当他这样说着的时候，他老是打着雷，把那些在夜女神的宝座旁边的星辰女郎吓得心摇胆战，但是雷公此外一点都不凶恶；他笑着把他的嘴快乐地从这一边耳朵张开到另一边。

夜女神点着她那美丽的头算是向那粗暴的客人回礼。同时带着亲切的微笑，劝他打雷不要打得太厉害，好教那星星孩子们不致受惊。

那个好心的雷公觉得非常难为情，轻轻地爆出一声"原谅"。要他忍住不打雷，本来对于他是一件很不容易的事情，尤其是当他快乐的时候。

风姨来到

空中那时呼啸着，第二个宾客来了，风姨。

她跨着一把扫帚，一跳跳到夜女神的宝座面前，当她连连屈膝，周围打圈子的时候，她带着一种吹啸的声音说道：

> 呼——呼——飒飒飕飕！
> 我连忙跨上扫帚，
> 我飞过千万里的路程，
> 擦过了草原和森林。
> 把所有的门户和窗牖尽力扫，
> 从树上摇落了千万颗的樱桃，
> 哈哈——呵呵——呼呼——看——看！——
> 风姨入门，风姨入门！

夜女神亲切地和她握手，待到风姨向雷公招呼的时候——他们两个自然是很要好的，——第三个宾客已经来到了。

那是云太太。

她很像是一个汽球，或者是一个大的咖啡壶，非常又非常之古怪，她的面孔像是一个煎苹果那么圆也是那么和霭。

她拖着愉快的，稳重的脚步行近夜女神的宝座面前，她披着她那件弓起来的绵袍做了一下奇怪的问讯的屈膝并且用柔软的，温和的声音说道：

> 天上如何？月里如何？
> 我觉得拜访你真是不错，
> 亲爱的女神，陪你喝着咖啡，
> 还有点心非常精美，——
> 我只希望那残酷的太阳，
> 不也在请客单上；
> 她最近又穿透我的衣裳，
> 还用她的光线把我刺伤。

夜女神感谢了云表妹的问候，并让她坐在雷公和风姨的旁边。

自然，太阳也同时受到邀请，这是道德上和礼貌上不得不这样做的事。但是云太太此刻却放心了，因为她能够坐在雷公和风姨的旁边，她和他们的友谊不用说是非常密切的。

忽然间满天散出硫黄色，电母跨着枯枝进来。

在同一瞬间雷公发出一声剧烈的雷震从席上跳出来，抱着他的太太在大厅中回环跳舞了一会。他们同时发出一阵猛烈的轰响和一种触鼻的硫黄臭气，他们快乐极了，简直就无从克制自己。

夜女神捏紧鼻子，臭气熏得这么厉害。

后来，电母放下雷公，走着之字形的路线来到宝座面前，带着尖锐的声音叫道：

"磁尔尔——磁尔尔——亲爱的表妹——电母来了！

我只赶忙把教堂的尖顶打碎了；

有事总要把它快快办好。

磁尔尔——磁尔尔——喀啦卡——如今来到！"

夜女神点头道谢，并且客气地请电母少发散一点硫黄气，因为这对于她那些星星小孩以及那些请来的宾客都一样的不合卫生。比方说对于露水小姐，朝日红和夕照红。

雷公接二连三地向电太太讲说关于那早上的和晚上的天上那些矫情的太太的笑话，电母却僵硬地屈膝行礼，同时叫道：

"磁尔尔——我希望能够把自己约束，

即使像痛痒一般熬不住，

要发散那贵重的火气。

磁尔尔——磁尔尔，这也不过是一件小事！"

说完了便又走着之字形的路线穿过客堂，坐在雷公的膝上。

一种轻微的雨声现在已经可以听到了。一个非常奇怪的形象踏步到宝座面前；那是雨师，雨师的面孔并不漂亮，他瘦得好比一把尺，一丛长的，洗残了的褐色的头发垂下来遮过他霉湿的眼睛，和那红的、尖的、伤风的鼻子，在手臂底下挟着一把大雨伞，他的长袍是湿透了的，他站过的地方，立刻变成一个积水潭。

他向夜女神笨拙地鞠躬，摘下他那顶陈旧的湿透了的硬礼帽，带着一种呆滞的，凄凉的酸声说道：

滴沥飘流——滴——滴——亲爱的女神。

我感谢你好意的邀请，

我愿意来——滴——答——突——梯！

跨在雨伞上走了好些时。

虽然五月只偶然洒下些水滴，

大部分的时间我要休息，

但是我刚才也是有点忙，

滴软了 50 件新的衣裳，

滴穿了 17 处的房屋，

用水窝替桌椅和床铺祝福，

亲切地给 12 个野餐会洒些水滴，

两百个孩子伤风鼻塞；

13 个手作工人，

我连衣裳淋透他的全身。——

好，一个人总要满足，

5 月是干燥，工作不忙碌。

夜女神向那个奇怪的客人行过礼之后，便劝告他不要光是做那恶作剧和无意义的事情，同时也要做点好事，尽量地灌溉花园和田地。她并且请求他在她的大厅里面稍为忍耐一下，不要趁势横流。——

雨师答应了，便在云太太的旁边坐下。

在这不多时以前大家已经开始听到一种咆哮的声音，它越听越腾涌到附近来。

忽然间大厅里所有的帐幔和雾旗都飘扬起来，云墙轻轻地转动，因为狂飙巨人入门来了，黝黑而且高大，背上长着阔大的拂地的翅膀。

在他之拳头里握着一条折断的槲树枝，他在欢迎声中舞动那条树枝叫起来，他那簇威风的须髯像黑云一样在他的周围飘荡。

勃——我来了——来自海洋！

我插上我迅捷的翅膀！

像魔鬼一样凌空飞腾，

越过了荒林和山岭！

不让我的飞翔片刻延迟，

> 你的邀请使我十分欢喜!
> 未曾穿上风和水的衣裳,
> 就这样飞来了,请你原谅!

他当真没有穿上衣裳,甚至于连那新的荒漠旋风帽以及山风靴都没有,所以在他用不少的吼声问候了雷公、电母以及风姨,他的女人,之后,他便在云太太后面坐下了。

现在来的是冰族三兄妹。

第一个是霰珠大士,带着他的大鼓。他有一个蓝色的面孔,和球一样圆的,玻璃一样明亮的眼睛,眼睛里闪烁着青色的光,他的头发白得像雪,他的服装闪着霰珠。

他一入门,立刻便凉起来,雨师开始打喷嚏,他不大高兴霰珠大士,因为他当他淋水的时候动不动来干涉他的工作。

霰珠大士在夜女神的宝座面前,身子挺直,行个军礼,在他的鼓上面圆溜溜地滚打一下,作为问候,并且像铁链碰撞的声响一样,他说出一串的话来:

> 克力尔尔——霰珠大士已经到场,
> 白天里总有事情忙;
> 在这暖燠的春天
> 要维持冬日的,庄严的体面!
> 这是我愿尽的责任,
> 对于花木禾苗可没有慈悲心。
> 毁坏一切呆钝的东西,
> 它当着他的进行不知回避;
> 同时射出千万颗的弹丸,
> 一定准,他自己却绝对安全;
> 不认识柔弱的行为,
> 老是把东西不成片段地打碎;
> 他彻底尽了他的本分;
> 晚上请假——现在赴宴!

夜女神对于这位严酷的先生的工作虽然不特别表示高兴;但是因为他隶属于冰族三兄妹而且是一位高贵的天侯,所以她总是请他来参加她的宴会,现在也恭敬地向他点头答礼。

他刚好在狂飙巨人身边坐下，他的姊妹，雪太婆，进来了。——

她的身体是圆圆的，从上到下一片白色。看起来好像是一张有两块阔大的，柔软的鸭掌的活动床。

从她口里不歇有一层软雾喷出来，尤其是当她打呵欠的时候；而她的打呵欠又非常之多，因为她倦了，在春天本来多是睡觉的时候。

雪太婆在北极安眠

她于是向夜女神行礼，并且说些问候的话。同时从她的外套上面飞散出浓大的雪花来。她说的话人家都可以听懂，但是实际上只是一种无声的呼气：

> 雪太婆来到！——雪太婆来到！
> 夜女神，我睡得几乎不知时候！
> 我已经在北极圈，
> 安排下我夏日的安眠，
> 我的床帐隔开夏日的太阳，
> 她不顾一切只放射她的光芒，
> 我只得在冰宫里躲藏，
> 免得把我烫伤，是的，烫伤！
> 我睡得像七个土拨鼠一样，
> 有一颗星把我唤出睡乡，
> 它带给我你的宴会的邀请，
> 表妹，我感谢你的盛情！

她再屈一屈膝，从她的外套上面再飞散出飘荡的雪花。

夜女神伸手给她，并告诉她今夜有冰乳浆吃，这个雪太婆是特别喜欢吃的，她极度地高兴，转身在霰珠大士旁边的椅子上面坐下。

接着又来了冰将军，冰族兄妹的第三个。

他拖着琅琅的靴跟踢马刺，穿着有千种声音的闪烁的冰水晶在上面的军服，行到宝座面前。

他碰撞起他的踢马刺向夜女神行个军礼，叫道：

> 慈悲的夜女神，我敬谨报到！
> 我用冰山下泻的速度跑，
> 虽然对于我这是非常的时期，
> 但我毕竟是白熊一般欢喜！
> 已然是大家都来赴会，
> 冰将军也不敢不来，
> 只有一个恭敬的请求：

弄成清凉一些的气候！
那个太阳，凶恶的女人，
不要让我坐在她附近，
人们一定受不住，
眼要烂而且领也软下去，
折皱了全套衣裳
单眼镜再也挂不上。——
受不了！……呐，我以为
大家根本就相信我的道理。

经过夜女神向他担保，他会感觉到清凉通爽，远远地离开太阳之后，他重复行起军礼，碰撞起他的踢马刺，并且在宝座的踏步上面放下一束闪烁的冰花。

接着他向那赴会的人逐个行他骑士式的鞠躬礼。他在夜女神的宝座旁边向那美丽的星女介绍了他自己之后便坐在雪太婆的另一边。

现在外边响着一种激水的、拍水的声音，原来是水神进来了。

对于他那实在是一次长远的路程。

他也好像是很吃力的样子，他拖着他阔扁的鸭脚一摇一摆地进来，用他那双凸眼周围凝望，好像是水底鲤鱼的老祖，每当水神不蹲在水里的时候，他便有一点近视，于是要他在这大厅里面不走歪路便不免觉得困难了。

当他发现到谁在那里的时候，他向各方面摆着他那长的虾蟆臂作为问候，把他阔大的嘴张开来，叫道：

早潮——晚潮——澎湃——呱呃！
早潮——晚潮——澎湃——呱呃！
日安！——日安！——在座的列位贵客。——
这是一条长远的、艰难的路途，
但是泼拉——泼拉——终归识路，
我乘坐着——呜呃——一只蚌壳船，
从海底——呜呃——我在那里安眠。
我的人鱼们在岸上举行轮旋舞蹈，
玩着埋藏泥土，攀登水泡。

111

在一个水泡里送来你的请帖，

娘子，我得向你感谢。

这使我——泼拉——泼拉——非常高兴，

我做起衣裳——泼拉——簇簇新。

但是我第一要请求你

把我——呜呃——呜呃——放在水里，

最不舒服是在空气里！

他每一只手拿着一大块海绵；他不歇把它在自己头上砸，最低限度好给他一点湿气。——

水神在大浴盆里

但是夜女神一切都照料得非常周到，那里已经摆着一个大的银浴盆，他于是快乐地嗥叫着，应夜女神的邀请爬上去。

除此之外还有一个可爱的星女提着一个浇水筒跟着夜女神的招呼走进来，孜孜不倦地把水向那个海水侯头上淋下，这使他非常得意！他活泼生动，快乐得叫起来像一只绿的猪一样。

那时又听见箜篌的声音，进来的是露珠小姐，一个苍白的，蓄着深暗的头发的女郎，闪烁着银幕和珠光。她双手捧着一个用整块金钢钻雕成的盆子，箜篌的声音跟着她每一举步便在空中响动，像是滴下来的水点。

她带着无可形容的温柔跪在宝座的前面，轻轻地点头，用一种清朗的声音说：

亲爱的母亲，我已经遵从你的意旨，
在夜间做完了我的差使，
我解除了花草的渴，
用珍珠把睡的树林装抹，
在树枝上挂起条条的银链
丛树上是水滴的滚边，
把空气充满了新鲜的幸福，
在树叶和果实上面敷得芬芳馥郁，
清除了缤纷的草地的郁闷，
在海上和那迷雾游玩，
给朝霞点缀了大地，
给一切生物梦中一服清凉剂。——
吻我母亲，我的工作完善，
让我凝望着你的双眼。

说着她便投入夜女神的怀中，夜女神给她头上栽一个轻盈的、温柔的吻，然后露珠小姐在宝座的踏步上面坐下，把她的头靠紧她母亲的膝踝。

直到此刻为止，在这大厅里面有一道朦胧的光辉，在这里面那些银柱像月光一样在青云中间闪烁着，只有当电母、雨师和雪太婆来到的时候，那在夜女神头上放出来的温和的、梦幻的光辉才有瞬息的改变，——现在呢，忽然在这朦胧中飞来黄金的光辉，而且通过这广大的夜色传来一种响亮的、辽远的、神奇的音乐。

夜女神从宝座上面站起来；太阳来了，她是白天的女王，在等级上、名望上都和夜女神相等。跟着她全体的宾客都从席上站起来，因为他们里面虽然有一部分并不喜欢太阳，但是对于一位女王，他们总不能不表示对她的敬畏。

音乐汹涌进来，像是发展的狂风暴雨，云分开来，并且——在金光的浪潮里太阳带着她的女孩和儿子，朝日红和夕照红，晨星和晚星，一同翱翔而入。

神奇的美丽是那位太阳！她的眼睛闪动出无限的威力同时也有爱。

她的鬓发像是火焰的外套绕着她的周身，在那辉煌的穗束里有光芒从她头上的高冠里面散出，她用每一只手牵着她的一个儿子，她那黄金衣的长裾却由她可爱的女儿提高。

太阳这样站在夜女神的对面，大厅里充满了她的光辉。

夜女神慢慢地从她的宝座上面下来迎接太阳，在她乌黑的头发上面亮着那个苍白的月冠。她展开她的双手，带着铃一般清丽的声音问候太阳道：

欢迎，姐姐，女王！

太阳轻轻地在夜的圣主面前点头；过后闪烁地抬起头来说道：

如今带给你爱的问讯，
你美的妹妹，你静的女神！
我们虽然永远走着相背的途径
我的是工作，你的是和平；——
让我们抱起来把一切善和恶
结成一条亲爱的连索。
祝福地上的众生
在乐生中注入爱情。——

接着那两位女王拥抱起来。

当夜女神拥抱着太阳的时候，一切的火光都沉下在迷雾里去了，浓重的暮色落在周围；待到太阳用手臂抱着夜女神的肩膀的时候，一切都光芒四射，在一个光海里洗浴过。

这个拜问终结之后，那两位女王就此坐下来，别的宾客也同时陆续坐下。那时候有各种可笑的情形，冰将军爬在云太太的长袍后面，雪太婆弯身躲在雨师的雨伞后面。

忽然闯进一个奇形怪状的人物来，那个神乳路管理。

大概是气得太甚了的缘故罢，他并没有穿他的礼服，帽子歪在头上，他的厚大的月皮靴是脏的，胡子也没有梳好，在他的胁下他挟着那个大的双口乳汁瓶，在他的后面有一只用带子牵住的小熊乱滚。这个东西本来应该留在外面，因为它的脚老是很脏的。

那只小熊是管束月犊的，假如它们要在一块不对的天府牧场上面吃草的时候，它便要咬它们的腿，现在呢，它当然带上一个嘴套了。

夜女神对于这个神乳路管理表示出一种非常诧异的神气，并且想告诉他一点事情，叫他不要演这样的一幕活剧，但是他哪里肯给人说话的机会，他是这么愤激，他马上大声叫出来：

> 夜女神，我要向你诉苦：——
> 你所邀请的这个宴会，
> 把我的神乳路完全弄坏。
> 他们把地面尽情毁坏。
> 还有树木濠沟和里数牌。
> 这样的行为，岂有此理！

自然那些宾客都做成好像不关他们的事的样子，尤其是狂飙巨人和雷公摇着他们粗暴的头表示不肯相信，而且做得像白羔羊一样纯良。

但是神乳路管理叫道：

> 自然，我的声诉有我的道理！
> 狂飙巨人激动疯狂的呼啸，
> 把我三株美丽的乳汁树碰倒！
> 还有云太太，也没有两样，
> 她用她飘荡的衣裳，
> 涂抹了所有的里数牌！
> 假如现在飞来一颗彗星
> 他不晓得他走过多少路程！
> 他迷失路途，东碰西撞，
> 结果还要留在月山中！——

还有雨师也一样难堪

他在我路上弄得到处是水潭，

并且用他的水滴

冲淡了我鲜美的乳汁！——

这实在是耻辱和恶劣的行为！

现在雨师也要来诉苦了：

那只小熊咬过我。

滴，滴，——把我的裤子咬破！

小熊咬雨师的裤子

他表示他的意见，同时把雨水裤里面的那个大裂口指给大家看，那条裤是他特别为今天的宴会叫那个云裁缝做的——

但是他还要被神乳路管理取笑一番。

当雷公因为看见雨师那条裤子的裂口十分滑稽，也想笑出来的时候，神乳路管理像是被黄蜂钉中了一样，扭转身来，说出这样的话：

雷公一点也不要开心，

还想在那里取笑别人，

他的行为实在是气杀人，

莫名其妙地乱劈乱轰，

教我的天山羊吃惊！

这并不是偶然的失错，

他放胆这样做，

好让人家害怕他的声威！——

现在才数到他的女人——她怎样的行为？

她一弯一拐地移动她的脚步，

熏臭了我绿荫夹道的大路！

这还算是像样的夫妇？——

他气得简直透不过气来，他的面孔红得像火鸡一样。自然在座的宾客都想向他争辩，但是他哪里让别人开口，他叫喊道：

夜女神，我发誓，一切都是实事！——

他们还干了别样的事情：

霰珠大士把那些皂荚摧残得干干净净，

水神激水横流，

混浊了我所有的濠沟。

露珠湖边的四块水原同时水涨，

我本来筑有好好的堤防。

就是冰将军也应该稍为客气

不应该敲起他那长靴的踢马刺！

他把三只月犊骗得昏头昏脑。——

雪太婆又把一段的道路遮蔽牢。

他们捣乱跟我寻开心，

夜女神假如想深一层，

真可以气得要进疯人院！——

而且啊，没有人给我一点赏钱！

他再不能够骂下去了；他的声音已经枯嘎了，他要咳嗽，他是这么愤激。

夜女神扳起一个生气的面孔，因为道理是在神乳路管理这一边的缘故。老实说这实在是一种失礼的行为，她被人邀清，却反转来把到主人的宫殿那边去的一条路搅得乱七八糟。

那些粗鲁的宾客看见夜女神那副严肃的神色，急忙跑到神乳路管理面前请他原谅，同时遵照夜女神的意旨争先恐后向他保证会赔偿全部的损失。

这样一来那位神乳路管理也就平静下去了，尤其是冰将军给他的那注赏钱把他完全软化，他牵着他的小熊满足地走出去了。

神乳路管理的愤怒实在是很有理由的，那个好人物现在在路上要做的事情多着呢。

那些粗暴的自然神们在那美丽的天府里面蛮干出来的那种凌乱的情形是非常重大的，而对夜女神负责维持那里的秩序的，却是那位神乳路管理。假如神乳路上不是完全光华灿烂，并且用天扫帚把它好好地扫除的时候，假如那些里数牌不是合式地放光的时候，又或那些天山羊和月犊吃错了那些夜苜蓿或者甚至于把一只云羔羊的银毛沾上污点的时候，他是要受处分的。

是的，是的，神乳路管理的顾虑真是不小！

众神聚宴

孩子们来到夜女神的宫殿

夜女神的全体宾客现在都已经到齐了，在广大的同僚中就还差沙夫子一个。本来他是极守时刻的，所以夜女神觉得奇怪，正在想派一颗星去从那大的云窗口沿神乳路望过去，看有没有沙夫子月橇的踪影，忽然那个神乳路管理再跑进来，狂笑得几乎透不转那口气，他弯着身子老是一条腿叠在另一条上面。

夜女神想晓得又发生什么事情，别人也自然是一样；但是神乳路管理笑得连话都几乎说不出来；大家只听懂了这一句：

"夜女神，沙夫子实在是疯呆，想是月射病病得昏起来！" ——

他同时不歇用手向他背后指着大门，不错，沙夫子已经进来，身边还居然有一串伴侣，而最奇怪的是："两个穿着睡衣的孩子和一只夏甲虫！" ——

一霎时大家都出奇得呆了，跟着是发出一阵鼎沸的骚乱。

狂飙巨人笑得咆哮震天，雷公擂着肚皮，几乎连一下小雷都响不出来，水神叫得像一只醉虾蟆，雨师得意起来，叫得像一个音调不谐的手风琴，电母一面笑，一面放臭气，风姨吹哨而且低吟，冰将军快活得好比一只牡山羊一样咪咪地叫。——总而言之，是一个天翻地复的嘈闹。

沙夫子安详地站在他们中间，每一只手牵着一个孩子。夏甲虫在他睡袍的下梢后面，好像是很聪明的样子。它想道："这个骚乱该要自行平静下去的罢！"

事实上也的确是这样。

夜女神站起来，伸开双手；一切便都跟着平静下去。于是她问，这是什么意思：两个穿着睡衣的小孩和一只夏甲虫，当她宴请自然神的时候，跑到她的宫殿里来？——

沙夫子于是走到面前，鞠躬行礼，然后把夏甲虫的身世、和那两个孩子此来的愿望明白地、扼要地讲述出来。

自然那种诧异的心情更加扩大；但是也再没有人笑了，大家都赞美孩子们的勇敢，尤其是那位冰将军，为挤近去端详小彼得，他的那簇胡子都几乎被太阳溶化了。

夜女神看着那只夏甲虫：

"你居然找到了两个乖顺的孩子，他们有那么多的勇气和对于小动物的爱心，以至于愿意为你冒这绝大的危险吗，夏甲虫儿？"她问。

"好帮忙；好帮忙，女神陛下！"嗡嗡子说时，着急到打战。舌结到几乎说不出话来，并且在沙夫子的背后至少欠身鞠了六鞠躬。

"哈，这个家伙的福气！"雷公狂吼着。

孩子们来到

"了不得！"冰将军大声说，另外的人也同是这一个意见。

夜女神从她的宝座走下来，把孩子们抱起，并且吻他们的前额。

"你们就一点都不害怕吗，你们这小孩子？"——她问。——

小安娜一句话都不说，慌扯着小彼得的手同时睁大她的眼睛；小彼得却坚决地摇头，并且举起他的木剑。

"恐惧他们是没有的！"沙夫子微笑示意；他已经经过好几次的试验证明过了，而且大家也可以真个相信，只要看小彼得像一个小兵士一样佩着木剑昂然地站在厅堂里对着这凶暴的集会的情形也就尽够了。这个自然使冰将军非常高兴，就是太阳的儿子，晨星和晚星也对着使眼色。这个童子实在使他们喜欢。

"好！"夜女神说着，用手抚摸小彼得的头，他们对于这月魔的冒险应该借重那伟大的自然神的助力，因为这是一种非常危险的事情。

夜女神于是问狂飙巨人、雷公和水神愿不愿意帮助那孩子们的忙。

他们自然都愿意，而且雷公觉得十分高兴，他跑近小彼得和小安娜的面前，去试验一下他们那种大无畏的精神究竟行不行。

"真奇怪，小孩子，你真敢努力干去？

一下轰雷你受得住受不住？"他狂吼。

"雷公先生，我不害怕！"小彼得不动声色地说着，同时紧牵着小安娜。

嘣！……忽然间轰起一阵震天雷，厅堂内的地面震动了，屋柱也响动起来了。

但是小彼得勇敢地站在那个凶暴的、红头发的雷公面前，说道："这还不算一回事，雷公先生！尽管再来一次罢！"

就是小安娜也不露一点惊惶的神色，她只拿一个鲜红的苹果塞在雷公的大鼻子下面。

至于那个轰雷大汉现在满心欢喜，自然不用多说。他带笑吃完了那个苹果，他以为小彼得一定可以做一个炮队司令并且发誓帮忙他去打倒月魔。

狂飙巨人搅起一阵急骤的，厉害的旋风带着完全的晦暗，不曾把孩子们吹倒，甚至于还不曾恐吓得他们一分毫之后，他也同样答应了做同样的事情。

水神也答应帮他们的忙，因为他从水喽啰那里听到，那些孩子是不怕水的，而且他们放胆使用海绵，浴盆，肥皂和牙刷。当小彼得告诉他，说他已经会像一只小虾蟆一般游泳的时候，那个胖大的水神更加完全满意，哇的一声便再滑回他的浴盆里去了。

这个试验又已经好好地通过了。只有那个夏甲虫当那猛烈的轰雷的开始已经一跤跌了下来，全部时间都是背脊贴地，仰天躺着。但是这不要紧，这对丁这一行使命的完成一点都没有关系，这是只倚靠那两个孩子的勇气的。他们现在好好地扶起这跌跤的颤抖的嗡嗡子。对于这种帮助的准备，夜女神，尤其是太阳觉得非常高兴。

现在他们又要快快地继续他们的行程了。因为从这里到月山的路还很长远，而小彼得和小安娜却要在白天以前便要赶回地上他们的床上去，不然的话，他们便永远找不到他们的归路了。

那只有一个办法：他们要跨那只巨熊向月球进发，它是跑得非常快捷的。

夜女神于是立刻差神乳路管理，快去把那只巨熊带来。

神乳路管理吃了一惊，他以为今天不行，因为那只巨熊非常凶恶；睁着绿色的眼睛，就是当他自己，神乳路管理，喂它的时候还险些被它咬了一下。

只要他从栏栅里牵出来，夜女神这样命令他，便总有人会把它驯服。

神乳路管理飞跑到熊栏里把这个大怪物解下，并且把它带进来；他是要服从命令的。

夜女神现在就委托沙夫子继续做孩子们的领导。他应该驾驭那只巨熊经由圣诞园直向月球进发，然后越过月岗，山谷和草原，经过复活节的彩蛋窝，直到那座架在最高的月山的脚下的银大炮那边。孩子们和那只夏甲虫要一个一个塞入，然后直向山顶射上去，除此之外，便再没有别的方法可以把他们送到上面去了。但是在那座山的上面还要经过那个月魔的危险。

沙夫子应该帮助他们直到那边，他一口答应了。一切都依照计划行事，他非常钟爱那两个睡衣小子，因为他们是这么善良而且勇敢。

现在那只巨熊被神乳路管理用链子穿云牵来了。

那只熊实在是一个巨大的怪物。它的毛是雪白的，厚的，蓬蓬松松的。它比最大的象还要大。当它叫起来的时候，它的声音就和雷公的轰击不相上下。它站在厅堂的中间，叫嗥着，睁大那闪着凶光的绿色的眼睛周围看望。

神乳路管理对于这件事处理得非常谨慎。他晓得清清楚楚，它的力气是多么大，它的牙齿又是多么锋利。一定要先叫人把它驯服才行。照这个样子是一定没有人能够跨在它的背上的。

神乳路管理牵着巨熊来了

沙夫子又有一个很好的心计：孩子们把苹果给它吃！——那只巨熊本来是一个口馋的家伙。这是沙夫子从星星那边听来的，每当他们有时要在它的毛里攒的时候，他们便给它一点神乳蜜吃。

小彼得于是马上捏一个苹果在手里走到熊面前。

大家看着。

这实在是一个紧张的场面。当那只巨大的凶暴的怪物向小彼得张开它的阔口，使蛮地睁大凶恶的眼睛来的时候。

嗑！——那只苹果正飞进它那阔的，红的喉头里面去，——嗑！——那个阔口合拢了，看起来真奇怪，那双眼睛一回绿，一回红，好像那只熊自己都不能决定，继续凶恶下去呢，还是就此好心好意的。

"你们看，它已经驯服了一半，和平了一半了！"沙夫子非常高兴地叫，"现在快给它第二个苹果，它就会像一只猫一般驯服了！"

小安娜顶起脚尖站起来，小手里捏着一个苹果。她还是很矮小，当那个苹果的香气传到上面，把那个在她头上的阔口引得张开来的时候，她还久久都不能达到上面去。

　　沙夫子于是高高举起那个小的，勇敢的小安娜，让她好好地瞄准，并且——嗑！熊把那个苹果吞下了。

小安娜送苹果给熊吃

同在这一眨眼的工夫，它的眼睛变成红色的，好意的了。并且满足得像一只小狗一样，舐舐它的长嘴巴。

这是一种快乐。

"它也会耍把戏咧。"神乳路管理说。

现在它自然要伸出它的前爪给小彼得，并且在小安娜的面前做起人样来。

呵呵呵，这才好看！——

当它好意地对着小安娜站直来的时候，它的头一直顶到厅堂的屋顶。小安娜穿着睡衣站在它的面前就像一个小之又小的白色的蚤虱。

冰将军对于这位小姑娘的勇气真是赞叹不尽。他跑来吻她的手，像对待一个长成的女士一样。

小安娜自然又觉得有点害羞。——

现在再不能放松一点的时间。

神乳路管理已经抬着一条长梯来预备让他们攀上去，正当孩子们向夜女神和她的宾客们作别的时候。

他们同时得到了无数的亲吻。

小彼得心里想：滋味最好的是露珠小姐的亲吻。——美丽！——而电母的那个最劣——那是有一些焦味了！——

小安娜却觉得晨星的吻最佳妙，而雨师的那个却不见得有什么好处。——那么油腻！——她偷偷地揩净了她的小口，但是确实是很秘密地这么做，因为实际上那些粗鲁的神明对于他们的感情都是非常亲热的，别人实在不应该对他们加以侮辱。

在那个时候神乳路管理已经把梯子靠在巨熊身上了。这四个人物于是便爬到那巨大的野兽背上去。沙夫子坐在前头拉紧它的耳朵，跟着是小彼得，小安娜，最末尾是夏甲虫，他又害怕得不成样子挤紧小安娜，好像有大难临头一样。

当他们大家在软绵绵的毛上坐定的时候，夜女神和她的全体宾客一齐再向他们招手作别；过后便起行了！——

"起，熊！"——沙夫子叫。

那只巨大的熊像火车头一样大叫一声又是一声，冲出厅堂，越过上面建着宫殿的云山直向辽阔的前途猛进。它走得发狠一般地快，把那些骑在上面的人们弄到几乎一切都听不懂也看不清了。

巨熊上的驰骋

哑，这是一种驰骋！——在那四个骑士的周围因这速率作成一种呼啸和激动，使人疑心暴风雨就要到来。

明亮的光辉从巨熊的口里腾涌出来，在它后面就好像点燃起一条闪烁的光线路穿过柏油般黑暗的太空。

他们小心地靠紧了坐在上面，身子低低地弯下在白的熊毛上面；他们一句话都说不出来。沙夫子的长软帽飞舞着好像是飓风里的小旗子。小安娜却拼命抱紧她的小囡囡，不然的话，老早就会吹得不知去向了。

这样子过了一整段的时间。

有一点东西在夜色里向他们迎面而来，一团巨大的，闪光的东西。——越来越近！——好像是一个头蓄有一簇招展的，白色的须，它的长度足有好几百里。

这是一颗彗星，它正绕着月球飞行，现在就在它这行程中碰到他们。

巨熊上的驰骋，迎面遇着慧星

好在他们是跨在那只巨熊上面，不然的话，这种相遇是会发生出很大的危险来的。

原来当那颗彗星越飞越近的时候，他们立刻看见，它的路线正向着他们冲过来。忽然间那只巨熊发出一声威吓的大吼，同时张开它那副骇人的牙齿，喷出一道熊熊的火光。

那颗彗星于是连忙让开，从旁边呼啸过去了；——假如不是这样，它便一定会把他们碰个稀烂。

它的样子真可怕，它有一个烧红的铁一样的头，头上蓄有一把绿火熊熊的披散的头发；它有硫黄色的，锋利的明亮的眼睛，没有手臂和脚腿，却有一簇长的，约有千里长的火须在它的后面摆动。

它就是这样飞过去，当这广大的夜色里没有路也没有桥梁的时候，孩子们已经感觉到夜女神的好心，给他们这么一只巨大的动物，连彗星看见都不免害怕。

但是那个样子也是怪危险的，当那只巨熊张开牙齿就像成排雪亮的军刀从它的嘴里通过红色的火光闪耀出来。——

一霎时，——一切都已经过去，他们继续那直向月球的驰骋，它已经距离他们很近了。

它越看越大，它现在大到像是半边天。并且他们也觉察到它很像那个远远落在天底下，低到像一个小圆点一样的地球。

那只巨熊也已经使劲一跳跳到月球上面！

周围都是稀奇的，光亮的岩石。那里有山，有溪谷，有平原，在那里面长着稀奇的植物。山是白色的，像是银；平原是黄色的，像是金。

呼——那段飞行通过一处悠长的山谷，但是在他们还未好好地意识到之前，沙夫子已经叫道："住，熊！"他们停在一个石门前面，"下去！"沙夫子说，他们便从那忠实的动物的背上爬下来。

那只巨熊留在门外嗅探那些奇怪的月花，它们很像是用蓝瓷器做成的样子；沙夫子却带着孩子们踏步直到大门，只见在大门上用绿宝石写着："圣诞园的入口！"在右边的石壁里面有一个小小的光纽，旁边写着："向圣诞老人揿铃！"

现在来了一个重大的顷刻！

沙夫子把他的睡袍抹平，做出一副极庄严的脸色，郑重地翘起食指揿在铃纽上面。——

从里面响着一种神奇的声音——或者就是金钟吧——那扇门于是一声不响地打开来。

千百万支温和的烛光，人是看不见的，正向他们照耀，他们靠着沙夫子的手，大家带着跳动的心踏过门坎走进圣诞园。

来到圣诞园，沙夫子揿铃

圣诞园

这里从来没有小孩到过；所以这对于这两个幼小的旅客实在是一种无可形容的幸福，夜女神竟然容许他们到这里看望。

还有那只夏甲虫也准许同行，因为假使他单独同那只巨熊留在一处的时候，那只巨熊说不定会把他踏死，或者甚至于吃掉。——那个嗡嗡子于是当着那三个在细嫩的，青葱的短松夹道种着的一条金砂路上进行的时候，谦逊地跟在他们的后面。

那里的空气充满了鲜美的饼香，好像世上的一切糕饼都在这里。——尤其是像胡椒饼的香气。一阵阵在小松树的枝桠里吹哨着的温暖的微风送来这精美的香气，就是沙夫子也不免生出糕饼的食欲仔细地揩抹他的嘴角，并且装成要打喷嚏的样子，免致被人看见他的口馋。

他们穿过松林走着的那一条路是用金色的可可糖片铺满了的，它的气味自然也是很好，小安娜急忙受用了一块，小彼得自然也一样。的确，那是可可糖片！——并且那是怎么样的一种啊！——晤！……

现在他们从松林里面出来了。

他们在那里停了一瞬间，他们看见眼前那些东西，惊叹得完全发了呆。就梦里也从来不能够幻变得出这么美丽的东西！

在他们前面是一个广大的，广大的景色：花园和田野，树林和草原，山岗和溪谷，溪水和湖水，有黄金色的天空高高地笼罩着。

那是一幅玩具景，它差不多像真的风景一样；但是毕竟两样，完全两样，——更加神奇万倍，那里并不像平常的风景一样，长着马铃薯或者豌豆，青草或者苜蓿，长出来的都是玩具。凡一个人想得出来的东西这里都得生长。从兵士直到小囡囡，和呆伯公，从弹子直到气球。

在缤纷的田野和草原上面，在精致的，青绿的花园里面，在灌木和乔木上面，到处都在苗芽，开花以至成熟。

那里有一块图画平原，在那上面那些图画书册像蔬菜一样生长着。那里看起来是非常华丽而且适意，有些是还未展开的像嫩芽在夹壳里面一样的，各种颜色的小卷子；有些已经打开，在风中招展，一页页翻动着。

在这附近可以看见喇叭和鼓的田陇，像南瓜和王瓜一样从泥土里突出来——离这里不远便是长着兵士的广大的草场，它们有些已经从泥土里出突起来，有些还不过出到头颈，还有一些刚刚伸出一支头盔的尖顶，像是嫩小的芦笋。

接着是一片田地，在这上面长着小熊。有一道绿色的栅栏在周围绕着，因为那些有趣的小动物有些已经成熟，从根出土四处叫嚷着在打筋斗了。

在另一边又有长着大大小小的树木的花园，在那些树木的前面长着各种颜色，各样大小的糖果，那些盛满了红的，和黄的柠檬水的小池在芦苇原中间辉映着，从那芦苇的响动的枝茎里开出银尖的芦花球。——齐柏林气球精致的，呼啸着的飞机像蜻蜓一样在那里飞翔着。

特别美丽的也是那些结着金色的苹果和胡桃的大松树和那些胡椒饼树。它们大都成排地长在那白果糕砌成的小巧的，圆的地位上面。

在那大大小小的树上到处可以听到一种甜蜜的，啁啾的音乐，那种音乐是由那胡椒饼树枝和糖果苞蕾中间跳跃着的彩色小鸟发出来的，它们在那里有它们的巢，在那里面它们不息地生下薄荷饼。它们也有孵化，好给它们在圣诞节的时候攒出更多的鸟儿，它们在地上是极受孩子们欢迎的；特别是当它们被饼片塞满了的时候——这是大家都晓得的。

但是这里所能见到的，最美丽的实在是那个玩偶园。在天鹅绒草场上面有大大小小的，彩色缤纷的树木构成的一簇树林周围，有一道黄金的篱笆环绕着。在那些大大小小的树木上面坐着盈千累万的玩偶和小玩偶，它们像小朵的花一样开在树枝上面。最初不过是天鹅绒或是丝的苞蕾，后来是中间生着面孔的花朵，最后是有头发，鞋和蝴蝶结的各样大小和各种颜色的小玩偶或玩偶。它们挂在树枝上的，细嫩的银梗上面，可以随时摘下来。还有一个小池塘也在玩偶园里面，水面上铺满了美丽的睡莲，每当花蕾开放，它那白的或是黄的丝一般的花瓣——开展的时候，便有一种轻微的，嘹亮的声响，在那开出来的花朵的中间躺着一个玫瑰色的出浴的小玩偶，那真是有趣极了！

睡莲中的小玩偶

是的，——那里还有一个小的，稀奇的树林，在一个较深的山谷里略为隐蔽着。那么斜在一所玫瑰杏仁糖猪栏的后面。那里是非常冷的，没有一片叶，只有树干挂着秃枝。有一阵风不歇吹着，那些秃枝因此弯下来。没有鸟儿的歌唱。没有飞机轧轧的声响——在这树林里是不大愉快的。一个人也实在一点用不着注意它，它是这么隐蔽着。

但是它毕竟是属于这圣诞园的，——那秃枝林。

当那两个孩子牵着沙夫子的手行过白果糕和可可糖路，跨过那道糖桥，走上那条玫瑰杏仁糖路转到一座站在全部的中央的，闪着温和的光辉的小山的时候，一路上看到种种神化的东西，他们心中受到怎样的冲动，大概谁都可以领会得到了吧！

在那里各条路都会合在一个周围长着小松树的地方，在这上面却——这是那里绝顶美丽的地方了——架着圣婴的金摇篮。

在那摇篮旁边的那张老祖椅上坐着圣诞老人，他穿着皮裘滚边的外套，戴着一顶银灰色的皮帽。还有一簇雪白的长须，口里衔着一支拖着彩色的绶子的，美丽的长烟管，他有时吸着，向空中喷出一道浓密的云。同时他轻轻地摇着那个金摇篮，在摇篮上面静穆地荡漾着一道神圣的光辉。

那是非常庄严，那是非常美丽！

圣诞老人看见那些行近来的小客人了，一道亲切的微笑在他的面上泛起来，——他已经知道底细——他站起来，迎上他们，说道：

嗳，嗳，这于我是一种愉快！
日好，你两个可爱的小孩，
还有沙夫子，还有夏甲虫，
欢迎来到这圣诞园！

接着便给小孩子们把手递过去。

小彼得还有一点羞怯，小安娜自然更不用说；这也的确是极庄严的一顷刻。但是那个好心的圣诞老人抚摸着他们的头和面颊，并且说道：

呐，小彼得？——呐，小安娜？——
我认识你们，你们再不晓得？

我和你们要好，那时是圣诞节。

乖乖是你们两个人；

我晓得，你们使母亲开心。

孩子们自然记得很清楚，圣诞老人当时怎样把胡桃，苹果和那株圣诞树带来，或者后来摆在圣诞桌上的那许多别的美丽的东西也是他带来的。他们现在这样想，因为他们看到过，一切的玩具都在这里生长着的缘故。

原来圣诞老人当时和母亲说了很久的话，当他们好好地念过他们的祈祷文之后，接着便从他背后驮着的那个袋子里面拿出各色各样的东西来，母亲急忙把它放进圣诞房里去了；接着是圣诞老人点头，正像现在一样亲切，然后不见了。——

他们自然认识他！

小彼得于是鼓起勇气，向他讲述他上一次圣诞节所晓得的一切，小安娜则在旁边热烈地点她的头。

是的，不错！圣诞老人的一切行事是这么亲切，使孩子们都忘记了所有的畏葸，放心挤到他的前面来。

还有一个非常有趣的人提着一个浇花水戽在圣诞树面前跳来跳去，同时不歇浇水。

他同时用他那薄弱的声音唱着：

美哉松树，美哉松树，

你总是青青如许！

不怕烈日和严霜，

你永是那么青苍；

美哉松树，美哉松树，

你总是青青如许！

小彼得忽然忍不住放声笑了出来。

但是圣诞老人给他解释，那个人是胡椒饼师傅，他的助手，他要灌溉而且培养那一切的东西，所以他简直忙得要命。到圣诞节的时候，他因此是这么疲倦，而且皮肤也变成棕色了。——那个人像一个小的跳蚤在那些树木中间跳来跳去并且浇水——用糖水！

圣诞老人与胡椒饼师傅

但是现在最引起孩子们的好奇心的是那个圣婴。

他们用脚尖点着地轻轻地行过去；因为圣诞老人说：

> 他睡，为要加强他的心
> 来完成一切爱的工程。
> 所以我要守住静穆的圣诞园。
> 摇起摇篮来让他安眠。
> 我们等到适当的时间，
> 在冬天的圣诞，
> 我轻轻地把他唤醒，
> 开始我们长远的行程。
> 穿过夜色和森林，穿过雪和风，
> 那里去，去找那乖顺的儿童。——

是的，他躺在那里，低陷在那雪白的枕头里面，蓄着金黄的，灿烂的头发，睡着了。

孩子们轻轻地合起手掌，自然而然地在摇篮的旁边跪下，那就是这么美丽而且神圣。可是当他们跪下之后，圣诞老人和胡椒饼师傅也跟着他们一齐跪下来。

在这同一瞬间在空中传来一阵神妙的音响，就像有千万个圣诞小天使合唱那首圣诞歌。小彼得如小安娜一听到便毫不犹豫地合唱起来，他们的声音和天使的声音配合得居然这么美丽，使他们觉得非常福乐。

在这歌唱的当中从天上落下一场黄金雪，它比世上一切的花都要香，在大大小小的树木上环绕着灿烂的光辉，大颗的星星在花园里的每一棵松树的树梢闪烁着。

这是一种天上的美丽，实际上是一点也形容不出来的。——

但是现在已经又是起程的时候了。——沙夫子招手表示起程，从远处也已经听到那只熊的噪叫和踏地的声音，它像一匹马一样，再不耐烦长久在那里等候了。

孩子们于是给圣诞老人握手，并且好好地道谢。

他和蔼地笑，并且快快地在每一个人的篮里塞进一包新鲜的胡椒饼，然后向沙夫子点头，坐回在那张老祖椅上面，从烟管里喷出浓厚的，银灰色的云，并且摇那圣婴的摇篮。

同时那个胡椒饼师傅又在后面松树的中间跳来跳去，浇水而且唱他的歌，——一切又恢复了先前的状况了。

那三个冒险者同沙夫子急忙赶回入口处，走过塘桥和可可糖路，快，快！

尤其是嗡嗡子更加着忙，因为在那里它并不觉得有多少好处，在那里停了一会，对于他就等于一无所有！老是糖，白果糕，杏仁，葡萄，柠檬水，可可糖！一片树叶也没有，只有松树，糖果丛和胡椒饼树，——不如！……——不，这种地方是不合他的脾胃的。

当然他也会找到一个伴侣，一个玩具夏甲虫。但是当他照例介绍自己的时候，那个家伙只会发出磁磁的声音，用脚和翼发狠地拍，连一声像样的甲虫式的嗡嗡都不会。自然，它是用马口铁做的，它胸中并没有一个活动的，骑士式的甲虫心，却只有一只铁轮子和一盘发条。

但是这个铁甲虫有六条腿！这可的确教人生气了！他，一个真正的夏甲虫，还要被那个磁磁磁的家伙用一条腿来占优胜——于是他又生出那种向那条腿的强烈的渴望，像一个救火队员要去救火的时候一样，在孩子们身边毫不放松地走着。——末了总归是去找那条小腿，到月山，为满足嗡嗡子的伟大的愿望！

在他们前面那扇门又已经打开来，那只巨熊已经气息呼呼地站在那里预备给人骑上去，并且看见他的小骑士已经回来，快乐得尽力摆动它的巨头。

他们快快地坐上它背上的软毛里。

在他们前面是那辽阔的月的景色，在他们后面圣诞园的门慢慢地开起来，并且……起程飞过那棉花般白的，奇怪地闪烁着的月地，直向那座大山，那座山有一个稀奇的形体，好像在他们前面的远处摆着一具巨大的，乳酪的圆锥。

复活节的彩蛋窠

一跳！——一跳！——一伏又一跳！——一路通过月的领域，只有石子在那里飞扬。

是的，那真是石子吗？它有时响得像是玻璃，当巨熊用它的脚把这样的一块月壳踏碎的时候，它就像白糖一样；有时像雪花一样碎了。在骑士们的周围飞散着，以致他们要把眼睛闭上。有时那块地面又滑而且软像是橡皮，每走一步都是翻腾着，颠簸着，并且那只巨熊跳跃得那么古怪，他们几乎从它的背上一个筋斗翻下来。

但是沙夫子认识这些光景，每次都在事先发出警告。

"注意！——伏低头！"

那就是行到这么的一座硬壳山，那些水晶在他们的耳朵边呼啸作响，他们大家都低下来伏在熊的长毛里，免致在头上碰起疙瘩来。

或者他叫：

"注意——闭上眼睛！"

那就是巨熊要冲过一处月界沙漠，他们过后便像磨坊小厮一样满身都是白的尘灰。

或者他命令：

"拉紧——橡皮池！"

那就是要走这么松软的路，一上一下，一摇一摆，使人以为那只熊是完全喝醉了的。

但是当他们知道底细，要怎样应对这种事情的时候，自然又使他们非常得意。他们于是又要狂笑起来；尤其是来到橡皮地带的时候，比那只巨熊现在和他们在这些橡皮池上面举行的更美妙的翻腾戏，大概在全世界再也找不出来了吧。——这个是可以想象得到的。

他们来到复活节彩蛋窠附近了。

公鸡叫一次，母鸡下一彩蛋

在圣诞园里面出产一切的玩具和一切的圣诞糖果，在这复活节的彩蛋窠里面便出产复活节彩蛋。

在一个阔大的，白的坑谷里面有一个巨大的绿色的窠巢，那约莫和一座山一样大。

在那个窠巢的边沿上四周坐着成千成万的，各色各样的母鸡；绿的，蓝的，白的，黄的，红的，黑的，彩色的，有条纹的和有斑点的，一个紧靠着另一个，尾巴都怪整齐地翘向里面，嘴甲向着外面。

在窠巢的上面从天上垂下一条绳索，在绳索的尽头挂着一个美丽的，黄色的环，在那环里面坐着一只大的公鸡，它在每两睒睒眼的工夫便拍起它的翅膀啼着——哈咕咕！——

它每叫一次，……喀啦！——每一只母鸡便下一个糖做的，可可做的或者是白果糕做的彩蛋，它的颜色是照下蛋的那只母鸡一样的。

那些彩蛋都落在那个大窠巢的内部，到那里便有成千成万小的，雪白的和木节般黄的复活节野兔聚集起来。好好地干净地放在篮里和袋里，并且整齐地堆积起来。——

"这里总是这里继续下去。"

小野兔们背着彩蛋篮到地上去

　　沙夫子当跨过去的时候给他们解释："公鸡啼，母鸡下蛋，小野兔集起来，堆起来，直到全巢完全装满为止。那时候就是复活节，在复活节的前夜，每一只小野兔都背起它的彩蛋篮跳到地下去，在地上每一所有小孩居住的房屋都有个指定的小野兔，它在复活节的夜里把彩蛋送来。"

　　这一切自然是怪有趣的，小彼得和小安娜还想把他们的小野兔发现出来；但是来不及了，他们跑得这么快。

　　"那是一只黄的野兔儿！"当小彼得问沙夫子的时候，他说；——那时候他们也已经行过了头，只从远处还听见一两声大公鸡的啼声。

　　他们现在越来越接近那座大月山了。它当这怪蓝的夜里在他们的前面高到天空突起来，又斜又尖，在地上是从来没有这种山的；这么奇怪就做梦也一次都梦不到；它好像是用蜡白的胶做成，或者是用凝冻了的乳酪。

　　一跳！……那只巨熊跳到一道环绕着月山的高耸的围墙，现在他们到了他们这一次长途驰骋的目的地了，在一个阴凄凄的空谷里，月山的脚下——月炮的旁边。

月　炮

那个溪谷的样子实在是有些黯惨。那里有的是这么幽晦的影，和这么奇形怪状的石头，假如一个人真有一点闲暇的时间，一定会非常害怕，但是假使一个人没有空闲，那就说不到害怕了。这是一段老话。

"住，熊！"沙夫子忽然叫。

那只熊正在进行中，在它停住之前，它还放开四蹄走了一段路。它正停在一道高的峭壁面前，那道峭壁投射出一个柏油般黑的，长的，尖的阴影在一块空地上面，正当那阴影的尽头处那口月炮摆在一个小的，灰白色的山岗上面，它的一半陷入里面，或者在这里已经摆过了有好几千年了吧，在它上面积满了这么厚的月尘，只有这边或是那边闪出一点点巨炮的金属的光辉。

这炮管是用灰银做成的，比一个水桶还要粗大，并且约莫比它长十倍。在那个直指天空的炮口的附近靠着一把梯子，离这不远放着一把揩炮帚。那是预备在射击之前把炮管揩抹干净的。那把揩炮帚的样子实在是很好笑，好像是一只巨大的浑圆的卷缩的刺猬，上面装着一条长柄。

"我们到了旅行的目的点了！"沙夫子现在说，他们于是急促地从那只巨熊上面爬下来，在这一瞬间它正在转身向着归路；它尽了它的责任，它现在要它的食料和熊槽中的休息。它自然有它的道理。它再从孩子们得到一个表示诚恳的感谢的苹果，从沙夫子得到在厚大的熊腿上面和蔼的一拍便飞跑回去了。

那三个冒险者站在摩天岭的脚下，沙夫子做出一个极庄严的脸色。

原来那件大事已经来到面前，为这件事所以他们要作这一次的旅行的：同那个月魔的碰头以及那条小腿的收复。——

高高的上面，在这山最高的尖顶上住着那个月魔，在那里的一簇小树林里面也有那株桦木，那条小腿当时就是在这桦木上面挂着的。

沙夫子非常郑重地向孩子们解释，他现在要把他们装进炮管里面去，最先是嗡嗡子，接着是小彼得，最后是小安娜，因为除了用大炮射到山上去之外，再也没有别的可以上去的方法。当他们通通到了上面之后，他们便要在那树林里面寻觅那条小腿，从树上把它解下来，然后小心地给嗡嗡子再在那个准确的地方用唾液把它黏上去。——万一他们当寻觅的时候竟碰到那个月魔，那也没有什么了不得的事情，对于乖顺的孩子即使使尽他残酷的手段，他也是没有办法的。假如那个残暴的家伙一点都不软化，那有一个万无一失的方法：孩子们只要向他们的星星求援。那时他们可以看看，那个月魔要怎样下场。

当沙夫子把他的解释说完了之后，他揩揩他的鼻子，因为他又颇感到一种凄清的心情了。和这两个可爱的孩子分手，这件事就要来到的；而且实际上——月魔不是在上面吗？——一种真正的战斗或者是可能的，而这件事又并不等闲。——

当孩子们觉察到，那个慈祥的沙夫子的心竟是这么温软的时候，他们忽然抱着他的颈项向他表示感谢，并且给他诚恳的亲吻。——

沙夫子快要和他们分别了

那这正合沙夫子的意思！但是现在要干正经事了；因为假使在他们找到那条小腿之前已经来到早晨，那便一切都成白费。

沙夫子提起那把揩炮帚，从梯子上攀到炮口，把那条炮管反复地，彻底地揩拭。

沙夫子揩拭炮管

是的，自从当千年前把月魔射了上去之后，那口炮再也不曾射击过；但是假如那条炮管的内部不是光滑到像一个可可粉洋铁罐一样，那么，孩子们从里面射出来的时候是很容易把鼻子擦平的。

他们严肃地而且留心地望着。——沙夫子的汗流得很可以，但是每当他偶然松一口气的时候，他还要给孩子们种种好的劝告，他们要怎样对付那个月魔；恭敬，是自然要的，即使对待那最粗鲁的，最凶暴的人也要永远是恭敬而且和蔼，这样一来，他们每每会不好意思起来，而且完全软化下去。

唔，现在那条炮管是光滑了！——

"前进，嗡嗡子，进炮管里面去！"沙夫子叫。

是的……他在哪里呢？

到处都没有这个夏甲虫的踪影！

"他一定是躲避了，因为他老是这么害怕。"小安娜这样想。

那，现在就还缺少了这个！为他的小腿才发生这件事情，难道在这最后的一瞬间还要私下逃走吗，那个丧门神！——

小彼得觉得这是怯懦的极致。

他们自然马上动手去找寻那个私逃的家伙，不错！——他静悄悄地躺在那块最近的岩石的后面装死！——这么的一个懦夫！

沙夫子抓紧他的颈，并且把他适当地摇摆一顿。

嗡——嗡——假如这样子射出来，
我害怕——我害怕——把我弄坏！

当别人叫他说话的时候，这个高贵的骑士这样吃吃地说着。

"啊，管他，"沙夫子喝道："为他的缘故才做出这件事情。现在他却要这样退缩吗？——进前——进炮管里面去！"

嗡嗡子第一个先射上去

在一睐眼的工夫他已经被人抓住，提起来，不管他抵死挣扎，一下子把头部向炮管里面塞进去。

孩子们忍不住放声笑出来，那个样子实在是怪得很，但是沙夫子却急忙跑到炮的后面，把炮口向山顶翘起，瞄准了，叫道："注意——闭上眼睛！"

于是拉一拉那条粗大的放射绳。

嘣！……发出一下猛烈的轰响，一道蒸汽光从炮管里面射出来，在这里面可以看见嗡嗡子像一颗褐色的炮弹直向天上射去。

沙夫子很详细地观察那次射击——是的，他瞄得非常准确！夏甲虫是在上面了。

现在轮到小彼得，他被人举起来。——"一路平安！"沙夫子说了便让他慢慢地溜进炮管里面去，里面真是古怪，的确像是在一个大的可可粉洋铁罐里面！

小彼得正在想再把这奇怪的地方察看一下子，却已经听见，是沙夫子在外面的叫声："闭上眼睛！"……

他立刻把眼睛闭上，在这同一顷刻在他的周围已经发出一声轰炸的声响，并且——磁尔尔尔……他从炮管里出来，沿着一条美丽的向天的弧线直指山上射去。

疾！——他坐在山顶的边沿，靠近嗡嗡子。

两个惊异地对望着，但是他们还一点都未曾清楚地意识到——嘣！——疾！——小安娜也已经做了第三个坐在他们的旁边了。

"啊！"——他们三个一齐说，并且张开他们的嘴，接着他们却忍不住要取笑他们自己的惊异的面孔，就是当嗡嗡子摸索一过，觉得自己一切都还没有损伤之后，便也张口笑起来。

这实在是他头一次的笑；他的触角快活得尽力颤动起来，他已经确信，这种经历是将要把他造成一个绝代的夏甲虫的英雄的，一个夏甲虫从炮里射出来，还是从来不曾有过；这是一种冒险，一种勇敢的豪杰的事业。在地上那栗树上，菩提树上或者椎树上的那许多春天的骑士们中间还没有一个曾经完成过这样的一种事业！——

他累赘地抬起头来，把翼毛散开，又一次像从前一般肥大，并且在小孩子的面前做出一个古怪的脸色周围散步。

"一个纪念像是一定要给我建立的"，他想，"在那棵大栗树的旁边，一块阔大的铃兰叶的底下，做成一个骑士的姿势坐在一管炮口上面。每逢礼拜晚上，月亮升起来了的时候，所有在那附近的夏甲虫便要聚集拢来举行一个庄严的，带有大鼓的伴奏的低音提琴音乐会，那是特别谱成曲子来纪念那个伟大的民族英雄嗡嗡子的事业的。"

他几乎当真像是一个夏甲虫民族纪念像了，当他跟着这个震动世界的思想在那两个孩子的面前直立起来，而且用一种神秘的阴沉的声音说话的时候：

> 让我们开始小腿的找寻，
> 来把我们的工作完成。
> 到那时嗡嗡子的光荣，
> 让地上的甲虫都赞叹不尽！

小彼得和小安娜自然忍不住要暗地里嘲笑这个好好先生嗡嗡子的那种无谓的骄傲；但是他们不明白表示出来，因为他们是有礼貌的孩子。

他们于是也同时起来，把睡衣抹平一下，提起他们的东西，便开始他们寻觅小腿的工作。

沙夫子独自归去

月魔之战

在月球上面的一切，的确都是稀奇而且古怪；但是在月山的峰头却更是奇怪中的最奇怪者。

树是有的，但是一点不像树，却活像是树鬼，它们是灰白色的，被那古老的尘灰压得完全弯下来，或者在月球上面经过一次狂风暴雨之后，那些尘灰像雪一样落在它们的枝上。

每一棵树投射出一个长的影，那些影柏油般黑，像是浓的墨水痕一样倒在阴森的地上，情景是非常可怕的，那边这边都长着大的、青绿的地菌，那一定是很毒的，在鬼树的根和那古老的冰灰的霉中间的地上，厚厚地铺满了石头。

没有声音听得到，没有鸟儿叫，在这死的树林里面没有一丝风声吹动一条树枝，它是冰冷而且周围是坟墓一般的沉寂。

假使孩子们稍为有点空闲，他们一定会非常害怕；但是他们正在为寻觅夏甲虫的小腿忙到不得开交，所以他们一点都不曾觉到，那上面究竟是怎样的阴森可怕。

一个人要害怕，的确只是因为他闲着没事做，他们已经感觉到好几次了。

他们寻着小腿了

他们还不觉得冷，虽然他们只穿着一件薄薄的睡衣；他们忙着从一棵树跳到另一棵树去寻觅那株挂着小腿的桦树。

"好啦!"小彼得忽然叫起来，"那里挂着那条小腿。——我看见。我看见!"

不错!——在一个狭小的铺满了月尘和霉的地方孤零零地站着一株小树，它的确像是一株盖上了深层积雪的桦树。

在这株桦树的身上钉着一个长的，锈的钉子，在那上面的一条红带子上面死静地在阴暗的空气里挂着那孤独的一条夏甲虫小腿。

孩子们于是尽情欢呼，就是那个看到这可怖的森林，他的夏甲虫心已经坠下到外套最低的狭罅里去了的嗡嗡子，也因为这发现被快乐鼓舞起来，以致他展开翅膀，开始幸福地吟唱起来而且还想飞过孩子们的头，虽然他们是那么尽力地快跑……可是那里发生了一件意想不到的事情；那个月魔忽然从一块在桦树旁边的大石头后面露出牙齿喝着跳了出来。

孩子们在原位站定，大家手牵着手。

"假如我接受你诚恳的请求，你要给我什么做报酬?"

那个月魔的样子真是吓杀人！他长得像是彪形大汉，有一张灰色的，饥饿的面孔，好比一个旧的靴子样满是绉折的条纹，他的口是丑得怕人，长到几乎像兽嘴一样，还有长的，黄的牙齿；在头的周围挺起蓬松的，肮脏的头发；那簇须凌乱地挂在他那长的，冰灰色的道袍上面；在他的背上扎着一大束的树枝，一只手捏着一把阔大的，亮晶晶的斧头。就是这样子他站在那两个幼小的，勇敢的睡衣小子的面前。

他们是勇敢的，谁都得这样说；因为他们虽然吃了非同小可的一惊，还不曾发脚逃走，——这在平常的小孩子是一定这样做的——却勇敢地站定。小彼得的心虽然卜卜地狂跳，但是还端正地鞠一鞠躬，恭敬地问那个凶人，他是不是就在这上面守护着一条夏甲虫的小腿。

那个月魔张开他的黄牙，咆哮道：

在这里干吗，你们小毛虫？
想在我林中有什么举动？
一条夏甲虫小腿，一条夏甲虫小腿，
不许从我的月山上拿开！

小彼得于是向他无畏地告诉他，他所知道的关于那条小腿的全部故事，小安娜则不歇点头，证明这件事的确实。因为她的心已经跳到使她不能说话了。

但是那个月魔只是向着他们张牙狞笑，轮流提动着他的脚腿，并且用他的嘴筒嗅探着那在他们身边的小苹果。

当小彼得说完了这段故事，请求他把那条小腿交出来的时候，他吆喝道：

假如我接受你诚恳的请求，
你要给我什么做报酬？

小安娜立刻把她的末一个苹果递过去——嗑！……他把它一口吞下了，于是嗅探着小彼得的篮子，在那里面也还有一个苹果剩下。

小彼得恭敬地交给他……一下子就完了！当这恶魔把这第二个苹果大口吞下去的时候，他已经闻到那些圣诞老人送给他们中途受用的胡椒饼了。他贪婪地要求这些胡椒饼。

这个对于那些孩子们的确是一个难解决的问题，但是他们终于愿意把这精美的胡椒饼送给他了。——

一个人的确要作呕而且吃惊；因为那个野蛮的人把那些饼子连彩色的包纸和绳子一道吞下去，像牛吃干草一样。

就在这个时候他又已经斜睁开他那双绿的眼睛向着小彼得胁下的那个呆伯公。他一定要把它吃掉，当小彼得迟疑地放手的时候，……那，这真是岂有此理……他已经把它从中间一口咬断，就是这样把它吞下，差不多好像我们吃一个杨梅！

小彼得还在对着这种饥饿惊得发呆，那个月魔已经来抓小安娜的小囡囡了。

月魔吞吃小囡囡

这真是不得了！——

小安娜无论如何不愿意交出她的小囡囡，并且因此痛哭起来。

来，把这个小囡囡交出来！”

不然我便不交出那条小腿来！——快！

那个野蛮的人咆哮着。——

是的，那个可爱的小囡囡也要做酬劳的牺牲了。

那实在太凄凉了！——

小安娜紧闭着她的一双眼睛，当他把那个头咬断，那些瓷片在他丑恶的牙齿中间格格地碎得作响的时候，小安娜惟有尽情痛哭。它一点都未曾划破他的嘴！——小彼得本来暗地里这样希望着。

那个小囡囡也已经吞完，他们已经牺牲了他们最后所有的东西了。——

那个月魔摸摸他的肚皮，得意地舔舔他的嘴巴；孩子们却想道："现在他已经心满意足，或者终于要给我们那条小腿了吧。"因为那一切，连那小囡囡的瓷头和呆伯公的木屑都给他非常精美的滋味。

不，那个恶魔又已经周围走着探嗅，好像是还不够瘾的样子！

这实在是太过可恶了！小彼得对于这种贪婪和放恣的行为表示十分的愤怒，他于是坚决地要求那条小腿，因为苹果，胡椒饼，呆伯公以及小囡囡的确已经是一种最高的代价了。孩子们再没有什么可以赠送的东西了。——

那个月魔睁开红灼灼的眼睛望着他们，——从头到脚——慢慢地从他道袍里面抽出一把大长刀，在他们前面的一块大石头上面用心地磨，同时向自己叫嚷道：

> 两个小子来到我面前，——
> 我要连皮带毛一起吃完！
> 我不吃东西已经有一千年，
> 我可以吃得下一千人！——
> 我要杀掉他们，慢慢地在叉上烤；——
> 我的谋划一定不会徒劳！
> 我要把他们烤一百个钟头，
> 连他们的筋骨都合我的胃口！

一面说着，一面便向孩子们冲过来。——

他们应该怎么样对付呢？——

小安娜拦腰抱住小彼得，小彼得奋然拔起他的小木剑。没有谁能够这样想，那个小少年会用他的木剑击败那个凶野的吃人者；但是正在他拔起木剑的一瞬间，发生了一件出乎望外的事。

天色忽然变成柏油般的昏暗，一道光芒四射的电火闪起来，带着一阵震天的雷击，雷公从夜色里跳到山顶，直向月魔冲锋，向他的头上——砰！——砰！——砰！——痛打一顿。并且在他的肚皮上面使劲地猛踢一下，把那个蛮横的吃人者弄到像一个包袱一样在地面上滚来滚去——然后两个雷公便再从夜色里消失了。只有那逐渐消沉的雷声还可以从远处隐约听到。

那件事情的全部经过得这么急促，那些孩子们几乎来不及确切地领略到。

哦痛，我的肚皮！——哦痛，我的腿！
该死的伤害！——该死的伤害！

月魔叫着，并且在地面上的树木中间乱滚。那些孩子们几乎忍不住笑出来。他在那里抽筋扭骨得这么古怪。他受到这猛烈的打击，痛得弯下来好比一条大螺虫。虽然这样他还要勉强挣扎起来，他狂喝道：

那是雷公，你们坏蛋
要请他来保护你们？
但是对着我的饥饿和愤怒，
雷电也无从把你们保护！
我终归要把你们杀掉，
把你们白嫩的手脚好好地烧烤！……

他当真踉跄地挣扎起来，一把抓着那把刀便向那两个孩子再作第二次的进击。

小彼得马上向他拔起自己的木剑。说也奇怪，就像是在那里专等那个小少年的命令似的，现在从下面涌上了那个胀起阔大的面颊的肥胖的水神。

月魔还未定神，从那个水神那个阔大的虾蟆嘴里已经喷射出一道冰冷的水光，它是那么猛力地正射在他的面孔的中心，以致他仰天跌倒，第二次在地面上乱滚。他自然想号叫，但是，他才一张口……汽……水光射进他嘴里去，他就连喷水都来不及了，并且那个水神不到他被那冰冷的水淋到像死人一样躺在那里不停止他的喷射；在他满足地说了两遍："补路不刮"之后，再向孩子们和善地点过头，然后沉没下去。

当那个月魔被水神喷射得淋漓尽致，每逢他想咆哮的时候，便连喷水都来不及，

水神用水喷射月魔

这一次实在是太可笑了，连小安娜都忍不住笑了出来。

那两个孩子自从体验到那些好心的自然神每当最危急的时候怎样尽了他们的助力之后，他们压根儿就比先前胆壮了许多了。

他们因此安详地行近一些到那个周身被水淋透了的月魔的身边，把他好好地察看一下。

他躺在那里，像是一只落水狗；但是并没有全死，因为他不时在那里喘气。——

小彼得想了一想，现在或者可以去拿那条小腿了吧；但是那个野蛮的大汉又已经在那里翻身。他发狂地前后转动并且喘息说道：

> 即使他把我喷个半死，
> 对于你们坏蛋也一点不济事！——
> 我起来了，——我要努力翻身，
> 看你们在我的火叉上挣命！

他已经站了起来，踉跄地向他们进击。

> 我不怕轰雷和喷水，
> 我要把你们慢火烤到又酥又脆！

他狂叫着，一声吆喝便把那把刀提起来。

小彼得现在第三次拔起他的小木剑，对于那个月魔又发生了一件完全出乎意外的事情：

从高处有什么呼啸地下来，插着柏油般黑的巨大的翅膀。从月山上面吹过一阵旋风，连那些死一般静着不动的灰色的树木也飒飒地弯曲了，像是草原上的草茎。

这是什么呢？

狂飙巨人来给孩子们帮忙。

他用他大的拳头，把树林里面那棵最粗大的树连根拔起来，劈地一声压在月魔身上。转眼的工夫便不见了，正像他在一转眼的工夫来到一样。——

事情发生得这么快，使人几乎无从省察，只当孩子们听见那个月魔像被打的大狗一样又气又痛地狂叫的时候，他们才确切地知道刚才发生了什么事。——他被树干紧压在地面上，不能动弹，他叫得那么厉害，连那全座山都因此震动了。

狂飙巨人将大树压在月魔身上

小彼得现在自然生出了无限的勇气，他晓得，那些伟大的自然神是应着他的命令跑来的，他于是大胆地手里提着他的短剑，行近那个被俘的恶魔的身边，说："你看，月魔，因为我们虽然给你这么多的东西吃了，你还不肯把那条小腿交出来，而且想把我们吃掉的缘故。所以你现在弄到这么狼狈了。现在你已经被人捉住，什么都做不出来了。我们呢，我们把那条小腿拿下来并且欢笑！"

小安娜却向他张开手掌，扇开手指来凑在鼻尖上做成一个长鼻子，说道："呸！"

谁都可以想得到，那个月魔气到怎么样。他气着吹哨，响得像是一把生锈的门锁。他向孩子们吐出唾沫并且切齿痛恨。

> 哦哦，任你们怎样做来，
> 即使联合水火风一齐和我作对；
> 等着，等着，我就要向你们报仇，
> 把你们小妖杀个寸草不留！

他一面这样大喝着，一面便死力推动那根把他紧压在下面的树干。

他一定是强壮非常，因为在他上面的那根粗大的树干经过他这样死力的推动，当真在那里摇摆起来，小彼得吓得连忙跳回去。

那也实在是最紧急的时间！——克裂克！——克拉克！——一些的树枝扭断了，那根树干笨重地倒在一边，月魔于是重新恢复自由。

在他的嘴角里气愤得流满了浓的唾沫。

> 你们的自由如今再休指望！
> 你们活该在我斧下遭殃！
> 我要把你们踹成泥，踹成酱！

他狂吼着，抓起他那犀利的，雪亮的斧头，——因为他的刀已经被狂飙巨人毁坏了，——再向前面冲过去。……

小彼得举起他的木剑，但是月魔把它从手里一下子打落了。

小安娜忽然放声叫起来！

"星儿——星儿——这边来！"

假如不是小安娜放声叫出来，那两个小孩子一定会丧失他们的性命。因为小彼得在那时候被这一吓，简直吓到不晓得怎样应付才好。从小安娜嘹亮的叫喊发生出这件最神妙的事：

一道白光从天上落下来，这么神速，一个人简直无从设想，孩子们的两颗星儿举起对正月魔的手掌站在他们身边。

那些手上强烈的光芒正对着那个恶魔的那双睁开的眼睛射过去，当他正在想把孩子们抓住的时候，他一怔，像是被锤子打着他的头顶一样，他兜转身子，落掉那把斧头，用双手把他的眼睛遮蔽着。

两个星女举起手掌正对月魔

唈——为什么！——我难道盲了眼？——
我再看不见那些坏蛋！我找他们不到——我看他们不见！

他喘息着，痴呆地在树林中周围摸索，因为他的眼睛被光辉射到完全睁不开的缘故，他的头不歇碰在树上，或者岩石上。"噢！"——他每次总是这样叫着，而且继续在那里一摇一摆地乱闯。

"他们一定在这边——他们一定在那边！"他呼呼地叫着——嘣！——又走着正相反的方向碰在一块尖利的岩石上，只见他的鲜血喷出来，——但是他不管什么总是连忙站起来，像着了魔的一样继续走下去，后来他们只从远处隐约听见他的叫喊。

我把你们连皮带毛通通吃掉，畜生！
你逃不掉你的命，——你逃不掉你的命！——

那孩子们简直惊讶到说不出话来；只有紧躲在他们的星星身边而且非常得意。
完全沉静了一瞬间，然后那些星星各自对着自己的孩子，亲爱地鞠鞠躬，轻轻地向他们的头发里呼进一个亲吻，并且用嘹亮的清音说道：

> 快快做，快快做，再不要迟延！
> 再会，不久就是白天！——

他们一下子便不见了，正如他们来时一样飘忽，孩子们独自留在那里。——

小　腿

"不要迟延！"星儿这样叫，这就是说，赶快把那条小腿拿下来。

小彼得也就马上进行他的工作，攀上桦树，从钉上把那条在上面已经挂了一千年的小腿解下来，那时候小安娜正在下面伸长手臂，顶高脚尖，预备来接受那条著名的老祖小腿。

这是极庄严的一顷刻！

这样！——现在小安娜接到那条脚腿，他们于是昂头阔步带着他们的胜利品来找嗡嗡子，那个家伙自然在遇见月魔的开始一顷刻便已经在那里装死了，好像一切都是和他不相干的一样，他躺在一个角落里在毒菌和发霉的石头的中间弯成一小团褐色的，不显著的东西，要把他认识出来，实在是不容易。

他们把那个装死的英雄观看了一会，心中非常快乐，看他现在要做出一个怎么样的脸色。

接着他们便去寻觅他身上那条小腿的地位。小彼得在第三条的黑白的马甲纹底下找到一个小孔；那一定是那个地位了。

小安娜于是在那条老祖小腿的上部尽力吐出唾液来，然后合力把它插进小孔里面去，这件事情是吃力的，小安娜因此频频喘气。——

后来终于弄好了！他们试来试去，觉得的确是牢固非常，再不会轻易便拉得脱或者砍得开。

这是谁都知道的，唾液有神妙的黏性。——

当他们已经把这件事做完了之后便带着极大的快乐跑到夏甲虫前面去把他叫醒。——

他们把他摇了又推；但是他害怕得十分厉害了，反比先前装得更死；而且当小彼得指名叫他的时候，他老是轻轻地叫道："我死了，我是完全死了，我不能做得更死，因为我已经完全死了！"

他们在装小腿

后来小彼得终于在他的耳朵边叫道：

　　嗡嗡子先生，嗡嗡子先生！
　　看看你的小腿是什么情形！

那个蠢货这才像一个受惊的跳虱一样翻身起来，睁眼望着孩子们的面孔，——

"他把你们吃掉了吗，那个魔王？"

他惊恐地问，虽然实际上可以看得见，他们并没有被他吃掉，因为他们还站在他前面。——

小安娜自然快乐得只是锐声嘲笑这愚蠢的问话。但是小彼得却扳起一个严肃的面孔，指着那条黏上去的小腿，再说一遍道：

"嗡嗡子先生，请你看看你的小腿是什么情形！"

那个肥胖的栗树骑士好像还不大懂得，他应该做什么，他迟疑地向自己的身上望下去……那里！……好像忽然有电火打他的面前闪过一般，他懂得了，刚才发生了什么事情，他跳起来，在孩子们的周围打螺旋，跳舞，并且唱道：

> 嗡——嗡——万岁！嗡——嗡——万岁！
> 我的小腿收回，我的小腿收回！
> 我感谢你们，感谢你们千万遍，
> 这古老的苦楚从此不再纠缠，
> 嗡嗡子五条腿的悲伤；
> 两个孩子对付凶恶的魔王，
> 解救了我们的灾难，万岁——万岁——
> 第六条小腿已经收回！

当那对这三个冒险者发出一种紧急的警告忽然地显现扰乱了嗡嗡子的时候，他那应和着他的歌唱的繁复的跳舞距完结还远着咧，原来孩子们早就听说过，他们还要趁日出之前回到地球上面去，不然的话，他们便永远找不到从月球下去的路了。

现在忽然在月球的上面从黑暗的天上升起一道神奇的陌生的光辉，那块灰色的地面变作似青红的迸泻的银汁的颜色。在一切的树木和其他的植物上面那些月尘都映成玫瑰红的雪。孩子们同时在那最高的山顶上看见那可爱的太阳的女儿朝日红。她把手臂举得高过头顶，从她的手里散出红宝石的光辉，红的雾从她的兴颈里荡漾出来。——

朝日红伸长头颈，用一种比一切百灵鸟还更欢畅的，比一切夜莺还更清朗的声音唱着：

> 来近的是太阳的金车，
> 幻梦要从地球退去。
> 用白日的银滚花

> 环饰着神圣的天府。
> 我和我的兄弟，晨星，
> 越过世界向那边飞翔；
> 朝云像是花光掩映，
> 在那芬芳的远方。——
> 白天已经在唤醒那睡的丛林，
> 去享受春天的光明的福乐。——

到这里她微笑地把她那美丽的容颜转向孩子们，并且亲爱地点头：

> 孩子们，赶快起程——赶快起程
> 快回到地上去，不要耽搁！

唱完便不见了；但是在她后面那广大的天空还留着那泛滥的红紫色，那个苍白的月国在下面发起红光，像是千百万朵的玫瑰花在它那象牙色的地面上破开那些苞蕾。

孩子们还在那里为这个显现的难以形容的美丽惊叹得站着发呆；夏甲虫却轻轻地拉一拉他们的睡衣，把他的左右的前脚递给他们，同时用一种沉着严肃的态度和极庄重的声音说道：

现在是过去了，这稀奇的行旅，
你们做了我途上忠实的伴侣。
我的小腿已经终于归还，
我们要赶快回去人间；
你们要手牵手，听到咒语
便闭上眼睛，呼啸地向下翱翔，
重新降落到我们的家乡。

孩子们立刻服从他的指挥，因为他们感觉到，嗡嗡子说话的时候是极端严肃的。他们于是互相拥抱，站得怪紧贴的。那个夏甲虫却大声叫道：

母亲地球，我们向你叫唤：
我们的路程引得我们向你离远；
听我们陈辞——我们受到过极大的艰难，——
请你再把我们接到你膝前！

那时候地面自行打开来，那三个冒险者沉下去，紧抱着，直到下面的深处。

归　来

夏甲虫念完他的咒语之后，孩子们只见眼前一片昏黑；觉得他们脚底下的地面打开来，他们就像向一个无底的深渊呼啸地落下去。他们什么都看不见了，就是听得到的也不过是一种飕飕的风响。他们抽搐地互相抱紧，除了"千万不要松手呵"之外他们再也不会有什么别的念头了。

这样子经过了一段相当的时间。他们觉得忽然好像有一只小鸟在这飕飕的风响中间歌唱。那啁啾和歌唱的声音越来越响，但是那飕飕的风响却越来越轻，直到它完全停止了；只剩得那杨柳的鸟声还可以听到。——这样孩子们才敢张开他们的眼睛。

哈！……他们坐在他们的小孩房里互相紧抱着，穿着睡衣坐在桌子上面的中心！——

太阳正穿窗投射来第一道的光线，窗外的紫丁香花丛上有一只绿雀正在快乐地唱着它的晨歌。——

那两个孩子是这么惊讶，最先只是睁大眼睛对望着，后来小彼得说道——但是这是经过了一段相当的时间之后才说的：——"小安娜！"而小安娜也说道：——"小彼得！"

两个孩子是这么惊讶，只是睁大眼睛对望着

当他们审察到他们还是真正的小彼得和小安娜，并不是什么小蝙蝠，小月绵羊或者是炮弹的时候，不觉嗤地一声笑得前仰后合。

但是他们的确是阅历了极稀奇的东西，而且经受了这么多的艰难险阻，并没有碰到一个疙瘩或者别的什么小痛痒，就安全地回到他们的小房间里来。值得快活的理由是尽够了。

在他们周围的一切都非常整齐，木马傀儡戏场，图画书以及……哈哈！小囡囡和呆伯公也在那里；这么康健，就像从不曾被月魔吃掉一样。而且连那些装满苹果的小篮子也好好地摆在桌上，正如母亲晚上把他们放在那里的时候一样。——这的确是神妙极了！

他们还在那里忙着，高兴地去考验这里的一切，忽然听到那个肥胖的明娜从外面走来。

明娜从外面走来

一跳！——他们到了床上。

明娜走进来，像在平常的每天早上一样叫道："起来吧，起来吧，孩子们！太阳已经升到草坪上头了！起来吧，小彼得，小安娜！"——

小彼得，那个小顽皮，故意做成好像刚刚醒来的样子，懒洋洋地擦擦他的眼睛，接着他昏昏沉沉地问，天已经当真亮了没有。

"自然啰!"明娜说了,便把那窗幔挂起来!……嗡!——有点什么东西在房里各处响动!——

"夏甲虫!"孩子们合口同声叫着,一眨眼的工夫便跳起床来……

嘿!——明娜已经把他捉住,并且想把他丢进火里去。但是她恰巧碰到小彼得。——"什么? 弄死那个嗡嗡子? 他是不能够被人弄死的,他是我们的嗡嗡子,我们要让他飞出去!"——他一面叫,一面便坚决地拉紧她围裙的带子。

明娜摇头;她不能够明白,这叫做什么道理;她就是那么蠢,那明娜,但是她后来终于因为小彼得迫切的请求,把那个夏甲虫送在他手里,她便出去,预备把母亲叫来。

孩子们刚得单独留在房里,便跑到窗口去审察那只夏甲虫。

他躺在小安娜的手上装死,自然明娜也的确已经把他吓得亡魂失魄了。

小彼得立刻计算他的小腿,……是的,当真是六条小腿!——

这样看起来,那一次的冒险并不是枉费了。小腿的收复是胜利了,的确是胜利了,嗡嗡子经过千年之后,凭仗小彼得和小安娜的工作恢复了他们的本来面目。

小安娜以为没有人能够看得出,这条小腿是黏上去的,她根据确凿地证明说道:"唾液的黏力是很不错。"

经过这一次的经验之后谁也得相信这是不错了!

那只小甲虫又爬起来了,——"他晓得是我们,所以便不再害怕了,"小彼得这样想,他们两个都非常高兴。

接着他们便连忙打开窗门,小安娜把她的小手伸出去,他们唱起那首著名的飞翔小曲。

那个小的嗡嗡子在小安娜的食指上面连忙爬起来,把他的翅膀张开到极上的尖端,而且……嗡……他向蔚蓝的晨光中飞出去,飞过花园,飞过草坪,远了,远了!——

> 再会,再会,嗡嗡子先生,
> 祝你回家时一路福星!

他们一面叫,一面向他招手。——

母亲进来,拥抱她的两个小孩,给他们一个心爱的朝吻,此外还有——这实在

"再会再会，嗡嗡子先生。"

是奇怪得很——每一个小孩一包美丽的胡椒饼，带有圣诞老人的问候。

那正和胡椒饼师傅在圣诞园中夜里摘下来给他们的胡椒饼一个样子。

现在是明白了——母亲和圣诞老人一定是非常熟悉的好朋友，她已经从那里听到了他们全部的冒险和那个吃掉一切的月魔的故事。——圣诞老人自然通通看见，小囡囡，呆伯公，苹果和胡椒饼；把他们从月魔的肚里再行用法术取出，快快地派人送到地上来交给母亲，做孩子们工作的酬报。——

圣诞老人

那一定是这样，——再不会有别的什么样子！——于是他们快乐地抱住他们母亲的颈。

166

博马舍

〔德〕弗里德里希·沃尔夫著

版本：作家出版社，1954年

博馬舍

沃爾夫著

作家出版社

序　言

　　《博马舍》是这样一部剧本，它包含了生活中各式各样场合之内活动的人物和重要的历史背景。根据今天的舞台情况，在不妨害剧本的结构或历史的真实的条件之下，还需要来一番技术上的简化。

　　根据柏林首次演出的经验，第七幕国王小沙龙场面可以删掉，因为逮捕博马舍的动机可以在第六幕的结尾——通过警察总监莱·诺亚的话——显示出来。

　　为了缩短上演的时间，并由于今天常常碰到的舞台方面的技术困难，第八幕——市场场面——也可以删掉，密舍尔在市场上唱的滑稽小调可以移到监狱场面（第九幕）上去。古丁和小约翰在密舍尔出场之后，做一段简短的报道，然后密舍尔应博马舍的请求唱她的滑稽小调；唱过之后立刻在狱中依照关于示威的台词叙述一遍。

　　删掉第七幕及第八幕之后，全剧只有九幕，演出时间至多不过三小时。

　　我提议，第一、第四、第十（现在第八）和第十一（现在第九）幕基本上用同样的布景（罗科科式居室），只用个别的家具和摆设来显示前后的变化。末一幕的博马舍大厦也完全可以和国王小沙龙媲美。

　　重要的是速度，适合法国人气质的——特别是第二部分，从第六幕的末尾开始——袭击巴士底狱的速度。也不要怕道地的法国式的热情！因为我们是站在袭击巴士底狱和《马赛曲》的诞生的前一刻的。

＊　　＊　　＊

　　博马舍，本剧的主角，是两个时代交接点的人物。他自己说："在我的少年时代我是费加罗——在我的老年时代便有些像是亚尔马维华！兼做不可以吗？可以的！"这里面蕴藏着这个人物的历史性的悲剧。在博马舍心中活着两个灵魂。归根结蒂他是对的，也是不对的。他的剧中人物比他本人强。他的费加罗——革命的海燕——使自己成为独立的人物，他跑在博马舍的前头，在决定的时刻飞在巴黎人民的前面，博马舍却落后了。博马舍虽然遭受到这个历史的否定，但在某一点上他还是对的。他的最后一句话："好吧，让子弹讲话，讲到大家愿意商量才歇手吧！"——这句话宣告了他作为一个作家的自信。博马舍是处在深刻的自我矛盾中的悲剧性的人物。

他的对手起初是国王，后来渐渐地是人民和密舍尔了。博马舍作为人民的儿子来写他的剧本。他——后来变为宠臣的他，是衷心地为人民写作的，可是曾经尊崇他为"巴黎的声音"的人民看到他在决定的时刻不跟人民一道前进的时候，便离开了他。就说密舍尔吧，虽然她直到最后还是企图争取他参加，也不得不和他分手了。

密舍尔这个对手，人民的茁壮的无名英雄，必须由一个活力充沛的、年轻的、火热的、坚强的女演员来扮演，逐步地发展为巴黎人民在袭击巴士底狱之前的代表。必须做到使人相信，密舍尔能够鼓励人民共同前进。

*　　*　　*

博马舍和密舍尔作为中心的正面人物担当了这部剧本。这连拿破仑也曾经这样谈论过《费加罗》："《费加罗》——就是进入行动的革命！"

弗·沃尔夫

1946 年，于柏林

平姜：不错，不错，小子，我们每一个人都有他的小历史。

博马舍：朋友们，也许这许多小历史有一天会凑成一部唯一伟大的历史咧。

——第九幕

登场人物：

路易十六（王）——法国国王。

伏德雷（伏）——博马舍文艺作品的爱护者，安唐妮王后的朋友。

里歇吕（里）——皇家舞台监督。

韦任尼（韦）——外交部长。

莱·诺亚（莱）——巴黎警察总监。

彼得－奥古斯丁·卡隆·博马舍（博）

贝加士（贝）——律师，博马舍的朋友。

亚瑟尔·李（李）——法科大学生，美利坚谈判代表。

雅克·古丁（古）——戏剧家，博马舍的朋友。

柯莱（柯）——戏剧家。

达任古（达）——法兰西喜剧院的演员。

费里叶（费）——投机商人，绰号"百万富翁"。

唐诺（唐）
平姜（平）　｝圣·拉萨耳监狱的囚犯。
小约翰（约）

坡马莱（坡）——王后的美容师。

玛丽·安唐妮（后）——法国王后。

加布利耶尔·坡里纳（纳）——她的女友，宫廷女官。

康太太（康）——法兰西喜剧院的明星。

玉维·亨利小姐（亨）——里昂的女演员。

密舍尔·普里渥（密）——她的学生。

台列丝（台）——博马舍夫人。

地点：凡尔赛宫——博马舍住宅，一在荷兰大饭店，一在博马舍的华贵的新厦（均在巴黎）——伏德雷伯爵的爱美剧场的舞台——巴黎市场穿堂的前面——圣·拉萨耳监狱。

时间：1778 年至 1789 年。

第一幕

（凡尔赛宫路易十六的办公厅——外交部长韦任尼伯爵正在国王的大办公桌上面整理他卷宗里的机要文件。坡马莱——美容师，正在捧着一个复杂的假发模型，恭恭敬敬地站在旁边。）

坡：光是为这个缘故召我来吗，老爷？

韦：光是为这个缘故？只要国王认为某一种东西是有意义的——不管什么——那就是有意义的……就是王后的美容师也没有例外。

坡：对不起，老爷，王后这副假发是我的幻想和我的双手好几个星期的工作，虽然价钱小得很，可是除了我之外，再没有第二个人可以低估它的价值……

韦：（从桌子跟前跳起来）价钱小？200镑？

坡：……为了适应某一种任务，这副假发装上了月形的宝石环，（提一提那副假发）可以显得王后的身材更加丰满，也更显得年轻。即使极端谦虚地说，您老爷也得承认，这副假发并不是假发，它简直就是一首诗！

韦：国王可不会怎样欣赏您的诗，更不会高兴王后每年的费用不断地增高。

坡：我呢，却可以向您大老爷担保，国王会欣赏王后的更新的青春，国王自己也就会感觉到全副精神都变年轻了。

韦：（身子压在卷宗上面）您的假发能当药用？

坡：（煞有介事地）医生和美容师有他们的使命。

韦：就是这个意思？（对着他）在打扮的那段长时间里对于美容师也像对医生一样信赖吗？国王近来的古怪脾气确实是有原因的吗？——王后已经找到了那个药方了吗？您，我命令您……

（国王路易十六从右边上；他向办公桌走去，要找韦任尼，看见了坡马莱和那副假发。）

王：美容师？

坡：奉陛下召……王后的美容师。

王：（厉声）这个非停止不可，简直没完了，国库就像雪崩一样地倒下去，我再不能容忍了！（到办公桌边去）谁把这四面八方的压迫担当起来？（向韦任尼）我不想把钱币铸造得更坏，我不知道钱是从哪里来的！您知道吗，韦任尼？

韦：这是很难的，陛下。

王：这是不可能的，（坐下，半闭上眼。）从一片很小的，静静地掉下来的雪花开始的……要追摄这幅图画，要有一些幻想和大气派才行。（向坡马莱）这副新的假发要两百镑？也许这就是给国王血管上轻轻的一刀吧！

坡：陛下！

王：我勾销这笔账！200 镑……

坡：（捧起那副假发）请陛下平心静气地看一看这梳子上面的那两颗蓝宝石吧；王后自己说……

王：不要瞎扯！王后从来没有说过一句话。（半信半疑）难道是王后吩咐装上蓝宝石的吗？

坡：因为陛下喜欢蓝宝石……

王：（走近，慢吞吞地伸手拿假发）因为我喜欢蓝宝石？她是这样体贴吗？（忽然向坡马莱）由我名下支付 100 镑，再答应这一次！以后再不能容忍了！

（坡马莱深深鞠躬，下。）

王：（向韦任尼）我们一定得紧缩一下，韦任尼！图尔果①天天带来新的账单，我可弄不清那些数目；总得从弄得清的着手，以身作则，从雪花开始，懂得吗，韦任尼？

韦：当然，陛下。

王：您不懂，韦任尼！您带着卷宗一道来；国王应该签字，国王就签字，国王担负着这笔债，国王想办法筹款，一切都放在我身上，……好，我就要开始，就从这里开始！（他拿卷宗，卷宗上面着盖着好几个大印，他一下子扯掉一个。）一个印就够了，干吗要两个？我吩咐，以后只许盖一个印！一定要开始，马上，从可以着手的开始！懂得吗，韦任尼？

韦：（笔录）取消文件的第二个印。

王：（满意地）同时撤销第二个职务，第二个监印官；一切无用的支出都得从今天起一笔勾销！

韦：还得开辟新的财源才行啊！陛下。

王：国家是枯竭了。

韦：国家以外……

王：（把握不定）新的冒险吗，韦任尼？

韦：（从卷宗里抽出一封信）陛下可不可以把我们的伦敦特派员的来信看一眼呢？

---

① 图尔果（1727—1781）路易十六的财政部长，1774 年曾建议向贵族及教会征税，引起贵族及教会的攻击，被免职。——译者注。

王：（读）发自伦敦……由德·罗纳签字？

韦：陛下愿不愿意换一换字母的位置，从末尾倒念回去呢？

王：卡隆……

韦：卡隆·德·博马舍。

王：哦，王后挺高兴替他辩护的，那本毒辣的回忆录和那本毫不诙谐的喜剧的作者。

韦：是，是，陛下，那本《塞维尔的理发师》……作为文学家是那么拙劣，做起政治代理人来，倒是一个老手呢。

王：一个文学家，所以也是个冒险家！

韦：可是他的眼光却相当远大，陛下。他准确地预言了英国政府的困难；他把伦敦市长争取到我们这边来，这件事是成功了。美洲殖民地现在向母国要求权利，美洲殖民地估计到我们这方面一定会对它表示同情。

王：（着急）已经唤起了这种希望了吗？

韦：不过纯粹是保持接触。

王：没有我的任命？（读信）跟英国的反对派以及那位伦敦市长威尔克斯先生结成一伙，跟那所谓费城会议的代表磋商条件……当然总是那位博马舍先生！硬要拖我去冒险；为什么，有什么好处呀？

韦：美洲的糖、果汁、棉花，大批的顶上等的弗吉尼亚烟叶，那个国家都答应了我们，一下子便会大大地加强皇家的经济力量。

王：（考虑）万一失败呢？

韦：我相信王朝具有充分的力量……

王：怎么？您也来了，韦任尼？您以为国王缺乏果断，缺乏勇气，缺乏青年的那些品质吗？您也要做那一伙的帮凶吗？……

韦：陛下！

王：（气不过）闭住你的嘴！你们在我背后总是挤眉弄眼地表示，国王不过是他自己的阴影，"可怜虫"。在他骨头里面再没有精髓，在他腰子里面再没有汁液……你们扯谎！你们扯谎！（喘不过气）您忘掉我的话吧，韦任尼！（向他伸手）近来国事叫我太操心了，我对待我的朋友很粗率；您听到了，王后特别为我挑选蓝宝石——我心爱的宝石——装在假发上面；美容师不是这样说的吗？

韦：一点不错，陛下得重视这一点。

王：（考虑）只要有一点信心就好了！（拿文件）韦任尼，您认为这桩美洲事件，是不是真像那位博马舍所讲的那么有意义呢？

韦：一块新大陆，陛下，答应替王朝效劳。博马舍要向陛下当面报告。不管这个人物有任何可以批评的地方，总之他具备了商人的幻想和军人的胆量。

王：（又是迟疑地）您包庇这个人，就像他正站在您背后似的。

韦：他站在前厅，请求召见。

王：我不愿意这样做，韦任尼！您用手枪对住我的胸口！我可不能容忍！

（玛丽·安唐妮王后，带着坡里纳公爵夫人上。安唐妮一股猛劲地直向国王走过去。国王起立。）

后：对不起，我打扰陛下一段谈话！

王：王后享有国王优先接见的权利。韦任尼，半个钟头之后我再召见您。

韦：陛下还召见博马舍吗？

后：博马舍先生已经从英国回来了吗？

王：王后的情报倒像是很灵通咧！

后：这样的一个人物的行动是很难保守秘密的。

王：所以他是一个不中用的使节。

纳：可是一个越发有趣的诗人。

王：坡里纳公爵夫人，我知道，您是一个喜剧迷，可是，我想不起，什么时候向您征求过意见。

（坡里纳公爵夫人跟韦任尼鞠躬退出，国王指了指一张靠背椅请王后坐下。她坐下，他自己站着。）

王：我能够用什么向您效劳呢，王后？

后：一些信任和尊重，陛下。

王：谁敢缺少过？

后：您没有征求我的意见就削减了我的费用，陛下。

王：您对我就没有一点信任吗？王后，削减费用难道就是不怀好意了吗？

后：（动气）不，陛下，不，不，不……因为200镑，因为一副假发，就要剥夺王后的体面吗？我不懂，在维也纳宫廷里面这是不可能的，这就是对法兰西王后和奥地利皇后的公主的侮辱！为了这件事我会苦恼好几天，陛下！

王：我好几夜没有睡了，王后！我的部长天天提出新的庞大的开支，为了应付这些开支我得再加新税，可是他们给我提出来的所有办法只是乱七八糟地撞出来的一条出路，而且说来说去还不过是这一类雪花……现在呢，您也来了，王后，提出了一项新要求，您，（声音放轻）您这位再不会了解我的睡眠和我的夜晚的王后。

后：（细声地）我来就是为了要重新认识您。

王：（惶惑地）王后……

后：我愿意您注意我，陛下，您感觉不到吗？（她站起，伸手去牵他。）我听到您的不安的夜晚，我愿意再亲近您，我希望在国王身上……

王：（望着她）在这条"可怜虫"身上？

后：这句话我从来没有听见过，也没有理会过，陛下；人家只有嘲笑我，陛下！（她双手掩面）我觉察到宫廷里的眼色，他们打量我的身体，为什么结婚那么久了还没有一点动静，我撕掉妈妈的来信，她给我暗示，要我吃药，据说她的御医在她五年不生育之后替她开出了一张满灵验的药方。她是托一位罗纳先生转达的……

王：（静听）罗纳先生？

后：王朝的一位特使。

王：（使劲地）没有什么药方可以治疗……治疗这种缺陷的。

后：那是一个波斯尼亚的医师，他救了我的母亲或者说我的父亲，陛下！（突然）我再也忍受不了别人打量我腰身的眼色，我再不愿意在孤独的床上流泪了！（她转身。）

王：我伤了您的心，王后……

后：我自己沉迷到宴乐里面去，陛下，一次晚会得把两省每年的捐税加一倍才够。我周围集中了那些年轻的贵族，因为我感觉我被摈弃了，陛下。不错，因为我相思成病，因为我感觉寂寞，因为我已经饥渴得发慌；您再没有自信了，陛下，因为您在您年轻的女人身上受到一些打击，我自己也失掉自信了。可是我听见说，您正着手一件大的事业，跨过大洋，达到辽远的新大陆！这只有一个坚强的人物，果断的人物才办得到的啊！

王：（摸不着头脑）您指什么，王后？

后：一个男子愿意这样做而且敢这样做，……陛下，我的烦恼已经一下子给扫光了，我对我自己，对您都已经有了新的信心，陛下，我要您开心，陛下！

王：所以在假发上装起了蓝宝石，是吗，王后？

后：对了，陛下。

王：（吻她的手）谢谢您，王后。（轻声地）可是我什么都不想错过。博马舍先生所讲的您的皇太后的秘方到底是什么东西？

后：（吃惊）博马舍先生吗？

王：对不起，我是讲那位罗纳先生；博马舍先生另外有一件公事要来请示。（使劲地）是的，我们现在要把国家大事掌握在自己的手里；国家应该实行节约；国家应该繁荣起来；国家心脏的跳动应该让大洋对岸也可以感觉得到！国家应该有一个继承正统的太子；这个我就依靠您了，王后。

后：（轻声地）您明白我的意思了，陛下。

王：（摇动银铃，韦任尼应声出现。）召见博马舍先生！

（韦任尼下）

后：您今天真是走运的日子，陛下，博马舍先生是幸福的海燕。

王：（又有些尴尬）我要把他用绳子捆起来，您的海燕，王后！这里用不着写回忆录，也用不着编喜剧，而是想法子替王朝多挣一些钱。

后：（微笑）博马舍先生会拿钱耍出各种各样的花头，就好像他传播人类的思想。

王：（有点俏皮）可是要听我的指挥啊，王后。

（韦任尼同博马舍上。两人都对王后深深地鞠躬，王后对博马舍微笑；她随即告辞，由国王送到门口。）

王：（回到他的办公桌前，拿起一件公文，随即装出"大丈夫"的神气，深切关心他的事业。）博马舍先生，您以为那些美洲殖民地联军能够坚守他们的阵地，对英国王朝取得胜利吗？

博：他们向他们的母国英吉利提出平等要求：在英国议会里面要有他们自己的代表议席，他们的货物免税入口，海洋运输的自由选择权利……

王：英国怎么说？

博：英国一部分有势力的人物——包括伦敦市长在内——认为这些要求是合理的。

王：那和我们有什么关系？

博：那就是说殖民地联军也可以使用我们的船舶，陛下可以从这块巨大的新大陆获得重要的物产，如糖、玉蜀黍、烟草之类的专利，法兰西王朝不但可以满足本国的需要，就是欧洲各国所需要的商品都得依靠法国来供应了……

王：先决条件还是在殖民地联军打了胜仗或者是英国国会接受这些要求……

博：假如英国晓得，法国对于这个问题并不冷淡……

韦：不错！可是您总该了解威廉·匹特①和他的国会的强硬，博马舍先生。

博：没有一种胆量就谈不到完成什么计划，韦任尼先生。

王：您这种幻想和胆量，博马舍先生，到今天为止，不过是弄光了您自己的家当；可是现在这一场海外冒险……，所有陆地和海洋都要给搅翻了！

博：请原谅，陛下，海洋搅翻了，正好让波浪从海岸到海岸重新自由自在地奔流，也好让法兰西从这块新大陆的珍宝的自由支流分到一份……

王：（拿不定主意）我们还是先等一等看……

---

① 威廉·匹特（1759—1806）英国当时的首相，曾怂恿俄国女皇喀德璘第二联合干涉法国革命。——译者注。

博：（激烈地）我求您，陛下，等待就等于就地死亡！我们今天所有的法国人对那些高贵的农民表示的关心正是我国一种最强的活力！

韦：（考虑）这种关心也可能是极大、极严重的灾难呀，博马舍先生。您不要以为这仅仅是由于对美洲的一种纯粹的喜爱；根蒂还要更深呢。

博：我看不出有什么灾难，假如把普遍的关切和喜爱结合起来。

王：各位先生，这个问题还是提到国会里去讨论吧。

博：那我的使命就此完结了吗，陛下？

王：您的使命什么时候完结，完全由我决定，博马舍先生。我还有另外一件事同您讲。（向韦任尼鞠躬）我要单独研究那些文件。

（韦任尼下）

王：（坐下，眼睛半闭着。）我的特使应该切实考量他们的任务及其效果……就好像推敲他们的诗句一样。假如有人忘记了您喜剧里面的一行诗的时候，您将会怎么样，博马舍先生？

博：（微笑）我还没经历过，陛下，有人会念漏了一部好的喜剧中的一行诗。

王：（睁开眼）维也纳的皇后写了信给王后，是不是？

博：不敢隐瞒，她询问王后的情况……而且问起了王位继承人。

王：为什么您不早说？

博：由于文雅，陛下。

王：（生气）我不希罕什么"文雅"，问题是您得完成您的使命！——御医的药方是怎样的？

博：不能够用名字说出来，陛下。

王：您认为不值得知道吗？因为您自己是随意养孩子的吗？因为您不再信赖这位"可怜虫"，这位国王的为父的愿望吗？您沉默吗？是不是您怕得罪我的兄弟，那个未来的王位继承人？

博：您不但是侮辱我，陛下，这简直是侮辱了陛下自己和王后！

王：（向他冲过去）王后对您说过什么心腹话？什么？您是周身本领而且本领十分高强的人呀，博马舍先生！一个女人难道对她的丈夫不能够尊敬甚至于发生爱情吗，即使他不是没有了……一个正常的人？您不是晓得有这一类情形吗？

博：正是年轻的、多情的女人对心灵活跃的男子会常常不顾一切地以身相许。

王：（又半闭着眼睛）王后对您，对您的心灵和您那毒辣的回忆录具有崇高的敬意。她现在非常热心那个美洲的计划。您同她说过这桩事情吗？

179

博：我从船上直接到您这里来，陛下。（针锋相对地）您一定是自己拿这个计划激发了王后的热情。

王：（闭上眼睛）您相信吗？

博：（鼓起勇气）要想抓住一个女人的心，第一是要使她觉察到男子的精神力量，勇敢的英雄的企图。要想烧起她的爱情，没有一样东西比得上她配偶的精神以及他的思想的伟大。这一把火，比爱抚还要有威力。

王：（睁开眼）也许这就是药方？

博：这就是最灵验的药方，比维也纳一切秘方还要灵验！

王：（又迟疑）可是万一有什么差错，假如英国认为支持农民军就是挑战呢？

博：陛下，这件事算在我的账上，我要用我的名字或者另一个名字挂起招牌来，开一家贸易公司，陛下可以用不记名式投资。

王：不会是孤注一掷吗？

博：哪里话，只要一注小小的不记名的数目便行了。

王：这一注小小的数目要多少？

博：约莫是……200 万镑。

王：（考虑）可是我刚说过要开始节约呢。

博：陛下即使牺牲 200 万到 300 万，将来却可以收回 3 万万啊。

王：您究竟是什么样的人啊，博马舍先生？喜剧作家呢，还是冒险家？

博：一个人，陛下，装上了一些幻想和决心，来做所谓幸运的事业。

王：也许我就押在您的幸运上，博马舍先生；您接受我的命令。

——幕下

第二幕

（巴黎康代路荷兰大饭店的博马舍办事处。墙上挂着地图及烟叶、玉蜀黍、希罕的植物和动物的挂图；壁架上摆着地球仪和船只模型。这个饭店是新开张的出口商行罗德力克·贺塔列兹公司新置的房子。——博马舍靠办公桌站着：律师贝加士——博马舍的朋友，坐在大堆文件的前面；他对面是一个年轻的、服装有点粗野的男子，亚瑟尔·李——美洲大陆会议的代表。）

博：您真是年轻得很啊，李先生。

李：就同我们联邦十三州一样年轻。

贝：大陆会议有力量来完成这些承担起来的义务吧？

李：假如乔洽·华盛顿和托马斯·哲斐孙付给我全权而且提出了他们的诺言，那么，这件事就好比地球环绕太阳运行一样不会有一点差错的。

博：（拿起一张纸）假如我们答应运给美洲殖民地联军第一批的军需装备，计步枪两万支，这些步枪使用的弹药，还有黑炸药、军服、军刀和刺刀，那么，在什么期限内可以用那些烟草、糖、糖渣以及棉花等等农产品来偿付我们呢？

李：依照我们国家的习惯，一年是最长的期限；大陆会议在弗吉尼亚和马利兰事先已经收购了大量的烟草等等的产品，所以您的全部货款一年之内总可以结清。

贝：有什么抵押没有？

博：（插嘴）我一切同意，因为我相信，现在是跟一个讲道义的民族打交道。一个月之内我们便有三只船装满军火驶出阿维尔港口。

李：（向他伸手）我们早就知道，卢梭和伏尔泰的国家是不会不理新大陆的先锋队伍的。

博：（微笑）可惜我们伟大的卢梭还需要一点小小的补充，因为美满的世界并不是纯粹由牧童组织成功的，也不是只要牛奶同蜂蜜交换一下就完事，却因为为了保持天赋的自由而需要武器，还因为为了取得这批武器而需要钱。

李：钱，钱……您作家也讲这个吗？

博：一个人应该看不起钱，对的；可是您真的要做到对金钱的轻蔑，却先得有一样东西：钱。

李：（烧起青年的热情）我的先生们，我们已经开始了我们反对金钱统治的斗争了。说到钱，也许欧洲大陆还不免估计过高吧……

贝：似乎在新大陆还是估计过低咧；您从前到这里来过吗，李先生？

李：即使你们拒绝帮助，律师先生，我们也仍然要打下去的，即使只能使用我们稀少的武器；这样打当然得忍受更大的损失，更大的人命的牺牲；可是我们的殖民地军队是牺牲惯了的，他们每天都得拿自己的生命去对付原始的森林的危险，对付饥饿、疾病、野兽，对付红种人，对付亢旱以至北美洲大草原的可怕的风沙；我们是年轻的种族，宁可死，也决不甘心拿不自由来做买卖！

博：难道我们是衰老的人民吗，李先生？您以为不自由还可以活得下去，死不了吗？

李：我怎么敢说这样的人民呀，就用他们的语言，卢梭写出了他的《民约论》！我们的殖民地联军正是借议员哲斐孙的舌头向统治的母国大不列颠提出了要求"永远不容剥夺的人权"：平等的税率，平等的权利，在国会里平等的议席……卢梭那一段辉煌的名文："一切人都是生来平等的，从造物主赋有一种不容剥夺的权利，自由生活与追求幸福都是与生俱来的。"

贝：还有军火供应和赊账。

李：还有愿意使用军火的人！

博：（签字）我们意见一致了，李先生。

李：博马舍先生，贝加士律师先生，我代表美洲殖民地联军及大陆会议对您们表示感谢。（对博马舍）从来没有一个私人曾经为另一个国家的人民做过这样多的好事！

博：（微笑）到今天为止，我在我的事业中始终都选中了合适的对手，李先生；我实在有理由对您和那勇敢的殖民地人民祝福。（向他伸手）

李：（转身要走）

博：李先生！……

李：先生还有话说吗？

博：李先生，您是法科大学生，您说起卢梭，您是在研究过程中碰到了《民约论》的吗？

李：不止是在我的研究过程中，卢梭的关于天赋人权的这本书在我们那里是被争先恐后地读着，如果不拿来读的时候，那么，他的名句便从大陆会议议席，从林中的砍柴的茅屋，从北美洲大草原，从江上的船夫的对话中一传十，十传百地散播着……

博：请您向您们坚强的、勇敢的人民传达我们的敬意！

（李下。短时间的静默。）

贝：你又受你的感情支配了，彼得。

博：（来回踱步）在新大陆原始的森林里面那些樵夫也懂得卢梭的名句，密西西比河和密苏里河的船夫也一传十，十传百地继续散播着……一个作家的声音可以传播得那么远！

贝：他们给你们作家一场喝彩，这就算是还债了。

博：那只老不死的秃颈鹤还在抵押上面孵蛋吗？

贝：那只轻浮的喜鹊总有一天会从云端摔下来！

博：唉，你们那些搭起高跷充大汉的算计要落后几个星期才能到达的地方，我准确的感觉已经在几秒钟之内把我飞快地带到那边去了！贝加士，老处男，（他把手搭在他的肩膀上）归根结底总是我得到胜利，正如真正的感情归根结底总是战胜顶聪明的理智一样，而且你呆在你那法律的羊皮纸底下，竟然干瘪到这个程度了，贝加士，从这个年轻的美洲大学生的从容不迫的言词后面看不到年轻的、坚强的人类的进军，戴起了阔边的帽子、面孔晒黑了的千千万万的移民的队伍，自由的亚当的子孙，没有装模作样的身份偏见，天天都为我们雄伟的、然而给我们弄坏了的地球的幸福和自由争取他们的权利。手里握的是长枪，在他们那跳动的心里却是我们的卢梭的字句！我只看到过这类新人中间的一个而且还是一个法学家，可是我的福星，我所信任的福星已经向我私语：向他们伸手吧，他们是你的一伙，他们会把幸福逼到他们那一边去！你真是感觉不到吗，贝加士？

贝：彼得，你真是不可救药的人啊！跟你讲理性的话有什么好处？只要你看到什么新的、出色的东西，你便像乌鸦一样地撞过去，你究竟是什么呀，作家，商人，政治家？

博：难道这些是互相矛盾的不成？

贝：那么你至少集中全力在一点上面吧；在这美洲事件上，你负起了重大的责任，漫不经心，是不能容忍的。

博：不要担心，贝加士！这件事情支配着我的全部身心，你没有感觉到吗？

（台列丝——博马舍夫人，安详，丰满，具有乡村美人的风韵，上。）

博：（高兴地）台列丝，你就会有一件美洲的漂亮的皮大衣了，加拿大狐皮，不光是一条滚边或者一条皮领。哼，从脖子一直到踝骨，地道的加拿大狐皮，那个美洲人答应了我，他不是这样说的吗，贝加士？

贝：事情是这样的，太太，博马舍对大不列颠发动一场贸易战争，就为了要替太太弄一件出色的大皮袄。

台：先生们，您们干吗跟一个女人开玩笑！

贝：可惜不是，太太，博马舍又栽进一场新的事业里面去了。

台：大门口又有两位先生和两位小姐，从里昂来的喜剧女演员，他们这么说，而且……看样子也是很像的。

博：干吗你不叫他们滚蛋呢，台列丝？一定要告诉他们，我没有时间，我再不理会什么喜剧，现在世界上还有别的东西，并不是只有像金鱼在玻璃缸里面一样装腔作势的东碰西撞；要把他们那副幻想的脑袋摆得正一点……（要走向门口）

贝：（跳过去拦住他）站住，你不要去！剧院始终是你的弱点；剧院的幼芽就像鼠疫菌一样飞到你身上！

（门一开，冲进一个50岁年纪的肥胖的戏剧家古丁，贝加士被他和那扇门冲到一边去了；跟着进门来的是亨利小姐——奇装异服的女演员；密舍尔……年轻的，健壮的少女；最后是迟疑不前的，40 岁左右，相当高雅的戏剧家柯莱。）

古：（把密舍尔拖到前面）有这样不讲理的事，臭气熏天的不讲理的事；那不讲理的程度正好比一个尿泡灌满了无辜的羔羊的鲜血，满到快要爆裂了……这就是他！博马舍！只有博马舍帮得了忙！

博：古丁，好兄弟，今天不可以！我再没有时间管这些事情。

古：管"这些事情"？

贝：对不起，女士们和先生们，博马舍先生现在正在进行一件非常紧迫的工作。

古：你这老鬼要阻挡诗人古丁的道路吗?!

贝：正相反，我完全是要带你们走上正路！（他用力把这些吃惊的客人一起推出去）

台：我很高兴，彼得，你现在要做正经事情了。

博：（沉思）是的，现在这是最重要的。

台：（靠近他）这新的大房子，出口商行，货仓……（声音放轻）还有我身上的新事物，这个小东西……（她拉他的手按在她的心口上），心在跳动，彼得，我真幸福。

博：那边也有新世界！（他抱她）这也是一件重大的、正经的事情……

（外面是人声和脚步声，台列丝赶快从暗门下。正门一开，又是古丁、亨利小姐，密舍尔和柯莱。）

古：你的律师的阴谋诡计，彼得，搬到审判厅去是顶事的，要想对付古丁的头脑那就等于放他的狗屁；我们又来了。

博：你们就这样不尊重我的工作吗？

古：正是为了我们的工作，好兄弟。

博：站到那张椅子上面去，雅克！（当古丁站上去的时候）说吧，你看到办公桌上有什么东西吗？

古：纸张，写满了字的纸张。

博：（指着那半开的门）那边呢？

古：你当着女客的面这样做法是没有礼貌的，彼得！伙伴们，世界的灭亡已经临近了！

柯：我们走吧，朋友们！（同女人们向门口走过去）

古：（从椅子上跳下来）站住，朋友们，这就等于博马舍反对给博马舍辩护，这就等于博马舍给自己做一个法兰西喜剧协会的同谋犯加以辩护！当喜剧院对他的伙伴拒绝付给编导费的时候，他却对他的伙伴掩住了耳朵……

柯：……同时他们在星期一上演我们的剧本，却不肯付给预定的报酬……

古：……而且宣布长期取消上演税作为协会的一笔好收入！

博：（不耐烦）这是众所周知的事实。

古：众所周知的事实，这就完事了吗？好兄弟，不行，对不起，博马舍先生，（他扯开他的外套，显出了没有衬衫的裸露的胸膛。）他们用我们贴身的衬衫装扮他们肥大的面颊，用我们的剧本养肥他们的股票！

博：（伸手从口袋里抓出几个路易金币给古丁）这一点够帮忙你们一个星期了，朋友们。

古：混账，亚波罗①要蒙起头面了！（他转身走开，可是从背后收了金币。）

密：（跳过去，从古丁手上把钱抢过来，放在桌子上）我们不是叫化子！（向亨利小姐）我们一进门，玉维，我便立刻告诉你，这里住的是一个商人，可不是诗人！

博：（微笑）您说对了，小姐，诗人是应该住在顶楼，靠近云端的！

密：诗人第一步得在人心里面盖起他的房子来。

博：说得好，您小姐是诗人的女儿，还是教士的女儿？

亨：里昂工人的女儿，热爱舞台的小姑娘，我第一个聪明的学生，在里昂演过几个角色，已经得到极好的成绩了。

博：（注意）虽然年轻？

亨：虽然她只有17岁，可是看她在巴黎登台，对于巴黎，对于我都是一种光荣啊；而且密舍尔的拿手好戏倒是您的《塞维尔的理发师》的罗辛呢，博马舍先生……

密：（气愤地）不要讲了，玉维，我不要，再不要讲一个字，我讨厌那部《理发师》，连罗辛也讨厌。（对博马舍）我永远不再演这个角色了，先生！——来吧，玉维！（拉她出门）

博：这一场戏么，小姐，一个乡下徒弟能够演到这样，倒真是不坏。

密：（转身）哼，你们巴黎一帮人！我看不起你们的巴黎，冷酷的、浮夸的巴黎，自私自利的、没有正义的巴黎！

博：您们是带着权利来巴黎的吗？

亨：一个青年艺人的最低限度的权利，想让一个老前辈面试一次，可是喜剧院的康太太竟然抽不出一刻钟的时间来考一考密舍尔。我的先生，这算得是什么人啊，甚至于不肯理会别一个人。

柯：那边是谁也不理的。

---

① 亚波罗是希腊神话中的日神和艺术神，我们现在提到亚波罗，一般是专指诗神而言。——译者注。

古：那个伟大的达任古，那门霹雳火的古典大炮，对我摆起了国王式的臭架子，他说："写剧本的先生，假如您不立刻让这个大厅从您那副下流的口吻里解放出来，那您就不要希望再有机会给我看您的所谓剧本了。"

博：是在你谈到版税的时候吗？

柯：他根本不接见我，我在前厅等候了四次，有一次等候了三个钟头，同时我绝没有什么要找达任古先生当面说的，因为他是十分忙的。

博：（冲过去）他不该四次都是忙，那个伟大的达任古，假如一位诗人要找他谈话！假如我们不把我们劳动的果实供给他们，他们喜剧院便得像磨坊主人没有谷子一样活活地饿死！

柯：他说，他以后专门上演古典作家的作品。

博：吓，他们要向我们下挑战书了吗，那些喂饱黄金的脓包？他们甘心靠死人吃饭？好，我就替小玩乐剧院写一部连环剧本，叫巴黎全城人都向那边跑，就好比蚂蚁碰到了一碟蜜糖！

古：好家伙，彼得，你这匹亚波罗的战马！我们这一群可怜的瘦马呢，我们倒要去向里歇吕公爵提出申请，那位剧院监督……

博：根本用不着什么申请，我们有的是要求！

柯：（担心地）我们不想闹意见，博马舍先生，喜剧院的势力太大了。

博：我们的势力还要大啊，伙计！喜剧院的老爷太太们有他们的协会，我们也可以有我们的。我们戏剧家也来一个计划，我们创立一个诗人王国来对抗那批利用古老的特权的坏蛋！

古：前进吧，彼得！亚波罗弯起他的雕弓了！这支箭会穿透整个巴黎……

柯：而且也会射中了我们。

博：你担心吗，柯莱？人生的任何一段都需要一点勇气的！没有勇气连孩子也养不出来！你们听到过美洲殖民地联军的消息吗？农民扛起古老的火枪，可是心里头充满热烈的正义。我们的心难道会冷吗？要推翻那称王称霸的喜剧院的专制统治，我们的事情难道渺小吗？我们要马上送一封限期短促的信给喜剧院，（靠桌边坐下）要他们给我们剧本的收入开一张清清楚楚的账单来。

柯：我们还得去找里歇吕公爵……

古：要这个老骚货接受我们的请求，除非有一个年轻的女艺人光着胳臂，半夜里钻进他枕头底下去。（面对密舍尔）这是一个机会，小姐；艺术有权利要求重大的牺牲……

密：畜生！（打他一个响亮的耳光，跑出大门。）

享：（向古丁）我的先生，这个孩子是容易动气的，她的性格适合演惊心动魄的角色；对不起，各位先生！（她去追密舍尔）

博：（笑）我看这个姑娘倒不是没有天才的，雅克，你以为怎样？

古：（摸他的面颊）一个激烈的天才，可是你们应该看清楚，古丁并不小器；因此我提议，就是青年演员的权利在我们的通知书里面也要提到才行的。

博：让我写下去，朋友们；整个说来这需要一点考虑才行；你们明天来看信吧。

柯：可是不要来得太辣啊！

古：有胡椒就全都放进去吧，彼得，越辣越好，彼得——走吧，你这软骨虫！

（他拖柯莱一道下）

（博马舍重新靠他的办公桌坐下，他拿起笔，开始写。）

博：（一边写，一边喃喃自语。）……这种情况是不可能继续的……那是不能忍受的，一场共同的劳作，一晚的演出，诗人——那一晚上真正的推动力——只准许捡回一点面包屑，从演员协会的筵席上面掉下来的一点面包屑。我不愿这样说，说你们把我的《塞维尔的理发师》的第32场拿来作凡尔赛的一次大宴会的开销，因此所要求的每日收入达不到预定的数字，于是以此作为理由，决定这部剧本从此以后不付上演税。我要把《理发师》的全部作者收入，移交给巴黎的穷人。我现在要关心我的那些受苦受难的伙伴的努力……

（门轻轻开启，密舍尔进来。博马舍起先并没有觉察到。）

博：因此我要求，喜剧院的管事先生们，开出一张各场收入的清单来。法兰西的第一家剧院并不是父传子，子传孙的封地，也不是少数特权分子手上的企业！剧院一定要而且立刻要作为新生的力量和才能的产房，我凭作家的荣誉向你们保证……（他瞥见密舍尔）您来这里干什么？您也想给我像给我的朋友古丁一样的优待吗？

密：请您原谅，是我控制不了自己……（她转身要走）

博：（赶到她那边去）脾气是用不着原谅的，小姐，尤其是年轻的女演员更加无所谓；可是现在呢，您可不要演出拙劣的第二场来破坏了完美的头一场才好。

密：（愤怒）您识人的本领太差了，博马舍先生！

博：（微笑）是不是说在我的剧本里面？

密：您剧本里面的人物比您自己强得多！

博：哦，您以为，一个作家应该在他剧本的人物身上显出他本人的性格吗？

密：在最坚强的人物身上。

博：我也正想说，在最软弱的人物身上。

密：我相信，一个人是不能够对各色各样的人物同时表示一模一样的爱好的，一个人只可以在一个人物身上，一件事情上面使出他平生的爱力；所以我从里昂纺织厂跑出来，就是因为我爱戏剧超过一切；而且我当时想过，您，一位伟大的诗人是会了解这一点的……

博：您想设法加入喜剧团？

密：我愿意人家考我一考。

博：又因为人家没有立刻答应倾听您……

密：因为人家一看见是里昂来的年纪轻轻的丝厂女工……

博：假如我请您当我的面来朗诵一次，怎么样？

密：您又拿我开玩笑了。

博：有时候我是连玩笑都不开的。

密：（考虑）不行，现在不行。

博：那您就永远也不行！一个演员应该具有他所扮演的角色的勇气！或者您不认识这一类的角色吧？

密：我认得您的《理发师》的罗辛；可是我也认得费德拉①，（倔强）我爱好费德拉超过一切！

博：（微笑）当然是费德拉，……当然一开头就是最难的，当然啰，凡是 17 岁的小毛头都想同天神打架。

密：（一股火气地望着他）天神也总得小心一点，我就当您的面朗诵吧！

（博马舍坐好，密舍尔经过短促的迟疑之后，费德拉的伟大的恋爱场面便开始了，她轻轻地而且适时地作为希坡律和费德拉的角色朗诵出来，结束时却是忘其所以的热情奔放……）

密：

　　希坡律：天神啊，我听到什么！女王，您忘掉了我的父亲台修士，您就是他的王后？

　　费德拉：王子，您以为我没有一点记性，

　　我忘记了我的身份，我的最宝贵的荣名？

---

① 法国古典作家拉辛（1639—1699）的悲剧《费德拉》，女主角费德拉一向被公认为最完全的戏剧性格之一，也是考验演员才能的标准角色，尤其是与希坡律对话的那一段。——译者注。

希坡律：恕罪，女王，我立刻承认

为什么那么糊涂，玷污了一个纯洁的字眼？

耻辱啊，只要我朝它多看一下！

我走吧……

费德拉：啊，狠心的，你的了解一点也不差！

话说够了，你已经看穿了我的心事，

那看吧，看费德拉烧着了爱火是什么样子！

对，我爱！

可是别以为我爱上你，你本无罪过，

我自己却可以免受罪孽的折磨。

天神作证，天神朝我的胁下窝

撒下了火种，现在是涨起了火河，

天神，平时受用他们粗野的称赞

却诱惑了一个脆弱的人心……

（博马舍静听着，注意力逐步提高，密舍尔受不住费德拉台词的刺激，忽然中断了。博马舍站起来，向她走过去，半路上，站住。）

博：贵姓，小姐？

密：密舍尔……密舍尔·普里渥。

博：您到喜剧院去请求考试吧，这件事完全放在我的肩膀上。

密：（站在那里，彷徨无主，想要说话，想跟博马舍握手，可是她一转身，跑出去了。）

博：（回到办公桌，坐下，拿起笔，重读末段。）……法兰西的第一家剧院并不是父传子、子传孙的封地，也不是少数特权分子的企业……因此我要求一张你们的和我们的收入的详细的清单！可是我也会为你们写一部新剧本，充满我的全部快乐和力量，我对青年的、对永不衰败的人类的青春的信心，（歇一歇气）我的全部快乐和力量，我的全部力量……（他思索，从旁边抽过另外一张字纸，念。）……年轻的美洲殖民地联军为报答此次军火接济，答应在一年之内交付新鲜的烟草 2000 担，糖汁及甘蔗 500 吨……（他阖上那个卷宗，再继续写信）至于对于青年演员，只要他们确有天才，就不应该堵塞他们走进喜剧院的道路！艺术的大门从今以后决不许可拿家世或者身份的特权来上锁！天下只有一种罪恶：这就是无才！而且天下只有一种道德：这就是胆量，发挥他的天才的胆量……（他一口气写下去）

——幕下

第三幕

（巴黎城北区蒙马特尔的一间顶楼。戏剧家古丁的住宅。——博马舍、古丁，柯莱、亨利小姐、密舍尔、还有法兰西喜剧院的康太太和达任古先生一起挤在这间狭窄的屋子里面，坐在床上，椅子上和铺着布的箱子上。古丁还在拿大衣和布去遮掩那些寒伧的家当。）

博：不要麻烦了，雅克，坐下来吧！（对康太太和达任古）太太，先生，我麻烦你们到我朋友古丁的书房里来——你们居然赏光——从此你们可以比从我那封信的话里更容易得到关于一个戏剧家生活的一定的印象。

康：（四下张望）这种印象，博马舍先生，给人许多有趣的事物，可是并没有什么特别使人惊奇的。我所想象的一个诗人的作坊也完全是这样的。

古：（惊愕，揩镜子上的灰尘。）太太发挥了这么多的机智，把这间沉寂的屋子说成是一个作坊，在这个作坊里不单有从诗神的飞马的马蹄铁散发出火花，同时也飞扬着煤屑和灰尘。

康：煤屑和灰尘绝对不是什么可以蔑视的东西，我的好朋友。

博：可是，太太却宁愿您的家里不要这两样自然元素吧。

达：我们认为，博马舍先生，我们宁愿依照我们的方式来生活，正如我们不阻止诗人依照他们的方式来生活。

博：问题先要看诗人的那种生活方式是不是能够称为有价值的，达任古先生。

康：您会说得非常清楚的，博马舍先生。

博：我愿意使人了解，太太。

达：（不高兴）我们不希罕去了解您那诗人情趣的某些示威，博马舍先生。

博：（坚定）这样凄惨的地狱您说是诗人情趣吗？我为什么请你们到这里来？就是为了给你们一个机会，看一看你们不肯相信的东西。

达：不要假热情，博马舍先生！

博：从您喉咙里发出来的声音，先生，简直没像从这人间地狱的破摆设里发出来的再地道的了！您看看这里的戏剧家古丁吧，喝酒，为了去麻醉饥饿；饿着肚子，虽然人家上演他的剧本，他却穿着掉线的裤子和尽是窟窿的衬衫，因为……

达：（挑衅地）现在，因为……

博：（忽然冷静）您把你们的和我们的收入的清单带来了没有，达任古先生？

达：您想跟我们打架吗，博马舍先生？

康：（愤慨地）您要钱吗？

柯：（难为情地）不一定是钱，太太，只要我们的约言得到遵守……

古：假如经过一连串的成绩优异的演出，也许就可以……

博：（生气）你们疯了，在这里做什么纯洁的爱神的把戏！——请原谅，太太，不错，我们要钱，钱，再要也是钱，因为根据我们的成就，这个钱是属于我们的，而且我们也相当需要，为了免于在脏屋子里面发霉发臭，免于拿烧酒来麻醉饥饿；这够明白了吧？

达：（高尚的样子）不必仿照您的口吻，博马舍先生，喜剧院的同人请您提出明确的意见；此外您还说到一部新剧本……

康：（赶快）您为我安排下一个什么角色？

博：一个好极了的角色，太太。

康：这部新剧本叫什么名字？

博：叫做……正如生活本身所表现的，太太，《一个疯狂的日子》或者也依照主角的活动叫做《费加罗的结婚》。

达：男主角？

康：女主角，博马舍先生，伟大的女主角！滑稽小调！！

博：太大，我要把那些滑稽小调让密舍尔·普里渥，一个里昂来的女学生，对您朗诵。关于她的天才……

密：（跳起来）不行，现在不要！

亨：假如博马舍先生愿意，密舍尔！

康：我可以看一看台词吗，博马舍先生？

博：我愿意给普里渥小姐一个机会，让太太这样的大专家听一听……太太愿意亲手掌握台词吗？（把台词给她）

密：（紧张）可以开始了吗？

博：（轻声）沉着，密舍尔，沉着地开始……

密：（照样）您可以信任我：（她站出来，开始，很快地便忘掉她周围的一切。）

假如丈夫欺骗了老婆，

他还可以借此逗噱头，吹牛皮；

可是老婆的行为一有不妥，

191

那立刻便会吃什么官司。

为什么会有这样混账的道理？

为什么？干吗？你们还要问？

因为男子把持了立法的特权！

约翰，小约翰，自我欣赏的吃醋专家，

要同时享受妻室和安静，

他买回一只狗，啊，可怕，

他放它出去，四处巡行；

夜里……嗨，安静消失了！

狗一放出去，逢人便咬，

只是没有麻烦那个卖狗的姘头！

古：好啊，继续下去，密舍尔，真是惊人的，又勇敢，又坚强，好比啄木鸟在沾满露珠的树林里的敲打！古丁要把他那最新的、还未出世的滑稽小调供奉到您脚跟前啊，小姐！

康：对一个初学的来说，可的确不坏，我的孩子！

达：（讨好的姿态）天赋的奇才！

康：您一定会在里昂得到好成绩的。

密：我希望，在巴黎得到好成绩，太太。

康：报名的人太多呢，好孩子。

博：从许许多多人中去发现天才，太太，那是一种高贵的任务。

康：我现在总可以看一看台词了吧，博马舍先生？

博：高兴得很，太太，我只有一个请求，就是让喜剧院同人对于我们的上演税先做一份详细的清单交给我，同时还有您对于接受年轻的天才演员的决定。

康：您来得太急了，博马舍先生。

博：我们大家都有点急，太太：您，太太，急于要接受新角色；年轻的演员急于要使他们天才的火焰不要在特权的灰烬底下熄灭；至于戏剧家古丁和柯莱，他们周围已经聚集了好几十个人了……

达：你们组织反对党！

博：巴黎剧作家协会……

古：简直是法国的巴纳萨斯①!

康：那是一种威胁啊，我的先生们！

柯：绝对不是，太太；剧作家愿意向喜剧院的同人伸出手来。

达：这只手在我眼中倒像是拳头呢……

康：反对喜剧院同人的权利……

博：意思是，反对某些人的特权……

达：您想要打架吗，博马舍先生？

博：我不会给您让路的，达任古先生！

康：(气愤) 您要后悔的，先生！群众也要给您答复的！

博：(微笑) 我倒是很愿意听听他们的答复，太太。

(康太太由达任古陪送着，急急地冲出去。)

古：你给他们这一手真是了不起，彼得，又是从前那一手！(拥抱他)

柯：可是我们的剧本，他们恐怕再也不会上演了。

亨：我们恐怕再也不用想面试一次了。

密：我可把巴黎看腻了。

博：慢慢来，密舍尔，你想这么快就退缩吗？巴黎是一座炮台，不会冲一下就可以占领的！朋友们，这就是说要坚守阵地，不后退一步，我们有一门大炮：剧本！

柯：(考虑) 可是，谁演它呢？

古：谁演它，你这条干鱼啊！古丁告诉你，我们要在赶集时候的林荫路上演出！对，我们就要这样做……

博：(跳起来) 朋友们，酒在哪里，拿来庆祝诗人的新王国的伟大诞辰吧！(对亨利小姐) 小姐……密舍尔……雅克……柯莱……

(大家都从角落里去拿玻璃杯、酒瓶、酒杯、酒盅。)

古：你是一位伟大的导演，彼得！你是一位魔术家，彼得！你是我们的福鸟，彼得！你是治疗我们横膈膜上下的一切缺陷的古往今来最伟大的医生，彼得！你是一个天才，彼得！(开了酒瓶的木塞) 未来的子孙应该为我们的快乐来酬劳你，同时他们也占有一份！施主万岁！(隆重地) 新的法兰西剧作家协会会长万岁！(饮酒)

亨：我们高贵的协会同志万岁！(饮酒)

---

① 巴纳萨斯——希腊中部山名，为传说中文艺女神居住的地方，这儿指诗人聚集的地方。——译者注。

柯：还有我们天神似的女朋友们，她们会使震怒的天神驯服！（饮酒并把酒盅传过去）

密：（对博马舍）剧本万岁！（饮酒）

博：（拿起酒盅，对她干杯。）年轻的天才万岁！

（就在这一瞬间律师贝加士急步上来，那个掮客和投机商人费里叶同他一道。）

费：（对贝加士）我猜得对，他在这里！

贝：（对博马舍）我到你的办公室去过了，彼得。

博：你看，我在这里有一个集会，贝加士。

古：历史性的集会，我的先生。要使好几代的后人都要夸耀的集会……法兰西剧作家协会，诗人的王国的建立、你领会到这些话的意义了吗，先生！

博：静一下，古丁！

古：（把他推向一边）问题是在于，我的先生们，把法国的戏剧家和演员在星辰上固定的权利转移到地面上来，用烈火似的手腕把它从亚波罗的熊熊火团中分出来，而且……（把玻璃杯递给贝加士）请您为我们普罗米修士式的事业的成功干杯吧，我的先生，请您为博马舍——我们的先锋干杯……

贝：（把博马舍拖到身边来）刚收到一份从美洲来的报告，彼得。

博：（跟他走向一旁）大陆会议发的？

贝：华盛顿将军发的。

博：（轻声）我们的船到了吗？

贝：那些枪的口径是旧式的，子弹和枪合不上。他们迫切要求新的合用的弹药。

博：魔鬼来收拾那些商人！我要上法庭去控告他们！

费：请原谅，博马舍先生，您要把事情公开出来，让事业陷入危险的境地吗？不行，您要新的、廉价的、头等的军火吗？对。（鞠躬）供应商人费里叶办得到。

贝：费里叶先生在他的办公室里面留下了货样，从荷兰和西班牙来的最新的货样。

博：可以立刻起货？

费：假如费里叶兜揽一批生意，那就一定是可以立刻提货、立刻起货的。

博：那我就整批买，马上要，当面付现！您认识我吗？

费：哪一个有点教育和趣味的人不认识博马舍先生啊？我希望，这不是我们最后一次的会见，博马舍先生！

博：您来吧，（对其他人）我的朋友们，你们原谅我！生意经！

古：我们的事情呢，彼得，星辰必须转移到地面上来，彼得，不然的话，天体就会迷失方向，横冲直撞，穿街过市，烧起野火来的，普罗米修士贤弟……

密：（站在他身边）您说要给我们念出第一场……

博：（已经拿起了大衣和帽子）我马上回来，密舍尔，一言为定！

（博马舍同贝加士和费里叶匆匆下。——瞬息的静默。）

柯：他就是这样。

密：（反问他）他就是怎样？

亨：在巴黎这里，总是一件事比别一件事重要，结果却是什么也不重要；密舍尔，我以为，我们还是回里昂去吧。

密：（两眼张望）我不回去。

古：这样对，勇敢的姑娘……浮云在星星面前，它是属于星星的……我曾经写过一首歌……您不认识它……那是您的损失……喝酒，朋友们！酒里面闪烁着世界的星星，从上面也从下面，……这样，正如在井底星星闪烁得最美丽一样，甚至于白天也是这样的……（他拿过一个六弦琴）就是古丁也是一口相当不错的井，可惜有些阴暗。（他唱）

> 在井底你可以看见星辰，
> 日日夜夜不低沉，
> 那边燃烧着它永恒的火苗，
> 越是深，越是妙，
> 在井底，在井底……

> 一道唱呀，朋友们，一道唱！
> 其他的人：（轻轻地合唱）
> 那边燃烧着它永恒的火苗，
> 越是深，越是妙……

古：

> 有一次一对情人向井底瞧瞧，
> 一颗星向他们喜笑，
> 笑呀笑的发着星辰的光芒，

身弯得太低了呀那位姑娘，

俯在井口上……

密：（同古丁）

笑呀笑的发着星辰的光芒，

身弯得太低了呀那位姑娘，

俯在井口上……

古：

声音消逝，影像消沉，时间长又长，

老汉啊再也不回想；

可是即使白天变昏黑，

酒浆里却还有星星的光彩，

酒浆里……

亨：这可不是很愉快的歌曲啊，古丁先生。

密：为我们的星辰干杯，古丁先生：（对他干杯）

古：（抚摸她的头）它还在不断发光咧，我的孩子。假如它不上升而下降，一切美丽的都与危险距离不远，一切危险都是贴近美丽的。我祝福您成为好的明星，小姐！

（长时间的饮酒）

柯：博马舍不会回来了。

密：（急躁地）您晓得什么?!

亨：（站起来）时间不早了，密舍尔，走吧！

密：（靠近古丁）我留下。

——幕下

第四幕

（凡尔赛宫里安唐妮王后的内室。国王、安唐妮、80岁的里歇吕公爵——皇家舞台最高监督，还有坡里纳公爵夫人，刚念完了一部手稿的一幕。）

王：（站起）过火了，讨厌极了，下流极了，一定不准演出！

里：连一个字都不配称赞，陛下，写一个跟班和一个丫头……我当年……

后：人家要拆散一对恋人呢，里歇吕先生。

里：假如一位伯爵高兴跟他的丫头来一个香艳的时辰，王后……我当年，也许就是40年或者50年以前的时候了，我跟一个宫女有过一段恋史，一个春宵，一两个甜蜜的钟点，请原谅，王后，假如这段回忆到今天还震动着我！

纳：（嘲讽的口气）我愿意这样看法，里歇吕先生，现在这个丫头的香艳的时辰也不会有什么妨碍，正如今天的回忆使您本人的伟业升到不平凡的状态一样。

里：您错了，亲爱的，那是好多年以前的事……那的确是一件不平凡的事业；因为除了那个18岁的丫头之外，还有她那40岁的姑母在宫中，一个洗衣女管事，强悍的、非常固执的人物，她对那个丫头睁着监督的眼睛；当她那天晚上听见那个小毛头的房间里有些声音的时候……

王：（不耐烦地）我们刚才所谈的，里歇吕先生，是关于那部剧本，那部剧本是属于我们舞台监督的权力范围之内的，我绝对不愿意在舞台上看到它！

里：绝对不，陛下，绝对不……这是得体的一个字眼，陛下……一个字的闪电！

后：您不要拿国王的一个字来借刀杀人，里歇吕先生。我以为不妨就原剧本改动一下。

里：对不起，王后，可是这部剧本的确是最头痛的情节的蜂窠，这部剧本……叫什么鬼名字？（拿手稿）《一个疯狂的日子》又名《费加罗的结婚》……对不起，我的头脑总是牵扯到那疯狂的夜晚……

纳：……因为那位强悍的姑母在她那18岁的侄女的门口偷听……

里：……她发出她的野性，那位姑母，她轻轻地溜进来，揭开了被窝，向她的侄女猛冲过来，倒在我身上就好比一只母狮子压在一只骏马上面。

纳：您这条头号可怜虫啊！就是这个缘故，直到今天，回忆还使您对一个跟班的胜利感到凄凉吗？

里：一个跟班的吗，夫人？那是一名强盗，一把从嘴里伸出来的尖刀，一个荒唐撒野的恶棍！他在花园里说些什么，单独一个人，揭开了他的心事，看这里……"贵族、幸运、官位，这一切使您感到这样骄傲吗，伯爵先生？占有这么多的好处，您究竟做出过什么好事来？您使用平生气力，只是为了出世，此外便什么也没有了！"

王：（来回踱步，忽然站住。）"您使用平生气力，只是为了出世，此外便什么没有了！"——什么话、无法无天，（向安唐妮）这样的剧本，王后，居然还要费唇舌来讨论吗？

后：我以为，陛下，不妨找那位诗人来商量商量这些有问题的地方，何况现在还只是没有完成的初稿呢。我请求陛下派人召博马舍来听训！

王：（激动地）他在这里吗？

后：陛下很不舒服吗？

王：王后叫他来的，是不是？

后：我们相信，博马舍先生是受到国王的信任的。

王：（眼睛半闭）他能受到我的信任？我知道，别人在耳朵边嘀咕些什么话就会有这些谣言散布出来——或者有某一些人容易陷入这个魔术师的天罗地网，是不是？博马舍先生如果有什么企图，那是他的事！他的生意经，他的剧本……国王跟他没有一点点的瓜葛。

（韦任尼伯爵，迟疑不定。）

王：什么事，韦任尼？

韦：有点事，需要迅速决定，陛下。

后：（站起来）如果陛下愿意……

王：别走，王后，关于博马舍先生的剧本，我还有话说。（他拉韦任尼走向一旁）

韦：陛下刚才就是谈到博马舍先生吗？

王：关于他新编的喜剧，一部不止令人生气的臭东西；这个家伙简直忘记了他是什么人了。

韦：不单是在诗剧方面呢，陛下。

王：有新事情吗？

韦：那批运给美洲叛军的军火……

王：我们的名字被他出卖了吗？

韦：事情是这样，我们的船有两只被扣留了；这件事会在伦敦、巴黎传扬开去……

王：趁事情还没有闹大之前赶快压下去，韦任尼，马上；就在这里也不要多说一个字！（气愤地）为什么你们不叫我提防这个幸运骑士呢，韦任尼？！

韦：我当时以为，陛下……

王：一定要同他一刀两断，从此结束！（向别人）关于博马舍先生的喜剧……宁可打翻巴士底狱①，也不可以演出这部剧本！我拒绝更进一步的讨论！——您来，

---

① 巴黎的政治犯监狱。——译者注。

韦任尼!

（国王带韦任尼下。短时间的静默。）

里：王后听见了国王的旨意了吧？

后：（沉思）这部剧本不要"演出"。好吧，（微笑）我们不"演出"这部剧本好了，里歇吕先生，我们也许要在小规模的同乐会上念一念。

里：（吃惊）您打算念一念吗，王后，……可是轻轻地念……也会大声地念，大声的念就叫做朗诵，朗诵就差不多等于演出了，……念，说不定是大声念，这就超过普通的"念"了……这是非常值得考虑的一桩事情……（他紧张地走出去）

纳：只要他不找国王去!

后：博马舍在哪里？

纳：他在书室等候着。

后：一个人？

纳：伏德雷伯爵带他来的。

后：伏德雷十分欣赏这部喜剧。他自己就是赋有太多的风趣和性灵的一个人，怕他还会吃性灵过分的亏呢。加布利耶尔，你觉得伏德雷怎么样？

纳：我觉得他很体面，王后竟然向我提出这个问题。

后：总是开玩笑，加布利耶尔!

纳：我倒是一本正经的呢，王后，不过我还愿意补充一句，这一类牵涉到伏德雷的问题，王后再不要向任何另外一个人提起。

后：我什么也不怕，加布利耶尔! 生命在消逝着，难道上帝有权利要我们渴死吗？

纳：王后!

后：（激动地）我告诉你，加布利耶尔，我不怕那条"可怜虫"，我什么都已经试验过了，医师、秘方、爱情的药酒、我年轻……

纳：（向四周张望）王后，我求您……

后：（热烈地）天底下每一种生物都有享福的权利，诗人这样宣布着，太阳和花草也这样表示，可是我在这里却只有花枝插金瓶，就连树木也照时髦的款式裁剪过了，……唉，加布利耶尔，你不了解我，我应该留在维也纳……

纳：（抚慰她）我可怜的，亲爱的……

后：（重新振作起来）我的假发怎么样，加布利耶尔？你喜欢吗？你对这个从来没有说过一句话!

纳：国王陛下怎么讲？

后：（一扇子打过去）你的意思还指着伏德雷会怎么讲吗？快点，我请他来，单是他！博马舍还得等一会！

纳：（微笑）我也在外面等一会吧，王后。（出去）

（安唐妮独自踱到大镜面前；她弄顺假发上面的鸵鸟羽毛和绿宝石缎带；她还在整理，伏德雷伯爵已经进来。）

伏：王后有命令吗？

后：不是命令，伏德雷……愿望，愿望而已！

伏：王后……

后：您害怕吗？

伏：这一分钟像是一场梦，太像一场梦了。

后：有一种梦是可以回头再来的，伏德雷，那种梦得跟我们一辈子。

伏：我祷祝王后长寿的、多梦的生活！（他吻她的手）

后：生命是多么美又多么好啊，只要你有点勇气！上帝也罢……人也罢，都不许他们使我们变成怯懦！

伏：上帝是不会吃醋的，王后。

后：那另一个人呢？（突然地）他不愿意博马舍的剧本演出。

伏：王后是什么想法呢？

后：我高兴的我就愿意，（愤然地）我愿意看这个戏！

伏：反抗国王？

后：就算是这样吧！即使是我一个人站在反抗的一面吧，伏德雷！这部剧本使我快乐，就好像有自由和生命大胆地飘过来，我再不许别人抢走我的快乐！"一切为这部剧本"！就是我的口号……

伏：……博马舍承受得起吗？

后：为了他自己的剧本！

伏：反抗国王？

后：总有一天会看得出来，他是不是代表自己理想的男子；叫他来！快点！

（伏德雷走到门口；他打开门，做一下手势。博马舍进来，站住，鞠躬。）

后：我已经叫人念过您的剧本了，博马舍先生，我十分欣赏它。我非常愿意看它演出；就是国王也已经听过了，可惜国王跟我的意见不完全一致。

博：王后的欣赏使我感到无比的幸福。

后：（拿起手稿）也许有些地方还需要改动一下呢。

博：哪些地方呢，王后？

后：（边翻边讲）那是跟班对于身份的特权的独白……这里，您自己看吧！

博：（念）"因为您是一位大老爷，伯爵，您就以为是一个天才……"（他望一望伏德雷）

伏：（微笑）念下去吧，我的朋友，念下去吧！

博：（念，可是不一会便自由背诵。）"贵族、幸运、官位，这一切使您感到这样骄傲吗，伯爵先生？占有这么多的好处，您究竟做出过什么好事来？您使用平生气力，只是为了出世，此外便什么也没有了！说到我呢，……消失在昏暗的人群中，——光是为了消遣一生中唯一的一天，便得比全体部长百年内处置西班牙政务还需要花费更多的知识和机智！"

伏：在这样一部香艳的剧本里面，这是不免过火的。

博：因为我们从来过于听惯了半面真理，所以一听见全面的真理便反觉得过火了。

后：假如我提出请求，博马舍先生，涂掉这些"全面的真理"，您觉得怎样呢？

博：那我就只有向王后请求，雇一个拳师把我的脊骨和我的剧本的脊骨打断，奉行这一道命令可惜是出于我的能力之外。

后：您的机智是太尖刻了，博马舍先生。

博：您的要求呢，王后，提得太高了。

伏：您有胆量，博马舍先生！

博：不这样还写得出剧本吗？

后：写了最好的剧本反而不该演出吗？无论如何我愿意演出，不过改换一个形式再给国王念一遍。我再请求您一次好不好，博马舍先生？

博：（对她屈一边膝头）要我多听一次您的请求，王后，我便再拗不过要照您的话做了；可是我便要诅咒博马舍和他的笔头，博马舍便要蔑视他自己，永远也不要再碰一下笔头了！

后：我从来也没有看见过您是这么激烈，博马舍先生。

博：一个人总有他一定的重点，王后，神经的重点，潜伏在皮肤和肌肉底下，只要有人碰到它，它便发出强烈的、突然的、不由自主的震动……我不能修改，王后。

后：可惜了这部好剧本！

伏：那就没有办法演出了！

博：那我就抽出那些个别的滑稽小调，叫人在巴黎市郊的会堂和市场里面朗诵出来。老百姓是会喜欢听的。

后：(微笑) 您把老百姓看得比我们还重要吗？

博：一个里昂来的、年轻的女演员，从前是做织工的，平民群中的孩子，年纪才 17 岁……王后不妨听她唱唱那些滑稽小调或者朗诵《费德拉》的大场面！世界的广大、粗豪和优美全都借她那年轻的声音得到反应咧！

后：(细看他) 您着了迷。

博：(搬动地) 我不希罕喜剧院那些惊天动地的大炮。我要把我的剧本送给老百姓！我以最恭顺的态度请王后斥退我！

后：我求您，现在还是讲讲理性好不好，博马舍先生！您那部香艳的剧本搬到市郊戏台和市场那边去……那不是太可惜了吗，是不是，伏德雷？

伏：冤枉了，让这部剧本给二流的艺人在市场上去糟蹋！

后：博马舍先生，我们要努力找出第一流的演员，也许在私人晚会上，可是总要配得上这部杰作。王后说出了这一番话，您满意不满意？

博：我感觉幸福，王后，(迟疑地) 剧本方面不会有重大的改动吧？

后：我听从您的口味去考虑一下，博马舍先生，看您是不是可以满足我的一个愿望。

博：国王呢？

后：您对王后就这样缺乏信任吗，博马舍先生？

伏：对您的朋友们呢？

(外面人声——门乍开；门口是坡里纳公爵夫人，挡住进口。里歇吕公爵要冲进来。)

纳：王后并没有请求您来拜访，里歇吕先生。

里：(上气不接下气地) 国王愿意，他切实向我表示，他不愿意……

纳：请您到前厅去告诉我吧，平心静气地讲吧，里歇吕先生！

里：(平静地) 平心静气说，夫人……当然，早些年以前，那时候，我认为是一种优点，平心静气地同时又是充满了青春的朝气去满足这样的一个愿望。(正当他要从坡里纳公爵夫人手上挣脱出去的时候，他瞥见了博马舍；他从坡里纳公爵夫人手上挣脱出去之后，迅速地跑到王后面前) 王后，国王……

后：国王有什么命令？

里：国王命令……(望博马舍一眼) 我没有受到嘱咐，当着这样一个人的面说话，他既享受不到国王的恩典，也不受信任……

后：是我请博马舍先生来的，里歇吕先生。

纳：里歇吕先生，您存心来拆王后的台，是吗？

博：(抑制自己) 我不相信，里歇吕先生有意思或者有力量来拆王后的台。还有，我相信，我总还具有力量对付任何人的，即使是更有力量的人的侮辱，我也有力量来维护我自己的人格。

里：(彷徨无主地) 即使是更有力量的人物？您向谁开火啊，我的先生？您的剧本，先生……

博：就是这部剧本也已经得到许多高贵的、识货的人物的欣赏，而且它就会……就像我相信太阳的升起一样的确实——像一只歌唱真理的鸟儿一样在我们伟大的国土上面飞过千千万万的人的心灵，他们的赏识使我更加觉得有保证。

里：所以您还不知道国王有什么命令？

博：(微词讥讽) 法兰西的王朝有什么命令呀？

里：(庄严地) 国王命令，这部剧本不许上演，也不许 (眼望着王后) 朗诵！

博：(加重语气) 假如再没有旁的障碍，那么，里歇吕先生，这部剧本就准会上演！

——幕下

第五幕

(博马舍在荷兰大饭店的办公室，布景同第二幕。博马舍靠办公桌坐着，律师贝加士坐对面。)

贝：我们的新枪支和军装现在大批的堆在这里。

博：伦敦和美洲农民就要谈判和平吗？

贝：就连还账的烟草、糖和其他产品也没有运到；我们手里没有一点抵押，也没有别的什么文件。

博：那就是被对自由的信仰弄糟了。

贝：也由于怀疑那没有信仰的法学家所提出的理由。(他把手臂放在博马舍的肩膀上) 再不要鬼火一样向远处瞎飞瞎转了，彼得；巴黎和法国也是一片争取自由的场地。

博：(沉思地) 国王的那3百万镑完蛋了，还有我和我的朋友的那好几百万呢？(突然地) 一定要立刻找国王说话……

贝：在国王那里你是得不到恩典的……

博：我要去请求朝见王后。

贝：她现在不可能为你的事情捞到一点好处。美洲事件糟了糕，国王反对你，韦任尼反对你。

博：我的罪过难道真是这么大吗，贝加士？

贝：你真是小孩子啊，彼得；世界上最大的罪过就是——没有成绩。

博：那就糟了。

贝：(挨到他身边) 你现在不如回到你自己的家里去！彼得，暂时歇一歇，去打打猎，种种花，而且也不妨玩玩你那文章游戏。

博：我那文章游戏……

贝：我是你的朋友，彼得，你使我忧心，你活得太飘忽了，你徒然消耗了你自己的精力；你脸上有些神色是我不喜欢的。

博：(站起) 我觉得从来没有像现在这样年轻；只有安静和我的朋友们好心的劝告把我弄病了！

贝：今天是我们的一个坏日子，彼得；我等到比较好的一天再来。(向他伸手，出去。)

(博马舍不动地站了一会儿，然后踱到一面镜子前面去，从头发上面拍那些发粉，仔细地端详一下自己。)

博：你活得太飘忽了，彼得，你太浪费你的精力了，彼得……错了，贝加士，从头错到尾！发粉底下的三根白头发并不是预兆！我们的船装满了军火开到海上去，却被英国扣留了，……就是一场风暴也可以消灭这些船只的，难道可以因此就不出海吗？风暴和大海，再过去就是新大陆……代价不过是三根白头发！难道我没有交过好运吗？(对镜) 你脸上有些神色，彼得，是我不喜欢的。告诉你吧，贝加士，嘴角的皱纹和额头的折痕就是在我的成绩的地图上的进军路线！……船被扣留了，财产败光了，御前的斥责，咳……我一吹便把这三根白头发吹进风里去！我要在回忆录里面面向国内的勇士，面向法兰西的儿子，对于他们，所谓人权并不是什么过得不好的一夜或者是一些损失掉的金币的问题……

(台列丝上，快快地走到博马舍那边去。)

台：彼得，贝加士同我谈过一次话。

博：(激动地) 我知道，我知道，我必定要从政治活动、从危险地带、从生命向后退走；我必定要爱惜我自己，应该调整我的各种位置，我是虚耗了，一个毁灭了的人，需要安静，老了，虚耗了……

台：(急用手掩住他的嘴) 不是，绝对不是，一点影子也没有！谁这样说的？

博：贝加士，你们大家！

台：也有我？

博：（望着她）

台：假如别一个人这样说你，我将会用我双手在他脸上写下我的答复，让他再念它两个星期，但是假如说话的是贝加士，假如说话的是国王的家臣！

博：（拥抱她）台列丝，好妻子……

台：你了解我，彼得；你知道，我是一个安静的、迟钝的人；可是假如有人说你的坏话，那我就不顾一切，我感觉到我会像一只母狮子保护它的小狮子一样……

博：（微笑）还有，就像母狮子一样衔着它的脖子走……

台：（兴奋地）当然，用嘴衔走，远远的，到乡下去，到我父亲的农庄去，你看……我会带你出去，在那还睡着的原野上，鹌鹑还没有飞起来，于是就当第一批小鸟试它们的歌喉的时候，跑到那闪烁着露珠的树林里去；到了中午，我们就在树荫下的露台上休息；晚上骑马跑到湖边去，带着仆役和牲口去饮水，夜里则是香花的平静……

博：（突然地）还有我的剧本呢，台列丝，那部剧本呢？

台：谁也不感谢你，彼得；在一边搁一个时候吧，时间不会把它弄坏的！

博：（不安地）我做不到，台列丝。

台：（经过短时间的考虑）你有道理，我一个人走。

博：站住，台列丝，我说错了，台列丝！只要你一生气，你是多漂亮啊！请原谅，我忘记了，那个孩子……你说得对，台列丝，应该只有快乐围绕着你，安静、花、湖水、动物……我也要在你身边！把那买卖结束了，我现在属于你了，我答应你，台列丝，在我们的孩子身边！

台：（吃惊）除了在孩子身边，彼得，一辈子也不要答应任何一件事！

（古丁、柯莱同密舍尔上。）

古：（对柯莱、密舍尔）这里不作兴宫廷礼节！我们需要明确性——请原谅，夫人，但是作为府上睹神发咒的朋友……我发誓，彼得，那是荒谬的说谎，毒蛇杂种的造谣！

博：安静，雅克，安静！

古：你没有答应喜剧院那部剧本吧，你没有对那些协会老爷们放弃权利，把那部剧本在王后宫中演出吧？

博：谁这样主张？

柯：在巴黎所有咖啡馆里都是这样说。

博：我没有对任何人放弃这部剧本的权利，何况这部剧本根本还没有脱稿。

古：（拥抱博马舍）我不是说了吗……我的亲爱的老彼得不是出卖朋友的人！一切都是毒蛇杂种的造谣，好多公里长的说谎！这部剧本在我们手上！让其他十家剧院像狗争香肠一样去抢它吧！

柯：可是万一喜剧院接受我们的条件呢？

古：轻薄时代的荡子，冷酷的奢华的斜眼奴才……

博：（插嘴）朋友们，让我先写完这部剧本吧，那还要琢磨锻炼成一块纯钢；给我工作的时间吧，朋友们！

台：（轻声地）你没有忘记我们刚才谈论的事情吧，彼得？

博：我就来。

（台列丝出去）

博：（对柯莱）假如喜剧院的包打听再来找你们打听消息，那就告诉他们：或者不就接受我们的条件，让我们得到我们算到下个星期的清清楚楚的账单；不然这部剧本就到小玩乐剧场去！

古：（对柯莱）你懂了吗，干酪脸？我们现在在那些化石老爷面前就要以灵药施主的姿态出现，这是决定他们的存在的灵药，不是生，就是死，我们将穿上我们的羊毛白衣向他提出战争或是和平的问题！前进，小伙子，古丁同你上马打仗去！放在我们肩上吧，彼得！（同柯莱下）

（博马舍又回到办公桌边坐下。密舍尔，先前站在屋角里，现在迟疑地踱到前面来。）

密：这部剧本遭到了危险吗？

博：密舍尔？

密：对不起，我很不放心……古丁和柯莱天天带来新的谣言：国王恨这部剧本，他禁止演出，可是王后却用尽心机去进行，她介绍这部剧本给喜剧院，喜剧院给作者五百镑的报酬，取得了在巴黎的演出权……

博：（微笑）5000 镑啊，密舍尔……

密：（坚定地）您对国王提出了骄傲的答复了吗？

博：他得向我下跪！

密：不管您怎样挖苦我，这一次骄傲的答复总是使我十分高兴的。

博：假如那批家伙妨碍这部剧本的演出呢？

密：（热情地）绝对没有什么东西能够妨碍这部剧本的演出，只要您信任您的权利和您的剧本!

博：（半开玩笑）而且只要有一个女演员烧起了年轻的、火辣的心来扮演苏珊妮……

密：（望着他）假如您真是这样想啊……

博：不是你也这样想吗，密舍尔?

密：那还用说!

博：（忽然认真起来）我写这个角色的时候，好像是已经认识了你，密舍尔……一个从民间来的孩子，有天分又有正直的、不弄乖取巧的理智，有勇气又有善良的感情。你知道，我自己就是一个钟表匠的儿子，多少年来我一直穿着肮脏的衣服，学徒一样地做工，在一条狭窄的、肮脏的小巷里面，我了解人民追求光明和美丽的强烈的渴望，宫廷里面闷死人的交际场所并不认识的风暴，鼓起神圣的愤怒来反抗那谋杀性的身份的特权，……不，他们不认识那反抗的天才，从昏暗的底层蔓延出来的反抗的天才；可是我每一次看见您清明的、勇敢的面孔，密舍尔……

密：（望着他）这部剧本您已经让人家在凡尔赛宫念过了；有人说，王后愿意喜剧院演出这部剧本，是吗?

博：假如我愿意，你来扮演苏珊妮好不好?

密：可是假如喜剧院不同意呢?

博：（跳起来）假如，假如，假如……

密：（突然地）一定要把这部剧本送到老百姓中间去，现在就要，您懂吧，滑稽小调开头明白易懂，可以沿街沿家去宣传，到那里去唱，不过要有人找街头歌手去接洽，我适合做这个工作……

博：（观察她）不坏。

密：（完全受她理想的支配，激烈地。）在咖啡馆，在市场，在人家院子里面，以及傍晚的街上，谁都得听到苏珊妮的和费加罗的歌曲。依照人人会唱的调子，依照《马勃鲁克挺身上战场》① 的调子，每个人都要一道唱，一道吹口哨，一场音乐的风暴啊……

博：而且每个人都得问：这些歌曲是从什么地方出来的?

密：您瞧!

博：过后，将来，你要扮演苏珊妮，密舍尔，听我的话，假如我向你发誓，密

---

① 《马勃鲁克挺身上战场》是当时在法国特别流行的大众化的歌曲，歌中的英雄是英国的将军马勃鲁克公爵，西班牙王位战争中的英军指挥官。《费加罗的结婚》里面的一首歌就是依照这首歌的曲调填写新歌词的。——译者注。

舍尔……

密：（赶快）不，不，您不要发誓！

博：你对我没有信任吗？

密：（热情地拉住他的双手，拉到她嘴唇上停了一会。）我崇拜您和这部剧本，我爱这部剧本，为了这部剧本我什么都愿意做……我不愿意您决定得太快，我不愿意您后悔您的约言或者不能守约！您应该让法国最好的演员来扮演苏珊妮，叫观众气愤得也感动得跳起来，连正厅前摊的椅子也开始跳舞。（忽然细声）有时候我有点怕……

博：怕触霉头？

密：或者是怕太多的幸福。（热情地）您一定得忠实于您自己。您是一个诗人，诗人的光明或者黑暗可能是整个巴黎的光明或者黑暗；您不要看得太随便！

博：难道我看得随便吗，密舍尔？

（外面传来脚步声和说话声）

博：（赶快从办公桌上拿起一件手稿交给密舍尔）看看这个，密舍尔！念给我听！

密：（接过原稿，照稿子朗诵。）"……啊，是怎样的一种变故的骚乱！他们是怎样的向我冲过来？为什么是这样却不是另一样？谁把它绑在我的脚跟上？逼着我走着已经开始走的路，也不知道要怎样才能够离开这条路。我一路上随心所欲地散播了那么多的花种……"

（台列丝和伏德雷伯爵走进来）

台：您不会有什么麻烦的，伏德雷先生。

伏：博马舍是在考试一个角色吗？

博：（介绍）密舍尔·普里渥小姐，一个极有天才的女演员，就要到喜剧院去受朗诵考试。

伏：用我们的新剧本吗？

博：苏珊妮那个角色。

伏：灵巧的，特出的化身……我的恭维是向小姐表示的，同时也是向您表示的，博马舍先生！——我可以耽搁您十分钟的时间吗？

台：伏德雷先生，我提醒您的诺言，让博马舍先生向宫廷请一些时候的假。

伏：那就看王后陛下愿意不愿意啦，夫人。

（台列丝由密舍尔伴随，下。）

伏：替您自己祝福吧，好朋友，替我祝福吧！

博：什么事？

伏：这部剧本可以上演了。

博：国王改变了态度吗？

伏：多亏坡里纳公爵夫人的帮忙，我在庄涅维耶的私人剧院布置这部剧本的招待演出，表示欢迎国王的兄弟阿妥亚伯爵，王后会到场的！

博：王后……

伏：喜剧院的第一流演员要来担任演出；他们已经接受了您备忘录关于新的作家协会的要求。

博：两句话的内容几乎是太丰富了！可是天下事常常是这样，一次胜利引出第二次胜利，就好比双胞胎一样，一个接一个。我晓得，伏德雷先生，为了我的事，应该怎样地感谢您；同时，这种工作是有利息的。

伏：我今天的功劳是要同宫廷中许多高尚人物平分的。通过凡尔赛宫的厅堂以及全国的所有宫殿今天一律响出王后的战斗的号召：一切为《费加罗》！我自己真愿意扮演亚尔马维华伯爵！

博：不怕这位伯爵到后来输给他的跟班？

伏：（微笑）可是他输得多么潇洒，多么漂亮啊！……一种内行人的十足的享受！

博：（歇一歇气）您说，喜剧院的演员要演出这部剧本？

伏：全世界还有更好的演员吗？一场独一无二的表演！

博：谁担任苏珊妮这个角色？

伏：当然是康太太了，喜剧院的明星；您在欧洲所有舞台上面也找不到更出色的苏珊妮！难道您有什么怀疑吗？

博：（像是在逃避思想的追击）不，我不怀疑；绝对不！

——幕下

第六幕

（伏德雷伯爵私人剧院的舞台——幕还垂着。《费加罗》第一幕的布景已经弄好。靠右的贴台包厢一部分直连到幕后；包厢脚下有一道小扶梯往下可以通到舞台。——舞台上面管道具的和管幕景的来来去去。已经化装好的演员们，紧张地在检查道具是不是准备妥当。康太太饰苏珊妮，站在壁镜前面戴她的花边风帽，密舍尔在整理康太太的服装。）

康：我戴起风帽不好看吗，密舍尔？

密：我真是佩服您扮演苏珊妮的本领，太太！

康：（老在对着镜子）我的样子呢？

密：您要沉静一点，太太，胸衣绷起来了。

康：（回转身，捧起密舍尔的面孔。）你不好过吗，密舍尔？

密：（望着她）

康：啊，要是我有你的面孔！——为什么你在这里？

密：（倔强地）这部剧本在哪里，我就要在哪里。

康：（笑眯眯地拿拂尘打她）还有，只要博马舍在哪里！也许还是他有道理；我愿意给你上课。（突然地）这顶风帽戴在我的头上就是一种嘲笑！它把我变作我自己的祖母，却不是一个情人！（一手扯下）坡马莱！坡马莱！从幕上侦察孔看一看，密舍尔！剧院是不是满座了？

密：好比一袋子豌豆，太太！我相信，王后的全宫人马都出现了；宝石，金钢钻，光溜溜地在闪亮！

（美容师坡马莱，从右边上。）

坡：（兴奋地）为了找您，太太，我把化装室都找遍了。

康：（双手掩面）你这魔鬼，这妖怪从右边走上舞台！倒退出去，快……不要走，先在这里撕下一块布然后倒退出去，现在一个字都不要讲……假如头场出台以前您跟我有话说，便得从左边上来！（坡马莱倒退下去的时候）这是不祥的预兆，密舍尔，你有一天也会经历这一套，密舍尔！也许我今天不应该扮演这个角色，对不对？

密：我睡着了也背得出这个角色的台词，我日日夜夜地用功研究过，万一太太真是担心不吉利……

康：（气不过）哦，你这毒蛇，原来你也是同谋的吗?！今天一切都在跟我捣乱！（扯下那顶风帽，用脚踩它。）谁把那条带子扔在地上？咳，你吗?！

密：您自己从风帽上面扯出来的，太太。

康：（歇斯底里地笑）我在头场之前把带子扔在地上?！你知道吗，女魔鬼，你知道这是什么意思吗？带子在地面上！灾难！祸殃！——可是我今天无论如何要演苏珊妮，懂不懂，你这野猴子！（她揪住密舍尔的头发）你以为我是太老了吗，畜生?！（给她一个耳光；又吃了一惊。）我打了你吗，孩子？头场出台之前不要碰到仇人！（她吻密舍尔）原谅我，我的甜姐儿，对不起，神经，你自己有一天也会体会到的……吻我的手，叫灾难从手下溜掉，我们是朋友呀！……吻吻手，（她把她的手压到密舍尔嘴上去）哦，现在好了，加倍好！

（美容师坡马莱畏缩地从左边上）

坡：这样做犯不犯忌？

康：快点，坡马莱，我是什么样子？像是一个灶下婢，却不像一个宫女和伯爵的情人！您看这顶风帽！

坡：天啊，太太，您做了什么好事，宫廷已经集合了！

（达任古饰费加罗，从左上。）

达：（向康太太）太太，伏德雷伯爵找您呢，他要瞻仰瞻仰您的服装、您的头面！您究竟是什么样子？

康：（在椅子上面，垂头丧气。）我不演了，我失败了。

达：鬼迷了您吗，太太？大家都在等您呢！

康：（呜咽）取消这场表演吧！

达：（摇撼她）您疯了吗，太太！宫里的人都集拢来了，王后那边也有过报告了！

康：（跳到镜子面前）我这样可以出台吗？您看看我的头……我胀红的眼睛……

达：您的面孔像动怒的女神一样！您会得到巨大的成功，太太！

康：您疯了，达任古，头场出台以前便跟我讲成功！您要毁灭我呀！（又一下子倒到躺椅上去）我不演了，不，不，永远不！

（博马舍急急忙忙地跑来）

博：康太太在哪里？什么事？王后来了！我们要开场了！——太太，您怎样了？

康：（复仇女神一样地向坡马莱）这里，美容师，他像黑驴子一样从右边走上舞台……达任古当面说什么巨大的成功……（盯住密舍尔）还有这个女巫在舞台上面给我撒下绊脚绳……（呜咽）我像个什么样子啊？！

博：难看极了，像一个衰老的茨冈婆子，像一个70岁的老太婆！初次公演就一塌糊涂！我口袋里已经带好了手枪，准备就地打死您和我，只要有人从特别座上向我们两个啐唾沫，像我现在一样！（在她前面连啐唾沫三次）

康：（照样子做）您是一个魔术师，博马舍先生！您是我的救星！我又有勇气了！来顶新的风帽，坡马莱师傅！

坡：我只有伯爵夫人的一顶装着纯绿宝石帽饰的卷发帽，太太。

博：胡说，苏珊妮是一个老百姓的孩子！

密：拿我的头巾去吧，在里昂是这样戴的！

博：好主意，密舍尔！（向康太太）我们试试看！

达：（在前面靠着台幕的侦察孔）王后已经在包厢里面了！那位老公爵里歇吕正在向她讲话！我们要开场了！清场！

（大家连忙离开舞台，只剩下博马舍和密舍尔。）

博：（向台幕走过去，从侦察孔望。）妙极了……金钢石和王冠光溜溜地在闪烁，王后戴起了新的假发，那些夫人们全显出奢侈豪华的气派……她们现在就会在舞台上面看到她们自己的死亡的跳舞……前进，鼓掌，笑，跟班的打趣以及吹牛皮伯爵的下流，笑到你们的骨头都在劈拍劈拍地响吧……

密：（赶上前去）小心点，人家听得到的啊……

博：密舍尔，我请你原谅。

密：看得到这部剧本的成功，我才感谢您呢。

博：不要事先说成功，密舍尔！

密：您没有理由也迷信起来，因为您反抗国王。

博：还有比国王更强的呢。

密：现在您就可以给我们证明了。

博：（捏捏她的头）你这样相信我吗？

（外面是叫唤和说话的声音）

博：（静听）是不是叫我的名字？打倒总监！

密：巴黎的警察总监带着警察一道来了。

博：警察？

密：可是人民也在那里啊！打倒总监！打倒专制！博马舍万岁！大家要看您。

博：我要向他们说话！（考虑）可是，现在不。王后是不会了解的。

密：您是为王后写这部剧本的吗？

博：孩子，世界并不是一个是或否！懂吗？密舍尔，我是为人民写了这部剧本，可是伏德雷让这部剧本在这里，在他的私家舞台为王后演出，现在的问题是在剧本，一定要挽救这部剧本！

密：我相信，只有人民能够挽救这部剧本！

博：现在不要担心，密舍尔，现在的问题是取得上演的保证！

密：（激动地）只要您能够像我一样地去体会就好了：保证只可以从那样的人去找，他们自己的心在剧本里面跳动，他们将会全心全意为这部剧本去斗争，就像为他们自己生命的一部分一样！

博：（抚摸她的头发）只要你能够经常在我身边啊，密舍尔，那就好了。

（伏德雷从右边赶上来，密舍尔退入边幕背后。）

伏：那只老猫头鹰，里歇吕公爵，刚才把国王的意见传达给我，这部剧本所有触犯的地方，即使是私家演出，也得一律给删掉。

博：（激动地）我不肯割掉儿子的舌头或者鼻子。

伏：我的好朋友，我们放聪明一点，来一次小小的妥协，删掉独白里面一些触犯的地方，经过这一次无可怀疑的成功之后，到了巴黎喜剧院上演时再把它装上去！

博：对不起，伯爵先生，我以为正是现在我们一定要进行反抗，然后这部剧本才更容易打进巴黎去；问题是看敌人怎样来！对付这个敌人用得着古代罗马的格言：不管他们恨我，只要他们怕我！我们是会胜利的，只要我们想胜利！

伏：那您就不肯删掉那些地方了吗？

博：不肯。

伏：里歇吕先生已经在找您；您叫他到王后包厢来跟我们碰头吧，王后是站在我们这一边！快点，我们要找这只老公鸡谈判，王后向他装笑容，幕布乘机扯起，这部剧本——开了一次头——便会一直向前冲去！来吧！

（他拖博马舍从右边下，密舍尔先前是站在左边幕背后静听，现在站到空舞台上面去。）

密：他坚持他的主张，他忠实于他自己，他会胜利，他一定胜利……（搓她的双手）伟大的上帝啊，让这部剧本也震撼这些镀金的心肝吧，让它的声音传到巴黎，传到里昂和马赛，传遍全法国吧！

（老公爵里歇吕从右边上，他得意地注视密舍尔，走近她身边，像父亲一样地搭住她的肩膀。）

里：神妙的动作，小姐，您也参加这部喜剧的演出吗？

密：（挣开）不，可惜没有份。

里：那您有福气了，孩子，这样您便不会耽误您自己的前程；因为这部剧本是下流的，平凡的。

密：（激动地）只有具有足够了解这部剧本伟大思想的伟大心胸的人，才配批评这部剧本。

（她急忙跑到左边去；里歇吕跟着她。右边包厢里面出现了安唐妮和伏德雷。）

后：真是令人无法相信！国王竟然派了警察总监和一个分队到这里来？

伏：（急促地）他知道您在这里吗，王后？

后：要是他知道的话，（靠着伏德雷的手臂）我是多么看不起他，这条"可怜虫"，不论他做什么事都从本身的弱点出发，吃醋，剥夺我难得的、真正的快乐……（她热烈地拉伏德雷的双手掩住她的双眼）我多么感谢您啊，伏德雷，为了一切，一切！

伏：王后……（吻她的手）

后：（声音放轻）他满有把握地以为我这次有喜是他传下的种子；最近他待我是想

不到的称心和满意；我不得不压制自己，才不至于放声笑出来，……不行，让我自由吧，伏德雷，就是王后也是人，有羞耻也有相思……别人替我起了一个绰号叫做"赤字夫人"，我知道，可是我不理会他们这些胡说八道，正如我不理会什么体面一样，我要快乐，我要勇敢地思想，我要欢笑，像从前在维也纳一样……

伏：(不自在地) 兴奋是会对您有害的，王后，尤其是现在……(声音放轻) 对您和孩子都有害！您一定要离开这里，趁现在还没有跟警察总监冲突起来，我的兄弟陪您回凡尔赛宫去！

后：我留在这里！我要亲眼看这次演出！

伏：您不能这样让别人看到，王后……

(他陪着王后从右边走到包厢帘子的背后。密舍尔从左边上，后面跟里歇吕。)

里：您将来可以成为一个高级的女演员，好朋友，一个杰出的天才！

密：喜剧院拒绝了她的朗诵试验。

里：那只要我一句话就行了，孩子。

密：我自己可以想办法。

里：可以帮帮忙的。(他摸她的胸部)

密：(一耳光打过去) 您弄错了，我的先生！

里：(气不过) 这算什么？

密：一个里昂女织工的答复。

里：您永远不要打算有什么出息，永远不，我向您发誓：永远不！

密：(微笑) 不要当真动火啦，老先生；这个剧准可以大受欢迎，正如我一定可以做到那一步一样，您没有办法能够妨碍我，老先生！

里：(越来越凶) 老先生……

密：(好声好气地) 假如您还年轻，老先生，那么，我刚才那一套反抗的动作，拒绝您的要求，便不过是装装门面好看罢了。

里：(愤怒) 这是某一个人，某一个编剧的家伙的口吻……(要退走)

(伏德雷非常激动地同博马舍从右上……)

伏：里歇吕先生，……演员化装室门口有警察把守；我请求您干涉，吩咐他们马上走！

里：这场演出，伏德雷先生，只有在相当保证之下才可以容许的，您知道了吧？

伏：这是在我的剧院里面的私家演出呀。

里：作者已经删掉那些受人反对的地方了吗？

（康太太，两个宪兵跟在背后，从左上。）

康：出了乱子了！那是一定的，什么都是跟我作对的，先生们，保护我吧！（对密舍尔）我不是说过吗，孩子，带子丢在地上，当面恭维，先生们，整个巴黎都会谈论我所受的耻辱！警察守住我化装室的门口，警察盯住我的脚后跟，警察……

（达任古饰费加罗冲上舞台，背后跟着两个宪兵。）

达：奴才追赶我，我逃到舞台上来了！你们也来演一份吧，宪兵先生们！费加罗不怕得罪亚尔马维华伯爵，他自然不怕你们手枪的鸡叫，也不怕铁索镣铐……（他张开手挡住他们，神气十足地。）随你们怎样处置，先生们！

伏：（怒向里歇吕）您心里明白吧？

里：国王命令，清洗过的台词要摆到我面前来，而且提出保证……

博：（抑制自己）我向国王提出保证……

伏：快点，好朋友，您提出保证来吧，剧院里的观众等得发急了！

博：我向国王提出保证，这部剧本怎样写就怎样演！

（王后同坡里纳公爵夫人从前台包厢的边门进来）

里：那么这部剧本就不能上演！

伏：不过是在私家晚会上招待我的宾客……

博：（向左边叫喊）开幕！

（管幕人犹疑；密舍尔冲过去。）

密：开幕！

（密舍尔要动手拉幕，官兵抓住她，她同他们扭做一团。）

后：里歇吕先生，我请您结束这一幕！

（里歇吕向宪兵做一个手势，官兵同演员一道离开舞台。）

后：博马舍先生，宫里的人通通聚拢来了，大家都在等候您这部神妙的剧本的开演；您不会叫我们失望，不会使我们看不到喜剧院的名演员表演您的作品吧！

博：这是我最热切的愿望，王后，我的剧本呈献出来，听从您以及观众的批评。可是正是因为这个缘故，我觉得我的责任就是表演全部的、完整的剧本，有理想、有心也有牙的剧本。

后：我担心，博马舍先生，这部牙齿锋利的、尖刻的剧本会要塌台呢。

博：也许吧，王后，它会塌台，可是那就一口气连演 60 场吧。

后：您的自信力倒不弱咧，博马舍先生。

博：王后的赏识把我的自信加强到这个程度。

纳：那么，王后的愿望也可以做您的参考呀！

（警察总监莱·诺亚走上舞台）

莱：（向里歇吕）公爵先生，剧场门口聚集了一群暴徒；有人听见喊口号：打倒专制！打倒专制！这里的情形怎么样？

里：您马上可以得到答复，总监先生。（向博马舍）先生，您要不要服从国王命令删掉您剧本里面那些下流的地方呢？删掉不删掉？

博：那部剧本没有丝毫下流的地方……

里：（对着他）删掉还是不删掉？

博：不删掉。

里：这部剧本不许演出！

伏：事情逼到要闹翻才甘心吗？

后：我找国王去说去！

莱：（敬礼）恕罪，王后：国王命令，不要演出！我请求诸位先生，退出舞台和剧院！

里：这部剧本已经弄臭了全场的空气。

博：（忽然拔出他的长剑，用剑柄丁当地打穿一扇窗户。）那我们就给新鲜空气多开一条通路吧！

莱：博马舍先生，您答复国王的命令，就是打破窗户吗？！

纳：（喝彩）好，博马舍先生！

（激动的骚乱的喊声从外面猛烈地冲进来）

博：（迅速跑到窗口）他们等待我一句话！人民会替我们争取到演出的自由！

后：（对着他）演出不是由人民而是由我们布置的，博马舍先生；我请您，博马舍先生，专管这里面的事情吧！

博：（犹豫不决）

里：（对莱·诺亚）我请求，总监先生，把外面那群人立刻赶走！

（莱·诺亚敬礼，下。）

博：（要跟他下去）那不行……

后：（急忙地）博马舍先生，把街上的骚乱带到里面来是不行的！

博：（经过短促的迟疑之后，欠身。）恕罪，王后，我衷心抱歉，今天给王后弄出这一场意外的失望，可是我答应王后（眼望着里歇吕，用尽凶野的气力。）不管任何反对的人们所表示的意见：这部剧本总得上演，就是在圣母院的内堂也要上演！

——幕下

第七幕①

（1784年。国王凡尔赛宫小沙龙角落的亲昵的牌局。一张小牌桌和一些靠椅和檀木垫椅。——国王、里歇吕公爵、伏德雷伯爵正在玩纸牌。）

里：（对伏德雷）一个？

伏：行。

里：两个？

伏：乐意奉陪。

里：三个？

伏：帕斯。

王：四个？

里：陛下出牌！

王：（得意地）红心是王牌……你们现在就要看老爷把狗放到哪里去！（出牌）你们的肥野兔出来吧！（当别人垫牌的时候）哈哈，里歇吕，您垫红心……啊，肺是那么弱吗，伏德雷？小兵出来！

伏：陛下好像口袋里装着全国所有的红心。

王：这个也是一种艺术啊，伏德雷！

里：（向伏德雷瞥一眼）一种比舞文弄墨还要更加高明的艺术，捕捉幸福，掌握幸福，那是最大的艺术……这就是说，当我想起我的青年时代——事实上幸福不会自己送来的，一定要亲手把幸福的鬈发揪住，把它卷在手指上，然后贵妇人才能名叫"幸福"……

王：可是现在她已经从您手下溜走了，里歇吕……还有一个红心国王……烧完了吗，里歇吕，再没有火药了吗？注意，还有另外一种花！黑桃A，垫牌！

里：我手上有的是小畜生，陛下，另一方面陛下的确揪住了那把鬈发呢……当我从前还是陛下先祖高皇帝的宫廷侍从的时候，那里有一个理发师绰号"七根毛"，他那个18岁的、非常年轻的老婆，天生的鬈发小姐，一个粉红的金发女人……

王：您那金发女郎也救不了您……黑桃出来，里歇吕！

里：这里，王后，陛下……一个发育完美的粉红的金发女人，天生的鬈发，她

---

① 这一幕上演时可以删掉。——作者注。

是头一个使我这 15 岁的侍从变成汉子的女人，我当时就把幸福寄托在那粉红的鬈发上面，陛下，我再没有在更可爱的发丝上面寄托过我的幸福……

王：继续来，伏德雷，您还得垫牌！

伏：抱歉得很，我没有黑桃，我只可以反垫。（垫牌）

王：那不是红心十吗！（生气）您的那套偷香窃玉的胡诌，里歇吕……鬼才管您的什么床笫艳史！

里：伏德雷是不应该反垫的。

伏：除非我手上有王牌。

王：对了，伏德雷，您对国王随处都表示无情，玩牌也好，哪里都好，总之一样，您得老老实实地跟我玩，老老实实，伏德雷，您了解我的意思了吗，伏德雷？

伏：（回答他的眼色）我懂得陛下的意思。（出牌）梅花 A，我的先生们！

王：（垫牌）撒旦祝福您的梅花！这是您从您那传奇故事惹出来的，里歇吕，您这一百岁的恋爱大力士！

里：请陛下不要逗引我来报道我最新的传奇。伏德雷本人就是证人，当那不祥的《费加罗》在他的别墅上演的时候……

伏：（赶快地）照梅花垫牌，假如我可以请求的话！

里：注意，年轻的热情人……一个里昂的小小的喜剧演员在那里，有点粗暴，可是俏得很，……您该还记得吧，伏德雷，连王后都喜欢她咧……

王：您把王后也请去了吗，伏德雷？

伏：陛下知道，王后爱看戏。

王：这样的戏，国王拒绝它，您却在支持它。

伏：这一部剧本，自从陛下恩准之后，今天巴黎都如醉如狂了……

王：由于你们的压力，你们拿那些歌曲把半个巴黎都弄到发了狂，而且挑拨他们来反对我，后来……

伏：陛下对巴黎的宽宏大量是值得感激的。

（韦任尼部长和警察总监莱·诺亚上）

韦：请宽恕这次冒犯，陛下！

王：宫役没有告诉你们吗……

韦：当然说过了，陛下，可是有一件事情需要迅速处理。……

王：总是这些“迅速”，总是这些“立刻”！今天推到明天，世界并不会就从我们身边溜走的！

218

莱：请恕罪，陛下，可是巴黎沿街都在跑着喊叫的人，手上拿着一张博马舍先生的传单。

里：（跳起来）天啊，一玩牌什么都忘掉了……传单飞到这里来了……普罗文斯公爵——陛下的王弟，今天给我这份报……（他从口袋里扯出一张报。）

韦：（拿这张跟莱·诺亚那张比较。）的确同巴黎那张一模一样！

莱：（把它递给国王）对博马舍先生的《费加罗》在巴黎演出的尖锐批评的最尖锐的答复。

王：（咆哮）这个家伙就这样一步也不放松地盯我，一直盯到我晚上的内室里来了！这只野鸟就不想歇一歇吗？（他念）"……住口吧，教长大人，进行吧，教长大人！您想要对付我——这个一定会打败狮子和老虎的……"

里：所谓教长，就是指普罗文斯公爵，他本人在这个匿名掩蔽之下写了那一篇批评文章。

王：我的兄弟？

里：请念下去吧，陛下，看这个剧本作者喜欢怎样来刻画陛下的王弟……这里，这个地方！

王：（念）"……一定会打败狮子和老虎的，好叫我的剧本搬上舞台。"他向全世界吹牛，曾经打败了国王吗？这真是无法无天，这真是大逆不道！

里：还有更好的咧，陛下！

王："……您想，把我打下去做一个荷兰婢女的职务，而她每天早上用鹅毛掸子去打死那夜里被压扁的贱虫吗？"（他撕破那张报纸，把那些破纸片扔在地下，猛力践踏。）这个家伙的成绩逗得他就像燕麦追小马一样逗得忘其所以了吗？他就丧失了任何一种法度了吗？那就要给他在背上打出法度来！韦任尼，下一道逮捕御旨！自然，您也丧失了您的记忆力了……给我一张纸牌，里歇吕！

里：有，陛下，黑桃A，是伏德雷反垫的。

王：（迅速地在纸牌上写了几个字；对莱·诺亚。）总监先生，那个博马舍先生必须立刻逮捕，关进圣·拉萨耳监狱去！

韦：关进乞丐监狱去……

伏：他不见得知道那个匿名教长就是陛下的王弟吧？

王：您还要替那个下贱的传单作家挺身辩护吗，伏德雷先生？当国王被讥笑为战败的老虎，他的左右被比拟作"被压扁的贱虫"的时候，您还来辩护吗？您愿意辩护吗，伏德雷先生？

伏：我试图来解释误会，陛下。

王：我自己会来进行解释的，而且对着整个巴黎。（把写着逮捕令的黑桃 A 纸牌交给警察总监）总监先生，这道命令要立刻执行！

莱：（敬礼）博马舍先生就要在今夜关到圣·拉萨耳监狱里面去！（出去）

王：先生们，好久以来，我一直都在同意，对那"费加罗"事件保持充分的迁就态度，为了某一些我亲近的人物。可是这样的时期是过去了，我决心要树立一个榜样。现在再不能容忍任何一个文氓用他鄙野的脑汁来玷污王冠。王冠也寄托在你们肩膀上，我的先生们，正如王冠保护你们的头颅一样。我期待你们的了解，我的先生们，我期待你们无条件的协助！晚安，我的先生们！

（里歇吕、韦任尼和伏德雷恭敬地鞠躬，退出。）

王：（独自地）他们大家都反对我吗？我下命令的时候，韦任尼保持沉默，在平时我的每一句话他是没有不赞成的；那个老火鸡里歇吕，我父亲和我祖父的亲信，一听见圣·拉萨耳监狱这个字，便好像挨人家扯了一把毛似地站在那里。伏德雷，虽然是我最亲近的随员，却站在另一边，站在她那一边。要是她在场啊，王后，她可会拿她那微笑的灵感和坦率增加我处理的困难的。（他走到一座大壁钟前面，把它那坠子升高一下，弄得钟声忽高忽低）他们大家都在我脑壳上跳舞，脑壳却得单独担当一切。可是脑壳是牢固的，我的先生们，它是不会爆裂的，不管你们连同你们娱乐的百斤重担连同整个"费加罗"狂的巴黎压在上面……脑壳担当得起，不管你们的捶打和践踏和可笑的喜剧的喝彩，也不管怎样用流氓的粗野的滥调和宫廷的谋杀性的嘻笑来敲打它的太阳穴，它都担当得起，即使只有一个人也可以独力承受一切，一个人……

（他把头顶住墙壁，浑身发抖；接着他拿他的表和室内的大钟对时间。）它走得快，我的走得慢，从来不会一致过……钟表匠把一切都搞糟了！那个博马舍，不也是这样的一个制造钟表的吗？现在一切都得弄正确，一定要把钟表的时间调整好，一个人，天天干，准确，不受打扰，一个人……

（玛丽·安唐妮轻轻地进来；走近国王。）

王：王后？

后：陛下准许我一刻钟的时间吗？

王：您这句问话伤了我的心，王后。

后：我充满了真诚的、重大的忧虑，陛下。

王：（忽然变色）您的忧虑的对象呢，王后？

后：您的人，陛下……或者，如果您愿意，就说：我们的人。

王：（半闭着眼睛）原因呢？

后：我刚刚得到消息……

王：（激动地）我求您，我向您的礼节呼吁，王后，国家大事任从国王处理。

后：我求您，陛下，我以女性的敏感向您提出劝告，……国家机器在这一着上是会扑空的！

王："机器"已经克服了它的障碍。

后：我害怕，陛下，人民也同样会克服他们的障碍。

王：……只要人民一天得不到一定的上层人物的支持。

后：人民常常独立挑选他们的宠儿，陛下，至于博马舍，毫无疑问是今天巴黎人民的宠儿之一。

王：（失神地）假如是这样的话，那您就不是没有过错的啊，王后！

后：陛下！

王：对于那个荒唐的骗子的艺术，我长时期都是闭上了眼睛的，王后。不独是巴黎的小人物像五月的鱼碰见灯光往水里钻一样，被他网进去，就连更大的、更有势力的上层人物，在国王左右的人物也是一样。我要结束这种胡闹，我要把这个骗子像一只癞虾蟆一样踩死他。这个博马舍先生已经坐在圣·拉萨耳监狱的铁栅栏后面了！

后：（极度激动地）不行，陛下，不行——听我讲，信任我的感觉，（她抓他的双手）收回您合法的愤怒，发发慈悲，放他出去！

王：我从您的要求中间听到了伏德雷先生的声音。

后：（退后）陛下，我请求，准许我辞退！

王：（拿不定主意）对不起，王后，假如我……

后：（同样动摇）假如我对于戏剧，对于这样一部放肆的剧本，今天把整个巴黎弄昏了头的剧本的爱好，真是太入迷的话，请陛下原谅。可是正因为这个缘故，我不愿意由于国王有根据的，但是不免过于匆促的处置，更加重我的过失；陛下，我的母亲在维也纳曾经教训我，对最好的朋友一定要永远说真话；假如我真是遭到拒绝的话……

王：您应该对您最好的朋友永远说真话，王后。（激动地）我很清楚地觉察到，王后，我的周围一切都充满了敌意、虚伪和我恩典的最轻率的滥用……您呢，王后，也许您有一个朋友，比我更好的朋友，……对不起，请您不要说……也许我不对，也许我只是不幸，也许是互相影响……（声音更轻，同时把头低下去。）我要忘掉，王后，

221

忘掉一切，我渴望一个爱我的人。

后：（把他的头贴在她的胸前）陛下……

王：您再说一遍，我的朋友！

后：我的朋友……

（她坐下，国王跪在她的跟前，把他的头贴到她的身上去。）

王：我疲倦，非常疲倦。

后：您休息吧，陛下。

王：换一种说法！

后：您休息吧，我的朋友。

王：这样才对，才好，可以放心了……我干脆就不想再在那里……能够在您怀里藏起来，沉下去，像您的孩子一样，像您的亲生孩子一样在您身上藏起来，那多美啊……

后：（吃了一惊）您说我的孩子什么？

王：不要做声，静一点……您的孩子，您一点不用担心，我的朋友，他睡得那么甜，正如我所想望的那样……（他闭上眼睛）我们的孩子睡着了，我们可爱的孩子……（忽然正面对着她，抱住她的膝头。）您也快快地说这个宝贝的字眼：我们的孩子！昨天夜里我看见他忽然消失了，像雪花一样……"我们的孩子"，快快地重复这句话，五个字，我求您，我的女朋友！

后：（静听）是不是有人在外面门口？假如有人看见陛下这样的姿态来一个出其不意！

王：（抬起身子）您说得对，王后——我只是在想，在您身边忘掉外面的一切，也许就好了……在您的怀里求得解脱，我的朋友，完完全全的解脱……

——幕下

第八幕

（1784年巴黎市场穿堂前面的摊子。——农妇们和渔妇们成堆挤在摊桌前面，桌上摆着面包、水果、肉类、鱼类等等，前面左边的一家摊子是属于一个农妇的，靠边是鱼摊；一些女市民正在采买。）

女市民：（捧着一只小巧的瓷器座钟向农妇）您细心看一看吧，这只钟指出了几分钟，几点钟，又指出了月份，是巴黎西郊色渥尔皇家制造厂的出品。您该懂得吧，嫂子，今天就可以当作现钱一样使用了，相信我吧！

农妇：那您为什么不先去换成现钱呢？

女市民：（沮丧地）巴黎人有的是钟啊。

（一个又胖又老的市场助手同一个18岁左右的小伙子推来一辆大车，车上装满了篓子和袋子……）

老头：给我看看，太太！（他拿钟）瓷器？瓷器是臭东西，体面的臭东西，贵族的臭东西。

女市民：（抢回她的钟）您到底懂得什么呀！

老头：我懂得什么吗，太太？听着吧，太太，老唐诺这一辈子做过多少钟壳子，沉重的，名贵的立钟壳子——注意，用木头做的——比您太太生平看过的钟还要多。

女市民：（充满了希望）假如您是钟表匠……

唐：（笑出来）老唐诺是钟表匠？（他伸出手掌）这是钟表匠的手吗，太太？这是细木工的手啊，可是自从国王连同他的"赤字夫人"拿到老百姓的钱便摆酒席、唱戏、轧姘头、乱花乱撒……

女市民：不要讲得那么下流吧！

唐：上帝作证，这里有谁是下流的？细木工唐诺要从树林里砍一块木头，他便要唐诺付出极高的价钱，结果家具简直贵到没有人买得起，他每半年便要拿新税来刮我们的骨髓……

女市民：也许您说得有点儿过火吧。（她走过去）

唐：（从背后叫她）难道您又不过火吗，您这瓷傀儡，您想要拿您的座钟来换一块肉？

农妇：你胡说八道赶走了我的主顾，唐诺！

唐：等着吧，我替你把那个小嫂子叫回来！

农妇：走了就算了，把货搬下来吧！

（小伙子用尽气力也搬不动一个沉重的袋子）

唐：要当一个农民的儿子却搬不动一个袋子吗，你这小鬼？

小伙子：假如他们在我12岁时就把我从田地上赶了出来。

唐：（帮他）你的父亲还是把你连同你的"假如"收藏在他的袋子里面好。

小伙子：我的父亲并没有问过我；他把德·维勒伯爵的收税官从院子里轰了出去，到了第二天伯爵老爷的打手跑来，拿着他们的手枪把他那顽抗的脑壳撞在墙壁上面；从此我便在街头流浪。

唐：孩子，你的脑袋倒会变戏法，你在街头倒好像进了大学。

小伙子：猜对了，师傅！而且是什么样的大学啊，难童教养院的压榨，卫生局的黑房，警察厅的铁栅栏。

唐：一段见鬼的经历，孩子！你叫什么名字？

小伙子：小约翰。

唐：（像对自己一伙人一样地对待他）一段非常危险而过于短促的经历，小约翰；（忽然慈父似地）听着，孩子，老唐诺告诉你：一个乡下小伙子在巴黎睡过桥底下，蹲过铁笼，绞架的长手指便不免要来招手了。（轻声地）可是，儿子，它应该去招呼别人，可不要招呼我们！

农妇：别搅扰那个孩子吧，唐诺！把篓子搬过来！

（鱼摊前面一个渔妇在桌上摔着一个十佛郎货币——一种银币——同时有一个又高又瘦的男子，小提琴师，提着他的提琴匣子站在那里。）

渔妇：不响！（把钱夹在牙齿中间，一扭，扭弯了。）铅做的！假钱！

小提琴师：这是我从喜剧院领到的周薪啊，太太！（郑重地）我是喜剧院乐队的小提琴师。

渔妇：法警会来跟你演一场喜剧的，你这妖怪！（抓住他）假钱，大家看啊，假钱！

小提琴师：（害怕）这钱不是我铸造的，太太；我凭我的艺术向您发誓！

唐：（插嘴）不要凭艺术发誓了，好兄弟，今天只有一种生死关头的艺术，活得下去就是艺术。（向渔妇）说到您呢，太太，现在这一类铅老鼠天天游过我们的口袋，比真老鼠夜里游过他的口袋的还要多……这一个像那一个，正好比这一只鸡蛋像那一只鸡蛋。

渔妇：这是什么意思？

唐：这就是说，都是一窝里养出来的。

渔妇：那我们就得去报告造币厂厂长！

唐：老鼠总管。

渔妇：那就要去报告国王。

唐：老鼠爷爷。

约：他亲手把这一批铅畜生放出来。

农妇：（向他冲过去）要不要做一个农家的孩子，你这毒嘴巴！

渔妇：（牵住她）由他去吧，阿妮！假如这张嘴巴说出了真情，那么，这段真情也就像鲜鱼一样有它的骨刺。我们已经吞下了太多的臭钱，一直不曾开过口。（向小提琴师）拿来吧，妖怪！等我积到三个这一类的臭东西，我就去找造币厂厂长！

小提琴师：可不要提我的名字啊，太太！

渔妇：好汉是这样的吗？混蛋！

（她从吃惊的小提琴师手上收过钱，随手把那条鱼包好交给他。唐诺和小约翰又把车子推走了。先前已经可以听到一群人在靠右的摊子边唱歌；现在是喝彩的鼓掌声。）

小提琴师：（静听）那不是费加罗里面的苏姗妮滑稽小调吗？

（市场售货妇女和带着买菜袋子的女市民成群结队地挤上来；密舍尔在人群中挟着一大叠滑稽小调的活页，到处散发。古丁挂起六弦琴。）

女市民们：再给我一张，小姐，给我的邻居，我们要唱给我们的丈夫听听！

市场售货妇女：妙极了，姑娘，他说得真好，我们妇女要来订定自己的法律！

女市民乙：这个人竟然给关了起来？

女市民丙：为着滑稽小调和他的剧本吗？

古：因为他像雷神的老鹰一样扑啄那些拜金的火鸡，因为他扭那些胀大的、肥胖的宫廷阉鸡的颈项，直到他们特权的真相赤裸裸地暴露了出来；于是那只虚弱的大阉鸡便发出恐怖的叫喊：世界快要塌台了！于是这位诗人便被抓了起来，关进巴黎圣·拉萨耳监狱里面了。

小提琴师：博马舍先生关到圣·拉萨耳监狱里面去了吗？

渔妇：（针对他）那个地方，铸假钱的该去的地方！

古：（误会）您居然敢这么大胆，管《费加罗》的诗人，真理的海燕叫做铸假钱的人，您……这家伙?！

渔妇：（愤怒）您再叫我一次家伙，您泡红了的螃蟹，那我就把您连同您的海燕再加上国王，那条填满黄金的鲤鱼，自己装满了黄金却把铅老鼠吐满巴黎的鲤鱼，一起装进一个咸鱼桶里面去，（她把那个10佛郎货币扔在桌子上）铅佛郎，假钱，假如您还要替那条金鲤鱼辩护的话！

密：（插嘴）正相反。太太，请您听清楚，就是国王把《费加罗》的诗人关到监狱里面去的，国王要封住他和巴黎的嘴巴！

渔妇：（恐怖地）封住我们的嘴巴？

市场售货妇女：当然了，因为这个人讲道理呀！

密：这一番道理真叫国王肚子疼！

渔妇：让他宝贝的肚皮爆了完事！巴黎的真理万岁！

密：对了，妇女们，巴黎和它的真理万岁！它的诗人万岁！

古：（在六弦琴上拨出一个粗野的和弦）打倒监狱和典狱官！

（个别的妇女随声叫喊。小提琴师举起他的提琴匣子在空中急忙地摆来摆去，做着要发言的手势。）

小提琴师：大家注意，对着所有天神和神明，想想看，谁是博马舍先生……（忽然静下来，对古丁）当然，您会答应我吧，先生，我是喜剧院乐队的队员，我认识博马舍先生就好比认识我的兄弟一样……

古：（抓住他）倒霉蛋，你再敢说一句话！

渔妇：让这个鬼东西讲吧，他是一个好人。

小提琴师：不错，我认识博马舍先生，他是一位伟大的诗人；他的武器就是他的笔，不是火炬，他不要权力，不要屠杀、放火和流血……

古：（狠狠地）他希望像你这样丑恶的不足月的贱坯子赶快爬到那保护你的娘胎里面去，不要来玷污了街道和诗人的名字！

农妇：大家不要堵住路口，走过去或者买东西！

密：这位太太说得对，大家听见了吧；买东西呀，大家买东西！为什么你们不买东西，却老是站在周围，听这些胡说和唱歌呢？去吧，找乡下婆买东西去吧，给她包铅的假钱，没有钱就要搬出你们的家具、你们的钟、椅子、戒指、提琴、风领、披肩……

女市民甲：我们快要卖掉我们的衬衣了……

女市民乙：那就像亚当和夏娃一样光着身子……

农妇：只要你们真是亚当和夏娃！那你们就不用诉什么苦了！

密：对了，嫂子，说得真妙！假如我们真是亚当和夏娃，那我们就没有国王也没有监狱，没有捐税也没有抽税的大亨，没有穷困的顾客也没有劣币，没有贵族老爷也没有饥民，绝对没有身份的特权，正如我们的诗人所讲的一样。

小提琴师：（一本正经地）不错，小姐，博马舍先生说过这些话，可是在舞台上面，却是一口漂亮的法文！

密：我们现在可就在大路上重复说出来，依照他本人的意思，我的先生；不然的话，为什么他要坐牢呢，我的先生？最好的法文应该是讨好人民，惹国王讨厌的！万一您要怀疑呢，我的先生，那就请您跟我去到现在博马舍先生的住宅，去到圣·拉萨耳监狱，让我们问问他自己的意见！

妇女们：好，姑娘，——这番话够他受用了！——向圣·拉萨耳监狱出发，我们前进的时候要这个姑娘唱歌！

（打鼓声，口令声。）

农妇：走开吧，天啊，散开吧！

226

密：靠拢，妇女们！我给你们唱一首最新的滑稽小调；在巴黎总还准我唱的吧！

（同时古丁一边伴奏，一边和着唱。）

你们活不下去了，生命有什么用？
钱里灌了铅，钱又有什么用呢？
跛足的常常是最骄傲的劣马，
金苹果常常是里面烂到不成话。
表面红灿灿，
里面虫蛀烂。
树枝要折断，
头颅要带眼！
所以，朋友们，问题要提出来谈一谈：
大树不肯自己倒下来，那就要动手砍！

个别的妇女：（跟着唱）

大树不肯自己倒下来，那就要动手砍！

密：

做工又有什么用？熏肉和面包
只引得老鼠来吃一顿饱。
一天天只见老鼠胖，
四条腿快要撑不起身体的重量。
看见吗，老鼠多好过，
高高的登上宝座，
装腔作势又荒唐，
快要胀破了它的肚肠。
我们忍受，朋友，我们自己算犯罪！
够了呀忍耐！该死的忍耐！

渔妇：对呀，该死的，该诅咒的忍耐！打倒宝座上的胖老鼠！

（警卫宪兵从右边冲上）

宪兵甲：谁在这里喊叫"打倒国王"！

渔妇：（模仿他）"打倒国王"！谁敢犯天条这样叫呀："打倒国王！"

宪兵乙：一定是你，你这条大肚鲸鱼！（要抓她）

密：（插嘴）放手吧，警长大人，我刚刚唱过一首老鼠滑稽小调，说一只老鼠吃得太饱了，几乎胀破了肚皮；一个字也没有牵涉到国王！而且这里没有人那么大胆——就是您也不敢吧，警长大人——敢冤枉国王陛下是老鼠的。我看还是让你们官长听我唱到尾，这样便什么误会都可以消除了。

宪兵甲：可是头一个字就是反对国王的……

密：（跳到一辆货车上面去）国王，国王，……这里牵涉到一位比国王更崇高的人物！

宪兵甲：比国王更崇高的人物？那才见鬼咧！玩什么鬼把戏？

古：在鬼河边，魔鬼也的确是在一起唱戏！唱吧，好孩子，俄菲乌①还得趁今天离开黑暗的地狱来重见天日！（他拨动几个和弦）

密：（站在车上，开始细声的，微妙地唱，然后是越来越激昂。）

你们也知道，谁给关进了黑洞，

知道了，巴黎人，却还在做梦？

那个人，拆穿了欺骗的围墙，

那个人，照耀你们就好比太阳光。

提出你们的权利，对抗特权的侯王！

他，巴黎的喉舌，

给抓去坐牢；

要把我们自由的叫喊

堵住了才算心甘——

可是呼声已经震动了圣母院和萨特莱囚堡，

争取博马舍的释放，争取博马舍的自由！

古、妇女们：释放博马舍！释放博马舍！

宪兵甲：暴动吗！？（盯住密舍尔）从车上滚下来，你这狗东西！

渔妇：（举起大肉刀）你就一定要进坟墓吗，屠头？

① 俄菲乌是传说中的希腊歌手，为了要帮他的老婆从地狱里逃走失败，被酒神的侍女活活地把身体撕成好几块。——译者注。

宪兵乙：清道！不走就开枪！

古：（把队长的枪按到地面上）开枪呀，犹大①开枪呀，这里是古丁的胸膛，是对付你的支队的枪弹的特摩波里山隘②！

密：（从车上跳下）快点，妇女们，集合一起，向监狱出发！"释放博马舍"是我们的口号！

（正当妇女们排队的时候，哨兵冲了过来。唐诺和小约翰也赶到了。）

唐：看吧，小儿子，这里好像有鲜鱼出卖呢。

约：师傅，让我们也算一份吧！（抓起一把铁铲）动手吧，我们要把这些公牛铲起来。

宪兵甲：哨兵过来！

宪兵乙：上刺刀！

小提琴师：（插嘴）我的先生，不要蛮干，不要流血啊！

宪兵乙：该死的煽惑分子！（一军刀向他头部打下去，他举起提琴匣子来防御；接着便对付密舍尔。）你这野母马还想从我手上逃掉吗！（抓她）

密：你想！（她闪电一样迅速地用力把他的头盔一按，蒙住了他的眼睛和耳朵。）

宪兵乙：（要掀起他的头盔，不成功，发怒。）抓住她，不要放过这匹母马，狗东西，泼妇！

密：（带着成群的妇女向左边挤过去，那边的唐诺和小约翰正在用铁铲抵抗宪兵的攻击，密舍尔从小约翰头上扯过一顶软帽套到自己头上。）谢谢你，小伙子！前进！妇女们！从小道穿过去！在监狱前面会合！

——幕下

第九幕

（圣·拉萨耳监狱里面比较大一点的集中地点。暗淡的灯光射入铁格子的窗口，左边是沉重的铁门。在角落里的草包上面和木板上面待着那些囚犯：小市民和穷手艺人，其中有老唐诺，拿着一块木头用铁锤和凿子做木鞋；流浪的青年农民小约翰蹲在他身边吹起木笛子来给平姜伴奏；平姜，脑袋光秃秃的，只有一圈灰白的头发，正在拿自制的锥子补鞋，一面唱，一面时时要搔痒，伸手到衬衫里面胸口那部分去捉虱子；右边一张帆布床上面躺着投机商人费里叶，左角是博马舍和古丁，坐在他们的大衣上面。）

---

① 犹大是出卖耶稣的叛徒。——译者注。
② 古代斯巴达国王莱奥尼大斯英勇抗拒侵略军的地点。——译者注。

平：（一边捉虱子一边唱）

> 对狗能够有什么要求，
> 除了叫，除了吠；
> 对人能够有什么要求，
> 除了装模作样在思索……
> 就是虱子，虱子呀虱子，
> 它也要，也要有一所房子，
> 它的房子——你的衬衫，
> 你和它并不陌生……

唐：（踢他一脚）带领你的虱子一道进地狱去吧，平姜！

平：我可不罢手，只要你懂得小动物的语言，便会知道什么都有它自己的意义。
（继续唱下去）

> 即使你要把虱子轰跑，
> 它待你仍旧是忠心；
> 甚至于你要拿它用牙咬，
> 它还要告诉你，坦白自然；
> 听我说，虱子呀虱子，
> 就是我，我也要一所住房。
> 我的房子——你的衬衫，
> 我和你并不陌生……

费：算了吧，您这套蠢笨的乱叫，先生；人家睡也不是，醒也不是！（他拿一个花边枕头蒙住面孔）

唐：好吧，尽管蒙住您那宝贝的面孔吧，百万富翁，像你这样的吸血虫实在应该头一个吊到灯笼上面去！

约：我知道，他就是那个投机商人，出卖塞纳河净水的，3 个苏①一杯。

费：（跳起来）两个苏啊，我的先生……我购置了巨大的锅桶，借了一大笔款子，终于因此周转不过来，弄得坐在这里。我为了什么啊，还不是为了防止那杀人的时

----

① 苏是法国辅币名，20 苏等于 1 个佛郎。——译者注。

疫，传染性的肠胃伤寒……

唐：你是一个地道的慈善家，你这钱鬼子，从传染病和塞纳河水滤出了纯净的金子；可是细木工师傅唐诺告诉你，只要有一双像我脚上穿着的立体大鞋，他便有温暖的胃和健康的肠子……脚底下有一块好木头，你便会无灾无难，……我的理论，够了吧！

平：你要诬蔑我们的皮革手工业吗？

唐：哪里话，平姜老兄，继续为那些小老爷们做你的鞋子吧？

平：小老爷，小老爷……我要把他们像咬虱子一样一口一个！

唐：（笑）我倒要看看，老家伙！

平：（兴奋地）你倒要看一看，刨花兄弟！为什么我到这里来了？平姜曾经做过不合适的靴子吗？对啦！可是那位皇家马厩总管老爷却宣称他的新靴子卡他脚后跟，因此要扣我10个佛郎，可是靴子却不肯放弃，就是这样！我当然拒绝把靴子给他，他于是吆喝一声"躺下，狗东西"！便用马鞭朝我脸上打过来，我随手用靴子向他脑瓜摔过去。

唐：有胆量，有胆量……我真猜不到你有这一手，平姜！——是的，那些钱鬼子真是视财如命！

费：（从枕头底下伸出头来）您不能暂时停一下锤锤打打吗？您在坐牢的时候也非弄点手艺活儿不行吗？

唐：（继续锤打）职业就是职业！一部分人是寄生生活，另一部分人就是锤锤打打；到我不能锤锤打打的时候，我就只好喝您的河水，呜呼哀哉了。

约：我做什么好，师傅？这里不能耕田，又不能推车！

平：你吗，试试靴子吧，你现在是一个城里的小伙子了；我愿意把做靴子的本领传授给你。

约：用你那只拿皮带上的钩子磨成的锥子？

平：（庄严地）当他们相信把我们这些手工匠关在圣·拉萨耳虱子窝里就可毁灭的时候……每一种工具都是神圣的，小家伙！

约：（活泼地）毁灭我们？这个虱子窝不顶事，可是你那该死的小家畜的颂歌也不顶事！朋友们，我晓得一支更好的歌曲，一支地道的滑稽小调！

唐：听这小鬼吧！一支滑稽小调？市场穿堂那一套还不够受吗，那个姑娘唱起来，打翻了我们的汤碗……

约：那真是一个妖精，从我头上把帽子扯跑了。"谢谢你，小伙子！"可惜我没有看清楚她的面孔！可是那顶帽子我是认得的，哪怕它放到月亮上面去！

唐：帽子来，帽子去，……滑稽小调呢，小鬼！

约：好吧！可是先得请求肃静，绝对肃静；因为这是严肃的，并不是什么下贱的滑稽小调。（他开始唱）

假如丈夫欺骗了老婆，

他还要吹牛皮，逗得人人笑嘻嘻；

可是老婆的行为一有不妥，

她立刻便会吃官司。

为什么有这样混账的道理？

为什么？干吗？你们还要问？

男子把持了立法的特权！

平：难道就要妇女立法吗？

唐：为什么不可以？妇女还可以把你这粪坑造成人呢！这个所谓地球的巨大的垃圾堆，地球的住客应该一律平等，穷的和有钱的平等，手工匠和伯爵平等，男人和女人平等，……你这支歌肚里有胡椒，虽然你这小子还没有尝出来；你从哪里听来的？

约：一个姑娘在院子里、马路上唱出来的。

唐：谁编出来的？

约：那可不清楚。

古：（推博马舍）岂有此理，彼得：你的《费加罗》滑稽小调给这个小瘪三唱出来，他却不知道是谁作的！

博：（拉住他）不要动！

约：那是我前些时候，在孤儿院里面听到的，那些徒弟自己编的。

费：你要是让我帮助你们长一长见识，我的先生们，这首滑稽小调是从《费加罗》里面选出来的，那是博马舍先生著名的喜剧。

唐：哦，也是一条那么高贵的寄生虫……

古：（跳起来）你这烂肿肠想要……

费：（郑重其事地）而且博马舍先生就坐在那边，我的伙伴！不会见怪吧，博马舍先生……

博：（照原样坐着）对不起，我的名字是草包先生，地洞世家。

唐：介绍得好，草包先生。（把他拉过来贴在身边）来一个兄弟亲吻，地洞先生，特别是为这首神妙的滑稽小调。……完全和我的意见一致：妇女，一定要争回她的权利，绝对地，不顾一切地，一律自由、平等……只是不（向着"百万富翁"）给这些寄生虫、吸血鬼，只是不给国王。他用那见鬼的捐税和他树林里面涨价的木头抢走了我们木匠的饭碗，而他自己却每天晚上拿红酒洗脚，用女人的奶洗澡……

约：不给他，也不给他的"赤字夫人"！

费："赤字夫人"，……您胆敢胡说，小家伙！

约：的确，我还年轻，先生，才19岁，可是我已经进过世界上顶好的大学，两次教养院，一次警察厅铁笼，现在是圣·拉萨耳流民收容所。

费：也许并不是没有理由的吧，先生。

约：不错，绝对不会没有理由，先生！我的爸爸彼得·约翰是维勒伯爵的小佃户。有一天地租又提高了，他只有两条路好走，不是典尽他的米粮，让我们小孩子饿死，就是……于是他轰走收租人，吃了伯爵走狗那一颗瞄准的子弹，依照合乎逻辑的方式结果了他的性命；我的妈妈投了水塘，我自己自寻生路，这就是说进了孤儿院。在孤儿院他们拿藤鞭抽我的肚皮，一直抽得我不知饥饿，终于跑掉了；跑掉之后，肚子当然还是会饿起来的，我只好向面包店想办法。这一着把我升到高级的国立教养院去了，于是，又是鞭打，过了几个星期，人家把我扔出来了，我（指指唐诺）找到了这个师傅，他刚要把我教育成为一个地道的市场售货助手，却因为一个字得罪了国王，宪兵竟然不讲礼貌地虐待市场穿堂的妇女，我忍不住我的义愤，不得不反抗，于是乎又到了这里。

平：不错，不错，小子，我们每一个人都有他的小历史。

博：（一直留心静听着）朋友们，也许这许多小历史有一天会凑成一部唯一伟大的历史啊。

唐：由我们搞出一部伟大的历史？

博：你们以为真是如你们自己所想的那么渺小吗？伟大是怎样变成伟大的？还不是因为你们的肩膀担当起来的缘故？

费：博马舍，我不明白这一番话对您有什么用？

博：（气愤地）我是草包先生，我已经向您做过保证了，我的先生！我开头做钟表小学徒，什么饥饿和鞭打，肮脏和冷房间，我都晓得清清楚楚，到现在才有了……（他扯下他外衣的花滚边）还有这个……（他扔掉他的绸短裤）

古：不要在这里穿起囚衣来啊，彼得；你是大诗人，光芒四射的亚波罗，他的利箭已经射穿了巴黎的心脏！

博：巴黎人早就忘记了我们了，古丁；人民爱得快也忘记得快，我们就在这道围墙背后给埋葬了。

约：我们是给埋葬了吗，我的先生？在他们要埋葬我们之前，我们先得把他们埋葬；定下心来吧，我的先生！

古：彼得，要这个小伙子告诉你这番话吗？为了这个缘故，我不是站在咖啡馆门口去号召"巴黎人！你们的博马舍坐牢了！向监狱进军，要求释放他"吗？

博：现在连你自己也坐在这里了。

古：我以为我们这里的环境并不那么坏。

博：（带点神经质地）我不是城郊歌手，雅克，不是水沟浪漫诗人，请原谅，雅克；可是你能够在这里写作吗？能够集中你的精神吗？能够表现你自己吗？能够提高你的思想吗？你在这里还仍然是你吗？

古：树根是在地底下生长的。

博：老梦想家！

古：在地底下，正好比人民在黑暗的胡同里面，在手工匠的地窖里面……

博：只要是树木向亮处钻，可是也要它能够在黑暗中习惯……

古：什么话啊，彼得？两天的监禁，彼得，你就已经下了你最后的结论了吗？你奋起反抗，同时却把过失推在人民身上吗？不要让这条虫爬到你心里去啊，彼得！

博：我为人民写作而且写得并不坏；可是现在人民在哪里？

古：好兄弟，来，喝一口最后的美酒！

博：这就是你最好的逻辑，雅克！（喝酒）

（古丁疲倦地躺在他的大衣上，博马舍静静地望着前面；费里叶悄悄地移近他。）

费：这个世界是不断变化的，博马舍先生。

博：（沉默）

费：可是正是这样才有吸引力和机会，博马舍先生。这就是说，炼金术士把铁和水银变成金子……小小的学生玩艺！一个人一定要从空气变出金子来，或者是从理想和计划，这比从空气还要容易。

博：（冲动地）我绝不愿意跟您搞什么空气计划，或者什么河水计划；您听明白我的话了吧，我的先生！

费：（十分恭敬地）我完全了解您的愤恨，博马舍先生，我对您的处境正是感觉到负有连带的责任；美洲事业的失败，您地窖里藏着那些卖给美国的步枪没有用……

博：您闭嘴!

费：(声音更轻地) 那些还存在您地窖里面的 50 箱步枪,现在可以放出去了。

博：给谁?

费：我们可不要大意。

博：为您的河水计划?

费：把您从债务里面救出来。

博：我因此喘不过气来了。

(外面人声——铁门打开了。唐诺吆喝一声"注意!"全体囚犯跳起来,直挺挺地站住。两个青年给推进来,背后一个警长。)

警长：你们又多添了两个臭虫。狗窝里面又是一股秽气了。

唐：警长先生,还是不如给我们狗窝带两个姑娘进来好一些!

警长：你再讲一个字,我便把你的舌头抽出来,抽得长长的,长到你可以拿它围起脖子来作领带用!你有兴趣吗?

唐：今天没有,警长先生。

警长：唔!(出去。锁门。)

(两个青年挤到角落里去,唐诺拉他们出来。)

唐：走出来,你们嫩萝卜!让你们照着月亮给大家看看吧!为什么你们会有这种光荣,跑到巴黎顶好的大学里面来听讲?

青年甲：我跑到圣·日耳曼宫去讨饭。

唐：贱坯!一个好汉认为那是别人过分的享受时候,就动手去拿过来!喂,你呢?

青年乙：我保留一点自由,告诉你,我目前还没有兴趣来聊天。

唐：虱子逗得这流氓发痒了吧,(拉他过来) 你要不要在大学里面答复校长的问话?要我打断你的肋骨才甘心吗?

青年乙：试试看吧,你这混蛋。(推他回去)

唐：我不打得你变成烂娃娃才怪!

约：(插嘴) 妈的,这就是我的帽子!

唐：该死的,这个畜生咬人了!(他摸摸他的手腕)

(大家都转身望着青年乙;他的帽子因为打架掉到地上去了;现在可以看到缠在头顶上的少女的辫发。)

博：(跳起来) 密舍尔!

古：(拖她过来) 鬼丫头,那些奴才连你也抓来了吗?

唐：来吧,小毛头,你刚才咬了,现在也得舐个干净!

约：退后，师傅！(大模大样地) 小姐，试一试我的拳头！

密：我的先生们，各人坐回原位去吧；我要跟各位报告一点重要的事情。

博：讲吧，密舍尔，讲吧！

古：我们拜倒在你的脚下了，黄金天使！

唐：(不平地) 我可愿意拜倒得高一点。

博：外面还知道一点我们的消息吗，密舍尔？

密：全城都在说着《费加罗》，博马舍对国王的斗争轰动了整个巴黎。

唐：博马舍反对高贵的寄生虫吗？给他点颜色看吧，博马舍，给他点颜色看吧，可爱的人！(抱博马舍)

密：给他点颜色看吧，博马舍！外面也在这样叫。在咖啡馆，在人家院子里面人民都集合起来了，大家都唱着这部剧本的滑稽小调，照着调子吹口哨。

约：连孤儿院都唱起来了，小姐……

密：我把那些滑稽小调和一些个别的小场面抄出来，有些不相识的人帮着我，我们到处散发，我们到处歌唱和表演，甚至于赶早市，那些市场上售货的妇女也跟着唱，跟着跳舞，而且拿鸡蛋、黄油来慰劳我们；我们一唱到结尾总是一句口号："释放我们的博马舍，巴黎的诗人！"

博：这一切都是你做的吗，密舍尔？(高兴地抱她)

密：昨天有一千多人列队来到监狱门口；他们要求典狱长出来讲话；典狱长出动了卫兵，可是群众仍然挺立着，决不退缩一步。于是来了警察总监的宪兵，由一个少尉率领；国王已经下了命令：对那些"流氓"开枪。

唐：打倒国王！

博：开了枪没有？

密：群众一直挤到少尉面前；那时鸦雀无声，简直可以听到他的马的喷鼻和肋骨转动的声音，忽然间那个少尉发出命令：撤退！……

博：我们一点也听不到。

密：为了让你们知道巴黎的意见，所以我要进来，所以我让他们抓住我。

古：你让他们抓起来吗，勇敢的亚马松。①

密：(从她的衣袋里拿出一张传单来，上面画着漫画。) 我从墙上把它撕下来，我从普罗文

---

① 亚马松是希腊传说中的亚细亚女儿国的民族，曾在她们女王率领之下参加脱罗亚的战争。——译者注。

斯公爵——国王兄弟的马夫手上把它抢过来……

博：(拿过了一张传单) 狗东西！这些狗东西！明目张胆地在整个巴黎面前污辱人！

古：(补充) 这个是你吗，绑在墙上的铁环子上？

约：(同样) 还有，这就是我们吗？我们用我们的腰带去鞭打这位诗人？匪徒！

唐：我们就依照我们的手法把国王画在墙上！(动手用一块煤炭在墙上去画国王，其他各人各自回到原位去。)

博：国王会继续让我们领教他的威力呢，密舍尔。

密：那我们就让他领教我们的威力！

博：你是一个狂热的信徒，密舍尔！当然，人民也狂热起来了，大队人马不由自主地向监狱进军；可是能不能够解救我们呢？

密：少尉没有下令开枪……

博：万一他开了枪呢……

密：那我们就可以……

博：算了吧，密舍尔，那只有古希腊悲剧里才有这样的场面！我给你传染到了孩子的脾气；你会看到，警察总监会派他的宪兵来把我关进一所更坚固的监狱里面去，不许有一点声音传到我的耳朵里。唉，听我讲吧，密舍尔，正因为我的剧本不顾国王的禁令搅起了巴黎的骚乱，国王将要而且一定要发挥他的威力，他一定要依照他的路线走下去！

密：那您就依照您的路线！我请求您，信任您自己和您的路线，信任您剧本的威力，信任巴黎，巴黎把您的声音加强了 10 倍！国王要想做点什么，那您可以加强十倍的反击！

古：她有道理，彼得，听从我们的艺术女英雄亚马松吧！

博：我再不是年轻的亚契里斯①了，雅克。你们知道，我曾经一百次乱射我的利箭，我到处横冲直撞，不顾一切地蛮干硬干；现在我需要安静，一种相当的和平和好天气，来完成收获工作，……

(铁门打开了，唐诺应声吆喝"注意！"警长急忙跑进来。)

警长：博马舍先生！除了博马舍先生之外一律立刻出去，隔壁……(声音放轻)警察总监先生马上到！

约：警察总监先生来找我们吗？

_____

① 亚契里斯是荷马史诗《伊里亚特》中的英雄，全身刀枪不入，只有脚后跟一处可以受伤。——译者注。

费：我要向总监先生提出一个请求；伤寒病流行巴黎，锅桶再没有用了；我要向英国买一部滤水机器，注意，警长先生，一部装好滤管的机器，防御肠胃伤寒的传染……

警长：（动气）看，您又要把传染病带到这狗窝里来了，您这位伤寒财主！当心啊！

（莱·诺亚——警察总监，由两个宪兵陪着，走进来。）

莱：我只想找博马舍先生讲话。

（警长和两个宪兵连同别人一起押出去。肃静。）

莱：您在这里没有什么好消遣吧，博马舍先生！

博：就是您，总监先生，和国王陛下做了一次这么好的人情，要我来这里消遣消遣。

莱：陛下愿意您有一段相当的考虑时间；现在这一段时间已经满期了。

博：对不起，假如我自己认为我考虑的时间还没有满期呢？

莱：又是那一套，博马舍先生，您以为违抗国王的命令是您的拿手本领吗？

博：总监先生，国王可以倚仗他的权力要我坐牢，他相信又可以下一道命令要我出狱，就此完事吗？国王陛下的权力是可以装聋作哑，听从别人在巴黎散布这样诽谤的传单的吗？（把传单放在总监眼前）这种卑怯的污辱，画一个没有防御力量的诗人被一批年轻小伙子绑在墙根鞭打！请您不要打断我的话头，总监先生，……有些命令是由我发出的，在我自己的讲坛前面它比国王的命令具有更大的威力。

莱：您忘记了您是什么人，博马舍先生！

博：我正在打算，怎样了解我自己，总监先生。我知道，我一个人是没有权利支配我的，巴黎才有权利支配我。我的声音是巴黎的声音；巴黎的心脏在它的诗人的胸口跳动；巴黎人民昨天已经成百成千地来到监狱大门口，这种事还会再发生的！

莱：您的情报倒像是很灵通的啊，博马舍先生？

博：还会一天比一天更灵通，总监先生，不怕您把我埋在巴士底狱的围墙背后去。诗人的心跳动得比少尉的口令还要响，甚至于掩盖了一队的排炮！

莱：那颗"诗人的心"实际上可没有机会掩盖排炮的声响，因为国王不忍无辜的人民流血而愿意……恢复您的自由。

博：自由，自由，就像拿骨头喂狗一样，可以随便拿走，随便给予的吗？

莱：（不耐烦地）究竟您要求怎样，我的先生！

博：我要求，谁毫无道理地剥夺我的自由，谁就应该向我道歉，假如他有心补救他的过失的话。

莱：国王向您认错？您疯了吗？

博：再不要多费口舌了，总监先生：（他坐下，拿起一本书，读书。）

莱：那您就得再在这里挨 10 年。

博：（拿书坐着）不会有 10 天，总监先生。

莱：您从哪里听来的？

博：我的秘密。

莱：（粗暴地）我不希罕听您的秘密。（没有主意地）我问您，您愿意现在就恢复自由吗，博马舍先生？

博：您愿意，总监先生，给国王陛下转达我的条件吗？

莱：（迟疑地）冒您自己的危险吗？

博：冒我的危险。

莱：好吧；我要试试看，给国王陈述您的请求。（他要走）

博：我的条件，总监先生！

莱：采取什么方式，您总可以让我作主了吧。

博：还有一句话，总监先生！

莱：（回转身）

博：我在狱中的这些日子里，我结识了许多人，他们主要的罪过就是投错了胎，投到穷人家去了，在那种情况之下，不论您，总监先生，或者我，不必过一个星期，都要来诅咒这样的生活状况或者想想办法来改善这样的生活状况。所以我愿意，总监先生，这些投错胎的无辜的狱中难友也跟我一道恢复他们的自由。

莱：（吃惊地）莫非又来了新的条件，博马舍先生？

博：（微笑）首先……不过是我的一种愿望，总监先生。

——幕下

第十幕

（国王在凡尔赛宫的办公厅，办公桌上摆着一部滤水机器的模型。——1789 年初夏。国王和玛丽·安唐妮。）

后：我在替孩子担心，陛下。传染病已经传到凡尔赛，坡里纳公爵夫人病倒了。

王：我不能离开这里，王后，我时时刻刻都在等着我的部长和警察总监。三级会议已经违反我的意旨开会了，巴黎人民非常不安，一到晚上强盗便在街上成群结队。——您带着孩子到芳丹勃罗离宫去吧，王后！

后：您在哪里我就留在哪里，陛下！

王：（考虑）也许您还能够留在这里，王后。我们要在这里设法弄些净水来。

后：您想到这上面来了吗？

王：我已经吩咐召见他和新机器的专家。

后：谢谢，陛下。

王：也许他那浮躁的，幻想的头脑到底有一次用到有用的事情上来了。当时的教训似乎对他没有什么坏结果呢。他是变得比较有涵养也比较有理性了。

后：他在巴士底狱对过新盖了一座漂亮的房子。

王：选中了这个位置倒不见得恰巧是富有艺术趣味的。

后：据说这座大房子具备一切舒适的设备。

王：他终于学会了生活方法吗？那可用了够长的时间啊。

后：（发觉桌上的滤水机器的木制模型）这就是他的新机器吗？

王：请王后还不要谈论这桩事！（他把模型挪到桌子底下去）我还不晓得怎样决定。这是我第一次再和这位……诗人先生见面。

（韦任尼入）

韦：那些先生在前厅等候。

后：我不愿意打扰你们。（声音转轻）我希望陛下给我们平静的、健康的日子的保证！（她由国王送到门口，出去。）

韦：莱·诺亚在小书室里面等候；也许陛下先叫他谈话？

王：坏消息吗，韦任尼？——您说得对，博马舍和警察总监一定不要碰头，一碰头也许会尝到苦味道。——也许我当时的处置是来得太快了吧？（来回踱步）当然，他不但宣告无罪，而且还得到五千镑，作为我恩惠的标志。

韦：现在他新屋的客厅里面准有这样标志了……

王：而且也许会使他和我们稍微接近一点。请总监先生进来！

（韦任尼从边门下）

王：也许，那个当时沉重的决定并不见得是毫无意义的吧？

（韦任尼带莱·诺亚从边门进来）

莱：陛下，假如巴黎的情绪再不好转的话，我期待一种新的处理办法。

王：情绪？事实！

莱：手工匠常常在一定的时间到一定的作坊集合；人民也挤在面包店前面嘀咕着。

王：（不安地）此外？还有呢？为什么嘀咕，难道要我把我的宫殿和森林送给他们不成？当然，捐税一向是太重了一些，可是我不是已经减轻了吗？我不是同意了三级会议了吗？

韦：请陛下想一想球厅①的场面，米拉波②号召三级会议的代表不顾陛下的命令，不要解散。

王：假如我坚持我的命令……可是我了解巴黎人，他们是地道的炮筒子。像天火一样呼拉呼拉地烧起来，一阵子又熄灭掉。究竟原因是什么，韦任尼？

韦：他们违抗国王的命令。

王：（把握不定地）我们把问题弄得太尖锐化了，韦任尼。五月天情绪总是兴奋的，自然界从地底放出它青春的活水；人是自然的一部分。

韦：对不起，陛下，这种腔调倒差不多近乎卢梭了。

王：这种腔调是出自合理的考虑。落在我们身上的那些病状就好比伤寒病。我们一定要治疗它。

莱：假如热度仍旧继续上升呢，陛下？

王：（不高兴）热度在哪里上升呀？

韦：（小心地）巴黎是一座大城市。请恕罪，陛下，巴黎的庞大的身体躺着——我担心，它在发烧。

王：我害怕，我害怕！你们又要逼我采取迅速的、英勇的措施吗？

莱：难道我们就等待吗，陛下？

王：（把握不定地）等待？假如那些暴徒真的要抢面包店呢？假如球厅的那些人去煽动这种不安情绪呢？总监先生，我要派两个骑兵团给您调遣，——或者您相信，韦任尼，这种举动会刺激人民？

韦：我认为这种预防的措施是适当的，陛下。不妨把兵团放在后面，应付紧急的情况。

王：只限于在最紧急的情况之下，总监先生，要了解我的意思！

莱：我可以请陛下明白指示吗？什么样的情况才算是最紧急的？聚众滋事或者

① 球厅是1789年6月三级会议开会的地方。6月28日全体代表在米拉波主持之下曾在该厅宣誓于宪法未完成以前决不离开会场。——译者注。

② 米拉波（1749—1791），原为伯爵，转为第三等级的代表，法国革命初期的领导人物之一。——译者注。

甚至于……

王：或者甚至于，或者甚至于……（动气）假如他们，那些流氓不听话，那您就下令开火，直到子弹使他们乖乖地打开耳朵和脑筋！

莱：下命令吧，陛下！

王：等等……等一会儿，总监先生！（迟疑地）您说"聚众滋事"吗？一种猜测……不要一下子过火了，我不想过火！一不小心，雪花可能很快发展到雪崩的。我要有气魄，可是运用起来不能不温和！

莱：（敬礼）要有气魄，可是运用起来不能不温和，陛下！（从边门下）

王：（来回踱步，半闭着眼睛在韦任尼面前站住。）那种不满情绪一定要设法制止，韦任尼！我减轻了捐税，容纳了三级代表……

韦：现在呢，他们要求取消贵族和身份的特权……

王：取消身份的特权？那不是就写在博马舍先生的那部喜剧里面吗？

韦：那就是《费加罗》的一段，陛下命令删除的那一段。

王：虽然如此，结果还是上演了，使整个巴黎都头昏了，巴黎和宫廷！现在你们得到了我们放任的答复了，因为你们大家都向我苦苦哀求——不错，您也有份，韦任尼——因为你们坚持，说这部惊人优美的剧本是不应该叫巴黎人眼馋的！现在是那个纯洁的跟班关于身份的特权的议论忽然成为火药桶上的火花了！（歇一歇气）也许那位诗人先生明天会亲自走在手艺工人和市场售货妇女的前头，穿街过市，高呼："打倒身份的特权"吧！

韦：我不敢这样相信，陛下。

王：又不敢相信了！

韦：（声音放轻）我得到消息，巴黎人对他那部新的滤水机器非常不满。他们说，博马舍要人家拿钱买塞纳河水，博马舍利用传染病大发其财，博马舍用穷家小户的铜板盖起高楼。

王：人家这样说吗？确实的吗？

韦：莱·诺亚这样告诉我。

王：叫他和那个专家进来！

（韦任尼打开正门，做一个表示，博马舍和费里叶随即进来，费里叶深深鞠躬。韦任尼退出。博马舍和国王有一会儿默默相对。）

王：（边坐边说）坐下吧，我的先生们！（他把滤水机器模型拿出来）这样就可以弄出净水来，博马舍先生，喝了没有危险，在这个时候也可以吗？

博：那些水啊，和泉水一样干净，陛下。

费：这部机器是从英国传来的，陛下。它有一个唧筒，可是最重要的一点，陛下，还是机器的中心是一支矿砂和细沙混合做成的滤管，水经过它漏进去，那些杂质便给它吸收住了，——或者像有人说的——给"滤过"了，因此那种可怕的传染病，肠胃伤寒……

王：我这里需要一部这样的机器。

费：必须向英国定购第二部，陛下。

王：时疫已经侵袭到凡尔赛了，不可以把巴黎的机器搬来这里，另外再等第二部运到吗？

博：恕罪，陛下，可是巴黎人会问，他们的机器到哪里防止时疫去了呢？

王：我以为，这是您自己的机器，博马舍先生，是不是？

博：它是属于我们的"饮水公司"的，陛下；它也属于巴黎的人民，因为成千成万的巴黎人的生命都寄托在这部机器上面。

王：还有国王和王后的生命呢，博马舍先生？

博：我要用一切方法，每天用木桶把净水送到凡尔赛来。

王：好吧。什么时候可以收到机器？

费：如果先付现款，陛下……

王：价钱呢？

费：15000镑，陛下，包括运费。

王：好吧。可是我不愿意使国人不安，说国王病倒了，我不愿意别人知道这件事。

费：陛下可以放心，费里叶先生是石头一样的哑巴。（兴奋地）博马舍先生可以作证！就是巴黎那部机器也是用我的名字去买的，并没有把博马舍先生的名字牵进去……

王：可是巴黎人不是仍然这样说吗？

费：（饶舌）那是一些先前眼红博马舍先生的人，陛下，他们不甘心看见伟大的诗人享受荣誉；他们恨我们，因为一杯沙滤水卖两个苏，因为我们一天卖上两万杯，因为消毒的水现在比酒还有价值，因为博马舍先生除了诗人这种伟大的功绩之外，又加上了巴黎慈善家的功绩。

博：谁也没有请您发表这样的意见，费里叶先生！

费：不要那么谦虚了，博马舍先生！——陛下会赞成我的话，博马舍先生是一个非凡的人！一般说来，诗人是并不十分谦虚的……

王：毫无疑问。

费：诗人是有崇高的想法的。他们住在云端。可是博马舍先生却有双重住宅……

博：费里叶先生，言归正传吧！

费：对不起，博马舍先生，我一做您的事业的代表，便好像是我自己的事业一样！博马舍先生不独是住在云端，陛下，他也住在地面上。他会把一种东西变成另外一种，并不是变戏法，陛下！

王：真是有趣得很，先生。

费：那简直是天才，陛下！陛下尽可以对博马舍先生表示无限的信任。（声音放轻）我们开头没有钱，博马舍先生就把一种东西变成另外一种东西：他成功了，把五十箱旧枪，还在他地窖里藏着的旧枪，卖给美国的步枪，据他自己说……

博：（站起来）费里叶先生，不要拿我们的私事来麻烦国王陛下了！

王：您坐下吧，博马舍先生！（对费里叶）我的先生，我期望我们的谈话藏在您的内心里能够比那些……卖给美国的步枪藏得深一些！假如您还会忘掉，那么，国王的愤怒和惩罚就会打中您！

费：（吃惊）陛下，我不过想……

王：您到前厅等一会，先生！

（费里叶深深一鞠躬，下。静默。）

王：那些卖给美国的步枪还活着吗，博马舍先生？

博：有些东西是长寿的，陛下。

王：比所希望的还要长……

博：我可不这样说，陛下。

王：也许国家用得着枪咧。

博：（望着他）我已经把它抵押了，陛下。

王：您又需要钱吗，博马舍先生？您又闯进一种事业里面去了；我承认，这一次绝对是有用的、有意思的。事情是——在今天情势之下——为了王朝的利益，这种卫生事业似乎不应该落在个别的私人手上。

博：陛下想经营这种事业吗？

王：不是我！是王朝，或者我们依照最新的理解说：国家！

博。是不是三级会议的代表也属于它？

王：（考虑）这是太复杂了，博马舍先生，需要的时间太长，说不定他们还要对抗，要把事情抓到自己手里去，以人民的慈善家的姿态出现呢，您说是吗？

博：难道人民要从国王手上接受这种慈善事业吗？

王：您看！

博：还有三级会议的代表呢？

王：那些先生们这样来，也就这样去。

博：您这样相信吗，陛下？

王：您呢？

博：我不相信。

王：（忽然改变口气）因为您站在他们那一边——我也可以料得到——，站在不负责任的生物那一边！

博：陛下，我相信，今天再不是个别的人能够感到对全体人民负有责任；人民感觉到对自己负有责任。

王：（大怒）因此就提出种种要求，威胁！要求更多的面包，更多的自由，更多的权利，要求取消身份的特权，正如您那出色的跟班"费加罗"告诉他们的一样！

博：也许是，陛下，人民写了这部剧本，并不是我。

王：您不要这样不要脸的谦虚了，博马舍先生，从前您倒是诙谐一些呢。

博：也许今天诙谐有点儿吃不开了，陛下。

王：（经过短时间的沉默）您还在继续写作吗？

博：又开了一个头。

（玛丽·安唐妮入。博马舍站起来，深深鞠躬。玛丽·安唐妮用一种留神观察的微笑来招呼他；现在转向国王。）

后：陛下还在忙着吗？

王：一点儿也不忙，王后，不过同博马舍先生闲聊他那部新剧本。

后：我希望依然是那么轻松的，博马舍先生，是吗？

博：不知道，王后，也许是严肃些。

后：可以听听那个题目吗？

博：那是我的剧本《两个朋友》的重编。在那里面我第一次淡到"第三等级"。

后：关于"第三等级"——那些找我们麻烦的、只是用小器的灰色眼镜去看生活的人吗？我听人家说，您现在住在您那新的房子里面，博马舍先生！您自己已经变成大亨了。为什么在您的新的美妙的剧本里面没有代表您自己的要求呢？

博：王后恕罪，我才用一只脚站在我那新的房子里面。

后：另外一只呢？

博：(微笑) 站在欠债上，王后，也就是在监狱里。

后：您总是要把事情说得过分的尖刻，博马舍先生；我担心您永远改不了。

(韦任尼和费里叶急迫地跑进来)

韦：恕罪，陛下，从巴黎传来不安的消息。

王：那就叫莱·诺亚把它安定下来吧！

韦：莱·诺亚已经带领一个骑兵团开始行动；另一个团留在这里听候国王吩咐。

后：不会有什么严重的变故吧？

王：绝不会有，王后！您和孩子们尽可以安心睡觉，王后。(吻她的手，送她到门口)

费：(对博马舍) 路上不安全，那些贱民正在半路上，我们不可能这样回巴黎去！

王：(回来) 什么事？

韦：在巴黎市郊人们又涌着去包围面包店，陛下；路上也不安全。

费：我们现在不能回去了！

韦：一定要派龙骑兵①送这两位先生去，随时保护他们。

博：保护我们？提防谁？提防人民吗？

费：假如那些人看见我们的活篷车②……

博：他们不会抢我们，您放心！我要向他们高呼："博马舍坐在车里！博马舍回巴黎去！"——人民里面决不会有人来碰我们一下。

韦：您是这么有把握吗，博马舍先生？事实是，那些穷人对您那河水买卖非常怨恨，有人把您自己的讣闻送到您府上去了。

王：我要给你们车子，派我的一些龙骑兵护送，博马舍先生；您该是同意的吧，博马舍先生？

博：(经过短时间的犹豫) 假如是陛下命令。

王：(注视着他) 因为我，国王，是对您负有责任的，正如我对每一个市民负有责任一样。韦任尼，为这两位先生指派一连龙骑兵！两位先生在国王的近卫军保护之下回巴黎去！

——幕下

---

① 当时法国受过步骑两种训练的兵。——译者注。
② 车篷能向前后张落的，双马拉曳的四座马车。——译者注。

第十一幕

（博马舍新厦的工作室，1789 年 7 月 14 日。台列丝和密舍尔把衣服、床单、桌布、书籍和原稿装在箱子里面。小约翰从窗口望出去。）

台：在街上还是那些木匠吗？

约：他们大群地集拢在一起。

密：这就是说，他们要把巴士底狱的囚犯放出来；博马舍应该替那些囚犯出点力！

台：（激动地）什么话，他已经 54 岁了，他是一个作家！难道他应该走在那些工匠的前头吗？难道要他给巴士底狱的卫兵射倒地上吗？难道你一点都不懂吗，孩子？

（密舍尔不做声，继续装箱。）

约：人越聚越多了，他们拿着铁锤和木棍。他们出发了，我要看，看他们到哪里去！（跑出去）

台：现在，因为国王召集了三级会议，并且愿意减轻捐税的压迫，人民都开始示威游行去了。

密：国王什么也不曾甘心施舍过，太太，而且将来也不会心甘情愿地施舍，甚至于《费加罗》的上演都要博马舍斗争一场才行咧。

台：是的，这部剧本真是把他弄到神魂颠倒了。

密：可是巴黎因此爱他就像爱自己的儿子，（迟疑地）要不是……

台：（注意）要不是……什么，密舍尔？

密：（急躁地）您去催促他，要他和那个河水投机商人断绝关系，人家在街上总是说：博马舍靠沙滤水挣了百万家财，博马舍利用时疫发大财；街上的人们提起博马舍便生气。

台：所以他要离开这里，到乡下去呀。

（博马舍和贝加士从右边上，贝加士缠起臂章，佩着军刀。）

博：应付诽谤和妄动是没有办法的，贝加士！

贝：更没有办法的是应付正当的真理，彼得。

博：河水这捞什子已经开始使我厌烦了；可是那种卑鄙的撒谎，说我把那批步枪……台列丝，密舍尔，让我们两个人悄悄地谈一谈吧！

台：箱子总得赶快装好呢，彼得！你可不会再变卦了？

博：放心吧，台列丝，我们走。

（台列丝和密舍尔出去）

博：我重复说一遍，贝加士，那是关于从前要运到美洲去的那批旧枪。

贝：可是人家在街上说，你要把这批步枪交给国王去对付人民呢。

博：谁相信博马舍会胡涂到这个地步？

贝：你不要太依赖你的名字，彼得！

博：怎么？

贝：（轻声地）我已经警告过你了，彼得，不要跟河水生意纠缠在一起。现在那批美国步枪怎么样了，彼得？你已经交给他去清账了吗？

博：（动摇）这件事我没有请你代表我的利益。

贝：（激动）我始终是你的朋友，彼得，只要你对我忠实和坦白；我这次代表你最切身的、最神圣的利益，彼得。我恳求你，彼得，声明和那个投机商人脱离关系，公开地，立刻去，趁现在还不算太晚！

博：你要来威胁我吗？

贝：拯救你，彼得！

博：我感谢你，贝加士，可是巴黎认得我。

贝：巴黎从前认得你，彼得。可是今天，你的名字比起米拉波、西耶斯①、德慕兰②这些在巴黎人民心目中光辉灿烂的名字来，你的已经开始褪色了。

博：人民是随时变换他们的爱好的。

贝：人民对值得爱惜的事业有一种敏锐的感觉，你自己知道，彼得！当三级会议最近在球厅集会的时候，你在什么地方，彼得？人家没有看见你。当国王派遣骑兵团攻击人民的时候，你在什么地方？人家看见你坐在你的活篷车里面，由国王禁卫军沿途护送。

博：国王一下子就这样下了命令的。

贝："一下子就下了命令"，彼得？博马舍哪里去了，为了他，国王下命令，由国王来保护他？现在呢，在王宫花园③里面，当德慕兰跳到椅子上、人民大胆集合

① 西耶斯（1748—1836），法国资产阶级革命理论家，1789 年发表了一本小册子《什么是第三等级》，发生不小的影响。——译者注。

② 德慕兰（1760—1794），律师和新闻记者，攻陷巴士底狱的主导人物，国民大会中极端革命派的代表。——译者注。

③ 王宫花园是 17 世纪建造的，1789 年大革命时期是巴黎市民的集会中心，随便哪一个人都能自由讲演。——译者注。

起来、争取本身的新权利的时候，人家又没有看见你！

博：没有看见我，巴黎也晓得我在哪里！

贝：巴黎开始对许多事情怀疑了，彼得。劝工场的建筑工人和运输员工在一定的时间开会；大家听到了人民朋友和人民仇敌的名字；你的名字我也听到了，可是并不在朋友的名单里面！你一定要做出点事情来，彼得！

博：要我跑到街上去，抓开胸膛，洗刷自己吗？

贝：对了，彼得，就是这样！跑出去，同他们讲话，人家好久没有看见博马舍在巴黎徒步走路了，马上布置，把沙滤水免费分给穷人，……这种做法在今天比一整部剧本还来得重要！

博：你从来没有重视过我的剧作！

贝：哪里，彼得；可是剧本一定要像写这剧本的人；而且这个人也一定要对剧本的精神保持忠实！你今天还写得出《费加罗》一样的人民剧本吗，彼得？

博：（赌气）我要写一部剧本对付这些小器的俗物，他们相信一两个吵闹的建筑工人和不满现状的叫化子就是人民，仅仅因为听见大街上一两声粗暴的叫喊便发抖。

贝：希望你永远不会面对人民发抖，彼得！

博：人民，人民……

贝：（冒火）你这种口气我听不下去！

博：（尖刻地）我不是跟任何人一样有我自己的权利吗？因为我依靠我自己的精神工作，住得起一所大房子，用不着拖着两条腿穿街过市，所以我就是人民的仇敌吗？如果人民要看见博马舍也蹲在一间闷气的，狭窄的屋子里面他们才高兴，那我可不能同意，我只有对这种专制和小器斗下去，就像我对国王那样斗。

贝：（斩钉截铁的语气）我劝你啊，彼得，不要跟新兴的对手斗！我还是向你提出更加切实的，急迫的劝告吧，不做声，尽可能地快点叫人忘记你！

博：（笑起来）我……叫人忘记？！

贝：（走到门口，再一次回转身。）珍重吧，彼得！（下）

博：（站着，望着自行关上的门，贝加士就在门后面消失了。）叫人忘记……博马舍教人忘记……我笑了！（靠窗口）因为一两个叫化子和小人看见我的大房子、花园以及这所小阁的穹顶，背后是旧货商的阁楼，对面是巴士底狱的围墙，他们眼红了。我自己不是从下层开始，从最下层开始的吗？好，我也恨过，可是立刻又鼓起勇气向上努力，工作、伺候、流浪、赌过军火、海洋运输、滤水机器，也赌过喜剧——我到底是什么呢？钟表匠、作家、冒险家、外交家、秘密使节以及宠臣、被告以及法官？我始终是我自己。（突然地）我始终是我自己吗？——密舍尔有一次说过：一个人不能同时是他剧本里面的几个人物，一个人要作顶好的一个！单独是费加罗……我的少年时代，亚尔马维华伯爵……约莫是我现在的年纪。兼做不可以吗？可以的。这就是我的生平。

（外面吵闹声。唐诺、平姜、小约翰拖着颤抖的费里叶走进来。后面是台列丝和密舍尔。）

唐：就是他，百万富翁！正当我们因为他一杯水要卖3个苏，要把他吊到灯笼上面去的时候，这个畜生说，博马舍是河水生意的老板。

平：我们要当您的面拆穿他的谎话，挖他的舌根……

约：因为他辱骂了您的名字，博马舍先生。

台：（插嘴）你们看，我的先生们，人家正在装箱，人家要旅行呢！

唐：今天旅行，正当整个巴黎满街满巷人碰人的时候？

博：我的先生们，你们看吧，我在把书籍装箱，我要写一部新剧本，我需要安静和孤独；我知道，你们是尊重我的工作的。

约：我们对您的剧作艺术表示最大的尊敬，博马舍先生。

平：我们走吧！

唐：我们的诗人万岁！可是正因为这个缘故，我们不能容忍任何一点的玷污！请您当面戳破（指费里叶）这个说谎的茅坑口，声明您跟河水生意没有任何的关系！

博：朋友们，我买了那部滤水机器是用来防止时疫的传染的，至于营业方面我可没有管什么。

唐：你看。嚼舌头的，营业方面我们的诗人一点关系也没有！（揍他）他得受人民审判！国王到处都有他的奴才和帮凶；可是人民也有办法，他们拿起铁锤和木棍去冲巴士底狱！

费：（赶快地）我可以供给你们枪械！

唐：（掐他的脖子）枪械?！

费：您问问博马舍先生吧。

博：（紧靠近他）我是作家呀，先生，我跟枪械有什么关系呢，您了解我吗？

费：（十分吃惊的样子）您跟枪械没有一点关系吗？那么，地窖里面那50大箱密密钉封的是什么东西呀，博马舍先生，您当初是拿这些箱子签字保证滤水机器的欠款的啊……箱子里面是什么东西啊，博马舍先生？

密：朋友们，不要相信肮脏的告密的贱种！

唐：（面向博马舍）箱子里面是什么东西呀，诗人先生？

博：（抑制自己）我把箱子连皮带肉全送给你们。

唐：（慢慢地）您应该早点送给我们呀，我的先生。三天以来人民都嚷着要武器，我的先生，早有了便可以早前进一步了，先生。去吧，孩子们，我们去看看！（费里叶想乘机逃走，但给抓住了。）你这臭虫，我们带走！

（众人带费里叶下）

台：快点，快点，彼得，我们还要在一个钟头之内动身！听我讲！密舍尔，吩咐活篷车停在后门！不要开口！不要问，去！

（密舍尔望一望博马舍，然后下）

台：你怎样了，彼得？

博：（静听的样子）他们在街上集合，说不定也在鸭子巷，我父亲在那边开过钟表店，……旅行，正当整个巴黎满街满巷人碰人的时候？那个老头子冒起火来质问我……巴黎动起来了，没有我，巴黎庆祝没有博马舍，巴黎战斗没有博马舍……我听见，铺路石开始咆哮，我要下去，向他们讲话，跟他们一起……

台：（撇开装箱工作，跳起来拉住他。）你疯了，彼得！

博：只要一刻钟……

台：外面危险啊，彼得，我感觉到有什么事情要发生，围墙今天好像是蜂窠，城里面像蜜蜂似地喧嘈着，我求你，我向你祈祷，彼得！（她抱紧他）

（古丁走进来，面色非常苍白，扶着手杖。）

博：古丁？你来了！？

古：为了你，好兄弟……（一跤跌倒）

博：拿酒来！白兰地，台列丝，快点！（台列丝快步出去）

古：（靠着博马舍的手臂，撑起来。）他们说，你有枪，……这里……在你的地窖里……对抗人民……

博：对抗人民？你也相信吗？

古：不，好兄弟，不……

博：那是美洲的旧枪，古丁。

古：那你为什么不交给人民呢……人民在街上，……大家好久没有看见过博马舍在街上徒步走路了，他们说……（他没有气力，倒下去。）

（台列丝拿酒上，斟了一杯交给博马舍。）

台：（害怕）他是不是染了时疫的？

博：（端着酒杯，扶古丁起来。）看样子有点像。他用尽最后一分气力跑来警告我；巴黎会发生一些事情。

251

台：我自己去照料车子吧。（下）

古：（喝过酒之后）彼得，你应该下去，彼得，在街上，巴黎人集合的地方……你的和我的孩子们……下去……就像费加罗所说的"消失在卑贱的人丛中"，……

博：你不是常常说亚波罗的雕弓吗？雅克，当他射箭的时候，雅克，他必须高高地站在上面；你不是这样说过的吗？

古：也许吧，好兄弟，从前是这样……可是现在，他们已经在下面拿着铁锤和步枪进军，底下的铺路石都在咆哮了，……从下面开始，从基石开始，……下去"消失在卑贱的人丛中"，费加罗贤弟……你听不见费加罗在向你召唤吗？

（密舍尔急迫地赶上来……）

密：古丁？

博：车子怎样了？

密：停在后门口。

博：（向古丁）我们同你一道上车，你同我们一块走，老大哥！

古：上哪里去，现在离开巴黎……现在，石头都在进军，……前进，一、二、一……前进，……（兴奋地，疯狂状态。）把枪交出来，博马舍先生……您出卖了我们，博马舍先生……您把枪藏在哪里，博马舍先生？

博：（堵住他的嘴）快点，密舍尔，给他酒喝，……他见鬼……

密：（一边拿酒杯给他，一边讲。）我担心，您在巴黎见鬼的朋友要越来越多呢。

博：（望着她）什么意思？

密：（兴奋地）这就是说……赶快把枪械交给人民！我们把箱子搬到街上去，我分发枪械，您对人民讲话，像您在您剧本里面一样对他们讲话。

博：假如他们怀疑有更多的枪，那怎么办？假如他们不相信我呢？

密：只要您先到下面去，在街上，像从前您的费加罗那样"消失在卑贱的人丛中"，那您就会找到合适的话，像从前一样！

博：可是我们不是已经准备好车子了吗，密舍尔？

密：（急躁地）把您的太太、孩子、书籍装上车，打发他们出奥里昂门直到乡下去！您自己呢，留在这里，在巴黎，跟我们一起，跟您的千千万万的孩子，跟你的费加罗，跟我们一起留在巴黎！

博：（动摇）那是不容易的。

密：那是必要的……

（唐诺带着平姜和小约翰上；他们现在有了臂章，手里拿着枪。）

唐：(向博马舍) 我的先生，您公馆里面一定还有更多的军火，也许塞进围墙里面去了。

博：我把军火塞进围墙里有什么用？

唐：假如一个人这些日子还要把军火藏在地窖里面……

平：并且没有向人民报告……

博：什么地方发出的命令。

密：(紧对着他，气得脸发红。) 人民已经跑到大街上了。还要别人对《费加罗》诗人发命令来怎样处理他的地窖里的军火吗？

博：你胡说什么啊，孩子？

密：请求您，最后对您自己和我们提出明白的答复。

博：我再没有枪了。

唐：我们不能相信你。(向他冲过去) 难道要我揪住你的领带，从你的丝绣花边里面榨出你的秘密来吗，宠臣！

密：(拉他退后) 走开！(面对博马舍) 快点吧，您也一起下地窖去，向朋友们指出收藏的地点！

博：地窖里去？同那些在这里威吓我的人？

密：(愕然地) 您害怕我们吗？

约：由他去吧，姑娘，太不值得了！

唐：(吐唾沫) 今天需要另外一种人了。

(外面街上忽然发出叫喊和射击的声音，大家冲到窗口去。)

平：他们向巴士底狱跑过去，……

约：开动，我们要到那边去！

博：(兴奋地) 拿枪来！我也一道去！

唐：算了吧，我的先生……刚才是雨，现在又是太阳了，这是不适合做这种工作的。何况，说不定您还会给我们带来危险呢，我的先生，从背后啊，我的先生；我们了解您太不够了……来吧，孩子们！(带他们两人下)

(深沉的喊声和零落的枪声从外面传入沉寂的房屋)

博：(发呆)"说不定您还会给我们带来危险呢，我的先生，……从背后啊，我的先生……"(看看密舍尔) 你已经抛弃了我，你还在这里干什么？

密：因为我究竟还没有抛弃您，所以我没有跟他们一道走！可是现在已经应该一分钟一分钟地计算了！您总得决定，当人民在下面一齐向监狱冲锋的时候，巴黎诗人是不可以躲在他的书房里的。现在是最后一分钟了……

博：他们还会理睬我吗？

密：只有您下去把耳朵贴近千万人民的心脏的时候，您才可以得到答复。

博：那个老头子刚才说过：博马舍从人民背后……

密：您给他提出反证呀！许多人还可以看见您像从前一样站在有胆量的、有反抗精神的巴黎人民的前头！不要小器，再给《费加罗》诗人，我爱他更甚于爱我自己的生命的诗人伸出手来。不要迟疑，自己决定！（靠窗口）从巴士底狱飞起了烟尘！您现在不下去跟我们共同行动，那您就真的要站在我们背后了！

博：（靠书桌）快点，密舍尔，把这些手稿也装进箱里去，……那是满有价值的提纲……你是了解的，（神经质地统统抓做一堆）必须救出这个……然后到街上去，密舍尔……别走，这儿还有草稿呢……（稿纸越抓越多）装进箱里去……

密：快点！最后离开吧，

（台列丝穿着旅行外套，提着手包冲进来……）

台：天啊，街上已经起火了，他们开枪，听说他们已经冲破了巴士底狱的大门，把那个指挥官的头砍下来了！等一等，等到他们过去，便赶快上车！（她锁箱子）动手吧，密舍尔！

密：您自己弄吧，太太，我要下去了！（要出去）

（外面吵闹，叫喊、歌唱的声音高涨起来。）

博：（靠窗口，在窗帘后面。）密舍尔，这是什么？可怕啊，莫名其妙的，一支竹竿上挂起那个指挥官的头，另外一支竹竿，一个巨大的假人头……

密：（靠窗口）这表示王后的头，戴着她贵重的假发，挂着写明"赤字夫人"的牌子……

博：他们正向我们的房子走来，那两个可怕的头颅要朝着房里看……

密：我再不等候了！

博：停一会，停一会，他们正向我们的房子行进呢……留在这里，密舍尔，那是一群暴徒，留在我身边吧！

密：您害怕吗？

博：倘若他们当真拿我当敌人看待呢……

密：倘若您现在再不下去……

博：那就连你也拿我当敌人看待了，是不是，密舍尔？

密：（望着他）您不能做出决定，那就是决定反对我们了！（她赶出去）

台：（锁好了箱子）你还站在那里做什么，彼得？（她走到他身边，向窗口，失声大叫。）天啊，天啊，他们正向我们冲过来！离开窗口，彼得！他们知道你是有钱的！

博：现在他们来得很近了……

台：（急忙拉开一扇花纸门）这里，躲进里面去！

博：（扯开窗帘）不行，我要加入他们里面去！我要向他们讲话，我要用我的声音打动他们的心，我的声音在巴黎是从来不会没有回声的，……（他振作起来）他们今天等候博马舍一句话！

台：谢天谢地，他们开过去了！没有人望上来，他们的进行曲催促他们走得太快了！现在连最后一个也过去了，上帝保佑了我们，彼得！

博：他们过去了……

台：大衣在这里，彼得！（把大衣披在他的肩膀上）快点，提起箱子，我提另一个！（带着手包和口粮出去）

博：（茫然地提起箱子，彷徨不定地站在那里，向房子四周看一遍，发觉古丁在地上，靠着躺椅；他赶忙跑过去。）古丁，我的朋友，……幸福的人啊，这个时候你用不着活下去……再会吧！（吻他）

古：（睁开眼）街上，街上是沸腾汹涌的……（他认出了博马舍）彼得，枪在哪里？我看见岩石崩塌，就像小石片一样沉没在波浪里面……你看见了吗，彼得？……你在那里吗，彼得……

博：（迟疑片刻）我看见，好兄弟……我在那里。

古：（微笑）是的，只要一有大风暴，你总是走在前头的，你这只鸷鸟……只要巴黎一有大风暴，你总是在那里的……你自己就是大风暴……（他倒下）

博：朋友，我最后的朋友！（他站起来，静听。）

（街上又发出战斗的喧闹，叫喊和射击的声音；现在听见楼梯上也有人声。）

博：什么？他们还在搜寻枪械吗？（下面枪声，他掩起耳朵。）你们开枪不会轻一点吗，我的先生？不容争辩了，你们的枪声，我的先生们，是比我的声音更强大，毫无疑问！好吧，让子弹讲话，讲到大家愿意商量才歇手吧！（他赶快又抓起几张稿纸和书本，扔到手提箱里面去，然后从花纸门溜走。）

（密舍尔、小约翰、唐诺、平姜和一些别的手艺工人立刻冲进来，大家都带着枪。）

密：（向窗口）这里看清楚了整条大街！

唐：像是棱堡的射界。

平：（望下面）那是龙骑兵……

约：他们反攻……

密：让他们接受我们的祝福！（射击）

唐：退后，姑娘！先筑起一道胸墙！（他把书桌推过去，同时下面的子弹正对窗口射上来。）箱子搬过来！大部头的猪皮书本堆上去，……这是防御子弹的上好家伙！

（大家都赶快拿书本、箱子、家具堆到窗口做掩护，同时仍然有个别的人或站或跪地分头射击。）

平：（搬书过去）这是他的书房吗？

唐：现在变作我们的阵地了。

密：（在古丁身边）古丁！？你怎么了？（她拉起他僵硬的手，然后又把古丁的手放在他的胸前。）至少你是留在我们身边了。

（密舍尔重新拿起她的枪，跳到侧面窗口去，靠着胸墙。）

唐：好呀，看他们溃退呀，那些光怪陆离的看门狗！

约：看那些马呀，蹦着跳着，在墙边磨蹭，磨光那些骑兵的骨头！这一枪，先生们，是为我父亲——佃农彼得·约翰报仇的！（射击）

唐：这一枪，好让老唐诺重新回去锤木头，刨木头！（射击）

密：还有这一枪，……（她正要跪下去，却碰到那座书籍障碍物；一本书掉到她的枪上面，她拿起来，看一看题目。）《费加罗的结婚》，又名《一个疯狂的日子》。

约：（站在她的身边）你为什么不开枪了呢？密舍尔。（向她弯下身子，念着。）"《费加罗的结婚》，又名《一个疯狂的日子》，博马舍作。"（笑）也许你愿意念一点出来给我们听听吧，密舍尔？

密：我还可以给你朗诵呢，小约翰。（外面的子弹打到墙壁上作响）"什么使您骄傲得那么可怕啊，伯爵先生？您究竟做出过什么好事来享有这么多的特权？您使用平生气力，只是为了出世，此外便什么也没有了！"

约：哼，今天那些老爷们也许要用点气力去见阎王爷吧。我们呢，密舍尔，首先得把我们的枪搁在书本上，好好地瞄准！

密：对了，小伙子，今天我们要把我们的枪搁在书本上，就是为了明天我们可以拿起书本来念得更好，演得更好。

——剧终

阴谋和爱情

〔德〕弗里德里希·席勒著

版本：人民文学出版社，1955年

陰謀和愛情

席勒 著

剧中人物：

宰相瓦尔特——一个德意志公爵的宰相

斐迪南——其子，少校

宫廷侍卫长卡尔勃

爱密丽·米尔佛特夫人——公爵的情妇

伍尔牧——宰相的家庭秘书

米勒——城市乐师，或者像有些地方的说法，吹鼓手

米勒夫人

露伊斯——其女

索菲——米尔佛特夫人的侍女

一个公爵的宫廷侍从

其他各种配角

第一幕

第一场

（乐师家中的一个房间。米勒刚从靠椅上站起来，把大提琴搁在一边。米勒夫人还穿着睡衣靠桌子坐着喝咖啡。）

米勒：（迅速地踱来踱去）再不能搞下去！事情严重起来了。我的女儿和那个公子成了人家的话柄。我的家门就要倒霉。宰相也得到了风声。好——一刀两断，我不许这个贵公子再上我的门。

夫人：又不是你逗他上门来的——又不是你把你的女儿硬推到他身边去的。

米勒：没有逗他上门来——没有把女儿推到他身边去；谁理会这个？——我本来是一家之主。我本来应该多管管我的女儿。我本来应该多给那个少校一点颜色看——或者立刻跑去找他的父亲大人，把一切事情告诉他。这个年轻的男爵只要一番叱骂就可以撵出去，我应该知道，一切过错都落在我这个琴师头上。

夫人：（啜了一口咖啡）笑话！废话！什么过错会落在你头上？谁能够奈何你？干你的本行去，能够找到多少学生都把他们纠合到一起吧。

米勒：可是，还是告诉我吧，事情究竟会有怎么样的结果？——娶这个姑娘他是办不到的——结婚既然根本谈不上，只好做他的——上帝在上！——早安！——这样说吧，当一个王孙公子东溜西荡，已经变成了老门槛，当他，鬼知道他怎样解决了一切问题的时候，我的这位饮客当然也不妨尝一尝河水。你要当心！你要当心！即使你每一个门洞都安上一只眼睛，每一个犄角都站上一个岗，他也会当你的面把她骗走；玩她一次，从此跑开，姑娘就一辈子挨人家笑骂，嫁不出去，或者还因为开始了这门营生，就索性干下去。（拿拳头打击额头）耶稣基督啊！

夫人：上帝慈悲，保佑我们！

米勒：的确是需要保佑。这样一个花花公子难道还会留心别的事情吗？——我们的姑娘是漂亮的——身材苗条——步履轻盈。至于脑袋里面是什么样子，那是不在乎的。一般人看你们妇女总不管这方面，只有上帝才不肯忽略根基。还是让我用粗话把这顿教训说完了吧——吓！他正好像我的罗德尼①一样，一闻到法国人的一

---

① 罗德尼（1719—1792），英国的海军上将，以在西印度群岛海战中歼灭法国舰队出名。这里是用来做狗的名字。

股气味，就眼睛发亮，于是乎所有船帆全都扯起来，一股劲儿冲过去——我却一点都不去干涉他。人总是人，我是应该知道的呀。

夫人：你也应该看一看那位公子写给你女儿的那些美妙的书信。好上帝！事情是明明白白的，他所关心的完全是她那美丽的灵魂。

米勒：他的可恶就正是因为这个！醉翁之意不在酒。谁要打漂亮的肉体的主意，就拿好心眼做他的差使。我自己当初是怎样做的？只要我们到了那一步，心事讲完了，说好了，一声命令！肉体就百依百顺了；奴仆学老爷，银色的月亮结果不过是做了媒婆。

夫人：你只要先看一眼少校先生送到家里来的那些辉煌的书本。你的女儿常拿这些书来做祷告。

米勒：（嘘声）嘿！祷告！你这一下可摸到了底了。天然的夹生浓汤是不合那些吃惯通心粉的老爷的娇嫩胃口的。——他必得先在无聊文人那种地狱式的瘟疫厨房里把它熬一下。把这些废料扔到火里去吧！我的姑娘——天知道她把什么赛过天的狂言妄语都一股脑儿吸进去，然后就像西班牙苍蝇一样进了血管，连我做父亲的辛辛苦苦保持着的一点点基督教精神也糟蹋得七零八落了。扔到火里去，我说！那个丫头脑子里装满了不知道什么鬼东西；随她到花花世界里去游游荡荡，结果再也回不到自己的老家；而且忘掉她的父亲，甚至为了他是个小提琴师而觉得可耻。最后，还要使我损失一个精明正直的女婿，一个热心照顾我的利益的女婿。——不行！上帝惩罚我！（他跳起来，气冲冲地。）打铁趁热，那个少校——对，我要叫那个少校从木匠做的门口里滚出去。（他要走）

夫人：规矩点，米勒！光是那些礼物就给我们变出来了多少钱啊——

米勒：（回来，站在她前面。）我女儿的血钱吗？——找你的魔鬼去吧，不要脸的鸨母！——我宁可拿着我的小提琴沿街乞讨，靠开音乐会换一口热饭吃——我宁可捶碎我的大提琴，把大粪浇上回音板；总比用我独生女儿拿灵魂和幸福换来的钱好受些。——戒掉那该死的咖啡，戒掉鼻烟，你就用不着到市场上去出卖你女儿的面孔了。这个鬼头鬼脑的坏蛋没有到我屋子里来东嗅西摸以前，我一样吃得饱饱的，身上也总有一件好衬衫。

夫人：你不要轻举妄动！你看你现在的那一团怒火！我不过是说，我们不要触犯那位少校先生，因为他是宰相的儿子。

米勒：困难就在这里。就是因为这个缘故，所以一定要趁今天把事情弄个明白！如果宰相是一个贤明的父亲，他还得感谢我呢。你把我那件红色天鹅绒外套刷干净，我要去谒见他大老爷。我要对他大老爷说："您的公子看中了我的女儿；我的女儿够不上做您公子的太太。可是做您公子的姘妇，我的女儿又太宝贵了，事情就此完结！——我的名字是米勒。"

第二场

（秘书伍尔牧。前场人物。）

夫人：啊，早安，秘书先生！又有机会和您见面，真是快乐。

伍尔牧：快乐在我这方面，在我这方面，表嫂！因为有了高贵的骑士上门，我这份市民的快乐就根本不算数了。

夫人：您怎么说出这种话来啊，秘书先生！瓦尔特少校先生的光临固然使我们随时感到增加了声价；可是我们却并不因此要轻视任何人。

米勒：（不舒服地）给客人搬椅子来啊，老婆子！请宽外衣，乡亲。

伍尔牧：（放下帽子和手杖，坐下。）好吧！好吧！我那个未来的——或者不如说我那个过去的——那个人儿好吗？——我希望她不会——也许我可以见一见露伊斯小姐吗？

夫人：谢谢您的关心，秘书先生！可是我的女儿却一点也不是高傲的。

米勒：（生气，用胳肘撞一撞她。）老婆子！

夫人：抱歉的是，她不能有招待您的光荣。她，我的女儿，刚刚做礼拜去了。

伍尔牧：我很高兴，很高兴。在她身上我将会得到一个虔诚的基督教的妻子。

夫人：（装出高雅的蠢相，微笑。）是的，可是，秘书先生……

米勒：（显然非常狼狈，扭她的耳朵。）老婆子！

夫人：如果我家能够在任何别的方面替您效劳的话，我们是十分高兴的，秘书先生……

伍尔牧：（做出虚伪的眼色）任何别的方面！谢谢您！多谢多谢！哼！哼！哼！

夫人：可是，秘书先生自己也一定看得很清楚——

米勒：（满面怒容，推他妻子的背。）女人！

夫人：好是好，更好总是更好，一个人总不应该挡住他独生孩子的幸福。（土头土脑地作骄傲状）您也许可以猜得中我的心事，秘书先生。

伍尔牧：（不安地在椅子上转，抓抓耳朵又扯扯袖口和衣襟。）猜得中吗？可不行。——啊哟——您的话是什么意思？

夫人：唔——唔——我不过是想——我以为，（咳嗽）上帝的的确确要把我的女儿培养成为一个贵夫人——

伍尔牧：（一跃而起）您在说什么呀？什么话？

米勒：坐下吧！坐下吧，秘书先生！这个女人是一个糊涂虫。试问贵夫人是从哪里来的？有哪一只驴子会因为这篇废话竖起它的长耳朵？

夫人：骂吧，随你骂多久吧。我知道的，反正我知道了。——少校先生说过什么话，总归是算数的。

米勒：（勃然大怒，跑去抓他的提琴。）你还不闭嘴？你要脑瓜上尝一尝大提琴的味道吗？——你懂得什么？他说过些什么话？——不要理会她的废话，乡亲！滚你的，到厨房里去！——您总不会把我看作一个蠢才的同心兄弟，认为我愿意拿女儿来做向上爬的本钱吧？您不会把我当成这种人吧，秘书先生？

伍尔牧：我也没有把您当成这种人呀，乐师先生！您一直是一个说话算数的汉子。我对您女儿的权利就好比签过字的一样。我有一份差事，这份差事养得起一个好当家人；宰相对我很好；只要我想望高升，不愁他不推荐我。您知道，我对露伊斯小姐的心愿是严肃的，万一您上了一个吹牛皮的花花公子的当——

夫人：伍尔牧秘书先生！如果别人可以提意见的话，就请你多注意礼貌——

米勒：闭上你的嘴，我说！——放心吧，乡亲！事情仍然照旧。去年秋天我答应您的话，今天就再说一遍。我不强迫我的女儿。如果您合她的心意——好得很，那她就会考虑同您一道过幸福的生活。如果她摇头——就更好——我愿意说，这是用上帝的名义——您把遭到的拒绝收起来，同做父亲的喝它一瓶酒就走开。要同您一道生活的是我的姑娘——不是我。我为什会要把一个不合她口味的丈夫，只凭自己的固执勉强她接受呢？不要让恶毒的敌人到了我衰老的年头还把我当作他的野味一样赶来赶去——弄得我喝一杯酒——吃一口汤都会听到这样的话：你是糟蹋自己孩子的混账东西。

夫人：话要说得干脆——我决不答应这样做；我的女儿是生成的富贵命，如果我的丈夫听信别人的废话，我就上法院去。

米勒：你想打折你的手脚吗，长舌妇？

伍尔牧：（对米勒）对女儿来说，父亲的意见是很有分量的，希望您能够认识我，米勒先生。

米勒：雷打昏了你了！姑娘才应该认识您。据我这个唠叨的老头子在您身上观察的结果，您可真不对年轻的馋嘴姑娘的胃口。我愿意丝毫不差地告诉您，看您是不是听得出乐队八个音阶的人——可是妇女的心对一个乐队指挥来说却是太过于尖锐了。——而且说句知心话，乡亲——我一向是一个粗笨的，直心肠的德国人——我出的主意临末却未必会得到您的感谢。我决不劝告我的女儿嫁给某某人，——可是我要劝告我的女儿不要嫁给您。秘书先生！让我说完吧！一个闹恋爱的人要找父亲来帮忙，那么，对不起，我认为他就是一钱不值。如果他还有点出息。他应该觉得。他的本领要通过这样的老门路送到他爱人的面前去是可耻的。——要是他没有勇气，那他就是一个懦夫，这样的懦夫不能指望有一个露伊斯会嫁给他——这样子，背着父亲向女儿提出求婚的话来。要做到这一步，使得小姑娘宁可把她的父母气得要死。也不肯错过这个爱人——或者跑来跪在父亲跟前呼天抢地地赖死，要不就答应她心上唯一的那个人。——这样我才承认他是个好汉！这才叫恋爱！谁不能在妇女身上做到这一步。他就只好乖乖地——抱他的鹅毛笔管去。

伍尔牧：(拿起帽子和手杖走出房门去) 谢谢，米勒先生！

米勒：(慢慢地跟在他背后) 谢什么？谢什么呀？您可是什么好处也没有得到呀，秘书先生！(回转来) 他什么也没有听见，就走了——只要我一看见这个文妖。我就像是吃上了毒药和砒霜。一个鬼鬼祟祟的，讨厌的家伙，好像是某一个走私商人把他偷运到上帝的世界里来似的。——那一双狡诈的小耗子眼睛——火红的头发——撅起来的下巴，好像老天弄糟了工作。发了狠，就把这件废品扔到墙犄角里去了。——不行！要我把我的女儿送给一个这样的坏蛋，那她还不如——上帝饶恕我——

夫人：(啐一口唾沫，刻毒地。) 狗东西！——你的狗嘴别不干不净吧！

米勒：可是你也别再提你那位发瘟的公子！——刚才你也逗得我冒火。——每逢你应该机灵一点的时候，你却总是特别愚蠢。关于贵夫人和你的女儿的那一番废话究竟是什么意思呢？我忌讳的就是这种老狐狸，只要你给他透露一点风声，明天就要在市场上传开去。他正是这样的一位师爷，东家串一串，西家转一转，什么鸡毛蒜皮的事情都胡扯一通，万一有谁说出一句闲话——糟了！马上报告公爵、夫人和宰相，你就免不了一场晦气。

第三场

(露伊斯·米勒上，手里拿着一本书。前场人物。)

露伊斯：(放下书，走到米勒跟前，握他的手。) 早安，亲爱的爸爸。

米勒：（亲切地）好，我的露伊斯。——我很高兴——你总是那么常常记着你的造物主，只要始终这样，他的手就会扶持你。

露伊斯：哦，我是一个罪恶深重的罪人啊，爸爸！——他来了没有，妈妈？

夫人：谁呀，我的孩子？

露伊斯：哦！我忘了，除了他之外还有别的人呢。——我的头脑是那么胡涂。——他没有来吗？瓦尔特？

米勒：（又愁闷，又严肃。）我以为，我的露伊斯已经把这个名字留在礼拜堂里了呢！

露伊斯：（向他呆看了一会，然后说。）我明白你的意思，爸爸——我感觉到你在我良心里戳进去的刀子；可是已经来不及了。——我再也做不成祷告了，爸爸——上天和斐迪南分割了我创伤的灵魂，我害怕——我害怕——（稍停）可是不，慈爱的爸爸！如果我们欣赏一幅绘画，因此忘掉了艺术家，艺术家一定认为这是对他最高的赞美。——因此，由于我对上帝的杰作的喜悦，使我连上帝也忽略过去了，爸爸，难道上帝会不开心吗？

米勒：（生气地栽在椅子上）报应到了眼前了！这就是读了那些不信上帝的破书的结果。

露伊斯：（不安地踱到窗口）他现在该在哪里呢？——那些高雅的小姐，看着他——听着他谈话——我却是一个卑微的、被遗忘掉的少女。（为这个字一征，赶忙冲到父亲跟前。）可是不，不！宽恕我吧！我并不哀怜我的命运。我不过要稍为——想想他——这有什么妨碍呢。这一点点生命——只要我可以吹送进一阵优美的和风，让他的面孔享受到一阵清凉！——这一朵青春的小花——算它是一朵紫罗兰吧，他踩上去，这朵花也甘心死在他脚下！——这样我就心满意足了，爸爸！假如蚊虫在那里晒太阳——难道骄傲的、威严的太阳能够因此惩罚它们吗？

米勒：（感动地弯身靠在椅子的扶手上，用手遮住面孔。）听着，露伊斯！——要是你从没有看见这位少校啊，我就情愿牺牲我这一点残余的岁月。

露伊斯：（吃惊地）你在说什么呀？什么呀？——不，他的想法不一样，我那位好爸爸。他不会知道，斐迪南是我的，生来就是给我的，博爱的上帝为我的幸福创造出来的。（她沉思地站着）我第一次看见他的时候——（加快地）我的血液涌上了面颊，所有的脉管都跳得更愉快；每一下脉搏，每一次呼吸都在低语：正是他！——当我的心认出了这个一直盼望着的人的时候，它也证实了一句，正是他！——而且这句话是怎样得到整个世界同我欢喜的回响啊！那时——哦，那时我的灵魂里升起了第一道曙光，千万种青春的感情从我心中涌了起来，就像到了春天，地面上百花齐放一样。我再也看不见世界，可是我觉得，世界从来不曾像现在这样美丽；我再也不知道有上帝，可是我从来没有像现在这样爱过他。

米勒：（赶到她前面，把她抱在胸前。）露伊斯——我的宝贝——美丽的孩子！——把我那老朽的脑瓜拿去吧——一切——一切都拿去吧！——可是那位少校啊——上帝作证——我可永远不能够把她给你！（他走下。）

露伊斯：我也不想现在就得到他啊，爸爸！这一点露水似的时间——一场关于斐迪南的梦就可以把它痛快地喝干了。这一辈子我是要谢绝他的。然后，妈妈——然后，当差别的界限打破了的时候——当一切可恶的身份的外壳从我们身上剥掉的时候——当人就是人的时候——我一身所有的就只是我的纯洁！爸爸不是反复说过的吗，上帝降临的时候，什么装饰和体面的头衔都会一钱不值，只有心却比什么都高贵。这样一来我就变得富裕了。那时候，眼泪就会算作胜利，美妙的思想就会算作祖先！这样一来我就变得高贵了，妈妈——那个时候他还有什么地方能胜过他的女朋友呢？

夫人：（跳起来）露伊斯！少校来了！他从篱笆上跳过来了！我躲到什么地方去才好呢？

露伊斯：（战栗起来）妈妈，还是留在这里好！

夫人：我的上帝！看我这个样子！我真要羞死了。我不能这样在贵公子面前出丑。（下）

第四场

（斐迪南·冯·瓦尔特。露伊斯。他一溜烟向她飞奔过去——她面色苍白，疲弱地倒在椅上——他在她面前站住——彼此沉默地凝望了一会。静默。）

斐迪南：你的脸色苍白得很，露伊斯！

露伊斯：（站起来，扑到他身上，抱住他的脖子。）没有什么，没有什么。你来了，一切都好了。

斐迪南：（拿起露伊斯的手放到唇边去）我的露伊斯还在爱我吗？我的心还是和昨天的一样，你的心也是一样吗？我飞跑到这里来，就是想看看你，看你是不是愉快，然后就走，我也会愉快。——可惜的是你并不愉快。

露伊斯：哪里，哪里，我亲爱的。

斐迪南：对我说真话吧！你并不愉快。我看透你的灵魂正如我可以看透这颗金刚石的透明的光彩。（指一指他的戒指）这里没有一个小泡是我看不出来的——你脸上的心事，没有一点能够躲过我的眼睛。你有什么心事？快说！只要我看清楚这面镜子，世界上就扯不起一片阴云。你有什么烦恼？

露伊斯：（默默地、意味深长地看了他一会，然后带着伤感的心情。）斐迪南！斐迪南！要是你能够知道，在这样一种谈话中间，一个平民的少女是显得多么与众不同啊——

斐迪南：什么话？（窘惑）姑娘！听着！你怎么会想到这上面来的？——你是我的露伊斯！谁告诉你，说你还是别的什么来？你看，你这假情假意的人，我还得碰你冷淡的钉子。要是你真是全心全意在爱我，你哪里还有时间去作这种比较？要是我在你身边，我的理智一眨眼就溶化了——我一走开，我的理智就化为对你的好梦，你却除了爱情之外还有一番聪明的计较吗？——你羞不羞！你沉溺在这种烦恼里的每一瞬间都是从你的青年男子身上偷走的。

露伊斯：（握他的手，同时摇着头。）你要迷糊我，斐迪南——你要把我的视线挪开，不要我看见我非掉进去不可的深渊。我看到我的前途——荣誉的声音——你的计划——你的父亲——我的一无所有。（一征，忽然放下他的手。）斐迪南！一把短剑悬在你和我的头顶上！——有人要拆散我们！

斐迪南：拆散我们？（他跳起来）你这种预感是从哪里来的，露伊斯？拆散我们？——谁解得开两颗心的纽带？拆得散一个和弦的音响？——我是一个贵族——我倒要看看，我的封爵文书是不是比无穷宇宙的设计还要长久，我的纹章是不是比露伊斯眼里的天书更有效力——天书写着：这个女子和这个男子是注定了的。我是宰相的儿子。正是因为这个缘故，我父亲那份造孽的家当要由我来继承，同时要继承那一份诅咒，除了爱情之外，还有谁能够使我的生活感到甜蜜呢？

露伊斯：唉，我多么怕他啊——这样的父亲！

斐迪南：我什么也不怕——什么也不怕——只怕你爱情的限界！不怕那些障碍像山岭一样阻拦着我们，我要把它当作阶梯，攀过山头，飞奔到露伊斯的怀中去。恶毒命运的风暴只会更加鼓起我的热情，种种的危险只能够使我的露伊斯更显得动人。——再不要提恐惧的话吧，我亲爱的！我自己——我要像魔龙守护地底的黄金一样守护你。——信任我吧！你再用不着别的天使——我要投身在你和命运的中间——替你承当一切的创伤——替你收集快乐杯中的每一滴酒浆——然后用爱的圆盘盛起来献给你。（温柔地拥抱她）我的露伊斯应该在这条胳膊上度过她的一生；上帝再见到你的时候，应该发现你比他放你下凡的时候更加美丽，而且不得不怀着惊异的心情来承认，只有爱情是最后完成灵魂的工作的。——

露伊斯：（把他推开，非常激动。）不要再多说了！我求你，住口吧！——你知道

267

吗——放过我吧——你不知道，你的种种希望就像复仇女神一样在袭击我的心。（要走。）

斐迪南：（拦住她）露伊斯！怎么样？什么事？怎样的变化啊？

露伊斯：过去我忘掉了这些幻梦，本来是幸福的。——现在！现在！从今天起——我生命的平静是完结了。——粗野的愿望——我知道——一会在我胸中骚乱起来的。——走吧——上帝会宽恕你的！——你把火把扔进我那幼小的、平静的心房，这把火是永远、永远不会熄灭的。（她冲出去。他默默无言地跟在她后面。）

第五场

（宰相的大厅。宰相，颈前挂着一个十字勋章，旁边又有一颗宝星，和秘书伍尔牧同上。）

宰相：一种严重的关系！我的儿子吗？——不，伍尔牧，你决不能使我相信！

伍尔牧：大人有权利命令我提出证据来！

宰相：说他向一个平民丫头献殷勤——说些恭维的话——甚至于还胡扯什么真情——这些事情我都认为是可能的——是可以原谅的——可是——你还说，她是一个乐师的女儿吗？

伍尔牧：乐师米勒的女儿。

宰相：漂亮吗？——当然是不在话下了。

伍尔牧：（热心地）金发姑娘的最美丽的标本，不是我夸大，就是放在宫廷的美人群中她还是出人头地的。

宰相：（笑）你告诉我，伍尔牧——你看中了这个丫头——我已经觉察到了；可是你看，亲爱的伍尔牧——说到我的儿子在转女人的念头，就使我产生了希望，他不至于引起妇女的讨厌，他可以在宫廷里显一显本领。你说，那个姑娘很漂亮；这使我很高兴，因为我的儿子有欣赏能力。如果他对那傻丫头摊出了明确的意图——那就更好——我可以相信，他有足够的机智去招摇撞骗。他简直可以做宰相。要是他还做到了这一步——真是妙极！这就向我证明，他是走红运的。——万一这场闹剧竟然养出一个壮健的孙子来收场呢——妙不可言！那我就要为我家族后代的良好的远景多喝一瓶马拉加甜酒①，还要替他的野鸡缴纳风化罚款。

伍尔牧：我衷心希望的，大人，就是，您不会是为了解闷才去喝这一瓶酒。

---

① 马拉加是西班牙面临地中海的一个城市，所产甜酒很有名。

宰相：（严肃地）伍尔牧，你得好好记住，我一旦相信了什么，我就会顽强地相信到底；我一动怒，就会发狂——你打算这样来煽动我，我倒想趁此开一次玩笑。你在有心排除你的情敌，我是明白的。因为你要从那个姑娘身边撬开我的儿子觉得很费劲，不得不请父亲来尽苍蝇拍的义务，我也认为是可以理解的——至于你有那么出色的耍无赖的打算，那甚至于引起我的欣赏——只有一样，亲爱的伍尔牧，你不要连我也骗在一起。——只有一样，希望你了解，你不要把你的诡计弄到侵犯了我的基本原则。

伍尔牧：请大人原谅！即使真的是——像您所猜疑的那样——牵涉到嫉妒的问题，那最多也不过是眼睛问题而不是舌头问题。

宰相：我觉得嫉妒完全可以不存在。蠢才，造币厂里新出炉的卡尔金币和银行里取出来的卡尔金币对你究竟有什么区别呢？想一想这里贵族的榜样你就可以想开一点了——知道也好，不知道也好——每举行一场婚礼，很少不是有起码半打的客人——或者听差——能够对新郎的乐园做出几何学的测量。

伍尔牧：（鞠躬）在这一点上我愿意做一个平民，大人。

宰相：此外，你不久就会有机会，用最妙的方式去嘲弄你的情敌。目前在内阁里有一种布置，因为新的公爵夫人的到来，米尔佛特夫人需要作表面的离开，而且为了造成十足的骗局，她还得另外搭上一种关系。你知道，伍尔牧，我的地位是怎样依靠这位夫人的势力的——我的最强固的根基根本就是公爵的恩眷。现在公爵要替米尔佛特夫人找一个配偶。别人可能去报名——做这项交易，通过这位夫人取得公爵的信任，使他觉得自己是不可缺少的人物。——为了使公爵仍旧留在我家庭的罗网里面，斐迪南就得和米尔佛特结婚——你明白吗？

伍尔牧：我的眼睛简直亮得发花了——宰相大人至少是证明了，做父亲的同做宰相的比较起来就好比生手对老手。如果那位少校对您做出孝顺儿子的样子，正如您对他是慈爱的父亲一样，那么，您的要求就不免要带着抗议退回来。

宰相：值得庆幸的是，我从来不曾为实现我的计划担过心，只要我说出这样一句话："就要这样办！"——可是你看，伍尔牧，我们又回到原先的问题上来了。我还得趁今天上午就向我的儿子宣布他的婚事。他对我的表情不是证实你的疑虑，就要将你的疑虑勾消。

伍尔牧：大人啊，请您宽恕。他准会向您做出来的那副阴郁的表情，可以算在您要给他娶过来的新娘账上，也同样可以算在您要从他手上抢走的那个新娘账上。我请求您做一次更明确的试验。您试给他选一个全国最没有缺点的配偶，如果他说好，那您就罚秘书伍尔牧去磨三年石头。

宰相：（咬着嘴唇）魔鬼！

伍尔牧：那有什么别的办法。她的母亲——愚蠢的活现形——糊里糊涂对我扯了一大通。

宰相：（走来走去，忍住怒气。）好吧！不能过今天上午。

伍尔牧：但愿大人不要忘记了，少校是——我恩主的儿子！

宰相：他应该得到顾惜，伍尔牧。

伍尔牧：关于为您排除一个不受欢迎的儿媳妇的效劳——

宰相：应当帮您讨一个老婆算作酬劳吗？也好，伍尔牧！

伍尔牧：（得意地鞠躬）永远是您的臣仆，大人！（他要走）

宰相：注意我刚才同您讲的那些心腹话，伍尔牧！（威胁地）要是你胡说八道——

伍尔牧：（笑）那大人就公布我伪造文书的事。（他下去）

宰相：你是逃不出我手掌心的。我抓住你自己的劣迹就像用纱线拴紧鹿角虫一样。

侍从：（进来）宫廷侍卫长卡尔勃——

宰相：来得正好。——欢迎，请他进来。（侍从下）

第六场

（宫廷侍卫长卡尔勃穿着富丽然而俗气的制服，挂着侍从钥徽，两只表和一把佩刀，夹着平顶帽，梳着刺猬式的头发。他连声怪叫，向宰相飞奔前来，散发出满厅的麝香气味。宰相。）

卡尔勃：（拥抱着他）啊！早安，好爵爷！休息得好吗？睡得好吗？——您会原谅我这么晚才来进见吧——急迫的事务——菜单——请帖——安排今天的滑橇旅行——啊——接着又要上早朝，向殿下报告天气。

宰相：是的，侍卫长，您当然是分身不开的了。

卡尔勃：此外还有那个混蛋裁缝耽误了我的时间。

宰相：结果还是及时地办妥当了吗？

卡尔勃：事情还没有完！今天真是倒运一个跟着一个来。您听着吧！

宰相：（心不在焉地）真的吗？

卡尔勃：您听着吧！我刚一下车，那些马就惊跳起来，不停地跺脚耸背，弄得街上的那些——您想想看！——烂泥浆一阵一阵朝我的裤管溅上来。怎么办？您看上帝的分上设身处地替我想一想吧，男爵！我站在那里呆住了。时间又不早了。那是一天的旅行——可是就这样到殿下面前去吗——正直的上帝！我想出了什么主意！我假装晕倒。别人手忙脚乱把我搬上了马车。我一溜烟赶回家里——换过衣服——再赶回去——您怎么说？——结果我还是第一个到了前厅。——您看怎么样？——

宰相：人类机智的即兴杰作。——还是不提这个吧，卡尔勃——您同公爵说过话了吗？

卡尔勃：（煞有介事地）20 分钟又 30 秒。

宰相：我相信！——那您无疑的可以告诉我一些重要的新闻了！

卡尔勃：（沉默了一会，然后装腔作势地。）殿下今天穿了一件鹅屎色的海狸皮袍。

宰相：那可了不起！——不，侍卫长，我倒有更妙的新闻告诉您——米尔佛特夫人要做瓦尔特少校夫人啦，这个对您来说，一定是一件新闻了吧？

卡尔勃：是吗！已经办妥了吗？

宰相：已经签了字，侍卫长——我希望您替我做一件好事，立刻去找米尔佛特夫人叫她准备他的访问，然后把斐迪南的决定向全城散布。

卡尔勃：（得意忘形地）哦，非常愿意，好爵爷！——我还有什么更如意的事呢？——我马上飞去——（拥抱他）再会——三刻钟之内全城都要传开了。（跳着出去。）

宰相：（望着侍卫长背后笑）别人还说，这种家伙一点都不顶事咧——现在我的斐迪南只好同意了，除非硬说全城人都撒了谎。（按铃。——伍尔牧进来。）叫我的儿子进来。
（伍尔牧下，宰相满腹心事地踱来踱去。）

第七场

（斐迪南。宰相。伍尔牧，稍停即下。）

斐迪南：您有什么吩咐，爸爸——

宰相：为了享受一下有儿子的快乐，我只好把你叫来——让我们单独谈谈吧，伍尔牧！——斐迪南，我已经观察了一些时候了，我觉得你那一直使我高兴的坦白、活泼的青春已经不再存在了。你脸上蕴藏着一种奇怪的哀怨。——你逃避我——你逃避你的交际——呸！——像你这样的年纪宁可原谅你十次的放荡行为，却不可以有一次的忧郁。把这件事交托给我吧，亲爱的儿子！让我来管你的幸福吧，你什么都不要想，只管照我的计划做好了。——来，拥抱我，斐迪南！

斐迪南：您今天慈爱得很，爸爸。

宰相：今天吗，你这坏货——而且就说了这一个"今天"干吗还是装出一副阴沉的怪相？（严肃地）斐迪南！为了谁的好处我走上了这条通向公爵心里去的危险的道路？为了谁的好处我永远犯了良心的和上天的戒条？——听着，斐迪南——我是同我的儿子讲话。——我排挤掉我前任的宰相，是替谁准备好门路——这一段故事啊，我越是小心地在世界上隐藏我的刀子，我的内心就越发给剁得鲜血淋漓。听着吧，告诉我吧，斐迪南，为了谁的好处我这样干？

斐迪南：（吃惊地向后退）该不是为了我吧，爸爸？这种罪行的血光该不会是照在我头上的吧？万能的上帝啊！与其来做这种罪行的借口，那还是不出世的好！

宰相：这是什么话？什么话？可是我愿意原谅你那浪漫的脑袋！——斐迪南！——我不愿意动火！——冒失的孩子，你就打算这样报答我那失眠的长夜吗？打算报答我永无歇息的忧愁吗？打算报答我良心的永远的折磨吗？——报应要落在我的头上——诅咒，裁判的雷霆要落在我的头上。——你从第二手接受你的幸福——罪恶不会黏在遗产上面。

斐迪南：（向天举起右手）我郑重地宣布，我拒绝承继那种只能使我记起一个丑恶的父亲的遗产。

宰相：听着，小鬼，不要惹我生气！——要是依你的头脑来办事，你一辈子也爬不上去！

斐迪南：唉，爸爸，这样子还是要比绕着王侯的宝座爬来爬去好一些。

宰相：（压制住他的怒气）唔！——一定要别人强迫你去认识你的幸福。别的十个人用尽九牛二虎之力还爬不上去的地方，你却游戏一样地睡一大觉就给抬举上去了！你12岁当候补士官！20岁当少校！是我在公爵面前用尽心机才弄到手的。你将来还会脱掉军服加入内阁！公爵还说起过当枢密顾问——当公使——非常的恩典。在你眼前展开了光明的远景。——首先是通向公爵宝座的康庄大道——如果换一种说法，认为实际的权力比权力的标志更有价值的话，甚至于就是宝座本身——你真是无动于衷吗？

斐迪南：因为我关于伟大的幸福的概念和你的不尽相同。——你的幸福差不多总是靠害人出名的。妒忌、恐怖、毒害就是照出君王陛下的微笑的愁惨的镜子——眼泪、诅咒、绝望就是这些受尽称赞的福气人大吃大喝的筵席，他们大醉一场醒过来，就这样一颠一拐地拐到上帝的宝座前面而且堕入永劫。——我的幸福的理想是朴素的，是在我自己的心里。我的一切愿望都埋藏在我的心里！——

宰相：高明得很！无懈可击！妙不可言！过了 30 年又第一次听人讲课！——可惜的是，我这个 50 岁的脑袋太僵硬，不能学习了！——还好——为了不让这稀有的才能生锈，我要给你身边安排一个人，有了这个人你就可以随心所欲地去操演你那套五花八门的疯狂本领了。——你要决定——还得趁今天决定——娶一个妻子。

斐迪南：（猛然一惊，向后退。）爸爸！

宰相：不必客气——我已经用你的名义向米尔佛特夫人送去一张求婚的帖子。你应该立刻上她那里去，告诉她，说你就是她的未婚夫。

斐迪南：米尔佛特吗，爸爸？

宰相：如果你已经认识她那就更好——

斐迪南：（失去常态）她在公国之内是一个什么样的耻辱桩啊！——如果我把你的玩笑当正经话看，亲爱的爸爸，我也未免滑稽了吧？你难道要做无赖儿子的父亲吗？要儿子同一个特权婊子去结婚吗？

宰相：岂止如此！如果她愿意嫁一个 50 岁的老头子，我就要自己去求婚。——你难道就不肯做无赖父亲的儿子吗？

斐迪南：不！我真不肯做！

宰相：荒谬绝伦，凭我的名誉讲话，只因为这是少见的荒谬，我才可以宽恕你——

斐迪南：我求求你，爸爸！不要使我陷入更长久的疑惑，要这样才算是你的儿子，我真是受不了！

宰相：孩子，你疯了吗？哪一个有理性的人不想同他的君王去搞一个三角来出人头地呢？

斐迪南：我真猜不透你的哑谜，爸爸。你说这是出人头地——同公爵一道去出人头地。结果连他也爬到人脚底下去了吗？（宰相放声大笑）你可以笑——我却不愿再理这回事，爸爸。我还有什么面目去见一个贫贱的工匠，他至少还可以在他老婆身上得到一个完整的身体作赔嫁？我还有什么面目去见世界上的人？去见公爵？有什么面目去见那个要在我的耻辱上面洗净她名誉的污点的娼妇本人？

宰相：你从什么地方练出了这一张臭嘴巴，小鬼？

斐迪南：我指天誓日告诉你，爸爸！这样糟蹋你的独子，你自己是不会幸福的，你只能使你的儿子感到不幸。如果我的生命能够帮助你高升，我情愿把生命献给你。我的生命是你给我的；为了你的荣华，我可以毫不迟疑地为你牺牲性命。——我的荣誉，爸爸！——如果你要剥夺我的荣誉，那么，你给我生命这一件事就是一种轻浮的无赖行为，我就要像诅咒乌龟王八一样来诅咒这样的父亲。

宰相：（和蔼地，同时拍拍儿子的肩膀。）说得好，亲爱的儿子！现在我看清楚了，你是一个十足的大丈夫，配得上公国之内最好的女人。——她应该嫁给你。——就在今天你去同奥斯特海姆伯爵小姐订婚。

斐迪南：（重新惊慌起来）这个时辰注定了要把我完全毁灭吗？

宰相：（窥探的眼色看着他）希望你的荣誉总不至于连这个也要反对的吧？

斐迪南：不，爸爸！佛立德利克·冯·奥斯特海姆可以使任何一个别的人感到最大的幸福。（自言自语，极度的迷惑。）他的恶毒在我心头保留下来的完整的那一点东西，就要由他的善良来扯个稀烂。

宰相：（始终还在目不转睛地盯住他）我等候你的感谢，斐迪南！——

斐迪南：（冲到他面前，热烈地吻他的手。）爸爸！你的慈爱烧起了我的全部感情——爸！我对你真心的好意表示最热烈的感谢——你的选择是十全十美的——可是——我不能——我不敢——你怜悯我吧——不能爱伯爵小姐。

宰相：（退后一步）哈哈！现在我可抓住你了，大少爷！狡猾的伪君子却掉进了这个陷井里——原来禁止你同米尔佛特夫人要好的，并不是什么荣誉吗？原来你讨厌的并不是在乎人而是结婚吗？——（斐迪南起初像化石一样地站在那里，过了一会才恢复过来，准备跑开。）哪里去？站住！这是你对我应有的礼貌吗？（少校回转来）你的帖子已经给米尔佛特夫人送去了。公爵已经得到我的诺言。全城和宫廷都听得清清楚楚。——如果你要我做一个骗子，小子——在公爵面前——米尔佛特夫人面前——全城人面前——宫廷面前把我弄成一个骗子——听着吧，小子——万一我抓住了某一些历史的话柄！不许动！喂！干吗一下子你脸上的火光完全熄灭了？

斐迪南：（脸色发白，发抖。）怎么样？什么事？的确没有什么，爸爸！

宰相：（用凶狠的眼光盯住他）要是真有一点什么事情的时候，——要是我找到了这种抗拒的来踪去迹的时候——哼，小子！仅仅一点猜疑就已经够我生气的了。马上就去！检阅开始了！只要口令一发，你就要到米尔佛特夫人那里去——只要我一上台，全公国都要震惊。看一个儿子的顽固头脑拗得过拗不过我。（他走下，又回转来。）小子，我告诉你，你要就到那里去，要就领教我的脾气！（下）

斐迪南：（从沉重的昏迷状态中苏醒过来）他走了吗？这是做父亲的声音吗？——对，我要去找她——要上那里去——要告诉她一些事情，要对她的脸拿起一面镜子——一钱不值的东西！如果她到了那个时候还要来握我的手——当着满堂的贵族、军人、老百姓。——用你英国的全部骄傲装束起来吧——我，一个德国的青年要来拆你的台！（他跑了出去）

第二幕

第一场

（米尔佛特夫人大厦的厅堂。右边一张沙发，左边一架大钢琴。米尔佛特夫人穿着舒适而艳丽的晨衣，头发还没有梳理，坐在大钢琴前面出神；侍女索菲从窗前走过来。）

索菲：军官已经走散了！检阅完毕了——可是我还没有看见瓦尔特。

米尔佛特：（非常不安，站起来，在厅堂里踱方步。）我不知道，我今天应该怎么才好，索菲——我从来没有像今天这样子过——你简直没有看见他吗？——当然啰——他是不会着急的——我胸中好像窝藏着一宗罪恶。——去吧，索菲——吩咐他们把马厩里最凶野的快马替我准备好。我得到野外去，——看看人，看看蔚蓝的天空，跑跑马来散散心。

索菲：要是您觉得不舒服，夫人——那您就来一个小集会吧！让公爵在这里摆酒或者把纸牌桌子摆在您沙发前面！既然公爵和他的整个宫廷应该听从我的调度，我又何必自寻烦恼呢？

米尔佛特：（翻身倒在沙发上）我请你顾惜我一点！只要我能够摆脱他们一个钟头，我情愿为这样的每一个钟头拿一颗金刚石来交换。难道我需要这样的人来装门面吗？——这是一些下贱的、卑鄙的家伙，只要我有一个温暖的、真心的字眼说出口，他们就要亡魂失魄，而且张开他们的嘴巴和鼻子，好像看见了鬼怪——一条傀儡丝线牵着的奴隶，驾驭他们比我控制我的针线活还容易！——他们的灵魂就像他们的挂表一样照着规矩走，同他们这样的人搞得出什么名堂？如果我问他们一句话，我预先就知道他们会怎样答复我，那我还有什么乐趣呢？就说和他们交换意见吧，如果他们不敢想到有和我不同的意见，那又有什么意思呢？——去他们的吧！要骑一匹连缰绳都不敢咬一口的马，真是够闷气的。（她踱到窗口）

索菲：可是公爵总应该算是例外吧，夫人？全国最漂亮的男子——最热情的情郎——最有机智的头脑！

米尔佛特：（回转来）因为那是他的国度——而且只是一个公国，索菲，对我的口味说还可以算作我忍受的借口。——你说，别人嫉妒我。可怜的东西啊！应该多多替我难过，而不应该嫉妒我！在所有靠他殿下吃喝的人们中间，情妇算是最倒霉的一个，因为只有她是拿着讨饭的手杖去迎候这个大富大贵的人物的。——真的，他能够用他威严的灵符使我心头的欲望像地底下的仙宫一样涌起来。——他能够把两个印度的珍宝摆到我的桌子上来——使荒野变成乐园——使他国内的泉水采取辉煌的弓形对准天空喷上去，或者为我使他臣下的骨髓烧出一簇灿烂的烟火——可是他能不能够命令他的心对着一颗博大的热烈的心也跳得同样的博大和热烈呢？他能不能够勉强他那贫乏的脑袋发生唯一的一次美丽的感觉呢？不管一切感官的享受如何富裕，我的心却在饥饿着；如果我可以放任我的冲动，那更好的千万种感情对我又有什么好处呢？

索菲：（惊奇地望着她）我侍候您已经有了多少时候了呀，夫人？

米尔佛特：因为你今天才算认识了我吗？——真的，亲爱的索菲——我的荣誉是出卖给公爵了；可是我的心却保持着自由——我的心，我的好人，或许还配得上一个男子汉——宫廷的毒风吹过我的心不过是像一口气吹到镜面上。——相信我，亲爱的索菲，只要我的野心肯让宫中另外一个女人跨过我的位置，我早就可以驾驭住这位寒伧的公爵了！

索菲：这颗心就那么愿意对野心屈服吗？

米尔佛特：（兴奋）难道不是已经报了仇了吗？——并不是等到现在才来报仇的！——索菲！（意味深长地，同时把手搁在索菲肩膀上。）我们女人只能够在统治和服役中间选择一种，可是权力的最高的乐趣究竟不过是一种寒伧的门面，那是当我们得不到更大的快乐，做不成我们所钟爱的男子的奴隶的时候，才勉强拿来遮羞的东西！

索菲：我万没有想到您说出这样的真理，夫人！

米尔佛特：为什么呢，我的索菲？难道你看不出来女人拿着权杖的那种幼稚的动作吗？我们不是只配扶着那小儿学步的勒带吗？难道你看不出这种任性的轻浮思想吗——看不出这种种粗野的享乐吗？这种种粗野的享乐不是只要在我心头用它的吵闹压倒更粗野的欲望吗？

索菲：（惊愕地退后）夫人！

米尔佛特：（越发兴奋）满足这些欲望吧！把我现在想念着的人——我祈求着的人给我吧——要就为他死，索菲，要就占有他。（柔情地）让我从他嘴里听到，说爱情的眼泪在我们心目中比我们头发上面的珠宝闪烁得更是美丽，（热烈地）我就要把公爵的心和他的公国扔到公爵的脚跟前，同这个男子跑到世界最偏僻的荒野里去——

索菲：（惊悸地望着她）天啊！您怎么了？您要变成什么样子了啊，夫人？

米尔佛特：（一怔）你脸色全变了？——莫非是我话说得太多了？——哦，那就让我把你的舌头和我的信任结合起来吧——再多听一些——听完一切——

索菲：（畏惧地向周围张望）我怕，夫人——我怕——我再用不着多听了。

米尔佛特：同那位少校的结合——你和全世界都摸错了底，说它是宫廷的阴谋——索菲——不要脸红——不要为我觉得难为情——它是——我的爱情的——工作！

索菲：上帝为证！我早就感到这个预兆了啊！

米尔佛特：他们听信了别人的扯淡，索菲——那个软弱的公爵——那个狡猾的瓦尔特——那个痴呆的侍卫长——他们每一个人都不怕赌神发咒，说这场婚事是替公爵把我保藏起来，而且使我们的关系更加牢固的最有把握的手段。——是的，永远一刀两断的、永远打碎这一条可耻的锁链的手段！——诡诈的骗子！上了一个软弱妇女的当了！——你们自己现在把我的爱人领到我的跟前！这只能是正中下怀——只要我一得到他——我一得到他——哦，我就要说一声：永别了，讨厌的荣华——

第二场

（公爵的一个老侍从，拿着一个首饰盒。前场人物。）

侍从：公爵殿下派我来向夫人传达殿下的盛意，这些珠宝送给您做新婚的礼物。这是刚从威尼斯运到的。

米尔佛特：（打开盒子，吃惊地退后一步。）好家伙！你的公爵为这些宝石要付出多少钱啊？

侍从：（脸阴沉沉地）不要他付一个钱。

米尔佛特：什么？你疯了吗？不要一个钱？——而且（同时她从他身边走开一步）你盯我那么一眼，似乎你要戳穿我的心——这样一批无价之宝不要他付一个钱吗？

侍从：昨天有我们国内的7000个子弟运到美洲①去了——他们替他清了账。

米尔佛特：（把首饰盒猛然放下，急促地在厅堂内来回走；过了一会又踱到侍从面前。）老头儿！你怎么了？我相信，你在哭呢？

侍从：（揉他的眼睛，发出可怕的声音，浑身战栗。）宝石啊，一提起这些宝石——我的两个儿子也跟他们一道给运走了。

---

① 美国独立战争开始之后，英王乔治三世为了扩充军队，曾向德国诸侯收买农奴，把他们送到美洲去打仗。这里说的就是这种农奴的买卖。

米尔佛特：（震颤地回转身来，捉住他的手。）不会没有强迫的吧？

侍从：（狞笑）上帝啊——没有——总是自愿的！也许有那么一些大胆的孩子走上前面来问那个上校，问公爵人卖多少钱一对。——可是我们慈爱的君王命令所有各团都开到检阅场上来，把那些嘟嘴瞪眼的都枪杀了。我们听到了步枪的震响，我们看见他们的脑浆飞溅在石块路面上，然后全军高呼：好呀！到美洲去！——

米尔佛特：（战栗地倒在沙发上）天啊！天啊！——我却一点都听不见！我却一点都觉察不到！

侍从：是的，慈惠的夫人！——为什么当别人喧呼启程的时候，您却偏要同我们的君王一道骑马出去打狗熊呢？——这种盛大的场面您实在是不应该错过的，当刺耳的鼓声向我们宣告时候到了的时候，那边是号啕大哭的孤儿去追赶他活着的父亲，这边是忿恨的母亲拿她吃奶的娃娃去向刺刀尖里钻；还看到他们怎样用刀剑劈开了未婚夫和未婚妻；我们老头子惟有绝望地站在那里，把手杖朝我们孩子的背后扔过去，陪他们去新大陆——哦，咚咚的擂鼓声一直不停，好叫全能的上帝听不到我们的祈祷——

米尔佛特：（站起来，受到了剧烈的激动。）把这些宝石拿走吧——它们在我心头闪出地狱的火焰。（更温和地对侍从）平静一下吧，可怜的老人！他们会回来的。他们会再看见他们的祖国的。

侍从：（温情地，全神贯注地。）天知道！他们要回来！——到了城门口，他们还回过头来，喊道："上帝保佑你们，妈妈和孩子！——我们的君王万岁——到了末日审判的时候我们就要回来的！"——

米尔佛特：（大踏步地走来走去）可恨！可怕！——别人老在哄骗我，说我拭干了国内所有的眼泪——现在我的眼睛却是恐怖地、恐怖地睁开了——你去——告诉你的公爵——我要来当面向他道谢！（侍从要走，她把她的钱袋扔到他帽子里。）拿这个去吧，因为你对我说了真话——

侍从：（轻蔑地把它扔回桌子上）留下来和别的家当摆在一起吧！（他下）

米尔佛特：（惊愕地望着他走）索菲，赶上去，问他叫什么名字！他应该接回他的儿子！（索菲下。米尔佛特夫人沉思地踱来踱去。过了一会，索菲回来了，她对索菲说。）最近不是有一次谣言，说边境上一场火灾烧毁了一座城市，弄得有 400 家人讨饭过日子吗？（按铃）

索菲：您怎么会想到这上面来的？不错，事情是这样子，这些难民大多数现在都在他们的债主手下奴隶一样地干活，或者在公爵的银矿坑里面受着折磨。

仆役：（上）夫人有什么吩咐？

米尔佛特：(把首饰交给他) 马上把这些东西送到账房去！——要立刻卖掉，我命令你，然后把钱分给那400家遭了火灾的难民。

索菲：夫人，您考虑一下，您这样做是要冒最大的失宠的危险的！

米尔佛特：(庄严地) 难道要我把他全国的诅咒戴在我头上吗？(向仆役做一个手势，仆役下。) 再不然，你就要我戴着这样一些眼泪的可怕的首饰裁到地下去吗？——去吧，索菲——还是头上戴一些假珠宝，心里却保留着做好事的知觉的好。

索菲：可是像这样的一些珠宝啊！您不可以拿您坏一些的去吗？不行，真的，夫人！这是不能原谅的。

米尔佛特：傻丫头！这样一来，一眨眼的时间就会有更多的宝石和珍珠落到我头上来，比10个国王装在王冠上的还更多，还要美——

仆役：(回来) 瓦尔特少校——

索菲：(扑到米尔佛特夫人身上去) 上帝啊！您的脸发白了——

米尔佛特：这是第一个使我惊慌的男子——索菲——我身子有点不舒服，爱德华①——站住——他轻松吗？他笑吗？他说什么？哦，索菲！我样子很难看，是不是？

索菲：真是怪事，我求您，夫人——

仆役：您要吩咐我请他走吗？

米尔佛特：(结结巴巴地) 我应该欢迎他。(仆役下) 说吧，索菲！——我对他说什么好？我应该怎样迎接他？——我会说不出话来。——他会嘲笑我的软弱——他会——哦，我有怎样的预感啊——你离开我吗，索菲？——留下吧！——啊，不！走吧；——那就还是留下好！(少校从前厅进来)

索菲：振作起来！他已经来了。

第三场

(斐迪南·冯·瓦尔特。前场人物。)

斐迪南：(微微一鞠躬) 请原谅我打断了您的话，慈惠的夫人——

米尔佛特：(带着显著的心跳) 不，少校先生。有什么比得上您重要呢？

斐迪南：我是奉我父亲之命来的——

---

① 爱德华，仆役的名字。

米尔佛特：我是他的债务人。

斐迪南：我还得向您陈述，说我们要结婚——谨遵我父亲的吩咐。

米尔佛特：（失色，发抖。）不是出自您的本心吗？

斐迪南：宰相和媒人是从来不过问这一点的。

米尔佛特：（由于畏怯，快要说不出话来了。）您自己就一点补充意见都没有吗？

斐迪南：（望了侍女一眼）还多得很呢，夫人！

米尔佛特：（向索菲使一个眼色，索菲退出。）我可以请您在这张沙发上坐下吗？

斐迪南：我打算简单一点，夫人！

米尔佛特：怎么？

斐迪南：我是一个体面的人。

米尔佛特：我知道敬重这个。

斐迪南：骑士。

米尔佛特：在公国之内是再好没有的了。

斐迪南：又是军官。

米尔佛特：（谄媚地）您说来说去只提到那些别人同您一样具备的优点。为什么您不提那些只有您一人独有的更大的优点呢？

斐迪南：（冰冷地）我在这里用不着它。

米尔佛特：（带着越来越增长的恐惧）可是我该怎样理解您的引言呢？

斐迪南：（缓慢而且加重了语气）您不妨理解为荣誉的抗议，如果您真的有兴趣来逼我握手的话。

米尔佛特：（生气）这是什么话，少校先生？

斐迪南：（从容地）我心里的话——我纹章的话——也是这把佩刀的话。

米尔佛特：这把佩刀是公爵给您的。

斐迪南：它是国家通过公爵的手给我的——我的心是上帝给的——我的纹章说出了 500 年的家世。

米尔佛特：公爵的名字——

斐迪南：（激烈地）难道公爵可以歪曲人类的法律或者像铸造他的 3 分铜币一样来制造种种事情吗？——他本人的威严并不能压倒荣誉，可是他能够用黄金去填塞荣誉的嘴巴。他可以用貂皮遮盖他的耻辱。我认为不必再就这个问题多说一句话了，夫人。——现在的问题再不是什么扔掉的前途和祖先——也不是什么佩刀的穗子或世人的意见。只要你能够给我证明，报酬不会比牺牲更差，我就准备把这一切都糟蹦得一干二净。

米尔佛特：（伤心地从他身边走开）少校先生！我不配。

斐迪南：（捉住她的手）请原谅！我们在这里说话并没有证人。情势使您和我——今天，而且只有今天——碰在一起，容许我，强迫我，使我不能对您保守我最秘密的感觉。——我简直想不通，夫人，这样的美貌和性灵——这是一个男子应该知道尊重的品质——集中在一个女子身上，她却居然甘心出卖给一个公爵——一个只懂得在她身上欣赏肉感的公爵，这个女子又居然不害臊，要拿她的心去接近一个男子汉。

米尔佛特：（睁大眼睛正面地对着他）您说个痛快吧！

斐迪南：您自称是英国女人。恕我放肆——我不能相信，您是一个英国女人。天底下最自由的人民的生来就是自由的女儿——这样的人民由于自尊，不可能迎合异族的品德——这样的女儿也永远不可能和异族同流合污。因此要说您是一个英国女人，那是不可能的——也许这一个英国女人的心同那些更伟大、更勇敢的英国人的血脉的跳动比较起来显得更加渺小。

米尔佛特：您说完了吗？

斐迪南：也许有人会回答，说什么妇女的——虚荣心——热情——活泼气质——追求享乐。因为品德常常是比名誉活得长久。已经有过一些人，她们带着耻辱走进了圈套，后来就凭高贵的行为和世界重归于好，凭美好的做法使丑恶的行为变成高尚。——可是现在国内那种亘古未有的重大的压榨又是从哪里来的呢？——这是用公国的名义来问——我的话完了。

米尔佛特：（带着柔情和威仪）这是头一次，瓦尔特，有人敢当面对我说这种话，您也是唯一的，我对他提出答复的人。——您拒绝了我的握手，因此我尊敬您。至于您诽谤了我的心，我原谅您。如果说那是您严肃的表示，我可不能相信您。如果有谁说得过火，对一个妇女说出这样侮辱的话来，好像她用不着比一夜更多的时间就可以把他糟蹋得一干二净，那么，他就必须承认这个妇女具有伟大的灵魂，或者——是他脑筋有毛病。——至于您把公国的残破的罪过压在我头上，万能的上帝会原谅您，上帝把您和我和公爵安排在互相对立的地位！——可是您向我身上的英国女人挑战，我的祖国却不能对这样的斥责保持缄默。

斐迪南：（按住他的佩刀）我倒很想听。

米尔佛特：那就听着吧，这样的话，除了您之外我还从来没有告诉过任何人，也永远不愿意再对人家说！——我并不是，瓦尔特，您想像中的冒险家。我可以大模大样地说，我有公爵的血统——为了苏格兰女王玛丽①而牺牲了自己性命的不幸的汤玛斯·诺佛尔克②的后代。——我的父亲是国王的侍从长，受人诬告，说他有勾结法国的叛国行为，由于国会的决议判处枭首的极刑。——我们的全部财产都给没收了。我们全家的人都被驱逐出境。我的母亲是在父亲被执行的那天死的。我——一个14岁的小姑娘——跟我的保姆逃到德国来——带着一盒首饰——和这个家族十字章，这是我垂死的母亲作她最后的祷告的时候给我佩在胸前的。（斐迪南转为沉思，对米尔佛特夫人比较温暖地凝视着；她越来越激动地说下去）害着病——没有名望——没有保护和财产——一个外国的孤女，我到了汉堡。我除了一点法国话，一点针线活和弹钢琴之外什么也没有学到——更高明的是用金银餐具吃饭——盖锦缎被睡觉，一挥手就使得10个仆役团团转而且得到你们这一类门第的大人物的恭维。——这样的6个年头已经哭过去了。——最后的一枚饰针也飞掉了。——我的保姆死了——后来是我的命运引领你们的公爵来到汉堡。我当时是在易北河岸上散步，望着河水，正在开始胡思乱想，究竟是河水深呢还是我的苦难深？——公爵看见了我，钉我的梢，找到了我的住处，倒在我脚跟前，对我起誓，说他爱我。（她激动得停住了，然后又哽咽着说下去。）我幸福的童年的一切景象现在又带着诱惑的光彩涌现出来。——绝望的前途像坟墓一样漆黑地使我战栗——我的心热望着一颗心——我倒在他的心头。（从他身边跑开）现在您来咒我吧！

斐迪南：（非常受感动，赶上她，拖她回来。）夫人！天啊！我听见的是什么啊！我做了什么事啊！——我犯的罪太严重了。您再也不能原谅我。

米尔佛特：（回来，而且努力抑制她自己。）您听下去吧！虽然公爵对我毫无抗拒的青春感到惊奇——可是诺佛尔克的血液却在暗中表示愤怒：你，一个正统的公主，爱密丽啊，现在却甘心做公爵的姬妾吗？——骄傲和命运在我胸中斗争着，公爵把我带到了这里，突然间最恐怖的场面就在我眼前展开了。——这个世界的大人物的贪欲正好比那永远吃不饱的鬣狗，流着饥饿的口涎去搜寻猎物。——他们已经把全国闹得乌烟瘴气了——拆散了未婚妻和未婚夫——亲手撕裂了婚姻的神圣的纽带——这里毁灭了一个家庭的平静的幸福——那里把一颗年轻的、没有经验的心交付给蔓

---

① 玛丽·斯图亚特（1542—1587），苏格兰女王，维护天主教，歧视新教，引起新教徒的反抗，1567年被新教徒监禁，1568年逃住英吉利，向伊丽沙白女王请求保护，被伊丽沙白长期囚禁，19年后以叛国罪被处极刑。

② 汤玛斯·诺佛尔克（1536—1572），诺佛尔克第四世公爵。他受伊丽沙白女王的委托参加玛丽·斯图亚特案件的审查，暗中却和教皇及西班牙国王勾结，帮助玛丽在苏格兰复辟，事泄之后被处极刑。

延的黑死病；还有垂死的女学生一面在诅咒和痉挛，一面骂着她们教师的名字。——我自己站在羔羊和老虎的中间，在一个热情的时辰向他讨到了王侯的誓愿，这种可恨的残暴行为是非停止不可的。

斐迪南：（极度的不安，在厅堂两头跑来跑去。）再不要多说了，夫人，不要说下去了！

米尔佛特：这一段悲惨的时期的后面接上来的是一个更悲惨的时期。宫廷和寝殿现在挤满了意大利的残花败柳，轻佻的巴黎女人玩弄着那威严的权杖，人民就在她们的任性之下流血——她们每一个人都经历了她们的末日。我看着她们在我身边倒到尘埃里面去，因为我比她们更加有风情。这个暴君在我的拥抱中畅快到柔顺的时候，我把他的马缰拿了过来——你的祖国，瓦尔特，第一次感到了人道的抚慰，而且信任地倒在我胸前。（稍停，同时柔情地望着他。）唉，这个男子，我不愿意他对我发生误解的唯一的男子，现在逼到我不能不自己吹嘘，把我深沉的美德搬到惊佩的阳光底下来晒晾！——瓦尔特，我曾经爆破过牢狱——撕毁过死刑的判决，而且缩短过一些可怕的无期徒刑的苦役。无论如何我给那无法医治的创伤灌进了镇痛的膏油——我把大逆不道的罪犯推进了尘埃，无辜的失败的案件常常还是靠一滴卖淫的眼泪得救。——哈，小伙子，对我说来是多么甜蜜啊！我的良心能够多么骄傲地反驳我贵族的身世的每一种控诉啊！——现在来了这个男子，只有他应该酬劳我这一切——这个男子也许就是我枯竭的命运用来补偿我从前的苦难的——这个男子就是我怀抱着渴慕的心情在睡梦中已经拥抱过的——

斐迪南：（插嘴，受到了剧烈的震动。）太过火了！太过火了！这是违反协定的，夫人。您应该清洗掉种种控告，使我变成一个罪犯。请您顾惜一下——我对您起誓——请您顾惜一下我的心，它正受到惭愧和猛烈的忏悔的折磨——

米尔佛特：（紧握住他的手）要就现在，要就永远不行！这个女英雄已经熬过了够长久的时间了——你一定还可以感觉到这些眼泪的重量。（用温柔的语调）听着，瓦尔特——当一个不幸的人——不可抗拒地、全副精力地倾向你——用她充满火热的、无穷无尽的爱的胸膛贴在你身上——瓦尔特！——你现在却还说出荣誉这一个冰冷的字眼——当一个不幸的人——受尽了她耻辱的感觉的压榨——做够了坏事——听到了品德的呼唤于是英勇地抬起了头——这样子——倒在你怀里（抱住他，哀求地而且郑重地。）——靠你得救——靠你重新回到天堂，要不然（面孔躲开他，用空虚的、震颤的声音。）就避开你的影像，听从绝望的恐怖的呼唤，重新堕落到更可恨的罪恶的深渊——

斐迪南：（从她身边挣开，陷入了极度的狼狈状态。）不，上帝为证！我受不了——夫人，

283

我必须——天地监临着我——我必须对您来一次坦白，夫人！

米尔佛特：（从他身边逃走）现在不要，现在不要，看一切神圣的面上——不要在这个可怕的时刻说出来，我破碎的心正在成千的刀尖上面淌着鲜血。——要就死，要就活——我不敢听——我不要听。

斐迪南：还是听听吧，至善的夫人！您必须听。我现在要对您说的话可以减轻我的罪，同时也就是对旧事的温情的谢罪。我错看了您，夫人。我曾经期望——愿意去发现您是该受我的轻蔑的。我下了决心来侮辱您，来得到您的憎恨，才上这里来。——我的原定计划如果成功，那我们两个都会是幸福的！（他沉默了一会，然后说得更轻、更羞怯。）我爱上了，夫人——爱上了一个平民的少女——露伊斯·米勒，一个音乐家的女儿。（米尔佛特夫人脸色苍白地背转了脸，他越发兴奋地说下去。）我知道，我陷入了什么地方；可是即使理智要热情沉默下去，责任的声音却越来越大——我是罪魁祸首。我首先破坏了她纯洁的和平——用大胆的希望去撩拨她的心，而且叛逆地听从凶野的热情的摆布。——也许您要提醒我的身份——我的家世——我父亲的原则——可是我还是爱——我的天性和惯例——我的决心和偏见！——裂痕越深，我的希望就越高——我们不妨看看，看是时髦还是人性保持它的位置。（这时候，米尔佛特夫人已经退到了厅堂的尽头，用双手蒙着她的脸，他跟到她那边去。）您要对我说什么话吗，夫人？

米尔佛特：（带着最强烈的痛苦的表情）什么话也没有，瓦尔特先生！什么话也没有，只有一句话，那就是您要把您和我还加上一个第三者统统置之死地。

斐迪南：还加上一个第三者？

米尔佛特：我们大家都不会幸福的。我们最后都不得不做您父亲的鲁莽的牺牲。如果一个男子只是被迫向我伸出他的手来，我就永远不可能得到他的心。

斐迪南：被迫吗，夫人？被迫伸出来吗？还是伸出来吗？既然人家没有心您还能够把人家的手强迫伸出来吗？您要从一个少女身边把一个是整个世界的男子绑走吗？您硬要一个男子离开一个是他整个世界的少女吗？您啊，夫人——在这一眨眼之前还是一个值得欣佩的英国女人——您做得出来吗？

米尔佛特：因为我非做不可。（严肃而且坚强）我的热情，瓦尔特，压倒了我对您的体贴。我的荣誉使我不能不这样做。——我们的结合是全国人的话头。所有的眼睛，所有嘲笑的利箭都对着我瞄准。如果公爵的一个臣属拒绝我，笑骂就会没有完。您和您的父亲争论去吧！您能够怎样反抗就怎样反抗吧！——我什么法宝都要用出来！（她急下，少校瞪目结舌地站在那里，过了一会儿，然后从门里飞奔出去。）

第四场

（乐师家中的房间。米勒、米勒夫人、露伊斯。）

米勒：（匆匆地走进室内来）我早就说过了！

露伊斯：（吃惊地）什么事，爸爸，什么事？

米勒：（狂乱地跑来跑去）拿我的礼服来——赶快——我一定赶到他前头——还要一件白色的活袖衬衫！——我早就想到这一着！

露伊斯：上帝做主！什么事呀？

夫人：究竟出了什么事呀？究竟出了什么事呀？

米勒：（把他的假发一扔）马上拿到理发师那里去！——出了什么事吗？（跳到镜子前面）胡子又长得一指长了。——出了什么事吗？——还会出什么别的事呢，你这活死尸！——魔鬼闹起来了，让雷公来劈你。

夫人：你看！什么事情都要算在我头上。

米勒：算在你头上？是的，你这天杀的长舌妇！难道应该算在别人头上吗？今天早上和你那个妖魔贵族——我不是当时就说过了吗？——伍尔牧说了闲话。

夫人：啊，什么！你怎么知道的？

米勒：我怎么知道的吗？——那边！大门口已经有宰相的狗腿来打听小提琴师的消息。

露伊斯：我只好等死。

米勒：可还装贞洁的样子呢！（狞笑）俗话说得好，魔鬼到哪一家下了蛋，那一家就要养一个漂亮的闺女。——现在应在我身上了。

夫人：你从哪里知道，那指的就是露伊斯呢？——那可能是有人在公爵面前推荐你。他可能是叫你加入管弦乐队。

米勒：（跳过去拿他的琴弓）让所多玛①的硫磺雨来烧死你！——管弦乐队！——是的，你这老鸨婆要在那里哭叫出你的女高音，低音提琴就是我那青肿的屁股！（倒在椅子上）天上的上帝啊！

露伊斯：（死一般苍白地坐下）妈妈！爸爸！为什么我一下子那么惊慌？

---

① 所多玛是传说中巴勒斯坦的一座城，被耶和华降落硫磺与火把全城毁灭掉，见《旧约》《创世记》第19章。

米勒：（又从椅子上跳起来）要是那个弄笔头的家伙撞到我手里来，——让他来吧！——不管是在这个世界还是那个世界，——如果我不把他的肉体和灵魂磨成肉酱，不把"十诫"全文和七篇"悔罪雅歌"全文，摩西和先知的圣书全文写在他那张兽皮上，让大家到了死人复活那一天还可以看到那些蓝色字迹——

夫人：是的，咒吧，闹吧！现在魔鬼可出来了。救命啊，上帝！有什么路走？我们有什么主意？怎么办才好？米勒爸爸，你说呀！（她在屋里边哭边打转）

米勒：我马上去找宰相！我首先要开口讲话——我要自己去申说。你比我先知道。你本来应该对我说出来。这个丫头本来还可以听从劝告。时间是来得及的——可是不！——哪里有甜头，哪里可以捞一把！你还要火上加油！——现在讨你的媒人礼去吧！你自己做出来的汤你得自己吃光！我要带着我的女儿，一同迈出公国的边境！

第五场

（斐迪南·冯·瓦尔特惊慌、上气不接下气地闯进室内。前场人物。）

斐迪南：我的父亲没有来过吗？

露伊斯：（猛然一怔）他的父亲！万能的上帝啊！

夫人：（合起双手）宰相！我们完了！ （三人同时说）

米勒：（狞笑）来得好！来得好！现在我们要倒运了！

斐迪南：（赶到露伊斯面前，猛力地把她抱在怀中。）你是我的，随它是天堂和地狱也挡不住我们。

露伊斯：我是注定要死的——说下去吧——你刚才说出了一个可怕的名字——你的父亲，是吗？

斐迪南：什么也不是！什么也不是！已经过了关了。我已经重新得到你，你已经重新得到我。哦，让我在你心头换一口气吧！那是一个可怕的时辰。

露伊斯：哪一个时辰？你要我的命！

斐迪南：（后退，满腔心事地望着她。）露伊斯，在我的心和你之间出现一个陌生人的一个时辰——当时我的爱在我的良心面前失去了光辉——我的露伊斯差一点不是她的斐迪南的全部生命——

露伊斯：（蒙住面孔倒在沙发上）

斐迪南：（赶快跑到她身边去，目瞪口呆地站在她跟前，然后突然间来一个大转身离开她。）不！永远不！不可能的，夫人！这个要求太过分了！我的纯洁不能为你牺牲——不，永恒的上帝为证！我不能违背我的誓言，这段誓言像天神的雷霆一样响亮地从这震撼人心的眼睛里面发出了警告。——夫人，看看这里——这里，你恶毒的父亲——要我绞死这个天使吗？要我在这个神圣的胸口造成一座地狱吗？（决心地向她跑过去）我要领她走近世界审判的宝座；我的爱算不算犯罪，让永恒的上帝说吧。（他拉住她的手，扶她起来）提起勇气来，我最亲爱的！——你胜利了！我是从最危险的斗争中作为胜利者回来的！

露伊斯：不！不！——什么也不要瞒我！把可怕的判决说出来吧！你提起你的父亲？你提起英国夫人？——死亡的恐怖袭击着我——人家说，她准备结婚。

斐迪南：（昏迷地倒在露伊斯的跟前）同我啊，不幸的人！

露伊斯：（稍停之后，用平静的、震动的声音和可怕的安详说。）好吧——我还怕什么呢？——他老人家已经对我说过不少次——我从来不肯相信他的话。（稍停，然后倒在米勒怀中放声痛哭。）爸爸，你的女儿回来了——原谅我，爸爸！——梦是那么美，这不是你的孩子的过失，可是——醒过来却是那么可怕——

米勒：露伊斯！露伊斯！——天啊，她昏过去了——我的女儿，我可怜的孩子——诅咒那个诱惑者！——诅咒那个把她推到他手里的女人！

夫人：（哀哭地倒在露伊斯身上）我该受诅咒吗，我的女儿？上帝饶恕您，少校！——这只羔羊犯了什么罪，要您来绞杀她？

斐迪南：（跳到她身边，充满了决心。）可是我要戳穿他的阴谋——我要打碎偏见的一切钢铁的锁链——我要像一个大丈夫一样自由选择，我要用爱情的巨大力量压碎那些虫豸的灵魂。（他要走）

露伊斯：（从沙发上发抖地起来，走上去追他。）留在这里！留在这里！你要上哪里去？——爸爸——妈妈——他在这个可怕的时候要离开我们！

夫人：（赶上去，扯住他。）宰相要到我们这里来——他要虐待我们的孩子——他要虐待我们——瓦尔特先生，您却要离开我们吗？

米勒：（愤怒地笑）离开我们！当然罗！为什么不呢？——她已经把她所有的一切都给了他了！（一只手揪住少校，另一只手揪住露伊斯。）忍耐点，先生，要走出我的家只有一条路，就是走过她的身上——如果你不是无赖，那就等你父亲来了才走！告诉他，你是怎样偷走她的心的，骗子，要不然，上帝为证！（把他的女儿对他推过去，凶野地而且猛烈地。）你先在我面前踩死这一条怯懦的毛虫吧；她爱了你却落得这么耻辱的下场！

斐迪南：（回转来，深思地踱来踱去。）的确，宰相的权力是大的——父权也是一个强

287

大的字眼——连什么暴行都可以在它的折缝里面隐藏，他可以闹得非常大——非常大！——可是真正大到尽头的却只有爱——听着，露伊斯！伸手给我！（他猛烈地握住她的手）正如上帝在我断气的时候都不会离开我一样的真实！——如果拆散这两只手的时间真要来到的话，那也就是我和世界一刀两断的时候！

露伊斯：我怕！转过脸去！你的嘴唇在抽搐！你的眼睛转得吓人——

斐迪南：不，露伊斯！不要发抖！我说的并不是呓语。这是上帝的宝贵的礼物，这是重大的时刻的决断，碰到这样的时候，只有闻所未闻的东西才能够使我被压抑的胸透一口气。——我爱你，露伊斯。——你要留在我身边，露伊斯——现在见我的父亲去！（他急急地离开，跑出去——正撞上了宰相。）

第六场

（宰相带着一批跟班上。前场人物。）

宰相：（在进门的时候）他是在这里。

全体：（吃了一惊）

斐迪南：（后退几步）在清白的人家里。

宰相：是做儿子的学习孝顺父亲的地方吗？

斐迪南：您不用管——

宰相：（打断他的话，对米勒。）你是那个父亲吗？

米勒：音乐师米勒。

宰相：（对米勒夫人）你是母亲？

夫人：哦，是的，母亲。

斐迪南：（对米勒）爸爸，你把女儿带走吧——她会晕倒的。

宰相：多余的小心！我把她弄醒。（对露伊斯）你是什么时候认识宰相的儿子的？

露伊斯：宰相这个字我从来没有理会过。斐迪南·冯·瓦尔特从十一月起开始来访问我。

斐迪南：向她表示钦慕。

宰相：你得到了保证吗？

斐迪南：不久之前，在上帝鉴临之下，提出了最庄严的保证。

宰相：（恼怒地对他儿子）为了你的胡闹，等一会就会轮到你来忏悔。（对露伊斯）我等候答复。

露伊斯：他对我起誓说他爱我。

斐迪南：而且要遵守誓约。

宰相：非要我命令你闭嘴不可吗？——你接受他的誓言吗？

露伊斯：（温柔地）我也同样回答他。

斐迪南：（用坚定的语气）婚约是订好了。

宰相：我要叫人把这句话的回声扔出去。（恶毒地对露伊斯）那么他每一次都是和你现钱交易的吧？

露伊斯：（留神地）我不大懂这句问话的意思。

宰相：（发出凶恶的冷笑）不懂吗？好，我以为，每一笔生意，老话说，都有它的财源——我希望，你也不会把你的好处白白奉送——要不然也许你就仅仅是为了风流一番吗？怎么样？

斐迪南：（气得直跳）挖舌根的！这是什么话？

露伊斯：（对少校，用尊严和愤慨的语气。）瓦尔特先生，现在您可以自由了。

斐迪南：爸爸！即使品德穿着褴褛衣裳，也应该受到尊敬。

宰相：（大声地笑）有趣的奢望！父亲应该尊敬儿子的妓女。

露伊斯：（晕倒）皇天后土啊！

斐迪南：（与露伊斯晕倒同时，他拔出佩刀对宰相一晃，可是很快就又放下。）爸爸，说起来您有权利要回我的命——现在算还了债了。（插回他的佩刀）孝顺的债券已经撕得稀烂了——

米勒：（一直是畏惧地站在一边，现在才激动地走到前面来，一会是痛恨得咬牙切齿，一会又害怕得直打哆嗦。）大老爷——孩子是父亲的命根子——做做好事吧——谁骂自己的孩子是贱种，就是打父亲的耳光——以眼还眼，以牙还牙——这是我们的老规矩——做做好事吧。

夫人：救命呀，上帝，救主！——老头子现在也冒火了——雷公，就要打到我们头上来！

宰相：（只听见一半）老拉纤的也动气吗？——我们就有事情要来商量的，老拉纤的。

米勒：做做好事吧。我的名字叫米勒，我可以为您奏一段柔板曲子——娼妓买卖我是不做的。宫廷有的是现成的，还用不着我们平民来供应。做做好事吧。

夫人：老天爷呀，老头子！你要害死老婆和孩子了。

斐迪南：您在这里演了一个角色，我的爸爸，您至少可以省下了证人。

米勒：（走近他面前，越发大胆。）打开天窗说亮话，做做好事吧。大人在国内是可以为所欲为的，这里却是我的屋子。如果我要递一份申请书，我自然必恭必敬，可是对付无礼的客人我就要把他攮出大门口——做做好事吧。

宰相：（气得脸发白）什么？——这是什么话？（向他抢上前去）

米勒：（从容地后退）这不过是我的意见，先生——做做好事吧。

宰相：（怒火冲天）吓，混蛋！你这种荒谬的意见应该叫你进牢里去讲——走！叫法警来。（有几个跟班出去；宰相在室内满肚怒气地跑来跑去。）把父亲带到牢里去——母亲和卖淫的女儿拴到耻辱桩去示众！法庭应该替我的愤恨出一臂之力。为了这一番冒犯，我一定要得到可怕的赔罪——难道可以由这样的流氓来破坏我的计划？煽动父子间的冲突可以不受惩罚吗？——吓，混账！要你们翻不了身才能出我这口气，我要你们一家人，父亲、母亲和女儿，受到我怒火的报复。

斐迪南：（从容地、坚定地站到他们中间。）啊，不要这样吧！不要害怕！我要担当起来。（恭敬地对宰相）不要太性急，我的爸爸！如果您爱惜您自己，就不要蛮不讲理。——我心里还有一处从来不曾听到过父亲这字眼的地方。——不要把我逼到那个地方去！

宰相：贱骨头！闭嘴！你还想火上加油吗？

米勒：（从深沉的昏迷状态中恢复过来）看着你的孩子，女人！我找公爵去。——那个御裁缝——上帝点化我——那个御裁缝跟我学笛子。公爵那里是不会碰钉子的。（他要走）

宰相：公爵那里，你说？——你忘记了，我是那里的门槛吗？你要就得跳过去，要就得打折你的脖子！——找公爵去吗，你这蠢才？——试试看吧，我要叫你活不得，死不得，躺在深深的地牢里，阴森，恐怖，声音和光明到了那边就回头。那时候你就只好铁索银铛，边哭边叫："我受的罪可真太重了！"

第七场

（法警。前场人物。）

斐迪南：（赶到露伊斯那边去，露伊斯半死地倒在他胳膊上。）露伊斯！救命！她吓坏了。

米勒：（抓起他那支西班牙式的手杖，戴上帽子，准备攻击。米勒夫人跪在宰相脚跟前。）

宰相：（对法警，露出他的勋章。）动手，用公爵的名义！——离开那个妓女，孩子！——管她昏过去不昏过去。——只要她戴上了铁项圈，别人就会扔石头打醒她。

夫人：发发慈悲，大人！发发慈悲！发发慈悲！

米勒：(拉他的妻子起来) 要跪就向着上帝下跪，老婆子，可不要向着——恶棍，因为我反正是要坐牢的！

宰相：(咬着嘴唇) 你算错数了，混蛋，绞架还空在那里呢。(对法警) 还要我再说一遍吗？

法警：(冲向露伊斯)

斐迪南：(跳到露伊斯面前，挡住他们，狠狠地。) 谁敢动手？(他把佩刀连鞘一起举起来，用刀柄抗拒着。) 谁敢碰她一下，假如他不是连脑袋也一起包给法庭的话！(对宰相) 顾惜您自己吧！不要再逼我啦，我的爸爸！

宰相：(威吓地对法警) 如果你们还想保住饭碗的话，胆小鬼——

法警：(再一次冲向露伊斯)

斐迪南：当心你们的狗命！我说：退后！——我再说一遍！顾惜您自己吧！不要逼我走极端啊，爸爸！

宰相：(怒气冲天地对法警) 这就是你们忠于职守的表示吗，混蛋？

法警：(比较猛烈地冲上去)

斐迪南：如果真是非这样不可，(他拔出佩刀，砍伤了几个法警。) 那就原谅我吧，正义！

宰相：(怒不可遏) 我倒要看一看，看我会不会也吃一刀。(他亲自动手去抓露伊斯，把她拖过来，交给一个法警。)

斐迪南：(惨笑) 爸爸，爸爸！您现在的行为是对上帝发出的刻毒的讽刺，好像上帝完全不知道人事的好歹，叫十全十美的刽子手来做糟糕的宰相。

宰相：(对别人) 带她走！

斐迪南：爸爸，如果她要在耻辱柱上去示众，那就得同那个少校，宰相的儿子，在一起——您还坚持吗？

宰相：这样一来，那出戏就会越发好看了——走！

斐迪南：爸爸！我情愿为这个姑娘放弃我的军刀。——您还坚持吗？

宰相：军刀的穗子在你那站在耻辱桩的身边已经变得一钱不值了——走！走！你们要知道我的意志。

斐迪南：(推开一个法警，一只手挽住露伊斯，一只手拔出佩刀指着她。) 爸爸，与其让您来侮辱我的妻子，还不如我来刺死她——您还坚持吗？

宰相：刺吧，如果你的刀尖顶事的话！

斐迪南：(放开露伊斯，痛愤地望着天。) 你，万能的上帝啊，你来做证！我已经用尽了一切人性的方法——我只有用出魔鬼的手段来了。——你们把她带去站耻辱桩的同时，（大声向宰相耳边嚷）我就向全城讲述宰相发家的历史。（下）

宰相：（像中了闪电一样）这是什么话？——斐迪南！——放了她！（他追少校下）

第三幕

第一场

（宰相的大厅。宰相和秘书伍尔牧上。）

宰相：这一回乱子闹得真该死。

伍尔牧：我担心的正是这个，恩主。强迫只是引起痴人的痛恨，可是永远叫不了他们回头。

宰相：本来我对这一手是完全有信心的。我的判断是：如果那个姑娘受到了辱骂，作为一个军官，他就一定会放手。

伍尔牧：妙得很。可是辱骂本来应该走到这一步。

宰相：话虽这样说——我现在冷静地考虑一下——我当时实在不应该给他吓倒。——这样的一种威胁，也许他永远不会认真来考虑。

伍尔牧：这个您可不能这样想！爱得入迷的人是什么乱子都闹得出来的。您告诉我，说少校先生提起您的政府总是摇头，我很相信。他从大学里带回来的那些信条，一开头我就觉得不对劲。有了关于灵魂的伟大和个人的高贵的幻想的梦呓，他还管什么宫廷呢？宫廷里面最伟大的智慧是规行矩步，看风转舵，随缘随分，可大可小！他是少年气盛的，他不能对阴谋的徐缓、曲折的道路感到兴趣，除了什么伟大的、冒险的事情之外，什么也打不动他的野心。

宰相：（烦恼地）可是这种智慧的议论对我们的交易会有什么帮助呢？

伍尔牧：它会指出大人的创伤而且说不定也指出了医治的药方。对付这样一种人——恕我大胆——应该永远不要信任他或者永远不要和他做冤家。他痛恨您升官发财的手段。到现在为止，也许只有儿子是封得严告密的嘴巴。如果您给他机会，让他义正词严地发挥他的本性；如果您反复打击他的热情，使他认定您不是一个慈父，那他身上的爱国的责任感就会占上风。是的，光给法律的祭坛献上一份那么特别的牺牲的这种古怪幻想，就够刺激他来亲手推翻他的父亲了。

宰相：伍尔牧——伍尔牧——你把我带到了一个恐怖的深渊的边上。

伍尔牧：我愿意把您带回来，恩主。我可以随便说吗？

宰相：（一边坐，一边说。）像同病相怜的罪犯谈话一样地说吧。

伍尔牧：那就请您原谅了——我觉得，您做得到宰相，彻头彻尾都是靠您那能屈能伸的宫廷艺术；为什么做父亲就不用出这种本领来呢？我还记得，您当时怎样诚心诚意地把您的前任请来玩牌而且斟满一杯杯亲热的布根地①葡萄酒灌了他大半夜，可是就在这同一夜，大地雷却爆炸起来，把那个好老头儿送到半天空了。——为什么您对您的儿子却摆出敌人的面目来呢？无论如何不要让他知道，我在那里干预他的恋爱事件。您应该从女的方面去挖翻恋爱的墙脚，占领您儿子的心。您应该学那种善战的将军，他不向敌军的核心进攻，却去瓦解他的队伍。

宰相：怎么样才可以做到这一步？

伍尔牧：用最简单的方式——我们的牌还没有输完。您暂时忍耐一个时期，不要摆出父亲的架子！您不要同狂热比高低，如果硬碰硬，狂热是越碰越硬的。——您把事情交给我，我要借他们自己的爱火孵出蛆虫来，然后用蛆虫去蛀死他们自己！

宰相：我倒想知道怎么个蛀法。

伍尔牧：要就是我不懂得看灵魂的风雨表，要就是那位少校先生在嫉妒方面也像在恋爱方面一样的狂暴。您要去使得那个姑娘引起他的怀疑——真也好，假也好，一厘的酵母就够他闹得天翻地复的了。

宰相：可是这一厘酵母从哪里来呢？

伍尔牧：关键就在这里——首先，恩主，请您告诉我，您估计少校继续抗拒的可能性有多大——对您来说，结束这一部平民少女的小说和促成与米尔佛特夫人的结合究竟重要到什么程度？

宰相：你还要问吗，伍尔牧？——如果和米尔佛特夫人的婚事失败了，我的整个地位就要发生危险；要是我再逼那个少校，我的脑袋就保不住。

伍尔牧：（得意地）现在就请您劳神听着！——我们用各种办法笼络住少校先生。再依靠您的全部权力来对付那个姑娘。我们口授一封给第三者的情书，要她亲笔写出来，然后用巧妙的方法让这封信落在少校手里。

宰相：疯狂的主意！好像她就那么自己心甘情愿地来写她自己的死刑判决书！

伍尔牧：她非写不可，只要您肯让我放手做去。我完全了解那个姑娘的心事。她只有两个致命的地方，我们就从这两个地方去袭击她的良心——她的父亲和那个

---

① 布根地是法国的一省，以出产葡萄酒著名。

少校。少校完全没有办法了；因此我们可以更加放手去对付那个音乐师。

宰相：实行的办法呢？

伍尔牧：根据大人告诉我的那场在他家里闹的乱子，再方便不过的就是提出刑事诉讼来威胁她的父亲。殿下的宠臣和掌玺大臣相当于殿下的化身。——侮辱大臣就等于是冒犯殿下——至少我要用这些办法把这个穷小子吓死。

宰相：可是——事情不要闹得太严重。

伍尔牧：完全不会这样。——只要把这一家人逼进我们的圈套，就要适可而止。——我们静悄悄地把那个音乐师关起来——为了造成更危急的情况，我们也可以把母亲一道抓去——谈论着拷问，谈论着断头台，谈论着无期徒刑，使她认识到，女儿的这封信就是换得父亲的释放的唯一条件。

宰相：好！好！我懂了。

伍尔牧：她爱她的父亲——我可以说，简直是到了狂热的程度。他的生命危险——至少是他的自由——她良心的责备，造成这种灾难的根源——占有少校的不可能——最后是她头脑的昏乱，这一点可以让我来办——事情是不会出毛病的——她非投入圈套不可。

宰相：可是我的儿子呢？他不会马上听到一点风声吗？他不会更加气愤吗？

伍尔牧：这件事在我身上，恩主——不等到他们全家赌过毒咒，保证保守全部事情经过的秘密，而且决不泄漏这个骗局，那父亲和母亲是不会释放的。

宰相：赌咒？赌咒会有什么用处，蠢才？

伍尔牧：对于我们什么用也没有，恩主！可是对于他们那帮人却有很大效力——现在您想想看，我们这样一来双方会达到多美的目的——那个姑娘失掉少校的爱和她道德的名誉。父亲和母亲只好忍气吞声，对这样的命运表示彻头彻尾的屈服，然后我来对他们的女儿伸手求婚，恢复了她的名誉，他们还得认为我是大发慈悲咧。

宰相：(笑得前仰后合) 是的，我对你认输了，坏货！这样安排真是神出鬼没。徒弟跨过了师傅的头了。——现在的问题是，这封信要写给谁呢？我们要叫她同谁造成这种猜疑呢？

伍尔牧：一定要是这样的一个人，他碰到您儿子的决断的时候，要就全盘胜利，要就全盘失败。

宰相：(经过一会考虑之后) 我只想到侍卫长。

伍尔牧：(耸耸肩膀) 如果我是露伊斯·米勒，毫无疑问他是不对我的口味的。

宰相：为什么不对？妙极了！辉煌的服装——满身是百花香水和麝香的香味——每说一句废话就一大把金子——这一切还不能最后合得上一个市民闺女的胃口吗？哦，好朋友，吃醋是不会那么讲究的！我派人去找侍卫长。（按铃）

伍尔牧：大人在办理这件事和签发小提琴师逮捕状的这段时间里，我就去起草那封讲好的情书。

宰相：（向写字台走去）你打好了稿子，马上就拿上来给我看。（伍尔牧下。宰相坐下来写字；一个宫廷侍从上；宰相站起来，交给他一张纸条。）这张逮捕状必须立刻送到法庭去，不许迟延——另外再派一个人去请侍卫长来见我。

侍从：侍卫长刚好坐车来了。

宰相：那就更好——可是逮捕工作必须小心布置，告诉他们，不要引起骚动。

侍从：是，大人！

宰相：你明白吗？完全暗中布置。

侍从：完全明白，大人。（下）

第二场

（宰相。宫廷侍卫长卡尔勃上。）

卡尔勃：（急促地）只是顺路经过，好朋友！——您好吗？舒服吗？——今天晚上是大歌剧《第朵》①——超等的好烟火——全城都烧成一堆。——您也去看它烧吗？怎么样？

宰相：我自己家里的烟火已经够烧的了，这一烧就要把我全部的富贵荣华烧得一干二净——您来得正好，亲爱的侍卫长，帮我在一件事情上出个主意，在行动上帮我一些忙，因为这件事可以叫我们两家步步高升或者一败涂地。您请坐吧！

卡尔勃：不要吓唬我，我的真心的朋友！

宰相：我说的是正经话——步步高升或者一败涂地。我为少校和米尔佛特夫人定下来的计划，您是知道的。您也明白，我们如何需要巩固我们两家的幸福。可是一切都可能化为泡影，卡尔勃，我的斐迪南不愿意。

卡尔勃：不愿意——不愿意——我已经在全城散布开了！这场婚事已经在所有

---

① 《第朵》是英国作曲家普塞尔（1659—1695）所作的歌剧。剧中女主角第朵是传说中建设迦太基的女皇，因为她的爱人爱尼阿斯对她不忠实，恨极自焚。

人的口头流传着。

宰相：您免不了在全城人心目中变作一个牛皮大王。他爱上了另外一个。

卡尔勃：您开玩笑。难道这也算是一种障碍吗？

宰相：碰到了这个倔强的家伙，就是最难克服的障碍了。

卡尔勃：他真是那么疯癫，连自己的幸福都要糟蹋掉吗？怎么样？

宰相：您问他去，再听一听他的答复！

卡尔勃：可是，我的上帝！他能答复出什么来呢？

宰相：他说，他要向全世界揭发我们发迹的罪行——他要告发我们伪造的书信和单据——他要把我们两家送上断头台——他能够这样答复您。

卡尔勃：您的脑筋出了毛病吗？

宰相：这是他的答复。他已经打定主意，要这样干。——我用尽方法低声下气劝解，才勉强把他稳住了。您对这样的事情有什么好说的？

卡尔勃：（做一个傻相）我是毫无办法了。

宰相：本来事情还可以平息一下再说。可是刚好我的密探给我送来一份情报，说御酒执事博克正在向米尔佛特夫人进行求婚。

卡尔勃：您简直叫我发狂。您说谁？博克，是吗？——您是不是也知道，我们彼此是死对头呢？您是不是也知道，宿仇是怎样结起来的呢？

宰相：这样的话我还是头一次听见。

卡尔勃：好朋友！您听着吧，听到了您就要跳起来了——如果您还记得那一次宫廷舞会——现在算起来已经有 21 个年头了——您知道，大家在跳新介绍进来的英国土风舞，大吊灯上面的热蜡烛油滴在梅尔绍姆伯爵那件化装长袍上面。——唉，天啊，您总应该还记得那一回事吧！

宰相：谁忘得了这样的事呢？

卡尔勃：那好！阿玛丽公主跳得紧张起来了，掉了一条袜带。——不难了解，大家都着了慌——博克和我——我们当时还是宫廷侍卫——我们在舞厅里面爬来爬去，总要把袜带找到——最后我看见了——给博克察觉出来——博克立刻抢上前去——从我手上抢走了——您想想吧！——送去给了公主而且幸运地抢走了应该由我来领受的谢礼。您有什么感想？

宰相：无耻！

卡尔勃：抢走了应该由我来领受的谢礼。——我差一点昏了过去。这种阴险的行为我还不曾经历过。——最后我硬撑起来，跑过去对公主说："慈惠的夫人，博克运气真好，他奉上了夫人的袜带；可是第一个看见这条袜带的人，却只能心领这番酬劳而且做了哑巴。"

宰相：说得好，侍卫长！说得妙！

卡尔勃：做了哑巴。——可是就是到了末日审判的时候我还要追博克这笔账——那个下贱的叩头虫！——可是这样还不够！——我们两个人同时爬到地上去找袜带的时候，博克擦掉了我右边假发上的全部香粉，弄得我在舞会的整个晚上变成四不像。

宰相：这样的人就要和米尔佛特结婚，还要做宫廷的一品人物。

卡尔勃：您在我心头戳了一刀。他要？就要？他凭什么？为什么要由他来做？

宰相：因为我的斐迪南不愿意，此外又没有人去报名。

卡尔勃：可是您就再没有办法使得少校作出决定来吗？——不管情势如何复杂，如何困难！——目前的大事就是挤掉那个可恶的博克！只要能挤掉他，我什么事都愿意做。

宰相：我只知道有一个办法，这个办法还得依靠您。

卡尔勃：依靠我？办法呢？

宰相：拆散少校和他的情人。

卡尔勃：拆散他们？您是什么意思？——我又怎么个做法？

宰相：只要我们能够引起他对那个姑娘的怀疑，就一切都好办了。

卡尔勃：说她盗窃，是不是？

宰相：啊，不是！他怎么会相信这个！——说她还同另外一个人好。

卡尔勃：另外一个人是谁呢？

宰相：要您来做，男爵。

卡尔勃：我来做？我吗？——她是不是贵族？

宰相：干吗说这个呀？什么个想法呀？——一个音乐师的女儿。

卡尔勃：那就是平民了。这个不行，是吗？

宰相：为什么不行？笑话！太阳底下谁会有这种想法，玩一个圆脸蛋还要去追问她的家庭出身？

卡尔勃：可是您总得考虑，我是结了婚的丈夫！还有我宫廷的名誉！

宰相：那个又当别论，对不起！我还不知道，原来您看得贞操丈夫比掌权将相还重要。不必谈下去了吧？

卡尔勃：聪明点，男爵！话不能这样去理解。

宰相：（冰冷）不——不！您完全对。我也已经厌倦了。我要停止这一套玩意儿。我祝贺博克升任宰相。世界之大何处不可以去呢。我要向公爵提出辞职。

卡尔勃：我呢？——您说得好，您！您是一个有学问的人！可是我——我的上帝啊！如果殿下免我的职，我做什么好？

宰相：过时的笑话。隔年的时髦。

卡尔勃：我对您发誓，亲爱的，宝贝的！——打消您这种念头吧！我什么事都情愿做。

宰相：您愿意拿您的名字去赴一个幽会吗？这个幽会是由米勒姑娘写一封信来约您的。

卡尔勃：上帝在上！当然愿意。

宰相：而且这封信要在少校看得见的地方掉下来，可以吗？

卡尔勃：例如在检阅的时候，我可以做出偶然的样子把手帕连那封信一起抽出来，就让那封信掉在地上。

宰相：还要扮演她的情郎的角色来对抗那个少校，行吗？

卡尔勃：他妈的！我已经懂得怎样去收拾他了！我要依照我的爱情的驱使去倒那个顽皮家伙的胃口。

宰相：这样就万事如意了。这封信还得趁今天写好。您还得赶天黑之前来拿信，而且同我一道来谈一谈您扮演的角色。

卡尔勃：等我做完了16次的访问之后我就来，这些访问都是十分重要的。因此请您原谅我立刻告辞！（走）

宰相：（按铃）一切都寄托在您的狡猾上面，侍卫长。

卡尔勃：（回头嚷）啊，我的上帝！您知道我这个人。（下）

第三场

（宰相。伍尔牧上。）

伍尔牧：小提琴师和他的老婆已经顺利地、一声不响地关起来了。大人现在要审阅一下那封信吗？

宰相：（看过之后）好极了，妙极了，秘书！侍卫长也已经上了钩！——像这样的一服毒药就是健康本身碰到了也得变成大麻疯。——现在马上找那个父亲去提建议，然后对那个女儿表示温暖！（两人各走各人的方向下）

298

第四场

（米勒家中的一个房间。露伊斯和斐迪南。）

露伊斯：我求你，住口吧！我再也不相信什么幸福的日子了。我的一切希望都沉下去了。

斐迪南：可是我的希望却高涨了。我的父亲气得直跳。我的父亲会把所有的大炮都调出来向我们开火。他会逼得我做一个不近人情的儿子。我再也不管什么儿子的义务了。愤怒和绝望这着我揭发他谋杀行为的最黑暗的秘密。儿子要把父亲送到刽子手的手里去：——这是最大的危险——而且最大的危险就要发生在我的爱情作大胆的飞跃的地方。——听着，露伊斯！——像我的热情一样伟大和豪放的思想冲到了我灵魂的前面——你，露伊斯，和我和爱情！——整个天空不是就在这一范围之内吗？难道你还需要什么第四种东西吗？

露伊斯：停止！什么也不要多说！想到你要说的话我就要面无人色。

斐迪南：我们对世界既然没有要求，我们又何必要讨它的喝彩？到了什么都赢不到反而可能输掉一切的时候，还去赌什么运气呢？——不管是照在莱茵河也好，照在易北河也好，照在波罗的海也好，你的眼睛照起来不都是一样柔和地闪烁着吗？露伊斯爱我的地方，那个地方就是我的祖国；你在荒野的沙漠中的脚印比我家乡的大寺院更能吸引我的心。——我们享受不到城市的繁华，会因此觉得可惜吗？我们要住下来的地方，有太阳出来，太阳下去——这样的景象能够使各种艺术的最饱满的活力显得衰弱。如果说我们没有寺院来朝拜上帝，黑夜却会张开它那热忱的帐幕，盈亏的月亮向我们宣讲忏悔的道理，满天星斗会同我们一道举行祈祷的仪式。——我们爱情的谈话会有枯竭的时候吗？——我的露伊斯的一笑就是不止一百年的谈话资料，而且不到我吸尽一滴眼泪的精华，生命的梦是不会完结的。

露伊斯：你除了爱之外就没有其他的义务了吗？

斐迪南：（拥抱她）你的安宁就是我最神圣的义务。

露伊斯：（非常严肃地）那你就住口吧，离开我吧。——我有一个父亲，他除了这唯一的女儿之外再没有任何财产——他明天就是 60 岁了——他一定会受到宰相的报复。——

斐迪南：（急忙接口说）他将要陪伴着我们。因此不必再提异议了，亲爱的！我去变卖我的那些贵重东西，在我父亲的账上提取现款。抢夺强盗的东西是不算犯法的，他的财产难道不是祖国的血汗钱吗？——半夜敲过一点钟就会有一辆车开到这里来。你们跳上车。我们就溜走。

露伊斯：还有你父亲在我们背后的诅咒呢？——这里的诅咒啊，浮躁的人，就是杀人犯说出来也不会永远没有人听的，就是上天的报应也听从这样的诅咒来对付刑具上面的小偷，这样的诅咒就像妖怪一样无情地钉着我们这些流民，追到天涯海角。——不，我心爱的人！如果只有叛逆行为才能使我得到你，那么，我还有足够的失掉你的勇气。

斐迪南：（沉静地站着，阴郁地嘟哝着。）真的吗？

露伊斯：失掉你！——唉，这种思想真是比可怕还要可怕——真是够可恨的，死硬要钻透不死的灵魂，要叫快乐的火热的面颊褪色，——斐迪南，要失掉你啊！——可是有了占有才会有损失，你的心终归属于你的门第。——我的欲望是犯天条的，我只好战栗地把它放弃。

斐迪南：（拉长了脸，咬着下唇。）你放弃你的欲望吗？

露伊斯：不，你看看我吧，亲爱的瓦尔特！不要这样苦恼地咬牙切齿吧！让我现在用我的例子救活你垂死的勇气吧！让我来做目前的女英雄吧——把逃亡的儿子送回给父亲——割断一种使平民世界脱缝脱节又使普通的永恒的秩序垮台的关系。——我是一个罪人——我的心胸因为狂妄的、愚蠢的愿望犯了罪——我的不幸就是我的惩罚，因此现在还是让我留下那甜蜜的、慰安的迷惘，说是我的牺牲吧。——你还不甘心我得到这种快乐吗？

斐迪南：（又迷乱、又气愤地抓起一只小提琴，在弦上弹了几个音。——随即拉断那些琴弦，把小提琴朝地上一扔，把它扔得稀烂，爆发出一阵大声的狂笑。）

露伊斯：瓦尔特！上帝在上！这是什么意思？——控制你自己！——这一个时辰要求坚定——这是一个分手的时辰。你有一颗心，亲爱的瓦尔特。我知道。——你的爱是像生命一样暖烘烘的，而且是无拘无束、无穷无尽的。——把你的爱送给一个高贵的、更值得尊敬的——她从此不会羡慕最幸福的女性。——（忍住眼泪）你不要再看我。——好强的、被骗的姑娘在寂寞的围墙里面用眼泪来洗她的怨恨；谁也不理会她的眼泪。——我的前途是空虚的，死气沉沉的。——可是我还得时时去闻那过去的枯萎的花束。（同时她背转脸向他伸出她那只发抖的右手）再会，瓦尔特先生！

斐迪南：（从昏迷状态中跳起来）我逃走了，露伊斯。你真的不跟我走吗？

露伊斯：（在房间的深处坐下，用双手蒙住她的脸。）我的义务叫我留下来忍受。

斐迪南：毒蛇，你说谎，别的什么东西在这里缠住着你。

露伊斯：(用一种最深刻的内心的痛苦的语调) 您保留着这种猜疑吧——这种猜疑或许可以减少些痛苦。

斐迪南：冰冷的义务对抗火热的爱情！——要用这段神话来迷惑我吗？——情人缠住了你，如果我的怀疑得到了证实，你和他就得吃苦头！(疾下)

第五场

(露伊斯一个人。她还在沙发上一动不动地而且哑巴一样地躺了一个时候，最后她站起来，走到前面，提心吊胆地向周围望了望。)

露伊斯：我的父亲和母亲在哪里呆着呢？——我的父亲说好了，几分钟之内就回来的，现在已经过了足足五个恐怖的钟头了。——要是他出了什么事——我怎么办？——为什么我的呼吸急促得尽发慌？(这时候，伍尔牧蹑进室内来，站在后面，没有让她察觉到。) 完全不是真的，那不过是亢奋的热血发出来的幻影。——只要我们的灵魂受够了过度的刺激，我们的眼睛在随便哪一个犄角都可以看见妖怪。

第六场

(露伊斯和秘书伍尔牧)

伍尔牧：(走近) 晚安，小姐！

露伊斯：天啊！谁在那里讲话？(她回转身，看清楚了那个秘书，吃惊地后退。) 不得了！不得了！恐怖的预感后面已经紧跟着灾难的实现了。(用充满蔑视的眼光瞥一瞥秘书) 莫非您是找宰相来了？他已经不在这里了。

伍尔牧：小姐，我找您！

露伊斯：那就怪了，干吗您不上广场去找呢？

伍尔牧：干吗偏偏要上那边去？

露伊斯：从示众台上领回您的未婚妻。

伍尔牧：米勒小姐，您怀疑错了——

露伊斯：(抑制住一句答话) 您带着什么任务来的？

伍尔牧：我来，受您父亲的委托。

露伊斯：(吃了一惊) 受我父亲的委托？——我的父亲在哪里？

伍尔牧：在他不高兴在的地方。

露伊斯：老天爷！快说！灾难的预感袭击着我。——我的父亲在哪里？

伍尔牧：在牢里，如果您想知道的话。

露伊斯：（睁眼望望天）还要来这一手！连他也不肯放过！——在牢里？为什么要在牢里？

伍尔牧：奉公爵的命令。

露伊斯：公爵的命令吗？

伍尔牧：因为在殿下的代表身上犯了大不敬的大罪——

露伊斯：什么？什么？永恒的全能上帝啊！

伍尔牧：决定了从严惩办。

露伊斯：这是太过火了！这样做法！——当然，当然，我的心除了少校之外还有一些宝贵的东西——这是不可以忽略过去的。——大不敬。——皇天保佑！挽救啊，挽救我失落的信仰！——还有斐迪南呢？

伍尔牧：要就选择米尔佛特夫人，要就选择惩罚和剥夺继承权。

露伊斯：可怕的自由！——还好——还是他幸福一些。他无父可失。虽然连父亲都没有一个，是够惨的惩罚！——我的父亲犯了大不敬的大罪——我的爱人被迫在米尔佛特夫人与惩罚和剥夺继承权之间选择。——的确，值得佩服！——完全的胡作非为也是一种完美。——完美吗？不！还少一点。——我的母亲在哪里？

伍尔牧：在济良所。

露伊斯：（发出惨痛的微笑）现在是齐全了！——齐全了，现在我是自由了。——剥掉了一切的义务——和眼泪——和快乐——剥夺了上天的庇佑。当然我再也用不着它了。——（可怕的沉默）也许您还有新闻吗？您尽管说下去吧；现在我什么都可以听了。

伍尔牧：发生了什么事，您已经知道了。

露伊斯：那就没有将要发生的事了吗？（又静了一会，她把秘书从头到脚打量了一遍。）可怜的人啊，你做了一宗悲惨的买卖，你不可能从这宗买卖里得到幸福。制造不幸的人，已经是够可怕的了，可是更可恨的，是向他们宣布——对他们唱猫头鹰的歌曲，当血淋淋的心在命运的铁扦上面挣扎，基督教徒怀疑起上帝来的时候，您却在旁边帮一手。——上帝庇佑我！即使你眼前每一滴恐惧的血汗可以换上一吨的黄金——我也不愿意做一个像你这样的人。——还会有什么事情要发生？

伍尔牧：我不知道。

露伊斯：您不愿意知道吗？——见不得太阳的使命害怕说话的声音，可是您脸上坟墓一般的沉寂却给我显示出妖精的面目。——还有别的什么事？——您刚才说，公爵要从严惩罚吗？——所谓从严是什么意思？

伍尔牧：您再不要问了吧！

露伊斯：听着，混蛋！您跟刽子手上过学。除了拿铁条慢吞吞地、细致地去折磨别人破碎的手脚，拿假情假义的怜悯去捉弄人家之外，您还懂得什么呀？——究竟是什么命运等待着我的父亲？您笑着说出来的话里面就藏着死亡；您保守着的秘密究竟是怎么回事？说出来呀！让我一次全部把粉身碎骨的鞭打挨够了吧！我的父亲怎么样了？

伍尔牧：受刑事审判。

露伊斯：可是这是什么呀？——我是一个没有知识的天真的小孩，我不熟悉你们那些可怕的法律条文。什么叫刑事审判？

伍尔牧：有关生死的审判。

露伊斯：(倔强地) 谢谢您！(急忙忙地转入靠边的一个房间里去了)

伍尔牧：(不知所措地站在那里) 搞什么鬼？莫非这个傻瓜要？——呸！她可不会这样。——我赶上去——我一定要担保她的生命。(准备去追她)

露伊斯：(回来，披着一件外套) 对不起，秘书！我要锁门。

伍尔牧：这么忙上哪里去？

露伊斯：去见公爵。(要走)

伍尔牧：什么？上哪里去？(着急地拉住她)

露伊斯：去见公爵。您听不见吗？就是去见那位想把我的父亲交给有关生死的审判的公爵。——不！不是他想——而是只好照办，因为有一些恶棍想要这样办；对于这宗大不敬的案件，他所供给的全部审判材料不过是一个名义和公爵的签字。

伍尔牧：(特别大声地笑) 去见公爵！

露伊斯：我知道，您笑的是什么，——可是我也并不打算在那里找到恩典。——上帝庇佑我！只有厌恶——只有对我喊冤的厌恶。有人告诉过我，说世界上的大人物还没有听人讲解过悲惨是什么——也不想听人讲解。我愿意告诉他，什么叫做悲惨——我要根据死亡的各种痛苦的挣扎给他具体描写出来悲惨是什么——我要用痛入骨髓的声音向他哭诉悲惨是什么——即使我的描写引得他毛发直竖，我末了还要对准他的耳朵大声呼喊，说到了死亡的时刻就连地神的肺也得哮喘；末日审判是拿王侯和叫化子用同一个筛子来过滤的。(她要走)

伍尔牧：(恶毒的和气) 您要去，那就去好了！您也的确想不出更聪明的办法来了。我劝您，您去吧，我向您保证，公爵将会接受您的申诉。

露伊斯：(忽然间站住不动) 您说什么？——您自己也劝我这样做？(赶快回转来) 唔！我究竟在想什么呀？那准是一些坏透了的事情，因为这个人也来劝我。——您怎么知道公爵会接受我的申诉？

伍尔牧：因为他不会得白尽义务。

露伊斯：不会得白尽义务？他要为他的人道措施要求什么代价？

伍尔牧：代价吗，漂亮的申请人就够了。

露伊斯：(目瞪口呆地站住，接着就是一声大叫。) 大公无私的上帝啊！

伍尔牧：为了父亲，我希望您不会认为这一笔慈善的代价不算是定得太高吧？

露伊斯：(踱来踱去，不知所措。) 是的！是的！一点不假！他们是用高墙围起来的，你们这些大人物——隔开真理，躲在自己的罪恶的高墙后面，就好比躲在光明天使的宝剑的背后一样。——万能的上帝来救你吧，爸爸！你的女儿可以为你死，可是不能为你犯罪。

伍尔牧：那倒不妨说是带给那个可怜的孤独的老头子的新闻。——他对我说："我的露伊斯把我打落在地下。我的露伊斯也会把我扶起来。"我现在就要赶去给他送回信，小姐。(欲去)

露伊斯：(追去，拉住他。) 您站住吧！站住吧！耐心点！——只要是做害人发狂的事情，这个魔鬼就多么起劲啊！——我把他打落在地下；我一定要把他扶起来。您说！您出个主意！我能够做什么事？我必须做什么事？

伍尔牧：只有一个办法。

露伊斯：这唯一的办法呢？

伍尔牧：您的父亲也愿意——

露伊斯：我的父亲也愿意？——那是怎么样的一个办法？

伍尔牧：您是很容易办到的。

露伊斯：我所知道的最难办的只有耻辱。

伍尔牧：如果您愿意摆脱少校的关系的话。

露伊斯：摆脱他的爱吗？您同我开玩笑吗？——难道当初我是被人逼成的，因此可以由我随意处理吗？

伍尔牧：不是这个意思，好小姐。一定要少校先开口而且要他自愿地撤回。

露伊斯：他不会这样做。

伍尔牧：看起来好像不会。难道别人可以限制他来找您吗，如果您不从中帮一帮忙的话？

　　露伊斯：难道我能够强迫他非恨我不可吗？

　　伍尔牧：我们愿意试试看。您坐下来吧！

　　露伊斯：（惊愕地）喂！您捣什么鬼？

　　伍尔牧：您坐下来吧！写吧！这里是笔、纸和墨水。

　　露伊斯：（极度不安地坐下）要我写什么？要写给什么人？

　　伍尔牧：写给您父亲的刽子手。

　　露伊斯：哦！您倒会折磨别人的灵魂。（拿起一支笔）

　　伍尔牧：（口授）"亲爱的先生"——

　　露伊斯：（手一边抖一边写）

　　伍尔牧："三天不能忍受的时间已经过去了——过去了——我们没有见一次面。"

　　露伊斯：（一怔，放下笔。）这封信是给谁的？

　　伍尔牧：给您父亲的刽子手的。

　　露伊斯：我的上帝啊！

　　伍尔牧："这件事您只能埋怨少校——少校——他整天像阿尔古斯①一样守着我。"

　　露伊斯：（跳起来）混账，闻所未闻的混账！这封信是给谁的？

　　伍尔牧：给您父亲的刽子手。

　　露伊斯：（扭着手，走上走下。）不行！不行！不行！这是暴行，天啊！如果人们得罪了你，你还是像个人一样来惩罚他们吧，为什么要把我夹在两种恐怖中间来折磨我呢？为什么要把我在死亡和耻辱中间颠来倒去呢？为什么要把这个吸血鬼架在我脖子上呢？——随你怎么样吧！我再也不写了。

　　伍尔牧：（伸手去拿帽子）写不写由您，小姐！这件事完全随您的便。

　　露伊斯：随便，您说？随我的便？——去吧，生番！你把一个不幸的人在地狱的深渊上面吊起来，要他这样那样，然后又伤天害理地问他，答应不答应随他的便？——唉，你知道得清清楚楚，我们的心遵从自然的本能就像焊在铁链上一样的紧密——现在是什么都无所谓了。您念下去吧！我什么也不再考虑了。我对阴险的地狱屈服了。（她又坐了下去）

---

　　① 阿尔古斯是希腊神话中美女伊奥的卫士，长着 100 只眼睛。

伍尔牧："整天像阿尔古斯一样守着我。"——写了吗？

露伊斯：念下去！念下去！

伍尔牧："宰相昨天在我们家里。看那位好心的少校为我的荣誉而挺身奋斗的情形才好玩呢。"

露伊斯：好得很啊，好得很！妙极了！——一直念下去吧！

伍尔牧："我晕倒一下来躲避——晕倒一下——免得我大声笑出来。"

露伊斯：天啊！

伍尔牧："可是我的假面具快要戴不住了——戴不住了——只要我能够摆脱就好了。"——

露伊斯：(停住，站起来，踱来踱去，低着头，好像要在地板上找寻什么东西一样；然后又坐下去，继续写。)"能够摆脱就好了。"

伍尔牧："明天他要上班——您算准时间，他一离开我这里，您就到老地方去。"——写了"老"字了吗？

露伊斯：全写了

伍尔牧："到老地方去看您的温柔的……露伊斯。"

露伊斯：现在还差收信人没有写。

伍尔牧："致宫廷侍卫长卡尔勃先生。"

露伊斯：永恒的天意啊！这个名字对我的耳朵来说，就像这些耻辱的字句对我的心一样的陌生！(她站起来，望着这些写出来的字句呆了一会，最后就把它交给那个秘书；用筋疲力竭的、垂死的语调说。)拿着吧，先生！我体面的名字——斐迪南——我终身的幸福，现在全拿在您手里了。——我是一个乞儿。

伍尔牧：那可不是！您不要灰心，亲爱的小姐！我对您表示衷心的同情。也许——谁知道？——我仍然能够不计较某些东西。——真的！上帝为证！我同情您。

露伊斯：(瞪着眼睛严厉地望着他)您还是不要说穿了吧，先生！您正在转着一个更可怕的念头。

伍尔牧：(企图吻她的手)我向您要求这只娇嫩的手——怎么样，亲爱的小姐？

露伊斯：(声色俱厉地)为了我在新婚的夜晚掐死你，然后心甘情愿地让人把我送上绞刑架。(她要走，可是又急促地回来。)我们的事情已办妥了吗，先生？鸽子可以飞走了吧？

伍尔牧：仅仅还有一点小事，小姐！您必须向我郑重宣誓，承认这封信是出于自愿的。

306

露伊斯：天啊！天啊！你自己一定要证明你做的是伤天害理的事吗？（伍尔牧引着她走下）

第四幕

第一场

（宰相家中的大厅。斐迪南·冯·瓦尔特手里拿着一封打开的信，一股劲地打一道门里冲进来，从另一道门却进来一个宫廷侍从。）

斐迪南：侍卫长没有来过吗？

侍从：少校先生，宰相大人问起您呢。

斐迪南：混蛋！我问你，侍卫长来过没有？

侍从：侍卫长在楼上玩纸牌。

斐迪南：侍卫长应该以全体魔鬼的名义马上到这里来！（宫廷侍从下）

第二场

（斐迪南一个人，急急忙忙地看信，一会目瞪口呆，一会又四边乱闯。）

斐迪南：那不可能！不可能！这一副天神一样的躯体不可能包藏一颗魔鬼一样的心。——可是偏偏有这样的事！偏偏有这样的事！即使所有的天使都飞下来，为她的纯洁作证——即使皇天和后土——即使万物和造物主统统齐集起来，为她的纯洁作证——这封信却是她的手笔。——闻所未闻的、无以复加的欺骗，自有人类以来还不会经历过的欺骗！——原来如此，所以死也不愿意逃走！——因为这样——天啊！现在我醒过来了，现在一切都揭晓了！因为这样，所以那么慷慨地放弃她对我的爱情的要求，差一点啊，差一点我自己也上了天神的伪装的大当！（他更急促地满屋子乱闯，接着又沉思地站住）完全摸透了我的底！——每一种勇敢的感情，每一种轻微的、羞怯的震动都得到回答，每一阵热烈的激动——凭着从我的声音里不可捉摸的、轻弱的音色，猜中了我的心情——每一滴眼泪都在考量着我——不论上哪一座热情的险峻的山峰都要伴着我，不论走到哪一片晕眩的陡峭的石壁都要等我来相会——天啊！天啊！这一切都不过是假面具吗？——假面具吗？——唉，如果说谎居然有那么一种不褪色的染料，那谁敢保证，没有魔鬼混进天国里面去招摇撞骗呢？

当我发现我们爱情的危险的时候，这个虚伪的东西那张失色的脸装得多么到家啊！她对待我父亲的那番无礼的讥讽表示出多么凛然不可侵犯的尊严啊，可是就在这一瞬间这个婆娘还是感觉到自己的罪恶。——什么？她不是亲自熬过了真理的火刑的一关吗——这个伪善者晕倒了。感情啊，你现在要使用什么语言才好呢？连淫妇也晕倒了。纯洁啊，你打算用什么方法来表白你自己？——连婊子也晕倒了。

她知道，她怎样支配了我。她看透了我的全副灵魂。在第一次亲吻两颊飞红的时候，我的心在我眼睛里显示得清清楚楚——难道她毫无感觉吗？也许她只感觉到她艺术的胜利吗？——就在我幸福的狂热在她身上幻想出整个宇宙的时候吗？我最粗野的愿望沉默了吗？我心头除了永恒和这个姑娘之外再没有别的念头——天啊！她一点都感觉不到吗？她感觉到的就只有阴谋成功这一点吗？什么也没有，只觉得卖弄风情逗引到人家的恭维吗？死亡和报仇！什么也没有，只有我受了骗吗？

第三场

（宫廷侍卫长卡尔勃和斐迪南）

卡尔勃：（小步趋来）您叫人找我有话讲吗，好朋友——

斐迪南：（喃喃自语）要打断你这恶棍的脖子。（大声）侍卫长，这封信准是您在检阅的时候从口袋里掉出来的——我（发出恶毒的笑声）却幸而就是捡到的人。

卡尔勃：您吗？

斐迪南：由于有趣的凑巧。您同万能的上帝算账去吧！

卡尔勃：您看，我是多么惊奇啊，少校。

斐迪南：您念念看！您念念看！（从他身边走开）即使我做情人还不够资格，做媒人也许却更加合适。（卡尔勃看信的时候，他跑到墙壁那边去把两支手枪拿下来。）

卡尔勃：（把信扔在桌上，作欲走状。）该死！

斐迪南：（捉住他的胳膊拉回来）耐心点，亲爱的侍卫长！这些新闻使我觉得很愉快。我要得到捡信的酬劳。（他拿手枪给他看）

卡尔勃：（吃惊后退）还是理智点好，好朋友。

斐迪南：（用强硬的、恶狠狠的语气）把一个像你这样的恶棍送到阎王爷那里去，实在是太过分了。（强迫他接受一支手枪，同时抽出了一条手绢。）拿着！这样拿这条手绢！那是我从那个婊子那里得来的。

卡尔勃：隔着那条手绢开枪吗？您疯了吗？您转着什么念头呀？

斐迪南：拿着这一头，我说！不然的话，你就准会打不中，懦夫！——看你抖成什么样子，懦夫！你应该感谢上帝，懦夫，为了你第一次脑袋里得到一点东西。（侍卫长打算逃跑）静一点！这一点总得提请你注意。（赶在他前面，把门拴紧。）

卡尔勃：在屋子里面吗，少校？

斐迪南：难道还值得同你到郊外去走一趟吗？——宝贝啊，这样打起枪来才越发响呢，而且，也许这还是你在世界上发出来的第一声咧。——瞄准呀！

卡尔勃：（抹着额角）您就想这样糟蹋您宝贵的生命吗，前途无量的年轻人？

斐迪南：瞄准吧，我说。我在这世界上再没有什么可干了。

卡尔勃：可是我却更加多，我最优秀的好朋友。

斐迪南：你吗，贱胚！什么，你吗？——当人家都躲开的时候，你不是只好去顶替一下吗？不是只会像被针穿着的蝴蝶一样一眨眼就伸七遍、缩七遍吗？不是只好去登记你主子上厕所的次数和替他的笑话喝彩吗？同样合适的，就是我把你像一只稀罕的土拨鼠一样带在身边，像一只驯服的猴子一样配合那些罪人的号哭来跳舞；跑去，衔来；听话，伺候；还要用那套宫廷的本领去取笑那永劫的囚徒。

卡尔勃：您要派什么，先生，就随便派您的吧。只要把手枪放下！

斐迪南：看你这样子，哭丧着脸的！——你的样子亵渎了第六天的创造日！正好比图宾根书店老板翻印万能上帝一样搞出你这一幅拙劣的翻版![①]——真是可惜，实在可惜那一两脑浆，无缘无故在这个不争气的脑壳里面糟蹋掉！这唯一的一两脑浆如果送给一头狒狒还可以把它变成一个人，现在却只能造成理性的破坏。——偏偏要同这样的家伙来分她的心吗？——不得了！不像话！——这样的家伙更多的应该是清洗身上的罪恶而不是鼓励他去增加罪恶！

卡尔勃：哦！上帝做主！他刻薄起来了。

斐迪南：我还是由他去吧。对毛虫的宽容也应该让他沾沾光。人家碰见他，免不了耸耸肩膀，也许还佩服老天爷聪明的安排，老天爷连是什么废料和渣滓都会用来喂养生物；他会替绞架上的乌鸦和君主泥淖中的佞臣摆桌子。——末了我们还要惊叹天意的警察，就在幽冥世界它也要派出它的蝮蛇和蜘蛛来放毒。——可是（又重新激起他的愤怒）我的花不许害虫爬上来，要不然我就要（抓住侍卫长猛推猛颠）这样

---

① 图宾根是德国符腾堡的城市。当地的一些书商为了贪图非法的利润，随便翻印别人著作，印刷粗劣，错误百出。因此图宾根的翻版就变成了一个骂人的名词。

子，来回这样子把它掐成肉泥。

卡尔勃：(自言自叹) 唉，我的上帝！谁离得开这个地方就算福气！宁可在100英里之外的巴黎疯人院，也不要在这里！

斐迪南：混蛋！如果她再不能保持纯洁！混蛋！如果你把我虔诚顶礼的地方玷污了的话！(怒火冲天地) 我把她当作上帝，你竟敢随便亵渎！(忽然住了口，接着就恶狠狠地。) 也许，混蛋，你逃到地狱里去，也比你在天上碰到我的愤怒要好些！——你究竟同那位姑娘好到什么程度？供出来！

卡尔勃：您放手呀！我要泄漏全部的秘密。

斐迪南：唉！同这位姑娘吊膀子，和其他怎样胡天胡地的比较起来一定还要够味儿——说她愿意走上邪路，说她愿意，说她能够贬低灵魂的价值甚至于让淫欲来玷污品格。(用手枪顶住侍卫长的胸口) 你究竟同她好到什么程度？你供出来！否则，我就开枪。

卡尔勃：什么也没有——真的什么也没有。您只要忍耐一分钟！您实在是上了人家的当。

斐迪南：要你来提醒我吗，无赖！——你究竟同她好到什么程度？你不要死，你就供出来！

卡尔勃：老天爷啊！我的上帝！我说呀——您就听着吧——那个做父亲的——亲生的父亲——

斐迪南：(越发痛恨) 拿他的女儿来勾搭你，是吗？那你究竟同她好到什么程度？要不我就杀掉你，你供出来！

卡尔勃：您疯了。您话也不听。我从来没有看见过她。我不认识她。她的事我一点也不知道。

斐迪南：(退后) 你从来没有看见过她？你不认识她？她的事一点也不知道？——米勒姑娘为你的缘故吃了大亏；你一口气还赖她三次账吗？——滚吧，坏货！(他用手枪撞了他一下，再把他推到房门口。) 对待你这一类的东西还没有发明合适的火药！

第四场

(斐迪南一个人，经过一段长时间的沉默，同时他的表情显示出一种可怕的思想的变化。)

斐迪南：完了！是的，不幸的人们！——我是，你也是。是的，伟大的上帝为证！要是我完了，你也会完了的！——世界的主宰啊！不要叫她离开我！这个姑娘是我的。为了她我情愿把你的整个世界还给你，情愿放弃你所有全部光辉的创造。把那个姑娘留给我吧！——世界的主宰啊！那边有千百万的灵魂向着你——你怜悯的眼睛转到那边去吧——让我自己管我自己吧，世界的主宰！（同时他恶狠狠地搓揉着双手）难道富有四海的造物主还要吝惜一个灵魂吗，何况这个灵魂还是他创造的下品？——这个姑娘是我的！我曾经是她的上帝，现在就是她的魔鬼！（睁大眼睛朝一个犄角望过去）和她一道缚上罪罚的刑具——眼睛盯住眼睛——毛发直竖地缠住头发——就连我们的啜泣也溶成一片——现在就再来表示我的温柔，再来对她歌唱她的誓言——天啊！天啊！这样的婚姻是可怕的——可是天长地久！（他要赶快跑出去的时候，宰相走了进来。）

第五场

（宰相和斐迪南）

斐迪南：（后退）哦！——爸爸！

宰相：好得很，我们碰到了，儿子。我来，是为了向你宣布一些愉快的消息，还有，亲爱的儿子，一些准会使你惊奇的消息。我们坐下来，好吗？

斐迪南：（长时间呆呆地望着他）爸爸！（激动地走近他身边，抓住他的手。）爸爸！（吻他的手，跪下去。）爸爸啊！

宰相：你怎么啦，儿子？站起来！你的手又在发烧，又在发抖。

斐迪南：（粗野的、火热的表情。）宽恕我的忘恩负义吧，爸爸！我是糊涂虫。我误解了您的好意。您对我是一腔慈爱。——唉！您有预言的灵魂。——现在是太晚了。——宽恕吧！宽恕吧！您的祝福，爸爸！

宰相：（假装一副无罪的鬼脸）站起来，儿子！你想想看，你对我说的简直是哑谜！

斐迪南：这个米勒姑娘，爸爸——唉，您看人才有眼力。——您当时的愤怒是那么合理，那么高贵，那么慈爱——只差温暖的父亲的关怀走了岔路。——这个米勒姑娘！

宰相：不要挖苦我了，儿子！我诅咒我的严厉。我来，就是为了取得你的谅解。

斐迪南：取得我的谅解！——应该是对我的诅咒！——您的非议就是智慧。您的严厉就是天堂的怜悯。——这个米勒姑娘啊，爸爸——

宰相：是一个高贵的、一个可爱的姑娘。——我收回我鲁莽的怀疑。她博得了我的尊敬。

斐迪南：（战栗地跳起来）什么？您也来了？——爸爸！您也来了？——不对头，爸爸，真是跟纯洁一样的生物吗？——爱这样的姑娘，真是合情合理的吗？

宰相：这样说：不爱她就是犯罪。

斐迪南：妙论！怪事！——您平时却是一眼看透了心窝的呀！除此之外您还是用憎恨的眼睛来看的呀！——没有先例的伪善。——这个米勒姑娘，爸爸——

宰相：她配做我的女儿。我估量她的品德可以算入我们的世族，她的美貌也是金不换。我的原则对你的爱情屈服了。——她应该是你的。

斐迪南：（可怕地冲出房门）还差这一步！——再会，爸爸！（下）

宰相：（追他）站住！站住！你冲到哪里去？（下）

第六场

（米尔佛特夫人的非常华丽的大厅。米尔佛特夫人和索菲上。）

米尔佛特：那你就看见她了？她会来吗？

索菲：马上来。她还穿着便服，只要换过衣服就来。

米尔佛特：关于她的事情什么也不要告诉我。——肃静——我像罪人一样在发抖，等着看这个幸运的女子，她和我的心是那么惊人的和谐。——她接到邀请的时候是什么态度？

索菲：她显得很惊奇，陷入沉思，睁大眼睛看我，一言不发。我一看见她那使我感到非常惊奇的眼色，我就已经准备着听她的推托，可是她的答复却是："您的主人给我的吩咐，正是我打算明天去请求的。"

米尔佛特：（非常不安地）离开我吧，索菲！可怜我吧！如果她仅仅是一个普通的女子，我就得脸红；如果她要超过呢，我就要泄气了。

索菲：可是夫人——要接见一个情敌，可不能感情用事。您得记住，您是什么人！唤起您的出身、您的地位、您的权力来支持您！更加骄傲的心胸一定会提高您仪态的骄傲的神采。

米尔佛特：（心不在焉地）这个傻瓜胡扯些什么？

索菲：（恶毒地）难道今天恰好在您身上闪烁着的最宝贵的珠宝是偶然的吗？偏偏今天要穿上最名贵的衣料——您的接待室里挤满了跟班和听差，在您宫殿的王侯式的大厅里面来接见平民女子，难道都是偶然的吗？

米尔佛特：（充满愤恨地走上走下）该死！不能容忍的！妇女对妇女的弱点就有野猫一样的眼睛！——可是我已经堕落得多么深、多么深啊，连这样的一个人也看透了我！

侍从：（上）米勒小姐——

米尔佛特：（对索菲）走开，你！退出去！（索菲还在迟延，她做威胁状。）走开！我命令你！（索菲下，米尔佛特夫人满厅来回走着。）好！好得很，我气来了！我就是我要做的那种人。（对侍从）让那位小姐进来。（侍从下。她翻身坐在沙发上，做出一个高雅而又不在乎的姿势。）

第七场

（露伊斯畏怯地进来，在距离米尔佛特夫人很远的地方站住；米尔佛特夫人背向着她，从对面摆着的镜子里仔细地打量了她一会。稍停之后。）

露伊斯：慈惠的夫人，我听候您的命令。

米尔佛特：（转身向着露伊斯，略微点一点头，陌生而又矜持地。）啊哈！你来了吗？——我想你是那位——小姐——人家怎样叫你的？

露伊斯：（有点敏感地）我的父亲叫做米勒，您派人去找他的女儿。

米尔佛特：对！对！我想起来了——穷苦的小提琴师的女儿，我们刚才还谈到你。（稍停之后，自言自语。）非常有趣，究竟还说不上什么美貌。——（大声对露伊斯）你走过来一点，孩子！（又是自言自语）眼睛，哭惯了的眼睛。——我多么喜欢它啊，这双眼睛！（又大声地）尽管走过来吧，尽管靠得近近的。——好孩子，我觉得，你是怕我，是吗？

露伊斯：（昂然地，用坚决的语气。）不，夫人。我蔑视流行的成见。

米尔佛特：（自言自语）看吧！——这种倔强的态度是从他那里学来的。（大声地）有人向我推荐你，小姐。说你学过一些东西而且也懂得处理生活。——嗯，好，我愿意相信——即使把整个世界给我，我也不愿意叫一个这么温情的代言人受到说谎的处罚。

露伊斯：可是我不认识任何人，夫人，他肯费心替我去找一个庇护人。

米尔佛特：（郑重地）费心去找托庇人呢还是庇护人？

露伊斯：这句问话我不明白，慈惠的夫人。

米尔佛特：比从表面的举止上得来的估计要来得狡猾！你叫做露伊斯吗？容许我问一问你的年龄吗？

露伊斯：刚满了 16 岁。

米尔佛特：（急忙站起来）这样就明白了！16 岁！热情的第一次跳动！——未经触动的钢琴的试奏的第一个银音。——再迷人也没有了。——坐下来吧，我是好心对你的，亲爱的姑娘。——就是他也是头一次恋爱。——一片朝霞的光线找到了对手，那有什么奇怪呢！（非常亲热地拉她的手）事情讲定了，我愿意成就你的幸福，亲爱的。——那不过，不过是甜蜜的、少年的飘荡的幻梦。（拍拍露伊斯的面颊）我的索菲结婚了。你应该接替她的位置。——16 岁！那是不能够长久这样的。

露伊斯：（恭敬地吻她的手）我感谢您的恩惠，夫人，问题是我不敢领受。

米尔佛特：（回复原来的怒气）看这副大架子！——一般像你这样出身的少女，只要能找得到一个主子就欢天喜地了。——你究竟想到哪里去，我的宝贝姑娘？难道这些手指做活是太娇嫩了？难道是这一点儿美貌使得你这么傲慢吗？

露伊斯：我的美貌，夫人，和我的出身一样，都是我不大注意的。

米尔佛特：难道你相信美貌是永远不变的吗？——可怜虫啊，谁把这种思想塞进你头脑里去——随便他是什么人——他可开了你们俩一次玩笑。面颊并不是经过火链的镀金。一面镜子卖给你的冒充牢固的、永久的东西，不过是一层稀薄的、轻轻黏上的金箔，迟早总不免被你情人的手磨掉。——这样一来我们做什么好？

露伊斯：替那个情人惋惜，夫人，他买了一件宝贝，仅仅是因为表面的灿烂的金光。

米尔佛特：（不愿意注意她的话）一个像你这样年纪的姑娘总是有两面镜子的，一面真的，一面是她的情人——后一面殷勤的柔顺把前一面严厉的坦白说成好的。这一面断定是一颗丑陋的麻点。另一面却说，大错特错，那是一个妩媚的酒窝。你们好孩子总是相信那一面，不管这一面向你们说过什么。于是从这一面跳到那一面，临末直到你们把那两面说的话都混淆不清了才罢休。——干吗你这样子盯住我？

露伊斯：请原谅，慈惠的夫人！——我刚才正在准备替那辉煌灿烂的红宝石哭一场，它一定不知道，它的主人是在那么尖锐地大发反对浮夸的议论。

米尔佛特：（脸红地）不要节外生枝，野孩子！——如果不是你的姿色怂恿你，世界上还有什么东西能够阻止你去选择一个适当的职位呢，这个职位使你能够学会各种规矩，又可以开你的眼界，而且又是可以使你勾消你那平民的偏见的唯一的职位？

露伊斯：连我那平民的纯洁也一起勾消，是吗，夫人？

米尔佛特：幼稚的反对！即使最放肆的光棍也不敢对我们做出污辱的行为，如果我们自己不鼓励他的话。只要你表明了你是什么人；拿出你自己的荣誉和尊严，我就可以告诉你的青春，一切引诱都不妨事。

露伊斯：对不起，慈惠的夫人，我还是不知轻重，居然怀疑这·点。某一些贵妇人的大厦常常是那些最荒唐的娱乐的乐土。谁信得过一个穷苦的小提琴师的女儿有这种英雄气概呢？投到瘟疫的中间，同时却能够避免病毒的侵害的英雄气概！谁应该做这样的梦，看米尔佛特夫人在她良心面前永久拉住一条蝎子呢，看她花了许多钱，只是为了时时刻刻得到脸红的好处呢？——我是坦白的，慈惠的夫人。——当您迎接快乐的时候，我的神色会叫您开心吗？当您回家的时候，您能够容忍这样的神色吗？——哦，更好的办法还是不如由您在我们中间划一条界线，——由您在我们中间放出一片海洋来！——请您好好地注意，夫人！——枯燥的时辰，疲乏的瞬间是会来报到的。——后悔的毒蛇会来袭击您的胸膛，这样一来——那是怎样的苦刑啊，在您侍女的脸上看到了天真无邪酬劳纯洁的心的愉快的宁静！（她后退一步）再说一遍，慈惠的夫人！我衷心地请求宽恕。

米尔佛特：（充满了内心的激动，转来转去。）受不了，她对我说这种话！更受不了的，是她说得对！（向露伊斯蹚过去，呆呆地盯住她的眼睛）姑娘，斗智您赢不了我。光是意见是不会说得那么温暖的。在这些原则的背后躲藏着更热烈的兴趣，这种兴趣使你把我的事情描写得特别讨厌——激发出你谈话的热力——我一定要（做威胁状）把它找出来。

露伊斯：（从容地、高贵地）您把它找出来又怎么样？即使您轻蔑的脚后跟踩醒了那条被侮辱的虫又怎么样？为了使它反抗虐待造物主曾经给它一根尖刺。——我不怕您的报复，夫人！——可怜的罪人在声名狼藉的绞架上面笑着看世界的没落。——我的苦难是那么深重，不论是如何正直也不能把它再扩大了。（稍停之后，非常严肃地。）您愿意把我从我尘埃的出身里面拉出来，我不想来解剖这种可疑的恩惠。我只想问一问，什么事情使夫人把我当作这样的蠢才，一提到她的出身就会脸红？什么事情能够使您有权利自居为我幸福的创造者，甚至于还不知道，我愿不愿意从您手上接受我的幸福呢？——我已经勾消了对人世的快乐的永久的要求。——我已经宽恕了幸福的鲁莽——为什么您又要重新提醒我呢？——如果连上帝都要对他所创造的万物收藏起他的光辉，惟恐他最高的光明天使因为自己的晦暗而退缩的时候——为什么人类要那么残酷的慈悲呢？——怎么想起来的，夫人，您那值得赞美的幸福偏要那么喜欢向苦难乞求羡慕和惊叹呢？——您的快乐真是那么需要绝望来做陪衬吗？——哦，那您还是不如让我糊涂下去，只有糊涂还能够使我一个人和我那野蛮的命运得到和解！——昆虫在一滴水里面是觉得幸福的，好像一滴水就是天国；那么高兴，那么幸福，直到人家给它讲述海洋的故事，说海洋里面有大船，还有鲸鱼在游玩，它才算完事！——可是您是愿意我得到幸福的，是吗？（稍停之后，忽然跑到米尔佛特夫人前面，意外地向她发问。）您幸福吗，夫人？（米尔佛特急急忙忙地，像是被击中要害地离开了她，露伊斯跟在她后面，用手扪住她的胸口。）这颗心也有您身份的欢笑的形象吗？假如我现在要做一次心胸对心胸、命运对命运的交换——假如我依照我天真的想法——假如我问您的良心——假如我像我的母亲一样来问您——您该是会劝我交换的吧？

米尔佛特：（猛烈激动地翻身坐在沙发上）岂有此理！莫名其妙！不行，姑娘！不行！你没有带着这样的大道理到世界上来，算作从你父亲那里得来的，它又太年轻。不要骗我！我听到了另外一位老师——

露伊斯：（温文而又尖锐地盯住她的眼睛）那就不免使我惊奇了，夫人，如果您现在才想到这样的老师，刚才您却已经在替我安排职位呢。

米尔佛特：（跳起来）真是受不了！——真的！因为我不能避开你，我认识他——知道了一切——比我愿意知道的还要多。（忽然停住，接着就是一股猛劲，逐渐地几乎发展成为狂怒。）可是如果你敢，不幸的姑娘，你现在还敢爱他或者被他爱的话！——我说什么呀？——敢想念他或者做他思想的一部分！——我是有权力的，不幸的姑娘——可怕得很！——上帝在上！你是完了！

露伊斯：（坚定地）没有挽救的余地，夫人，只要您强迫他，要他非爱您不可的话。

米尔佛特：我了解你的意思——可是他不必爱我。我要打败这可恨的热情，压制我的心，捣碎你的心。——我要在你们中间堆起岩石和深渊；我要做复仇女神掠过你们的天空；我的名字要像鬼怪凶手一样吓散你们的亲吻；你那年轻貌美的形象在他的拥抱之下就要像木乃伊一样化作灰尘。——我同他一道是得不到幸福的——可是你也一样得不到。——认清楚，苦命人！破坏幸福也是一种幸福。

露伊斯：这一种幸福已经有人给您送来了，夫人！不要诽谤您自己的心了！您那么气势汹汹地对我赌神罚咒的事情您是做不出来的。要折磨一个并没有和您过不去而且具有同您一样的感情的人。您是做不到的。——可是为了您那股热情我倒爱上了您了，夫人。

米尔佛特：（现在安静了下来）我在哪里？我刚才在哪里？我泄漏了什么秘密？我让谁察觉了我的秘密？——哦，露伊斯，高贵的、伟大的、神圣的灵魂！宽恕一个狂人吧！——我不愿意损害你一根毫毛，孩子。想什么就说什么吧！想要就要吧！我要把你捧在我手上，我要做你的朋友，你的姊妹。——你是穷的——看！（取下一些珠宝）我要卖掉这些首饰——卖掉我的衣服，我的马和我的车子。——一切都是你的，可是你得谢绝他！

露伊斯：（充满惊异地退后）她是在嘲笑一个绝望的人呢，还是真的没有参加那野蛮的勾当？——哈！那我就可以做出英雄的样子，我的晕倒也可以装扮成一场功勋。（她沉思地站了一会，然后走近米尔佛特夫人身边，捉住她的手，呆呆地、意味深长地望着她。）那您就把他拿去吧，夫人！——我自愿地把这个男子让给您，别人要用地狱的利钩把他从我血淋淋的心房里拉出来。——也许您自己还不知道，夫人，可是您却扫荡了一对爱人的天堂；本来上帝已经把它们结在一起的两颗心由您把它们拆散了；有一个人，本来像您一样爱慕他，像您一样从他得到快乐，像您一样赞美过他，现在却再也不能赞美他；这样的一个人是给毁灭了。——夫人！就是给踩死的毛虫在它最后挣扎的时候也会向洞鉴一切的上帝的耳朵发出叫喊啊。——他是不可能无动于衷的，当有人杀害他手上的灵魂的时候！现在他是属于您的了！现在啊，夫人，把他拿去吧！跑到他怀里去吧！把他拖到祭坛前面去吧！——只是您不要忘记，在你们新婚亲吻中间会有一个自杀者的鬼魂冲进来。——上帝是慈悲的。——我再没有其他办法可想了！（她冲出去）

第八场

（米尔佛特夫人一个人，震动地，张皇失措地站着，目瞪口呆地望着露伊斯跑出去的门口；过了好一会才从她的昏迷状态中醒过来。）

米尔佛特：怎么搞的？我遭了什么事？那个不幸的姑娘说了些什么？——天啊，那些可怕的、诅咒我的字句："把他拿去吧！"一直还在、还在撕毁我的耳朵！——你指谁呀，不幸的姑娘？你断气的哮喘的礼物吗——你绝望的恐怖的遗嘱吗？天啊！天啊！我真是堕落到那么地步——那么突然地从我骄傲的宝座上栽了下来，甚至于饥饿地贪图一个女叫化子在她最后的死亡挣扎中扔下给我的慷慨吗？——"把他拿去吧！"她是用这样的一种语气说出来，伴随着这样的一种眼色——唉！爱密丽啊！你真是因此要越过你女性的界线吗？你一定要为了贪图伟大的不列颠女人的体面，宁可让你荣誉的豪华的殿堂在一个放荡的平民少女的更崇高的品格旁边倒坍下来吗？——不行，骄傲的不幸的姑娘！不行！爱密丽·米尔佛特可以让人耻笑——可绝对不能让人辱骂！——我也有力量来谢绝。（走上走下地迈着庄严的脚步）现在你藏起来了，软弱的、受难的女人！——去你的吧，恋爱的甜蜜的、黄金的图画！——现在只有慷慨是我的向导！——要就是那一对爱人失败，要就是米尔佛特勾消她的要求，在公爵心里熄掉生命的火焰！（稍停之后，生气勃勃地。）就是这样办！——可怕的障碍给排除掉——在我和公爵之间的一切联系给摧毁掉，在我心头的狂热的爱情给磨灭掉！——我倒在你的怀里，品德！——收留她吧，你纯洁的女儿爱密丽！——哈！我多么舒畅啊！我一下子觉得多么轻松，多么高尚啊！我今天要像西天的太阳一样伟大地从我尊严的高峰沉下去，我的荣华要和我的爱情一道死亡，只有我的心伴着我走入骄傲的放逐！（坚决地向写字台走过去）现在就得立刻办。——现在，马上，不要等到那个可爱的青年的魔力重新来引起我心头的血战。（她坐下去，开始写信。）

第九场

（米尔佛特夫人。一个宫廷侍从。索菲；随后来了侍卫长，最后是听差若干人。）

侍从：侍卫长卡尔勃奉公爵之命来到了前厅。

米尔佛特：（正在写信的热潮中）那个王侯的牵线傀儡将要目瞪口呆！当然啰！这种想法也够滑稽的，劈开这样一个王侯的天灵盖。他的一班佞臣将要乱成一团。——全国都要引起骚动。

侍从
索菲 　　侍卫长，夫人——

米尔佛特：（回过头来）谁？什么事？——那更妙！这一类动物是到世界上背包袱来的。请他进来。

侍从：（下）

索菲：（慌张地走近来）就算我不一定是害怕吧，夫人，那总是近乎放肆——（米尔佛特夫人继续紧张地写着）米勒姑娘愤激地冲出前厅。——您涨红着脸——您自言自语。（米尔佛特夫人不断地写着）我害怕！究竟要发生什么事呢？

卡尔勃：（走进来，朝米尔佛特夫人背后连连鞠躬，因为她没有觉察到，他走近一点，站在她靠椅后面，摸到她衣服的尖角，吻了一下，诚惶诚恐地低声说。）公爵殿下——

米尔佛特：（正在纸上撒吸墨粉，同时把写好的东西匆忙地再看一遍。）他将要把忘恩负义的罪名栽在我头上。——我曾经是一个无依无靠的女子，他把我从苦难中拖出来。——从苦难中吗？——可恨的交换！——撕毁你的账单吧，花花太岁！——我这终身的羞耻已经付了重利了。

卡尔勃：（他从四面八方绕着米尔佛特夫人打了一转之后）夫人好像有点心神不定的样子。——也许我自己不得不大胆一次。（大声地）公爵殿下派我来问夫人，今天晚上去参加游园会呢还是看德国喜剧？

米尔佛特：（笑着站起来）随便哪一样，我的天使。——同时请您把这封信带给您的公爵做他的饭后点心。（对索菲）你，索菲，吩咐他们把马车准备好，并叫我的全体仆役到大厅来集合——

索菲：（惊愕地走出去）天啊！我有什么预感啊？事情会变成什么样子啊？

卡尔勃：您激动得很吗，慈惠的夫人？

米尔佛特：这里是不允许说谎的。——哈哈，侍卫长阁下！有一个位子要空出来了。这是拉皮条的好机会！（看见侍卫长对那封信发出怀疑的眼光）您看吧，看吧！我的意思是，这封信的内容不必保守秘密。

卡尔勃：（念信，同时米尔佛特夫人的那些仆役陆续在后面集合。）

公爵殿下：

给您那么随便破坏的一个契约再不能束缚我了。您公国的幸福是定为我爱情的条件的。欺骗继续了三年。蒙着我眼睛的绢带终于解开了。我痛恨那些沾着臣民眼泪的恩惠。——我再也不能够回答您的爱，您还是把您的爱送给您哭泣着的国土，并且从一个不列颠的女侯爵那里学习怎样来对待您的德意志人民吧！一小时之内我就要越过了边境。

约翰娜·诺佛尔克

全体仆役：（惊奇地嚷成一团）越过了边境？

卡尔勃：（吃惊地把信放在桌上）上帝保佑，至慈至善的夫人！带信的人一定也像写信的人一样是不想要脑袋了。

米尔佛特：那是你的顾虑，好人！——可惜的是，我知道，你和你这一类人听见了别人敢做敢为的话，舌头就不中用了！——我的建议是，把这张字条烤在野味点心里面，殿下就会在碟子上找到它了——

卡尔勃：老天爷！这样无法无天的行为！——您还是估计一下，您还是考虑一下，您会陷入怎样失宠的危险啊，夫人！

米尔佛特：（回转身面对那些集合着的仆役，用最真挚的感情说出下面的话。）你们惊奇地站着，善良的人们，提心吊胆地等候着，看这谜语怎样揭晓吗？——走近前来吧，我亲爱的好人！——你们伺候我又老实，又温暖；更注意的是我的眼睛，而不是我的钱袋；你们的服从是你们的热情，你们的骄傲是我的慈爱！——想起你们的忠实同时就不能不记起我的屈辱！悲惨的命运啊，我最阴惨的日子却是你们幸福的日子！（眼睛里噙着泪水）我辞退你们了，我的孩子们。——米尔佛特夫人不再存在了，约翰娜·诺佛尔克却又太穷，还不清她对你们的欠债。——我的账房会把我的家当拿出来分给你们。——这座宫殿还给公爵。——从今以后，你们中间最穷的一个也要比他的主人更富裕。（她伸出手去，他们一个接一个地热烈地吻她的手。）我了解你们，我的好人。——再会！永别了！（试图摆脱她内心的苦恼）我听见车子已到了门口。（她摆脱开他们，要出去，侍卫长挡住她的路。）可怜的人啊，你还站在这里吗？

卡尔勃：（整个时间都是垂头丧气地对着那封信发愣）这封信要我送到公爵殿下的御手上去吗？

米尔佛特：可怜的人啊！送到御手上而且也要送到御耳旁，因为我不能够光着脚跑到洛雷陀①去，我要用我的手做工过日子，要洗净那曾经容忍过的污辱。（她急忙跑下去。其他各人都非常感动地分散。）

第五幕

第一场

（不明不暗的黄昏，音乐师家中的一个房间。露伊斯默默地、毫无动作地坐在室内最暗的犄角里，头倒在胳膊上。经过相当漫长和深沉的静默之后，米勒提着灯笼进来，畏怯地在室内照来照去，没有发觉露伊斯，接着就摘下帽子放在桌上，又把灯笼放下。）

米勒：这里也没有，没有。——我大街小巷全走遍了，所有认识的人全找过了，各处的城门全问过了。——谁也没有在任何地方看到过我的孩子！（经过一阵子沉默之后）忍耐吧，可怜的不幸的父亲！等候吧，等到天亮吧！也许你的独生女儿就会浮到岸边来了。——天啊！天啊！我的心偏偏是崇拜神像一样地依恋着我的女儿呢！——惩罚是够重的。上帝啊，太重了！我不愿意埋怨，上帝，可是惩罚是够重的。（他满心怨恨地倒在一张椅子）

露伊斯：（在犄角里说）你做得对，可怜的老人家！还得及时地学会损失呢！

---

① 洛雷陀属意大利，是朝圣者的圣地，传说1295年圣母玛丽亚曾在天使护送之下在该地的圣母院显圣。

米勒：（跳起来）你在这里吗，我的孩子！是你吗？——可是干吗那么孤独而且又不点灯呢？

露伊斯：我并不因此感到孤独。只要我周围是那么一片黑，我就有我最好的客人。

米勒：上帝保佑你！只有亏心的毛虫才会迷上猫头鹰。罪恶和妖魔才怕光。

露伊斯：还有永恒也是这样，爸爸，它不靠别人的帮忙就可以和灵魂接谈。

米勒：孩子啊！孩子啊！这是什么话？

露伊斯：（站起，走上前面来。）我经历了一场艰苦的斗争。你知道，爸爸。上帝给予我力量。斗争的胜败已经决定了。爸爸，平常人都说我们这种人是娇嫩的、脆弱的。你不要再相信这个了！我们碰到一只蜘蛛在发抖，可是对待黑色的怪物——腐朽的权贵，我们却可以揣在怀里玩。这算是一条新闻，爸爸。你的露伊斯很得意。

米勒：听着，女儿！我当初以为你是在哭呢。你哭了，也许我还要高兴一些呢。

露伊斯：看我去和他斗智，爸爸！看我怎样去捉弄那个专制魔王！——爱情比毒计还要狡猾和勇敢——他不懂这一点，那个带着晦气星的人物。——哦，只要他们是用头脑办事的时候，他们是狡猾的，一到他们要和心打交道，那些恶棍就显得蠢了。——他想拿宣誓来封住他的骗局吗？宣誓吗，爸爸，也许可以束缚住活人，一死就连宣誓的铁索也融化了。斐迪南将会了解他的露伊斯。——你肯不肯替我送这封信，爸爸？你愿意做这件好事吗？

米勒：给谁的，我的女儿？

露伊斯：怪问题！永恒和我的心加在一起还容纳不下我对他的唯一的想念。难道我还要给其他任何人写信吗？

米勒：（不安地）听着，露伊斯！我要拆开这封信。

露伊斯：随你高兴，爸爸——可是你这样做也不见得高明。这些字像冰冷的尸体一样躺在那里，只有在爱情的眼睛里才会活。

米勒：（念信）

> 你是被人出卖了，斐迪南！——一种没有先例的讹诈行为撕毁了我们的心的纽结，可是一次恐怖的宣誓封住了我的嘴巴，你的父亲又四面八方布满了密探。但是，如果你有勇气的话，爱人，——我知道一个第三种地方，那里没有誓约的束缚，密探也到不了那里。

（他停住，严肃地望着她的脸。）

321

露伊斯：干吗这样子望着我？你还是全都念了吧，爸爸！

米勒：

可是你得有足够的勇气，去蹓跶一条阴暗的街道，那里只有你的露伊斯和上帝照临着你。——你只可以带着爱情来，把你所有的希望和你所有沸腾的心愿完全留在家里；除了你的心之外你什么也用不着。如果你愿意——那就动身吧，当卡美利特钟楼的钟打了12下的时候！万一你胆怯呢——那就面对你的家族勾消"坚强"这个字眼吧，因为有一个姑娘玷辱了你。

（米勒放下那封信，长久地睁着痛苦的、痴呆的眼睛凝望着，最后他转身走到她面前，用轻微的、断断续续的语调说。）那第三种地方在哪里，我的女儿？

露伊斯：你不认识吗，你真的不认识吗，爸爸？——奇怪！这个地方的路线是画了出来的。斐迪南将会找得到。

米勒：唔！说明白些吧！

露伊斯：我恰好没有可爱的字眼来说明它。——如果我给你说出一个丑恶的字眼，爸爸，你可不要吃惊。这个地方——唉，为什么爱没有发明好名字呢！它本来应该替这个地方造出一个最美的名字的呀。这个第三种地方，好爸爸——可是你得让我说完——这个第三种地方就是坟墓。

米勒：（就一张靠椅倒了下去）我的上帝啊！

露伊斯：（跑到他面前，拉住他。）可不要这样，爸爸！那不过是在这个字眼周围堆积起来的恐怖。——撇开这个字眼，那就有一张新娘的床摆起来，朝霞会给它铺上金黄的绒毯，春天会给它撒上彩色的花环。只有哭丧着脸的罪人才会咒骂死神是一副骷髅；他是一个优雅的、俊俏的男孩，正好比画出来的爱神，可是并不是那么古怪——他是一个沉静的、能干的天才，他给筋疲力竭的香客——灵魂——伸过手去帮他跨过时间的濠沟，打开永远灿烂的仙宫，亲热地点头，然后隐去。

米勒：你打什么主意，女儿？——你想随便结束你的性命吗？

露伊斯：你不要这样说，爸爸！退出一个社会，因为我活在那里不舒服——提前跑到另一个地方去，因为我不能够再耽误了——这难道是罪过吗？

米勒：自杀是最可恶的事情，孩子——这是唯一我们不能后悔的事情，因为死亡和犯罪合在一起。

露伊斯：（目瞪口呆地站住）可怕啊！——可是事情还不会那么快。我打算跳到河里去，爸爸，在沉没的过程中我要向万能的上帝请求怜悯。

米勒：这就是说，等到你知道贼赃已收藏妥当的时候，你就来忏悔你偷窃的罪过——女儿啊！女儿啊！注意，当你最迫切需要上帝的时候，你不要嘲弄上帝！唉！你是跑得太远、太远了！——你放弃了你的祈祷，慈悲的上帝已经从你收回他的手了！

露伊斯：难道恋爱是犯天条的吗，爸爸？

米勒：如果你爱上帝的话，你就永远不会爱到犯天条的地步。——你压低了我的头，我唯一的心肝！低啊，低啊，也许简直压到了死地。——可是我不愿意使你的心更加沉重。——女儿啊，我刚才说了一些话。我当时以为只有我一个人在。你听到了我的话，我又何必再保守秘密呢？你是我的偶像。听着，露伊斯，如果你还给做父亲的感情留一点余地——你曾经是我的一切！现在你再也没有可以浪费的财产了。我也得损失我的一切。你看见，我的头发已经开始变白了。时间逐渐提醒我，我们做父亲的在儿女心中下的本钱，将要收到红利。——难道你因此要欺骗我，露伊斯？难道你就要把你自己连同你父亲的全部家财一起毁掉拉倒吗？

露伊斯：（受到了最剧烈的感动，吻他的手。）不，爸爸！我作为你满身债务的欠户离开这个世界，以后再生生世世加上重利来还你。

米勒：注意，恐怕到那时候你会算不清楚了，孩子！（非常严肃地、庄重地。）我们到了那边还会不会碰到呢？——看，你的脸变得多苍白！——我的露伊斯心里明白，也许我在那个世界再也赶不上她，因为我不像她那么早就忙着要去。（露伊斯一怔，倒在他胳膊上，受到了恐怖的袭击。——他热烈地挽住她贴紧在胸口，一面用哀恳的音调说下去。）女儿啊！女儿啊！倒下了的，也许经是损失了的女儿啊！想一想我这真挚的父亲的话吧！我不能够守住你。我可以拿走你的刀，可是你用一支织针也能够自杀。我可以阻止你服毒，可是你用一串珠子也能够自缢。——露伊斯——露伊斯——我还可以做的不过是警告你。——你愿意冒险去打赌，说你那不忠实的幻影在时间和永恒之间的恐怖的渡桥上面不会抛弃你吗？——你敢在洞鉴一切的上帝宝座前面扯谎说："奉你的召唤，造物主，我来了！"——而你那有罪的眼睛却在找寻人间的傀儡吗？——等到你心目中那位脆弱的上帝，现在也像你一样是一条毛虫了，在世界主宰的脚跟前缩做一团，而且在这摇摆的时刻不替你那无法无天的信念圆谎，反而斥责你对永恒的慈悲的落空的希望的时候——本来这样的希望是没有绝望的人的份儿的——那你怎么办？（更加着重、更加大声地。）那你怎么办，不幸的女儿？（他把她抱得更紧，痴呆地、迫切地望了她一会，然后急促地离开她。）现在我再也想不出更多的话来了——（举起右手）我不再替你，公正的上帝，负保护这个灵魂的责任了！你要做什么就做什么吧！给你宝贝的青年献上一份祭礼吧，让你的魔鬼欢呼，让你的善良的天使退缩吧！——去吧！把你的一切罪恶背起来，连这个，最后的、最可怕的也背起来吧，如果还觉得负担太轻呢，就拿我的诅咒去补足它的重量！——这里有一把刀——戳穿你的心和（一边放声大哭，一边正要冲出去。）你父亲的心吧！

露伊斯：（跳起来，赶上去。）站住！站住！我的爸爸啊！——温柔比暴君愤怒的压迫还要野蛮！——我应该怎么办？我没有办法！我做什么好？

米勒：如果你爱人的亲吻比你父亲的眼泪还要滚热——死就是了！

露伊斯：（经过一番惨痛的斗争之后稍为表示一点坚定）爸爸！握住我的手！我要——天啊！天啊！我做什么呀？我想什么呀？——爸爸，我起誓——苦死我了，苦死我了！罪人，我倒到哪边去呢！——爸爸，就是这样！——斐迪南——上帝为证！——那我就毁掉他最后的记念吧。（她撕掉她那封信）

米勒：（乐不可支地扑在她脖子上抱住她）这才是我的女儿！抬头看一看！你失掉了一个爱人，因此你造成了一个幸福的父亲。（又哭又笑地抱住她）我的孩子！我的孩子！说起来我真不配享受这样的一天！不知道为什么，对于我这样的坏蛋竟会给了你这样一个天使——我的露伊斯，我的天国！上帝啊！我不大懂得爱，可是没有了它却必然是一种痛苦——这一点我还可以体会到。

露伊斯：可是要离开这个环境，爸爸！——离开这个城市，我这里的女伴会嘲讽我，我的好名声也已经一去不复返了！——离开，离开，远远的离开这个地方；这个地方有那么多失去的幸福的痕迹在呼唤我！——离开，只要是可能的话。——

米勒：随你愿意到什么地方去，女儿。上帝的面包是到处生长的，他也会把耳朵送给我的小提琴。是的！一切都由他去吧。——我把你含冤的故事谱入我的琴，唱一首女儿之歌，她，为了她的父亲，碎了她的心——我要唱着歌谣沿门乞讨，从哭泣的同情的人手上得来的布施是甜蜜的。

第二场

（斐迪南。前场人物。）

露伊斯：（首先看见了他，大声嚷着去抱住米勒的脖子。）天啊！他来了！我完了！

米勒：哪里？谁？

露伊斯：（脸向另一边，指着少校，越发抱紧她的父亲。）他！他本人！——你自己回头看看吧，爸爸！——他来谋杀我了。

米勒：（看见他，连忙退后。）什么？您来了吗，少校？

斐迪南：（慢慢地踱过来，对着露伊斯站住，用凝望的、窥探的眼光盯住她，过了一会。）使人惊奇的良心，谢谢！——你的招供是可怕的，可是又干脆、又确实，省了我的拷问。——晚安，米勒。

米勒：可是上帝做主！您想什么呀，少校？什么东西把您带到这里来？这样突然而来是什么意思？

斐迪南：我知道有过一种时间，要把一天划分成一秒钟一秒钟，对我的渴望依赖懒慢的壁钟的重量，而且细心计算脉搏的跳动，一直算到我出现。——那为什么现在我来了倒认为是意外呢？

米勒：您走吧，走吧，少校！——如果您心里还残留着一点人性的火花，如果您不想把您声明爱她的人扼杀，那您就走吧，再不要在这里多停留一眨眼的时间吧！只要您一只脚踏进我的破家，我的家的幸福就要完蛋。——从前这里是快乐的住家，您却在我屋顶底下招来了灾难。您还不甘心吗？您那倒霉的友谊已经在我独生女儿身上造成了创伤，现在您还要再挖这个伤口吗？

斐迪南：奇怪的父亲，我现在来，就是为了告诉你的女儿一些愉快的消息。

米勒：莫非是用新的希望来引起新的绝望？——去吧，灾难的使者！你的面孔骂倒了你的货色。

斐迪南：我希望的目的终于显现出来了！米尔佛特夫人，我们爱情的最可怕的障碍，这时候已经逃出国境了。我的父亲答应了我的选择。命运已经认输了，听从我们的吩咐了。我们幸福的星座升起来了。——我现在到这里来，就是为了实践我的诺言，把我的新娘领到祭坛前去。

米勒：你听见他的话吗，我的女儿？你听见他拿他的嘲笑来和你落空的希望捣乱吗？真的，少校！花花公子的主意真好，在他的罪状上面还要再加上刻薄。

斐迪南：你以为我在开玩笑。我的荣誉保证！我的话是像我的露伊斯的爱一样真实，我愿意像她遵守她的誓言一样神圣地遵守我的诺言。——我绝对不承认有更神圣的东西。——你还怀疑吗？在我美丽的妻子的面颊上还没有快乐的红晕吗？奇怪！如果真理得到信任是这么难，那谎话就一定是这里通行的货币了。——你们不信任我的话吗？那就相信这一张书面证明吧！（他把露伊斯写给侍卫长的信扔给她）

露伊斯：（把它打开，随即面无人色地倒下。）

米勒：（没有察觉到这个，对少校。）这是什么意思，少校？我不懂您这一套。

斐迪南：（带他到露伊斯那边）懂得更透彻的是她！

米勒：（在她身边倒下）天啊！我的女儿！

斐迪南：像死神一样苍白！——现在她才合我的心意，你的女儿！她从来没有像现在这样美，这位虔诚的、正直的姑娘——加上这样一张死人的脸。——剥除一切谎话的黑漆的末日审判的气息现在抹掉了漂亮的化装，这个女巫当初就是用这套化装连光明天使都骗得过的。这是她最美的脸！这是她第一次显示出来的真面目！让我去吻这张脸吧！（他要走到她身边去）

米勒：回去！走开！不许来伤父亲的心，年轻人！我不能保护她免受你的抚爱，可是我能够保护她免受你的虐待。

斐迪南：你想怎么样，老头子？我和你是没有什么事的。你不要也卷入一场显然是输了的赌博。也许你比我对你的估计还要聪明一些吗？你是为你女儿的风流事件借用了60年的智慧，还用乌龟的职业污辱了你那斑白的头发吗？——唉！要不是这样，倒霉的老头子，你就不如躺下去死掉吧。——现在还来得及。你还可以在甜蜜的迷糊状态中长眠不醒："我是一个幸福的父亲！"——再迟一点，你就不免要把这条毒蛇摔进它地狱的老家；诅咒送来的礼物和送礼的人，带着对神的怨恨走入坟墓。（对露伊斯）说吧，不幸的姑娘！这封信是你写的吗？

米勒：（警告地对露伊斯）上帝做主，女儿！别忘了！别忘了！

露伊斯：唉，这封信啊，爸爸——

斐迪南：因为它误落入别人手中去了吗？——这种凑巧对我真是值得夸奖的；它比挖空心思的理性做出了更伟大的事业，而且到了审判的末日它会比所有圣人的机智还要经得起考验。——凑巧，我这样说吗？——哦，麻雀落地，中有天意，为什么不好呢，难道魔鬼的假面具不应该剥掉吗？——我要求答复！——这封信是你写的吗？

米勒：（在旁边用哀求的神气对她说）坚定！坚定，我的女儿！只要你说出这唯一的"是"字，就一切都过去了！

斐迪南：有趣得很！有趣得很！连父亲也骗了！一切人都骗了！看呀，看她站在那里，这个可耻的东西，现在就连她的舌头也拒绝服从她最后的谎话了！对天起誓，对真得可怕的上帝起誓！这封信是你写的吗？

露伊斯：（经过一番痛苦的斗争，同时她用眼光同她的父亲交换了意见，然后坚定地，决绝地。）是我写的。

斐迪南：（吃惊地站住）露伊斯——不！像我灵魂活着一样的真实！你说谎。——

就是一个无罪的人，到了拷刑架上面也会供出他事实上从来没有犯过的罪过。——我问得太凶猛了。——不对，露伊斯——只是因为我问得太凶猛了你才这样承认的，是吗？

露伊斯：是真的，我才承认。

斐迪南：不，我说！不！不！你没有写。那并不是你的笔迹。——就算是真的，难道模仿笔迹比败坏一颗心还要困难吗？同我说真话，露伊斯——还是不要、不要这样说，你可能说"是"，一说"是"，我就完了。——谎话，露伊斯！——谎话！——唉，即使你现在说得出来，用坦白的天使风度对我说出来，也只可以说服我的耳朵和我的眼睛，这颗心总还是给弄得那么讨厌地迷惑不定——露伊斯啊！这样一来一切真理就要凭这一口气离开我们的躯壳，什么好事从今以后也只好叫它倔强的脖子向宫廷的诈欺卑躬屈膝了！（用畏怯的、震颤的语调）这封信是你写的吗？

露伊斯：上帝为证！真得可怕的上帝为证！是的！——

斐迪南：（稍停之后，带着最深刻的痛苦的表情。）女人啊！女人啊！——看你现在对我板起来的这张面孔吧！——板起这张面孔去叫卖乐园，就在地狱深处也不会找到买主。——你知道，你当初是我的什么吗，露伊斯？不可能的！不！你不知道，你原来就是我的一切！一切！——这是一个寒伧的、轻蔑的字眼，可是永恒要环绕它一周也得费一把劲；各种天体就在它里面完成它们的轨道。——一切！这样伤天害理地来开玩笑！——唉，真惨啊！

露伊斯：您已经得到了我的招供了，瓦尔特先生。我自己诅咒了我自己。现在您走吧！离开这个您觉得那么不幸的人家吧。

斐迪南：好！好！我现在很平静——有人说过，瘟疫流行的恐怖的地带也总是平静的——我就是这样。（经过一阵沉思之后）还有一项请求，露伊斯——最后的请求！我的头烧得厉害。我需要凉一凉。——你愿意替我做一杯柠檬水吗？（露伊斯下）

第三场

（斐迪南和米勒。两个人一言不发，分别在屋子的两边走来走去地走了相当长的时间。）

米勒：（终于站住了，带着悲哀的神气打量少校。）亲爱的少校，如果我向你声明，说我衷心地同情您，也许您的怨恨会减轻一些吗？

斐迪南：算了吧，米勒！（又走了几步）米勒，我差不多记不起来了，我是怎样上你家里来的。——是怎样的机缘？

327

米勒：怎样吗，少校先生？您当时要跟我学吹笛子。您不记得了吗？

斐迪南：（急切地）我看见了他的女儿。（又停了一会）你没有遵守你的诺言，朋友。我们约好了在我孤独的时间要给我安静。你骗了我，把蝎子卖了给我。（他看见米勒的激动）不，不要害怕，老头子！（感动地抱住他的脖子）你并没有错。

米勒：（揉他的眼睛）洞鉴一切的上帝知道！

斐迪南：（重新走来走去，沉入了阴郁的思索。）奇怪，真是莫名其妙的奇怪，上帝这样来开我们的玩笑。可怕的重量常常挂在纤细的、差不多看不见的线上。——人哪里知道，吃了这个苹果就要死的呢？——唔！——他知道吗？（更急剧地走来走去，然后猛力抓住米勒的手。）老人家！跟你学的笛子所付的学费是太贵了——而且你也得不到好处——你也受了损失——也许一切都要损失干净。（垂头丧气地从他身边走开）倒霉的吹笛子，悔不该当初起这个念头！

米勒：（试图掩藏他的感动）柠檬水可等得太久了。我想我不如去看看，如果您不见怪的话。——

斐迪南：不忙，亲爱的米勒。（喃喃自语）尤其是做父亲的不必忙。——留在这里吧！——我还想问什么话？——是的！露伊斯是你的独生女儿吗？你此外就没有其他的孩子了吗？

米勒：（温暖地）此外再没有了，少校——我也不想再多要。这个姑娘刚好占满了我整个父亲的心——我已经把我全部的爱都放在女儿身上了。

斐迪南：（受到了剧烈的震动）噢！——劳你驾，去看看那杯饮料吧，好米勒！（米勒下）

第四场

（斐迪南一个人）

斐迪南：独生孩子！——你感觉到了吗，凶手？独生孩子，凶手！听见了吗，独生孩子？——而且这个老头子在上帝的广大的世界上除了他的乐器和这个独生孩子之外什么也没有了。——你要把他这个抢走吗？

抢走？——抢走乞丐的最后一个救命钱？拿跛子的拐棍折断了再摔回他脚跟前？怎么样？我也有做这种事的心肠吗？——当他赶回家里，却不能期望对着这个女儿的脸来计算他快乐的总数，反而是一进门就看见她躺在那里，一朵鲜花——凋谢了——枯死了——踏碎了，大胆地——这最后的、唯一的、并不过分的希望——

噢！——他就站在她前面，站着，整个大自然屏息静气地望着他，他的呆滞的眼光瞪着没有人烟的无穷打转，找寻上帝却再也找不到上帝，于是更加空虚地回转来——天啊！天啊！可是我的父亲也只有这一个独生儿子——唯一的儿子却不是唯一的财富。（稍停之后）可是说哪里话，他有什么损失？一个把爱情的最神圣的感情当作玩偶的姑娘能够使父亲得到幸福吗？——不能够，不能够！我能够趁那条蝮蛇没有把父亲也咬一口之前踩死它，我还应该得到感谢呢。

第五场

（米勒回来。斐迪南。）

米勒：您要的东西就会送来，少校！——那个可怜的丫头坐在外面哭得死去活来。她也许会把柠檬水掺上她的眼泪给您喝呢。

斐迪南：那好吧，光是眼泪更好！——我们刚才谈到音乐，米勒——（他在扯出他的钱袋）我记得我还欠你债呢。

米勒：怎么样？什么？去您的吧，少校！您把我当成什么人？还钱的机会多着呢；您不要来侮辱我，至于我们彼此之间，看上帝的旨意吧！可并不是最后一次的见面。

斐迪南：谁知道？你拿着吧！那是为了活命也为了送死。

米勒：（笑）哦，原来如此，少校！我这样想，有起事来的时候，不妨找您去冒险。

斐迪南：有人真是冒过险。——你还没有听说过，说青年人会死吗——青年男女，希望的儿女，受骗的父亲的空中楼阁？——蛀虫和年龄都弄他不死的，却常常挨一下雷打就完结了。——就是你的露伊斯也不是永生不死的。

米勒：她是上帝给我的。

斐迪南：你听着。——我告诉你，她并不是永生不死的。这个女儿是你的眼珠子。你把心和灵魂都寄托在这个女儿身上了。你要注意，米勒！只有绝望的赌鬼才肯把全部所有作孤注的一掷。一个商人，如果把他的全部财产装在一只船上，人家就管他叫冒失鬼。——你听着，记住这番警告！——可是为什么你不肯收你的钱？

米勒：什么话，先生？整整一个大钱袋吗？您这贵公子怎么了？

斐迪南：从我的债务出发。——拿吧！（他把钱袋扔在桌子上，倒了一些金子出来。）我不能够一辈子这样守着这个累赘。

米勒：(一怔) 什么？上帝为证！听声音不像是银币！(他跑到桌子旁边，吃惊地嚷。) 怎么搞的，老天爷做主，少校，少校？您在哪里？您闹什么玩意儿，少校？我只能把这个叫做开玩笑！(握紧了双手) 这里放着的的确是——要就是我中了邪，要就是——上帝诅咒我！摸在手上的明明是沉甸甸的、黄澄澄的、不折不扣的金子。——不，魔鬼！不要这样来引诱我，我是不上钩的！

斐迪南：你喝的是老酒还是新酒，米勒？

米勒：(粗鲁地) 岂有此理！您看呀！——金子啊！

斐迪南：金子又怎么样？

米勒：以刽子手的名义——我说——看上帝基督的旨意我求您——金子啊！

斐迪南：那无疑是有点特别的。

米勒：(静默一会之后走到他身边，感动地说。) 好先生，我是一个朴素的、正直的人；如果您有心驱使我去闹什么鬼乱子——因为这么多的钱，天知道，靠做好事是挣不到的。

斐迪南：(感动) 你尽管放心，亲爱的米勒！你早就应该挣到这些钱了，上帝做主，我不敢拿它来做收买你良心的代价！

米勒：(跳得高高的，差不多像疯子一样。) 那就是我的了！我的！上帝为证，上帝做主，是我的了！(向门口跑去，叫着) 老婆！女儿！哈哈！快来！(回转来) 可是，老天爷，我怎么一下子就得到这么多的财产？我怎样挣到的？我配接受它吗？嘿！

斐迪南：不是凭你的音乐课程，米勒。——我是用这笔钱来报答你，(受到了恐怖的袭击，停住了) 报答你——(稍停之后，伤心地。) 让我从你的女儿那里享受到 3 个月时间的幸福的幻梦。

米勒：(抓住他的手，猛力握紧它。) 好先生！如果您是一个普通的、渺小的平民——(迅速地) 我的姑娘不爱您——我简直可以动手刺死她，这个姑娘。(又回到金子旁边去，随即垂头丧气地。) 可是我现在有了一切，您却什么也没有了，就由我再来大吃大喝把它花个痛快吗？嘿！

斐迪南：你不必为这个烦恼，朋友！——我要远行；我打算住下来的地方这种货币是不通用的。

米勒：(这段时间里一直目不转睛地盯着那些金子，满心欢喜地。) 那就一直都是我的了？一直都是了吗？——可是我可真难过，您要走了。——等一等，看我现在怎样出台！看我的面颊怎样丰满起来！(他戴起他的帽子，在室内走来走去。) 我还要在市场大音乐厅里教学生，抽五号三王牌香烟，如果我再坐 3 分茶钱的馆子，就让魔鬼来收我。(要走)

斐迪南：你留着！别说出口！把钱收起来！（郑重地）只有今天一个晚上你不要说出来；而且，看我的面，从今以后再不要教授音乐！

米勒：（越发兴奋，抓紧着背心，充满了内心的快乐。）先生啊！我的女儿！（又放松了）钱造不出好汉——钱没有办法——我吃马铃薯和吃鹧鸪都一样；饱总是饱，而且这件外套永远是好的，只要上帝的亲爱的太阳不把袖子的破洞洞照穿。——我这一套破行头就够了。——可是姑娘却应该得到幸福；只要我从她的眼色看出她的心事，她就应该得到——

斐迪南：（急忙插嘴）别说了，别说了——

米勒：（越来越兴奋）她得学上一口道地的法国话，跳小步舞，唱歌，让人家在报纸上看到她；她得戴上一顶帽子，像枢密小姐一样，还穿上拱腰的巴黎时装，我闹不清怎样说才对，要人家在四英里以外都讲说小提琴师的女儿——

斐迪南：（极惊恐地一下子抓住他的手）再不要多说了！再不要多说了！上帝做主，你住口吧！只要你今天不说出来！这是我要求你的唯一的报答！

第六场

（露伊斯端着柠檬水。前场人物。）

露伊斯：（哭红了眼睛，声音震颤着，用一个盘子端着一玻璃杯柠檬水送给少校。）如果不够浓，您再吩咐吧。

斐迪南：（接了玻璃杯，放下，急忙转身对米勒。）哦，差一点我忘记了！——我可以请你办点事吗，亲爱的米勒？你愿意给我一点小面子吗？

米勒：万分乐意！什么事——

斐迪南：有人等我吃饭，糟糕的是我情绪十分坏，那是完全不可能跟别人在一起的。——你愿意走一趟去找我父亲，替我道歉去吗？——

露伊斯：（一征，急忙插嘴。）我可以去走一趟。

米勒：去见宰相吗？

斐迪南：不是去找他本人，只要到接待室对一个侍从传达你的任务就行了。——为了证明你的身份就把这只表带去。——你回来的时候我还在这里。——你得等他答复。

露伊斯：（很害怕）我不是也可以去办吗？

斐迪南：（对米勒，他正在要走。）站住，还有一点东西！这里是给我父亲的一封信，是我今晚和我的一封信一起收到的。——说不定有要紧的事情——你就同时送去吧。

米勒：好的，少校——

露伊斯：（缠住他，说不出的惊恐。）可是，爸爸，这一切我都可以办得很妥当的。

米勒：你一个人，又是黑夜，我的女儿。（下）

斐迪南：替你父亲照照亮，露伊斯！（当她拿灯送她父亲出去的时候，他跑到桌子旁边，把毒药放进那杯柠檬水里。）是的，她的时候到了！到了！上界的神明为她那个惨痛的"是"字在向我点头，天上的复仇也签了字，护佑她的善良的天使已经把她唾弃。——

第七场

（斐迪南和露伊斯。她慢吞吞地提着灯走回来，把灯放在桌子上，自己站在少校的对面，脸朝着地，只是偶然畏怯地、偷偷地斜眼望望他。他站在另一边，张着呆滞的眼睛出神。深沉的静默，预示着这一个严重的场面。）

露伊斯：您如果愿意替我伴奏，瓦尔特先生，那我就弹一会钢琴。（她打开了琴盖）

斐迪南：（不给她回答。——静默）

露伊斯：您欠我的象棋债还没有还。我们要来一盘吗，瓦尔特先生？（又是一阵静默）

露伊斯：瓦尔特先生，我有一次答应您绣一个信夹子——我已经开了头。——您要看一看那个图样吗？（仍然是一阵静默）

露伊斯：唉，我真颓丧得很！

斐迪南：（维持原来的姿势）这个可能是真的。

露伊斯：这可不是我的罪过啊，瓦尔特先生，您受到这么坏的款待。

斐迪南：（轻蔑地冷笑）我愚蠢的谦虚干你什么事？

露伊斯：我知道得很清楚，我们现在不会再是好朋友了。我简直吓了一跳，我承认，当您差我父亲出去的时候。——瓦尔特先生，我相信，这样的时间我们是熬不过去的。——如果您容许我，我就去请一些我相识的人来。

斐迪南：哦，真是，去吧！我也愿意立刻去请我相识的人来。

露伊斯：（吃惊地望着他）瓦尔特先生？

斐迪南：（非常恶毒地）用我的人格做担保，这是一个人在这样的情况之下想得出来的唯一的最聪明的主意。我们从这一首烦闷的二重唱变出一场热闹的娱乐，而且还可以依靠某一些意外的艳遇来报复我们爱情的狂想。

露伊斯：您很轻松吗，瓦尔特先生？

斐迪南：轻松得很，简直可以逗得市集上的野孩子跟着我跑！不！讲真话，露伊斯！你的榜样感染了我——你应该做我的老师，那些胡扯永远的爱的人都是一些傻瓜；千篇一律是不对胃口的，只有朝三暮四才是加在娱乐里的盐。——一言为定，露伊斯！我准备好了。——我们从一篇浪漫故事跳到另一篇浪漫故事，从一个泥潭滚到另一个泥潭——你往这一头——我往那一头——也许，我失去的安静会在窑子里找回来——也许，我们经过一场有趣的赛跑之后，变成两副霉烂的骷髅，由于世界上最愉快的意外，我们又一次碰头，像演喜剧一样，从共通的血缘标志认出了我们的本来面目——说到血缘标志，是孩子对母亲抵赖不了的标志，于是恶心和惭愧又造成了和谐的一致，这样的和谐是温柔的爱情都没有办法的。

露伊斯：唉，青年！青年！你已经是不幸的了，你还想给你的不幸加上活该的考语吗？

斐迪南：(咬牙切齿地、痛恨地喃喃自语) 我是不幸的吗？谁告诉你的？女人，你太卑鄙了，你不会有感受的——你怎么能够感受别人的痛苦呢？——不幸的，她说的吗？——噢！这个字简直可以把我的愤怒从坟墓里叫出来！——我一定会是不幸的，她当初就知道。——死亡和诅咒！她知道了，但还是把我出卖了。——看，毒蛇！原来还留着宽恕的唯一的余地。——你这个口供却打折了你自己的脖子。——直到现在为止，我还想拿你的痴呆来掩饰你的罪恶，在我轻蔑的心目中，你差一点逃脱了我的报复。(他急忙地拿起玻璃杯) 这样说来，你不是轻浮——你不是蠢——你就是魔鬼啊。(他喝) 柠檬水就像你的灵魂一样坏。——尝一口！

露伊斯：天啊！这一个场面使我害怕，并不是无缘无故的。

斐迪南：(命令式地) 尝一口！

露伊斯：(无可奈何地拿起杯子喝着。斐迪南一看见她把杯子凑到嘴上，他脸色突变，转身朝着另一边，跑到室内最深的一个犄角里去。)

露伊斯：柠檬水并不坏。

斐迪南：(不转身，浑身战栗。) 做得好！

露伊斯：(放下了杯子之后) 唉，如果您明白，瓦尔特，您多厉害地侮辱了我的灵魂！

斐迪南：哼！

露伊斯：迟早总有明白的时候，瓦尔特——

斐迪南：(又走前来) 噢！说到时间我们就完了。

露伊斯：那时候想起今天晚上的事情，您就要感到心情沉重——

斐迪南：(开始加重脚步而且心情变得更不安，同时扔掉他的绶带和佩刀。) 再会了，朝廷的差使！

露伊斯：我的上帝！您干吗呀？

斐迪南：又热又紧。——我要舒服一点。

露伊斯：喝水呀！喝水呀！喝水是会清凉一下的。

斐迪南：那一定。——骚丫头的心是好的，可是，仅此而已！

露伊斯：(充满了爱的表情扑到他怀里去) 对你的露伊斯说这样的话吗，斐迪南？

斐迪南：(推开她) 走开！走开！你的柔顺的、凄凉的眼睛，滚开！我要死了！连同你那无边的恐怖一道来吧，毒蛇！向我身上扑来吧，孽畜！——在我面前夸耀你那丑恶的骨节吧，把你的头顶旋着伸到天上去吧——地狱也没有看见过你这种讨厌的样子——再不要来扮天使了——现在再不要来扮天使了。——已经太晚了。——我要就像踩死蝮蛇一样踩死你，要么就灰心绝望。——怜悯一下你自己吧！

露伊斯：唉！真是弄到了这个地步吗？

斐迪南：(从侧面打量她) 天上艺术家的杰作。——谁能相信？——谁敢相信？(捉住她的手，把它举起来) 我不想来质问你，造物主！——可是为什么你的毒药要盛在这么漂亮的皮囊里？——罪恶能够在这样祥和的地方生长吗？——唉，真是奇怪。

露伊斯：要听这样的话，偏偏却又不许开口啊！

斐迪南：还有那甜蜜的、悠扬的声音。——破碎的琴弦怎么能够发出那么优美的音响啊？(睐着沉醉的眼睛端详她) 一切都是那么美——那么调和——那么天神似的完善！处处都表现出这是一个天神似的精心结构的杰作！上帝为证！广大的世界所以要产生，好像只是为了引起造物主对于这一件杰作的创作兴趣！——偏偏上帝就在灵魂方面出了岔子吗？这样一个可恶的怪物在自然界不受到斥责是可能的吗？(他迅速地离开她) 或者他看见在他锤凿底下出现的是一个天使，于是急忙塞上一颗更坏的心来纠正他的错误吗？

露伊斯：唉，听听这个凶狠的固执的人的话吧！他不承认自己的鲁莽，反而向上帝责问了。

斐迪南：(痛哭着抱紧她脖子) 再来一次，露伊斯！——像我们第一次亲吻那天一样，再来一次，；当时你迟迟疑疑地叫一声"斐迪南"，从你那滚烫的嘴唇里发出了第一次的爱称"你"！——唉，这一瞬间里好像就有无穷尽的、说不出来的快乐的种子在萌芽！——我们眼前像美丽的春天一样出现了极乐世界；黄金的世纪像新娘一样在我们灵魂的周围舞蹈。——那时候我是幸福的人！——噢，露伊斯！露伊斯！露伊斯！为什么你对我来了这一手啊？

露伊斯：您哭吧！哭吧，瓦尔特！拿您的伤心来对待我比拿您的痛恨来对待我要更合情理。

斐迪南：你骗你自己。这不是伤心的眼泪，——不是那温暖的、欢娱的、香油一样流入灵魂的创口的露水，也不能重新推动感情的僵死的车轮。这是零零落落的——冷冰冰的水滴——是我爱情的阴森的永远的告别。（惊心动魄的庄严，同时把他的手放在她头上。）这是为你灵魂而哭的眼泪，露伊斯——哭诉天神的眼泪，他那为他杰作的杰作那么大胆表示的无穷的善意在这里碰了壁。——唉，我觉得，整个宇宙都应该蒙上黑纱，为那在宇宙中间发生的事变而惊惶失措。——人类总要灭亡，乐园总要失去，这是大家共同的；可是如果瘟疫流行到天使中间，那么，发丧的号哭就要贯穿整个自然界！

露伊斯：您不要把我逼到尽头，瓦尔特。我灵魂的强度比得上任何人——可是它应该受到的总得是人性的考验。瓦尔特，再说一段话就从此分手了。——一场可怕的遭遇打乱了我们心灵的语言。如果我可以开口啊，瓦尔特，我可以告诉你一些事情——我本来能够——可是残酷的命运缚住了我的舌头也缚住了我的爱，即使你像对待一个下贱的卖淫妇一样虐待我，我也只好安心忍受。

斐迪南：你觉得舒服吗，露伊斯？

露伊斯：干吗提这一个问题？

斐迪南：因为不这样我就要替你难过，如果你不得不带着谎言离开人世的话。

露伊斯：我向您起誓，瓦尔特——

斐迪南：（在猛烈的刺激支配之下）不！不！这一种报复是太狠了！不，上帝鉴察我！我不愿意把我的愤怒带到另一个世界里去。——露伊斯！你爱过侍卫长吗？你再也走不出这间屋子了。

露伊斯：您要问什么，随您的便。我不再答复了。（她坐下）

斐迪南：（更加严肃）照顾一下你不死的灵魂，露伊斯！——你爱过侍卫长吗？你再也走不出这间屋子了。

露伊斯：我什么也不再答复了。

斐迪南：（一下子亡魂失魄地跪在她面前）露伊斯！你爱过侍卫长吗？还等不到这盏灯

熄灭，你就要站在——上帝面前了！

露伊斯：（吃惊地跳起来）耶稣！这是什么？——我难受得很。（她倒回靠椅上去）

斐迪南：已经发作了吗？——说起你们女人就总得联想到那永恒的哑谜，娇嫩的神经瞒得住那连根啮断人类的罪行；但是一分一厘的砒霜就够把她们打翻——

露伊斯：毒药！毒药！我的上帝啊！

斐迪南：恐怕是的。你的柠檬水是在地狱里配上香料的。你拿它向死神敬酒了。

露伊斯：死呀！死呀！慈悲的上帝啊！柠檬水加了毒药，去死！——唉，怜悯我的灵魂吧，慈悲的上帝！

斐迪南：这是主要的一点；我也要这样请求他。

露伊斯：还有我的母亲——我的父亲——世界的救主！我可怜的、一切落空的爸爸！再没有救了吗？我幼小的生命就没有救了！我现在就已经要完了吗？

斐迪南：没有救了，现在就要完了——可是你放心！我们是一道走的。

露伊斯：斐迪南，你也要！毒药啊，斐迪南！是你弄的吗？天啊，忘掉他这种行为吧——慈悲的上帝，罪恶不要算在他头上——

斐迪南：小心算算你自己的账吧！我担心，这笔账不好算呢。

露伊斯：斐迪南！斐迪南！——噢——现在我再也不能沉默了。——死亡——死亡勾销了一切誓言。——斐迪南！天上人间再也没有比你更不幸的人了。——我死得无辜啊，斐迪南。

斐迪南：（吃了一惊）她说什么？——走上这一段旅途的人一般是不允许说谎的呀！

露伊斯：我不说谎——不说谎——我有生以来只说过一次谎——哎哟！当时是怎样一阵冷冰冰的颤栗冲过我的血管啊——当我写那封信给侍卫长的时候——

斐迪南：哈！这一封信！——感谢上帝！现在我又恢复了我的丈夫气概了。

露伊斯：（她的舌头渐渐僵硬，她的手指开始了痉挛性的抽搐。）这一封信！——打起精神，来听一句恐怖的话！——是我的手写的，也是我的心所诅咒的——信的字句是你的父亲口授。

斐迪南：（目瞪口呆，像是一座雕像一样站着，沉入了长久的、死寂的沉默，最后像受了雷击一样倒了下去。）

露伊斯：可悲的误会啊——斐迪南——别人强迫我——请原谅——你的露伊斯选中了死——可是我的父亲——危险——他们狡猾得很。

斐迪南：（惊心动魄地跳起来）赞美上帝！毒药的力量还没有在我身上发作。（拔出佩

刀）

露伊斯：（逐渐软弱地倒下去）住手！你干吗呀？他是你的父亲——

斐迪南：（表现了不可遏止的愤怒）凶手，又是谋杀儿子的凶手！他一定要跟上来，让全世界的主宰把他的愤怒倾注在这元凶一个人身上！（要出去）

露伊斯：我的救世主临死的时候是宽恕一切的。——祝福你和他。（她死去）

斐迪南：（急速地转身，证实了她最后的死亡的动作，一恸之下，迷乱地倒在她身边。）停下来！停下来！不要撇下我啊，光明的天使！（他拉住她的手，又即刻放下。）冰冷的，又冰冷又潮湿！她的灵魂已经逝去了。（他又跳起来）我露伊斯的上帝啊！慈悲！对凶手中最受诅咒的凶手发发慈悲吧！这是她最后的祷告！——连死后的面目也是那么优雅和美丽！受到感动的死神杀星带着珍惜的心情依恋着这和蔼的双颊。——这一片柔情并不是假面具，面对着死亡还是始终坚定。（过了一会）可是怎么搞的？为什么我一点感觉都没有？难道我青春的力量要救我的命吗？无谓的努力！这可不是我的意思。（他去拿杯子）

末　场

（斐迪南、宰相。伍尔牧和仆役，他们大家都是心惊胆战地冲进屋子里来；随后米勒带同一大群人和法警，他们在后面集合。）

宰相：（手里拿着信）儿子，怎么回事？——我可永远不肯相信——

斐迪南：（把杯子扔到他脚跟前）看吧，凶手！

宰相：（站立不定，倒退。大家都目瞪口呆。恐怖的静默。）我的儿子啊，为什么你对我来了这一手？

斐迪南：（不理会他）哦，当然啰！我倒应该先听一听政治家的申述，看这种手段用在他的纸牌上是否合适？这套阴谋是巧妙的，令人佩服的，我承认，通过嫉妒来扯断我们心的结合。——这番计算是专家定出来的，可惜的是，愤激的爱情并不像你的木偶那样听从牵线人的摆布。

宰相：（溜着斜眼向周围寻找）这里竟然没有人为绝望的父亲哭一场吗？

米勒：（在背后嚷着）让我进去！上帝做主！让我进去！

斐迪南：这位姑娘是一位圣女——她的事在由另一个人来办。（他给米勒开门，他带同一大群人和法警冲进来来）

米勒：（说不出的恐惧）我的孩子！我的孩子！——毒药——毒药，有人叫喊，这里出了毒药命案。——我的女儿啊！你在哪里？

斐迪南：（领他到宰相和露伊斯的遗体之间）我是无罪的。——谢谢这个人！

米勒：（倒在她身边的地上）耶稣啊！

斐迪南：简单几句话，爸爸——他们开始在我心目中成为宝贵的了。——我被人卑劣地把我的生命抢走了，被您抢走了。我怎样对上帝交代，我想着就发抖——可是我从来就不是一个恶棍。我的永劫的命运如何结局，随它的便吧——就不要算在您头上！——可是我却犯了谋杀罪，（用可怕的、高扬的声音。）这宗谋杀案您该不致于要我一个人背着去受上帝的审判吧。我现在庄严地把那最重大的、最丑恶的一半移转给你；至于你打算怎样去了结，那你自己看吧！（领他到露伊斯旁边）这里，野蛮人！欣赏一下你的智谋的可怕的结果吧，这张脸上已经在死的抽搐中写上了你的名字，行刑的天使是看得出来的。——这样的一个形象，当你睡觉的时候，会来拉开你床上的帷幔，向你伸出她冰冷的手。——这样的一个形象，当你死亡的时候，会站在你灵魂的前面，挤掉你最后的祷告。——这样的一个形象，当你复活的时候，会站在你坟墓上面——而且，当上帝审判你的时候，也会站在上帝旁边！（他将要昏迷，仆役扶住他。）

宰相：（惶恐地向天摆动他的臂膀）不是我，不是我，世界的主宰，——向这个人要他们的灵魂！（他向伍尔牧跑过去）

伍尔牧：（气愤地）是我吗？

宰相：该死的，是你！是你，魔鬼！——你，你出的毒蛇主意。——责任是在你身上！——与我无干。

伍尔牧：在我身上？（恶毒地笑起来）好玩得很！好玩得很！现在我也明白了，魔鬼是用什么方式来报恩的。——在我身上吗，愚蠢的恶棍？他是我的儿子吗？我是你的主人吗？——责任在我身上？哈！看到这种情形，我浑身骨髓都冰冷了！责任要由我来负吗？——现在我是要完蛋的了，可是要完你也一道完。——来吧！来吧！满街满巷去大呼谋杀吧！把法官叫起来！法警，捆我吧！就从这里把我带走吧！我要揭发那些秘密，叫听的人全要起鸡皮疙瘩。（要走）

宰相：（拉住他）你可不会这样吧，疯子？——

伍尔牧：（拍拍他的肩膀）我会的，伙伴！我会！——我是疯了，真的——这是你的事业——我现在就要像疯子一样来办事。——同你手牵手走上断头台！同你手牵手走入地狱！流氓，同你一道去受诅咒，真是引起了我的幻想。（他被带走）

米勒：（整段时间一直伏在露伊斯身上，沉入了静默的悲痛，现在很快地站起来，把钱袋扔在少校脚前。）毒药犯！保留你作孽的金子吧！——你要用金子从我手上收买我的孩子吗？（他

冲到室外去）

斐迪南：（发出断断续续的声音）跟住他！他绝望到不顾一切了。——这里的钱替他保存起来。——这是我可怕的报答。露伊斯！——露伊斯！——我来了——再会！——让我靠着这座祭坛长逝吧！——

宰相：（在深重的昏迷状态中对他的儿子说）斐迪南！我的儿子！再不肯向被粉碎的父亲瞥一眼吗？

斐迪南：（被抬到露伊斯身边）最后的一瞥应该是向着慈悲的上帝。

宰相：（带着最深重的痛苦倒在他前面）万物和造物主都抛弃了我了。——再不肯瞥我一眼，给我最后的安慰吗？

斐迪南：（向他伸出了垂死的手，死去。）

宰相：（迅速地站起来）他宽恕我了！（对其余的人）现在我是你们的囚犯了。（下，法警等跟在后面。）

剧　终

玛利亚·玛格达莲

〔德〕弗里德里希·赫贝尔著

版本：作家出版社，1956年，北京

人物表

安东——木匠师傅
台莱丝——他的妻子
克拉拉——他的女儿
卡尔——他的儿子
列昂哈尔德
佛里德里希——秘书
伏尔佛拉姆——商人
亚当——法庭差役
第二法庭差役
男孩
女仆

地点

一个中等城市

第一幕

第一场

（木匠师傅家中的一个房间。克拉拉。母亲。）

克拉拉：这是你从前的结婚礼服吗？啊，多么合身！简直就像现在新做的！

台莱丝：是的，孩子，时装的式样总在变，变到没法再变的时候，就一定会变回来的。这件衣服过时已经有十次之多，可是每次又会时新起来。

克拉拉：这一次并不够时髦，亲爱的妈妈！袖子嫌太大了。我这样说，你不会见怪吧？

台莱丝：（微笑）我可不像你那样孩子气！

克拉拉：你穿上礼服原来是这个样子！可是当时你一定还戴了花冠，是不是？

台莱丝：当然啰！否则我干吗费了多年工夫把桃金娘树养在花盆里呀？

克拉拉：我请求你穿这套礼服不知有多少次了，你从来不答应。你总说："这套衣服已经不再是我的结婚礼服，而是我的寿衣了，随便穿着玩是不行的。"后来我也就根本不愿意再看它一眼，因为它干干净净地挂在那里，总让我想到你的去世，想到由那些老婆婆把它从你头上套进去的那一天。——可是为什么你自己今天倒穿起来了呢？

台莱丝：如果一个人病得像我这样沉重，连自己也不知道可不可以再好起来，总不免要心情烦乱的。死亡比人们所想象的还要可怕，唉，死是够苦的！死能够把世界弄得凄惨荒凉，能够把那些五光十色、生动有趣地在我们周围闪烁着的灯光一盏一盏地吹熄，能够使丈夫和孩子的眼睛停止放射光芒，四面八方将会暗下来，可是它却能在你心里点上一盏越来越亮的明灯，因此，你会看见许多许多你不愿意看见的东西……我自问没有做过任何一件坏事。我一向遵循上帝的道路。我尽我的能力管理家务。我把你和你的兄弟教养大，使你们懂得敬仰上帝。你们爸爸的血汗钱，我向来省吃俭用，而且我总要剩下一两个铜子给穷人。如果我偶然因为心情不好，或者因为来的穷人一时太多而拒绝了一个，他并不因此倒霉，因为我一定会叫他回来，加倍地给他。啊，这一切又算得什么呢！末日临到头上的时候，人人都一样地心惊肉跳，像虫一样蜷缩起来。我们要求上帝让我们活下去，就像仆役向主人要求，请他准许他把做坏了的工作重新做好，免得在发薪那一天被扣去工钱。

克拉拉：别说了吧，亲爱的妈妈，说多了对你的病不相宜！

台莱丝：不，孩子，说说我心里舒服！我岂不是又已经恢复健康，又有力气了吗？上帝不是特意把我叫去，教我检查一下我的礼服还是不是纯洁没有污点的吗？他不是等我到了坟墓的门口再打发我回来，而且放宽了我的期限，让我为天上的婚礼装扮起来吗？他对昨天晚上我要你念给我听的福音书里面的那七位少女，还没有这么慈悲呢！因此，我今天参加圣餐，就穿上了这一套衣服。我当年穿它的那一天，曾经最虔诚地许过好多善愿。今天就让它来提醒我还有哪一些愿没有还吧！

克拉拉：你现在说话还是像你在害病的时候一样！

第二场

卡尔：（上）早安，妈妈！喂，克拉拉，假如我不是你的兄弟，你也许就会爱上我了吧？

克拉拉：金链子？你从哪里弄来的？

卡尔：我辛苦流汗是为的什么？我比别人在晚上多做两个钟头工又是为的什么？亏你问得出口！

台莱丝：礼拜天大清早就吵架？好意思吗？卡尔！

卡尔：妈，你可以给我一块钱吗？

台莱丝：我没有钱，我的钱刚够家用。

卡尔：就从家用里面拨一点给我吧！即使你一连两个礼拜把蛋饼烤得再薄，我也不会唠叨了。何况过去你已经常常这样做！我知道得很清楚！你为了省下钱来替克拉拉做件白衣服，曾经弄得饭桌上好几个月看不到一点好吃的东西。我就是不闻不问，也准可以知道，现在又在打算买一件新的首饰或者什么别的衣料了。那么，请你换一换人也让我受到一点小恩小惠吧！

台莱丝：你真不要脸！

卡尔：只恨我现在没有时间，不然的话——（他要走）

台莱丝：你上哪里去？

卡尔：我不愿意告诉你，为了那个爱唠叨的老头子问起我来的时候，你不必脸红就可以回答不知道。其实，我完全不要你的钱，好在你不给我，我还有别的办法。（自言自语）在这家里，他们总是认为最坏的事都是我做出来的；那么，我何必不让他们老为我提心吊胆，自己来开开心呢？钱拿不到，又没有一个熟人帮助我解除困难，我只好上礼拜堂去了！可是我何必告诉他们呢？

第三场

克拉拉：那是什么意思？

台莱丝：唉，他真叫我痛心呀！是的，是的，爸爸说得对，这就是报应！在他还是小娃娃的时候，讨起糖来那么逗人喜欢，今天要起钱来就这样蛮横！假如我当初不给他那块糖，是不是现在他就真的不来要钱呢？这件事常常叫我苦恼！而且我相信，他根本不爱我！我害病的时候，你看见他哭过一次吗？

克拉拉：除了吃饭的时候，我实在很少见到他。他胃口倒是比我好得多呢！

台莱丝：(急忙说) 那当然啦，因为他要干吃力的活儿呢！

克拉拉：不错！男人们总是这样的！他们觉得掉泪比犯罪还要丢脸！他们宁肯伸出老拳吓人，也不肯叫人看见一双泪眼呢！爸爸不也是这样吗？记得当你放血却没有血流出来的那个下午，他坐在刨木凳上哭得不得了，我听了实在感动！可是等到我跑去安慰他，替他揩脸的时候，你猜他说什么？"试试看吧，看你能不能把那讨厌的刨花屑从我眼里挑出来，我要做的事多着呢，可是一件都还没动手。"

台莱丝：(微笑地) 是的，是的！我近来简直没有看见列昂哈尔德啦。这是怎么回事呀？

克拉拉：由他去吧！

台莱丝：除了在这家里，我不希望你在别的地方跟他见面！

克拉拉：难道我晚上去井上挑水，停留的时间太长了，叫你起了怀疑吗？

台莱丝：不，不是这个！我所以准许他到我们家里来，就为的是不让他老在迷雾里、黑夜里盯着你。我的母亲从前也是不允许这样的事情发生的。

克拉拉：我近来根本没有见过他！

台莱丝：你们闹了别扭吗？我倒是满喜欢他的，他很稳重！可惜他就是没有职业！在我年轻的时候，他这种人用不着等待多久，就能找到职业的，因为当时好的司书人才很稀少，大人先生们抢一个能干的司书就好像瘸子抢一支拐棍似的。就是我们这一类小人物也需要他们。今天他替一个做儿子的给他的父亲写一封新年贺信，光是那头一个金字的报酬就够他给孩子买一个布娃娃的。第二天，那个做父亲的又来找他，请他关紧房门把贺信悄悄地念给他听，免得叫人听见，笑他不识字。这样一来一回，司书就有了双份的报酬。那个时候，司书是高人一等的，啤酒的价钱也让他们抬高了。现在可两样了，现在我们这些不会念书识字的老鬼，只好让九岁的小子嘲笑！世界变得越来越聪明，也许将来有这样的一天，不会走绳索也要算是丢脸呢！

克拉拉：教堂的钟响了！

台莱丝：唔，孩子，我去为你祈祷！说到你的这个列昂哈尔德，爱他吧，爱他像他爱上帝一样，不要太多，也不要太少。我的老母亲离开人世，为我祝福的时候，就是这样说的；我接受她的祝福已经够久了，现在我来为你祝福吧！

克拉拉：（交给她一束鲜花）带着这个吧！

台莱丝：那一定是卡尔给我的！

克拉拉：（点头；继而旁白。）但愿是他给的就好了！只要是任何能够使她高兴的东西，就一定应该是他给她的！

台莱丝：啊，他真是个好孩子，知道爱他母亲呢！（下）

克拉拉：（从窗口目送着她）她走了！我一连三次梦见她躺在棺材里，现在呢——那些恶毒的梦啊，它们利用我们的恐惧心理来破坏我们的希望！我决不愿再去注意梦了，做了好梦，我再也不要因此高兴，免得等到恶梦跟在后头来到的时候担心害怕！她走起路来多么坚定稳健啊！她已经走近教堂的公墓了——让我看看她第一个碰见的是谁？这本来没有多大关系，我不过是——（猛吃一惊）一个掘墓工人！他刚刚掘好一个墓穴，从里面走上来。母亲跟他打了个招呼，又微笑地朝那个黑暗的墓穴望了一望，把那束鲜花扔下去，然后走进礼拜堂去了。（传来一片歌声）他们唱："我们大家感谢上帝！"（她合上手掌）是的！是的！要是我的母亲真的死了，我一定再不会有一刻安宁了，因为——（向上天望着）可是您是宽大的，您是慈悲的！我真希望我有一种像天主教徒一样的信仰，好让我可以奉献一点什么给您啊！我愿意把扑满里面的钱全部倒出来，为您买一颗美丽的镀金的心，并且把它用玫瑰花缠起来。可是，我们的牧师说，在您面前任何礼物都是没有价值的，因为世上的一切都属于您，我们不应该把您自己的东西拿来献给您！可是相反的，家中所有的一切不都是属于我父亲的吗？当我用他自己的钱替他买一条餐巾，绣上漂亮的花，在他生日的那一天给他摆在餐碟上的时候，他总是很高兴的。是的，他给我很大的面子，只有在最崇高的节日，圣诞节或者降灵节①几天才拿出来用！有一次我看见一个年纪很小的天主教女孩子把她的樱桃送到祭坛上去。她的做法多么叫我喜欢啊！这个孩子捧着

①　降灵节是复活节后的第50天，亦即是第7个礼拜天举行的纪念圣灵降临的节日。

的樱桃是这一年她第一次得到的，我看出她是多么想吃啊！可是她终于抑制住她那无邪的欲望，急急忙忙地把它扔上去，来断绝那种引诱。那位正在举着圣杯做弥撒的神甫，狠狠地盯了她一眼，把她吓得赶快跑开，可是在神龛里面的圣母玛利亚却非常慈祥地微笑着，好像要从她的神座上面下来，赶上那个小孩，吻她一番似的。当时我代圣母这样做了！列昂哈尔德来了！唉！

第四场

列昂哈尔德：（在门口）穿戴好了没有？

克拉拉：干吗这么温柔，这么体贴？我又不是公主。

列昂哈尔德：（进来）我当你不是一个人在这里呢！我走过来的时候，好像看见隔壁的小芭芭拉在窗口站着呢！

克拉拉：所以你才这样温柔体贴！

列昂哈尔德：你老是这么生气！人家两个礼拜没来了。在这两个礼拜之中，下雨天晴都变换了十来遍。这回人家来了，你脸上罩着的那层阴云却还是老样子！

克拉拉：过去可不是这样！

列昂哈尔德：一点不错！假如你一直像现在这个样子，我们就绝不会成为好朋友了。

克拉拉：那有什么关系！

列昂哈尔德：你觉得有我没有我是那么随便吗？我是无所谓的，那么，（若有所指）你新近的牙痛原来没有什么关系！

克拉拉：唉，列昂哈尔德，那是你不对！

列昂哈尔德：不对？我打算用最后的一着把我最重要的财产——那就是你——紧拴在我身上，这是不对吗？何况是在我险些儿把它失掉的时候？你以为我没看见你和那个秘书眉来眼去？那一天可真是我的一个美丽的快乐日子咧！我现在带你去跳舞，而且——

克拉拉：你为什么老要挖苦我呢？我的确向那个秘书看过，我何必否认？可是那不过为了看看他在大学里留起来的那撮小胡子，那撮小胡子在他脸上倒——（她打住）

列昂哈尔德：倒很好看，是不是？这该是你心里的话吧？唉，你们女人啊！即使漫画上最丑的八字胡也会逗你们喜欢的！那个自鸣得意的家伙，他那张圆得可笑的小脸儿加上一头浓密的头发，中间还分成一条缝，活像一只躲在矮树丛背后爬来爬去的白兔子。我把他恨透了，不瞒你说，他插在中间妨碍我们的事已经够久了。

克拉拉：我又没有夸奖他，你何必这样侮辱他呢？

列昂哈尔德：你对他好像非常关切的样子！

克拉拉：我们小时候常在一起玩，后来的情形——你也知道得很清楚！

列昂哈尔德：唔，不错，我知道得很清楚！麻烦就在这里！

克拉拉：这是很自然的。经过这么长的时间没见面，那天第一次又看到他，当然要朝着他望，惊异他长得多么高大，而且——

列昂哈尔德：他看你的时候，你为什么脸红呢？

克拉拉：我当他在看我左颊上面的那粒瘊子是不是长得更大了。你知道，每逢有人盯着我看的时候，我总这样疑心，脸也就红起来了。这粒瘊子好像每给人看一次，就长大了一些！

列昂哈尔德：就算是那样吧！不过，那天晚上我气得浑身发抖，我当时想：我一定要在今天晚上试她一试！要是她真愿意做我的老婆，那她会知道，她这样做并不冒什么险。要是她说个不字，那就——

克拉拉：唉，当我把你推开，从长凳上跳起来的时候，你说了一个极恶毒的字眼。本来那么纯洁地照进凉亭里来帮助我的月亮，却一下子凄惨地淹没在湿云里面。我正想跑开，可是我发觉我被什么东西拖住了，起先我当是你，后来才知道是多刺的玫瑰，它用它的尖刺，好比牙齿一样绊住了我的衣服。你怪我对你不真心，使我自己也不敢信赖我自己了。你站在我面前，就像是一个讨债的债主，我——天啊！

列昂哈尔德：我对当时的行为并不后悔。我知道，只有这样才能占有你。你从前青年时代的爱情又在死灰复燃，我不能不赶快把它扑灭。

克拉拉：那天我回到家里，发现我的母亲病倒了，病得很重，好像突然被一只魔手压倒了似的。父亲本来打算去找我，母亲没有让他去，为了不要打扰我的快乐。你想我听了这话，好受不好受！我远远地站着，不敢去挨近她。我在发抖。她以为我像孩子一样被吓坏了，就招手叫我过去；等到我慢慢地走近她的时候，她把我一下拉到身边，吻我那玷污了的嘴唇。我完全迷乱了；我恨不得向她坦白招供，我恨不得把我的思想和感觉嚷给她听：你是为了我才这样躺倒的！我确实嚷了，可是眼泪和呜咽把我的话堵住了。她抓住我父亲的手，用幸福的眼光望着我说：多么好的一副心肠啊！

列昂哈尔德：她现在又恢复健康了。我来，就是为了向她祝贺，还有——你猜还有什么？

克拉拉：还有什么？

列昂哈尔德：跟你父亲提我们的亲事！

克拉拉：哦！

列昂哈尔德：难道你认为不好吗？

克拉拉：不好？假如我不赶快做你的老婆，那我只有死。可是你还不了解我的父亲。他不明白我们为什么这么急，他实在也无从明白，我们也不能告诉他。他反复说过不止一百遍，照他的说法，他只允许他的女儿嫁给一个不单对她有爱情，而且碗橱里也要有能够养活她的面包的人。他会说："再等一两年吧，孩子！"那你打算怎样答复他？

列昂哈尔德：傻丫头，这一点已经不成问题了！我已经得到了那份差事，我现在是会计员了！

克拉拉：你是会计员了吗？那么那个牧师的侄子呢？

列昂哈尔德：当他来考试的时候，他喝醉了。他不向市长鞠躬，却对火炉鞠起躬来。他坐下的时候，又撞翻了桌子上三只杯子。你知道那个老头子是多么暴躁的。"天啊！"他正要开口，却闭紧嘴唇把气忍住了。可是他的眼光就好比两条要跳起来的蛇，穿过眼镜射出来，而且面部的表情非常紧张。到了考算术的时候——哈！哈！——和我同考的那个家伙，竟照自己发明的一种乘法，算出了崭新的数字。"他算错了！"市长一边说，一边向我伸出手来。从他的眼光里，我可以看出这份差事是属于我的了。当时我也顾不得他手上那股臭烟味，捧着就谦卑地送到嘴边——这就是委任状！签上字又盖上印的委任状！

克拉拉：事情来得——

列昂哈尔德：意外吧，是不是？可也并不完全是意外。试问我为什么两个礼拜那么久不到你们家里来呢？

克拉拉：我怎么知道？我还以为是因为我们最后那个礼拜天吵了一场嘴！

列昂哈尔德：那一场小冲突是我故意弄出来的，好让我躲开一下，不至于引起你们注意。

克拉拉：我不了解你的意思！

列昂哈尔德：我相信你不会了解。我利用这段时间去向市长的那位驼背侄女献殷勤。她是极得市长倚重的，她是市长的右手，那个法庭差役是市长的左手。你不要发生误会，我并没有对她花言巧语，只不过恭维恭维她那出名的红头发罢了。谈到你的时候，我仅仅说了一些使她听了高兴的话！

克拉拉：谈到我？

列昂哈尔德：是的，谈到你，我何必瞒你呢？我谈到你都是从最善良的用意出发的！我说，我并不是真心爱你。我说——够了，不必多提了！这件事直到我把这个弄到手才停止。至于我真正的意思究竟怎样，等这个耳朵软的、发花癫的傻瓜听到我们在礼拜堂里宣布结婚的时候，她就会完全明白了！

克拉拉：列昂哈尔德啊！

列昂哈尔德：孩子啊，孩子！假如你像白鸽一样没有点虚伪，那我就要像蛇一样的聪明，男人和女人本来是一体，那么，我们就完全实现了圣经里的那句名言了。（笑）至于那位年轻的赫尔曼，临到他生平最重要的时机却喝醉了，那也不是完全偶然的。我相信你一定没听说过他是酒鬼吧！

克拉拉：没有。

列昂哈尔德：正因为这样，我的计划进行得更顺手。三杯下来，他就完了。我的两三个伙伴跑去捉弄他，拍拍他的背说："可以恭喜你了吗？""还不行！""哪里话，事情是早已讲妥的了！你的叔父——"于是乎：喝吧，好兄弟，喝吧！我今天早上来找你的时候，看见他正在桥上靠着栏杆，垂头丧气地望着河水。我笑嘻嘻地向他打了个招呼，还问他是不是有什么东西掉到河水里去了。"唔，"他头也不抬地说，"倒不如我自己跟着跳下去。"

克拉拉：你这个无赖！快滚开，我不要再见到你！

列昂哈尔德：真的吗？（做欲去状）

克拉拉：我的上帝啊，我为什么给这样的人缠住了！

列昂哈尔德：不要孩子气了！还有一句知心话。你父亲那一千块钱是不是还存在那家药房里？

克拉拉：我完全不知道那件事。

列昂哈尔德：这样重要的事情，你就一点也不管吗？

克拉拉：我的父亲来了。

列昂哈尔德：不要误会！听说那家药房老板快要破产了，所以我问一问！

克拉拉：我要到厨房去！（下）

列昂哈尔德：（单独地）现在这里是没有什么可捞的了！其实这件事本来也靠不住，因为安东师傅有他为人的一套道理，假如有人无意在他的墓碑上面多刻了一个字母，他做鬼也一定要逼你把那个字母刮掉才罢休，因为他认为多添了一个分外的字母也是不正当的!

第五场

安东:(进来)早安,会计先生!(脱下帽子,戴上一顶毛织便帽。)可以容许老头子盖住他的脑袋吗?

列昂哈尔德:原来您知道了——

安东:我昨天晚上已经知道了。我傍晚到刚死的缪勒那里去,准备替他量灵柩的尺寸,路上就听见您的几个好朋友在骂您。我当时就想:列昂哈尔德一定考中了。到了丧主家里,我又听那个庙祝说得更详细。他比我早到一会,我是一面来向那位寡妇表示哀悼,一面也顺便自己喝他一个醉的。

列昂哈尔德:但是为什么,克拉拉还要等我告诉她才知道呢?

安东:假如您都不急于叫这个丫头高兴,我又何必急呀?我向来不管闲事,这样,当我们高高兴兴的时候,我知道决不会有人来干涉我们的。

列昂哈尔德:您没有料到我会——

安东:料到?关于您?关于任何一个人?要我用我的刨子刨木头也许还可以,要我去想别人的事,那决做不到。我早就没有这股傻劲了。当我看见一棵树长出绿叶的时候,也许我会想:不久它就要开花了!到了它开花的时候,我又会想:不久它就要结果子了!这种预料没有使我失望过,因此我并不改掉我的老习惯。可是对于人我却什么也不想,坏的不想,好的也不想,这样,省得替人白担心,也省得替人空希望,省得我脸上一会儿发红,一会儿发白。我只是从他们的经历中吸取经验。我的一双眼睛就是一个榜样:眼睛只会看,不会想。至于您,我本来以为已经很了解您,可是现在您又到这里来,使我不得不老实承认,我并没有完全了解您呢!

列昂哈尔德:安东师傅,您把事情弄颠倒了。树依赖风和气候,人却有自身的法则和规律!

安东:啊,是这样吗?不错,我们这些老头子应该多多感谢死神,他居然容许我们在你们少年群中多混上那么长的时间,让我们有接受教育的机会。从前世界上的人多么愚蠢,相信父亲生来是应该教育儿子的。现在刚好相反,儿子应该在父亲入墓之前给他最后一点教育,好让那可怜的头脑简单的老头子躺在坟墓里的时候不至于给蛆虫笑话。谢天谢地,我得到了卡尔这样一位出色的老师,他决不会由于疏忽大意而放任一下他的这个老学童,而且毫无顾忌地对我的成见作斗争。今天早上,他就给了我两点新的教训，而且方式也挺巧妙，连口也用不着开，面也用不着见，其实，正因为不开口，不见面，才给了我教训。第一点，他教我说，一个人不需要履行他的诺言；第二点，上礼拜堂去温习上帝的诫条是多余的。昨天晚上他答应我他要去，我也相信他会去，因为我想：他总得为他母亲的病复原去感谢仁慈造物主吧。可是他并没有去。那张凳子坐两个人本来就有点挤，他不来我一个人坐着倒很舒服。假如我立刻接受他的新教训，把我对他说过的话不算话，看他喜欢不喜欢？我答应过他，到他生日那一天送他一套新衣服。这倒是一个好机会，去考验他一下，看看他对于像我这样一个好学生是不是满心欢喜。可是成见啊，成见啊！我决不会这样做的！

列昂哈尔德：他也许不舒服才没去——

安东：也许吧。我只要问一问我的老婆，她一定会告诉我，他当时是病了。我的老婆关于世界上的一切事情她都对我说真话，只有涉及她的那个儿子的时候就不同了。而且就算不害病吧——年轻一辈也比我们老头子高明，他们随时随地都可以做礼拜，在打鸟的时候，散步的时候，或者在酒馆里都可以举行祷告。"我们在天上的父！"① ——你早呀，彼得，晚上舞会你去不去？ ——"愿人都尊你的名为圣！"② ——好吧，笑吧，喀德琳，可是你会看到——"愿你的旨意行在地上如同行在天上！"③ ——见鬼，我还没有刮胡子呢！ ——就这样下去就算做完礼拜了，祝福他们自己也会，本来嘛，他们同教士一样都是人。力量既然可以从穿黑袍的教士身上发出来，也一定可以从他们穿蓝袍的人身上发出来的呀。对于这一切，我并不反对，即使你们在七项祈祷中间插入七次干杯，那又有什么不可以？反正我也没有办法证明啤酒和宗教是彼此不相容的啊，也许有一天这种新的祈祷法会成了条例，记在祈祷书上呢。可是我这个老不死实在没有胆量去学时髦了，要我像抓甲虫一样，在街上祈祷，要我把麻雀和燕子的啁啾当作礼拜堂里的风琴声，是万万做不到的；我一定要走进礼拜堂，听见那犹如尘世大门的沉重的礼拜堂铁门在我背后砰的一声关上以后，阴暗的高墙和墙上微微透进一点人世间的亮光的长窗，紧紧把我圈起来，同时又看见远处那座嵌上了骷髅的积骨堂，我才感觉我的心是超脱了。唔——好些总归是好些！

列昂哈尔德：您也未免太认真了。

---

① 见《新约·马太福音》第六章。
② 见《新约·马太福音》第六章。
③ 见《新约·马太福音》第六章。

安东：不错！一点不错！可是今天却不然，我不得不老实承认。今天，在礼拜堂里，我没有心情祷告，因为我身边的空位子使我心里很烦躁。后来到了外面，在花园的梨树底下，我才重新做了祷告。您觉得奇怪吗？事情是这样的：我出了礼拜堂，垂头丧气地走回家，好像一个庄稼挨到了冰雹的人，因为孩子好比田地，你播下了好种子，长出来的却是野草。等我走到那棵给毛虫吃光了的梨树底下，我停了下来，是的——我想——我的儿子就像这棵树一样，光秃秃的！忽然间我觉得口干起来，好像非上酒馆去不可。可是我欺骗自己说，我不是为了想喝酒，而是要找到我那个儿子，好好教训他一顿。我知道，在酒馆里是准会找到他的。在我正要走的时候，那棵智慧的老树却让一个汁水淋淋的梨子掉到我脚跟前，好像是说：这是给你解渴的，以后别再拿我和你那个不中用的儿子比较来侮辱我吧！我想了一想，咬着梨子回家来了。

列昂哈尔德：您知道那个药房老板快要破产了吗？

安东：那关我什么事？

列昂哈尔德：和您一点关系也没有吗？

安东：那倒不一定！我是一个基督教徒，而他又有许多孩子！

列昂哈尔德：他的债主比孩子还多。其实孩子也是一种债主。

安东：谁要是两种都没有那就再好不过了！

列昂哈尔德：我相信，您自己——

安东：那早就算清楚了。

列昂哈尔德：您是一个小心的人。您一定在看到这个药房老板情况不好的时候，早把您的钱提出来了！

安东：是的，我用不着再担心会有什么损失，因为我早就损失光了。

列昂哈尔德：开玩笑！

安东：正经话！

克拉拉：(向门内望) 是您叫我吗，爸爸？

安东：你耳朵已经发热了吗？还没有谈到你呢！

克拉拉：《星期报》来了！(下)

列昂哈尔德：您是一个哲学家！

安东：什么意思？

列昂哈尔德：您懂得克制自己！

安东：我有时候把我身上石磨似的重担看作穿在脖子上的皱领一样，我不泄气——这样就可以使人挺起腰来！

列昂哈尔德：谁有这种本领，不妨学一学！

安东：谁能够像我这样找到一个像你这样有能耐的助手，那么，我就是背着重担也要乐得跳起舞来。嘁，您怎么脸色发青了！我认为这是同情心啊！

列昂哈尔德：我希望您别误解我！

安东：当然不会！（在一个柜橱上面敲了敲）可惜木头不是透明的，对吧？

列昂哈尔德：我不明白您的意思！

安东：我们的祖宗亚当真够笨，夏娃赤条条地一丝不挂，甚至连那片遮羞叶也没戴，他居然还娶了她。我们俩，您和我，说不定会用鞭子把她当作流氓从乐园里面赶出去！您说对不对？

列昂哈尔德：您在生您儿子的气。我今天来却是为了您的女儿——

安东：不用说了！也许我不会说一个"不"字！

列昂哈尔德：我正是这样希望！我也愿意把我的意见告诉您！即使是神圣的老祖宗也并不鄙弃他们老婆的妆奁。雅各①爱上了拉结，向她求婚求了 7 年。到他替她父亲干活得到了那些肥大的公羊和绵羊的时候，他也是满心欢喜的。我想这也不是丢脸的事，我也不想做得更好，胜过他。我当然希望您的女儿给我带来三几百块钱，这对她也有好处，因为一个姑娘嫁到丈夫家，如果能自己带来一套被褥就省得她从头打毛线、纺棉纱了。万一她不能带来——那又有什么关系？我们只要拿斋戒节②的素菜做我们礼拜日的伙食，又拿礼拜日的烤肉做我们圣诞节的大餐！这又何尝不可以呢！

安东：（把手伸给他）您说得好，我们的上帝也点头赞成您的话，唔——这么一来，我的女儿曾经有两个礼拜的时间每天晚上喝茶的时候枉然为您在桌上留下一只茶杯的事，我也愿意把它忘掉了。现在您既然快要做我的女婿了，我也就愿意告诉您那一千块钱的下落！

列昂哈尔德：（旁白）钱果然是完了！既然这样，虽然他是我的岳父，我也就用不着再讨这位狼太爷的好了。

安东：我年轻的时候，生活是很苦的。我像您一样，并不是一生下来就像一只

---

① 雅各是拉班的外甥，他替拉班牧羊，后来又做了拉班的女婿。他说明凡是有斑点的山羊和黑色的绵羊归他，没有斑点的和不是黑色的归拉班。这样算是他的报酬。雅各用各种方法让山羊长出斑点，让绵羊变成黑色，这样骗到了许多羊群、婢仆、骆驼和驴。见《旧约·创世纪》第 30 章。

② 斋戒节是指复活节前 40 天的每一个礼拜五，是一种意味着赎罪的宗教仪式。

满身尖刺的刺猬，可是我却渐渐地变成了一只刺猬。当初，我身上所有的尖刺都是向里面长的，人们常常拿我寻开心，用手捏我那光滑而敏感的皮肤，尖刺就刺着我的心和内脏，使我痛得缩成一团，他们便哈哈大笑。可是这种事情并不叫我高兴。后来我把我的皮翻了一个面，尖刺都戳进他们的手指头，我从此就平安无事了。

列昂哈尔德：（自言自语）我相信就是恶鬼也不敢惹他！

安东：我的父亲是做工的。他不分昼夜地做工，从不休息，在30岁上就把命送掉了。我可怜的母亲靠纺线养活我，费尽心血才把我养大了。可是我没有受过教育，后来年纪越过越大，挣钱的本事还是没有，因此，我想我至少应该戒掉吃饭的习惯。可是谈何容易，即使我在吃中午饭时装病，把饭碗推开了，到了吃晚饭的时候，我的肚子就强迫我声明我没有病。我最大的痛苦就是我总是那么蠢，为这件事我只能找我自己吵架，好像那是我自己的过错，好像我从娘胎里到这个世界来的时候只带来一副馋牙，其他一切有用的品质和本领都故意丢下了；太阳照着我我只有感到羞愧。在我举行过坚信礼①以后，昨天刚送他下葬的那位师傅盖勃哈尔德，跑到我们家里来。他皱起眉头，拉长面孔——这是他心头有了好主意的时候经常流露的表情——对我母亲说："您把这个儿子送到世上来，难道要他吃您的鼻子和耳朵过活不成？"我听了这句话，觉得非常惭愧，立刻把正在切的面包放回橱里去了，我的母亲为这句好话生了气，她停下纺车，气愤地对他说，她的儿子又乖又懂事。"好吧，我们就看看吧，"那位师傅说，"假如他愿意，就别老站在那里，可以立刻跟我到作坊里去，当学徒的费用我不收，他的膳食衣物都由我照管，而且假如他起得早，睡得晚，他还常常有机会为他的老母亲挣一份像样的酒钱哩。"我的母亲哭了，我却乐得跳起来；等到我们正要开口的时候，那位师傅把耳朵遮着，站起来，走了出去，并且回头向我招手。我用不着戴帽子，因为我根本没有帽子；我还没来得及向妈妈说一声再会，就跟着他去了。到了第一个礼拜天，他放我半个钟头回家去看看妈妈，并且还叫我带半块火腿回去给她呢。愿上帝赐福给这位善人，让他在坟墓里安眠吧！就是现在我耳边还听得见他那半带严厉的口气："我的天呀，快塞到短袄底下去吧，不要让师母看见了！"

列昂哈尔德：您也会哭吗？

安东：（拭泪）是的，一想到这上头，我就要掉泪，即使我身上的泪泉已经闭塞，

---

① 坚信礼是基督教徒行过洗礼之后，再经过一定的时间和考验，由他自己声明坚定宗教信仰的一种仪式。年龄约在14岁左右。

可是每逢这种情形，它总会开一条裂缝。这样，也不坏；假如有一天我害了水肿病，至少这几滴水用不着麻烦大夫替我抽掉。（突然改变口气）假如您某一个礼拜天下午去找那个给了您一切好处和恩惠的人，想陪他抽抽烟，可是您发现他神魂迷乱，手上捏着那把给您切过一千次晚祷面包的刀子，脖子上鲜血淋漓，惊慌地把一块布按住伤口——这时候，你将作何感想？

列昂哈尔德：老盖勃哈尔德就是这样结束了他的生命吗？

安东：假如您来得正是时候，您可以救他，帮助他，可是并不仅仅是从他手上把刀子抢走，把伤口扎好就算完事，您还得把您积蓄的那区区的一千块钱拿出来，而且，为了使得病人乐于接受，您还得静悄悄地送给他，那您打算怎么办？

列昂哈尔德：像我这样光棍一条，无妻无子，牺牲一点钱是可以的。

安东：假如您像土耳其人一样有 10 个老婆，又有像上帝许给亚伯拉罕的一样多的儿子，① 而且您又只可以有极短促的时间来考虑，那您就难免——唔，反正您是我的女婿！现在您知道我的钱到哪里去了。今天我可以告诉您，因为我的老师傅已经在昨天下葬，一个月之前我是死也不肯告诉人的。那张借条在他们没有钉上棺材盖之前由我塞到死人头底下去了。如果我会写字，我一定在下面注明："如数还清了！"可是像我这样目不识丁的老粗，只有把它从上到下撕成两半。现在他可以安心长眠了，而且我希望，到我有一天伸直四肢躺在他身边的时候，我也可以安心长眠！

第六场

台莱丝：（急上）你还认得出我吗？

安东：（指一指那件结婚礼服）这个镜框倒保存得很好，没有损坏，可是里面的画可有点变样了。画像上面好像结了许多蜘蛛网似的，算起来，经过的时间是够长的了！

台莱丝：我这个丈夫真够诚实。不过，我也用不着过分夸奖他，因为诚实原是做丈夫的应有的美德。

安东：当你听到说你 20 岁的时候用金装起来比 50 岁的时候好看些你觉得难过吗？

台莱丝：当然不会难过！如果不是这样，我真要为你我两人羞死了！

---

① 亚伯拉罕是以色列人的鼻祖，传说耶和华曾经叫他数天上的星星，许给他的后裔就要像天上的星星那么多。

安东：那就让我吻一吻吧！我刚刮过脸，而且刮得比平常干净得多！

台莱丝：我就答应你，也是为了要试你一试，看你还记不记得怎样接吻。你好久没有想到这上面来了！

安东：好妈妈！我不愿意你死在我之后替我合上眼睛，这是一件沉重的工作，我愿意替你做这件工作，我愿意替你做这件表示爱情的最后的工作，可是你必须给我时间，让我锻炼锻炼，准备准备，省得临时笨手笨脚做不好。现在还早得很呢！

台莱丝：多谢上帝，我们还要共同生活一段时间啊。

安东：我也这样希望，瞧，你的面色又变得非常红润了！

台莱丝：我们那个新来的掘墓人真是一个有趣的人。我今天早上走过公墓的时候，他正在掘一口墓穴，我问他给谁掘的，他说："随上帝的意思吧，也许就是给我自己的，我祖父生前有一次也事先掘了一个墓，到了夜里，他从酒馆里回家的时候，一跤摔了进去，就在里面把命送了。我也许会同他一样呢！"

列昂哈尔德：（一直在读那份《星期报》）那个家伙不是本地人，他尽可以随他高兴胡乱编一套鬼话来捉弄我们！

台莱丝：我问他："为什么您不等有人来定，才动手掘？""今天晚上有人请我吃喜酒，"他说，"我可以料定我明天准要头昏眼花，可是我也晓得一定有什么人跟我过不去，偏偏要在这个时候死掉，这么一来，我明天岂不是得一早起来做工，不能够痛痛快快地睡一大觉了。"

安东：要是我就会说："你这傻子，要是坟墓大小不合适呢？"

台莱丝：我也这样说过，可是他的俏皮话是袖子一抖就出来的，正如魔鬼捉虫子一样。"我是拿织工菲特的身材做标准的"，他说，"他好比索尔王①一样比我们大家都高出一个头，因此不管是谁来，都不会嫌他的房子太小的，如果太大呢，那除了我之外谁也不吃亏，因为像我这样一个老实人，比棺材长出来的尺寸我是不会多要钱的。"我把我的花扔了进去，说："这墓已经给用上了！"

安东：我以为这个家伙不过是开开玩笑，但是这样的玩笑已经够罪过的了。预先掘坟墓，等于设下死的陷阱；做这种事的坏蛋应该把他轰走。（向正在看报的列昂哈尔德）有什么新闻吗？是不是有某慈善家寻访可以用他几百块钱的穷寡妇？或者反过来，有某位穷寡妇寻访愿意给她钱用的慈善家？

列昂哈尔德：警察局公布了一件珠宝窃案。真奇怪，这样苦的年头，我们中间

---

① 索尔王是公元前11世纪统治以色列的开国国王，体格魁伟，身材高大。

居然还有人藏得有珠宝。

安东：珠宝窃案？哪一家？

列昂哈尔德：商人伏尔佛拉姆家里！

安东：他——不可能！我的卡尔两天前刚替他装修过一张写字台！

列昂哈尔德：不错，就在写字台里不见的！

台莱丝：（向安东师傅）上帝宽恕你的话！

安东：你说得对，我的想法是一种下贱的想法！

台莱丝：论到对待你的儿子啊，我不能不说你只是半个父亲。

安东：太太，我们今天还是不谈这个好！

台莱丝：只因为他跟你不一样，你就能说他一定是坏吗？

安东：他现在在哪里？午钟早就敲过了，我敢打赌，午饭不是烧干了，就是烤焦了，因为克拉拉准接受过人家的秘密的命令，他不回来，决不摆桌子。

台莱丝：他还会到哪里去呢？最多不过在玩九柱戏，他要玩就必得找最远的场子，免得被你发现。这样一来，回家的路自然就远了。我真不明白，你为什么反对这种并没有什么坏处的玩意儿。

安东：我反对这种玩意儿吗？绝对不是！尊贵的先生们是需要消遣的。没有纸牌中的国王，真正的国王一定常常觉得无聊；如果九柱戏没有发明，谁知道那些侯爵和男爵会不会拿我们的脑袋当圆球滚呢！可是一个靠劳力吃饭的人如果把他辛辛苦苦挣来的一点工钱花在玩意儿上，那就再没有比这更罪过的事了。一个人如果不是瞧不起自己的辛勤劳动，不是愿意自己疯疯癫癫的话，对于他自己经过千辛万苦、满脸大汗才得到的东西，他应该认为是崇高的，是有价值的。（大家听到了外面的门铃响）所以每花掉一块钱，我是多么难过啊！

台莱丝：他回来了。

第七场

（法庭差役亚当和另一个法庭差役上）

亚当：（向安东师傅）您现在可是打赌打输了！什么穿着红色外衣加上蓝色袖口的人（他加强语气）永远不会上您家门，是吗？眼下就来了两位！（向第二法庭差役）你为什么不像我一样戴着帽子别脱？跟同等人在一起还讲究什么客套？

安东：我跟你是同等人吗，狗东西？

亚当：您说得对，我们不是同等人，恶棍和小偷不跟我们同等！（他指一指那个柜橱）把那个打开！再给我后退三步！不许私取任何东西！

安东：什么事？什么事？

克拉拉：（端着餐具进来）我该——（她目瞪口呆地停住）

亚当：（拿出一张纸）您认识字吗？

安东：连我老师都不懂的事情还要我懂吗？

亚当：那您听着吧！您的儿子偷了别人的珠宝。我们已经把贼抓住了。现在我们是来搜查他的家的！

台莱丝：耶稣啊！（一跤摔倒，死。）

克拉拉：妈妈！妈妈！你看她那双眼睛！

列昂哈尔德：我找医生去！

安东：不必了！这是临终的眼光。我见过几百次了。安眠吧，台莱丝！你一听见，就死了！这件事应该刻到你的墓碑上！

列昂哈尔德：也许我该走了——（边走边说）真吓人！可是对我倒有好处！（下）

安东：（掏出一串钥匙，扔在地上）拿去！开吧！一个个开吧！拿斧头来！有一个箱的钥匙不见了！嗨，恶棍和小偷！（把自己的口袋翻过来）这里什么东西也找不到！

第二差役：安东师傅，镇静点！谁都知道您是城里最诚实的人！

安东：是这样吗？（笑）是的，全家的诚实都由我一个人包办了，一点也没有留给他，这可怜的孩子！那一位——（他指一指那具尸首）也是太庄重了！谁知道这个女孩子是不是——（忽然面向克拉拉）你怎样想，我无辜的孩子？

克拉拉：啊！爸爸！

第二差役：（向亚当）您看了不觉得他们可怜吗？

亚当：可怜？我有没有搜过那个老家伙的口袋？我有没有逼他把袜子脱掉，把靴子翻过来？我本来倒是打算这样做的，因为我恨他，简直恨入骨髓，自从他在酒馆把他的酒杯——这段故事您是晓得的，只要您还有点骨气，您也一定会感到受了侮辱。（向克拉拉）你兄弟的房间在哪里？

克拉拉：（用手一指）在后面！（两个法庭差役下）爸爸，他是无罪的！他一定是无罪的！他究竟是你的儿子，究竟是我的兄弟呀！

安东：无罪，谋杀母亲的凶手也是无罪？（笑）

女仆：（拿着一封信进来，交给克拉拉。）列昂哈尔德会计先生送来的。（下）

安东：你不用看！这是他声明和你断绝关系的信！（用力拍掌）好主意啊，畜生！

克拉拉：（读完信）真的！真的！我的上帝啊！

安东：由他去吧！

克拉拉：爸爸，爸爸，我做不到！

安东：做不到？做不到？什么道理？难道你——（两个法庭差役回来）

亚当：（阴险地）你们"寻找，就寻见"①！

第二差役：（向亚当）您在想些什么？哪有这回事呀？

亚当：闭你的狗嘴。（两人下）

安东：他是无罪的，你呢——你——

克拉拉：爸爸，您真可怕啊！

安东：（拉住她的手，非常温柔地。）亲爱的女儿啊，卡尔那个家伙实在不过是一个糊涂虫，他把母亲的命送掉了，又有什么大不了？父亲还活着呢！帮帮父亲的忙吧！你不能要求他什么都一个人单独干，你给他留点余地吧，我好比一棵老树看样子还很粗壮，不是吗，可是它的内心已经开始动摇了，所以要把它推倒是用不着很大的力气的！是用不着斧头的。你有一张漂亮的面孔，我从来没有夸奖过你，可是今天让我告诉你吧，好让你得到勇气和信心；你的眼睛、鼻子和嘴都一定可以得到别人的赞美，你将会——我的意思你是明白的，不过，看上去你好像已经那样做了！

克拉拉：（差不多陷入狂乱状态，举起双臂投到死尸的脚跟前，像小孩一样地嚷。）妈妈！妈妈！

安东：握住死人的手，向我发誓，你没有做丢脸的事！

克拉拉：我——向——您——发——誓——我——决——不——给——您——丢——脸！

安东：好！（他戴上他的帽子）天气很好！我们不妨到街上去一来一去地受夹鞭刑②！（下）

第二幕

第一场

（景——同第一幕。安东师傅从桌子旁边站起来。克拉拉开始收拾碗碟。）

---

① 这是《圣经》里面的成语，见《新约·马太福音》第七章第七节。
② 夹鞭刑是德国18世纪军队里面的刑罚，处罚之前先叫士兵排成两行，中间留一条过道，受罚的人被剥掉上衣从过道上走过去，两旁的士兵便用藤鞭、荆棘等等向他背上打。

安东：你又不想吃饭吗？

克拉拉：爸爸，我饱呢。

安东：一点不吃就饱了？

克拉拉：我已经在厨房里吃过一点了。

安东：胃口有毛病的，就是心上有毛病！好吧，反正总有一天一切都会见个分晓！难道是汤里面有毒，如同我昨天梦见一样？是不是你在摘菜的时候，不小心把野生的毒芹混进菜捆里面去了呢？那你自己不吃就是聪明的了！

克拉拉：全能的上帝啊！

安东：请原谅我，我——把你那一副从圣母那里偷来的苍白的愁容收起来吧！年纪轻轻的应该红光满面才对！这个家里只有一个人有资格装出这样一副面孔，可是他并不这样做！嗨！只割伤了指头就嚷痛的，不妨给他一记耳光吧！现在谁也没有这种权利，因为这里有一个人，他——自己吹嘘自己，这是最丑的事，可是，你说说看，当邻居要给你母亲钉上棺材盖的时候，我的态度怎样。

克拉拉：您从他手上抢过榔头，自己动起手来，还说："这是我的拿手好戏！"那位带着儿童唱诗班正在门口唱挽歌的班长以为您大概是疯了！

安东：疯了！（笑）疯了！哪里的话，哪里的话，能够在适当的时候砍掉自己的头的人，才是聪明人。我的头却长得太牢固了，不然的话——。一个人活在世界上，总以为自己坐在一个舒舒服服的旅馆里靠着火炉。忽然间，桌子上灯一亮，睁开眼一看，原来自己坐在贼窠里，接着四面八方都噼噼啪啪地打起来，可是没有关系，幸亏他有一副石头一样的心肠！

克拉拉：是的，爸爸，世上的事情就是这样！

安东：你懂得什么？难道你的司书跑掉了，你就有权利像我一样诅咒人世吗？自然会有另外一个人礼拜天下午带你出去散步；自然会有另外一个人称赞你的双颊红润，眼睛美丽；自然会有另外一个人打算讨你做老婆，只要你配得上。可是如果你规规矩矩背了30年人生重担，忍受痛苦、丧亡和任何一件厄运，从来不发一句牢骚，然而，你的儿子不但没有在你的老年时候给你装个柔软的枕头让你舒服一下，反而在你头上堆上那么多耻辱，使你只好向地洞叫喊：把我吞下去吧，只要你不嫌我比你更脏！——到那个时候，你就可以把我现在藏在心里的一切诅咒都说出来，你可以扯掉你的头发，捶破你的胸膛。这样的事你应该是比我擅长，因为你是女人！

克拉拉：卡尔呀！

安东：当我再看到卡尔的时候，我还真不知道应该怎么办呢。也许会有那么一天晚上，我们还没有点灯之前他就进来了，他的头像囚犯一样剃得光光的，手还紧紧地握住门把，——吞吞吐吐地说一声"晚安"，这时候，我知道我总得说点什么，做点什么，可是该说什么做什么呢？（咬牙切齿）如果他们把他关上 10 年，他一定还可以见到我，我知道，我还会活那么久，你记住吧，死神！从今天起我成了挡住你那镰刀的石头，你还没碰我，你的镰刀就要碎了！

克拉拉：（摸他的手）爸爸，您还是去躺半个钟头吧！

安东：你是不是要我去做梦，梦见你在分娩呢？于是吓得跳起来，狠狠地揍你一顿，事后清醒了，又说："亲爱的女儿啊，我做了些什么，我自己也不知道！"谢谢你。我不想睡，我的睡眠已经辞退了那个梦魔，另外雇用了一位先知，他用他的血手指点各式各样丑恶的东西给我看，我自己也不知道为什么我现在总觉得什么事都是可能的。唉，想到将来我就害怕，它好比放在显微镜——这个字说得对吗，班长先生？您教我拼这个字已经不知教过多少遍了！——显微镜下照出来的一杯水一样可怕。我在纽伦堡集市上看过一次放在显微镜下的水，看过以后害得我一整天都不想再喝水！昨天夜里我梦见亲爱的卡尔手里拿着一支手枪；当我仔细朝他看的时候，他就开了一枪，我只听见一声惨叫，接着一切都被火药烟雾遮住了，什么也看不见，等到烟散开，我也没有看见破碎的脑袋，可是我的儿子大人却是转眼之间变成了一位富翁，他站着，在两只手上来回数着金子，脸色显得从来未有的平静——，好像一个人在工厂里做了一天活，临走时锁上厂门的那一瞬间那么平静。唔，这倒是值得注意的！我们平时可能审判别人，到后来自己却要到上帝面前去受审。

克拉拉：请您安静一下吧！

安东：你的意思是不是说：请你把病治一治吧！我为什么生病了？是的，医生，只要您给我一剂药就好了！你的兄弟是最坏的儿子，希望你是最好的女儿！我在世人的面前就好比一个完全破产的人，我到了退休的年龄，本应该替世界上培养出一个正直的子弟来代替我，可是我却养出一个恶棍去骗人。但愿你是个跟你母亲一样的女人，那么人家就会说：那个小伙子走了邪路与他父母无关，因为他们的女儿是走在正路上而且比所有别的人还更好。（非常冷淡地）我愿意尽我的力量帮助你，减少你的困难。只要我一旦看到有人也指摘你的话，那我就要——（用手指在脖子上一划）刮掉我的脖子，我向你发誓，我一定要把自己整个儿刮掉；你可以说，我的死是由于受惊发生的，因为街上一匹马冲过去，或者是因为猫把一张椅子撞翻了，甚至因为一只耗子爬到我的腿上来。了解我的人当然不会相信，因为他们知道我并不特别容易受惊，可是这有什么关系呢？在一个世人仅仅由于怜悯而不来啐我的世界上，我是活不下去的。

克拉拉：慈悲的上帝啊，我应该怎么办呀！

安东：不要紧，亲爱的孩子，我待你是太严厉了，我知道得很清楚；不要紧，只要保持你现在的样子，一切都会好的！唉，我受了那么大的委屈，倘使被人逼得太甚，我为了要活下去，也就只好对他不客气了。你看，刚才我在街上走过，那个麻子佛里茨来了，那个骗子偷过我的东西有三次之多，在几年前我把他送到监狱里去了。从前这个混蛋望都不敢望我一眼，现在居然放肆地跑到我面前来而且向我伸出手。我本来想打他一记耳光，可是我考虑了一下就连唾沫也没有吐一口；这 8 天来我们总算成了亲戚了，亲戚之间打招呼本来是正当的呀。那个充满同情心的牧师，昨天来看我的时候就曾经说过，一个人只对自己负责不必替任何别的人负责，因此我来替我的儿子负责，并不能算是基督徒的高傲；不然的话，亚当也一定会像我一样操心的。主啊，我相信天国里的老祖宗的和平是不会因为他的一个后裔动手谋杀或者掠夺就受到扰乱的，可是耶和华自己不是也为该隐①气得乱抓头发吗？不，不，我的遭遇实在太坏了！我有时真想回头看看自己的影子，是不是变得更黑了！我什么都能忍受，过去的事实已经证明，唯有耻辱是我不能忍受的！你们喜欢什么就拿什么架到我脖子上来吧，就是不要把支持我的神经割断！

克拉拉：爸爸，卡尔还没有招供呢，而且他们在他身上也没有找到什么东西。

安东：这和我有什么关系？我走遍了全城，向各家酒店打听了他的欠账，这些账目加起来，比他下一季在我这里勤快三倍地做工所赚的钱还要多呢。现在我明白了，为什么他老是晚上比我多做两个钟头才休息，为什么还要比我起得早，可是他也看出来，靠这种办法还账是既不顶事，又太吃力，时间又太长了；于是乎机会一来，他就抓住了。

克拉拉：您对于卡尔总喜欢从最坏的方面去想他，您从来都是这样！您还记得吧，他——

安东：你说起话来跟你的母亲完全一样，因此我现在给你的回答，也只好像我往常给她的回答一样，不说话！

克拉拉：假如卡尔真的被宣告无罪呢？假如珠宝又找着了呢？

安东：到那个时候就是把我最后的一件衬衫当了，我也要请一个律师，为了要

---

① 该隐是夏娃的儿子。他是种地的，他的弟弟亚伯是牧羊的。有一天他们都向耶和华献出他们的供物。耶和华看中了亚伯的东西，该隐非常气愤，回去之后，杀害了亚伯。见《旧约·创世纪》第四章第二至第四节。

问个明白，县长有没有权力把一个正直人的儿子随便关到牢里去。如果有，那我就鞠躬领教，因为这是每一个人都可能碰到的事情，我也只好忍受，尽管我所付的代价比别人要多千百倍。这是命运。而且当上帝处罚我的时候，我就合拢双手说：主啊，你罚我自然有道理！可是如果市长并没有这种权力，如果这个脖子上挂着金链子的人，只一味想到丢了珠宝的商人是他的妻舅，就不顾一切乱来一气，那就应该查一查，看法律是不是有漏洞，看国王是不是让那个漏洞一直漏下去，因为国王应该晓得，他必须公正地酬劳他臣民的忠诚和服从，而且对他们中间最低贱的小民一定最不愿意有所拖欠。可是这些都是废话！要想那个小子从审判中清白地走出来，就好像希望你的母亲从坟墓里活着走出来一样。我是永远不可能从他那里得到安慰的了，因此你不要忘记你对我应尽的义务；你遵守你的誓言，免得我来遵守我的誓言吧！（他走开，可是又转回来。）我今天晚上要很晚才能回来，我上山找那个老樵夫去。他是唯一的像平时一样看待我的人，因为他还不知道我的耻辱。他是聋子，不叫破喉咙，就没法把事情告诉他，他就是听见了，也会听错的，因此他什么都不知道。（下）

第二场

克拉拉：（独白）上帝啊，上帝啊！发点慈悲吧，对这老人发点慈悲吧！领我到你那里去！除此之外是没有别的办法的！看，太阳光照在大街上，那么灿烂，孩子们快乐得用双手去捉阳光；小鸟飞来飞去，花和草都不知疲倦地向上长。一切都活着，一切都愿意活，可是死神啊，就在这个时候却有千千万万的病人在你面前发抖呢！凡是因为再不能忍受自己的痛苦，在阴森的黑夜叫唤过你的人，现在又觉得他的床恢复了原来的柔软了。可是我叫唤你！放过在你面前极力退缩要避开你的那个灵魂吧，放宽他的限期，等到美丽的世界又变得凄惨和荒凉的时候再说吧。现在拿我来代替他！请你把冰冷的手伸给我，我决不畏缩；我将勇敢地拉住它跟你走，比过去哪一个人都更加愉快地跟你走。

第三场

伏尔佛拉姆：（跑进来）日安，克拉拉小姐，您父亲不在家吗？
克拉拉：他刚出去。

365

伏尔佛拉姆：我是来——我的珠宝已经找着了。

克拉拉：爸爸啊，但愿你在家就好了！啊，这儿是他的眼镜，他忘了带上！希望他发觉了转回来！您怎样找到的？——在哪里找到的？——在谁家里找到的？

伏尔佛拉姆：我的女人——请您老实告诉我，小姐，您有没有听说过关于我的女人的一些怪事？

克拉拉：听说过。

伏尔佛拉姆：听说她是——（他指一指额头）对不对？

克拉拉：不错，听说她不很正常。

伏尔佛拉姆：（叹一口气）我的上帝！我的上帝！一切都白费了！凡是到我家里来的佣人，我从不放他们走，每一个我都给他加倍的工钱，任随他们怎样懒惰我都闭上眼睛不管，只求他们不要张扬出去，可是仍然没有用——那些不老实的、忘恩负义的东西！唉，我可怜的孩子们啊！只是为了你们的缘故我才打算隐瞒起来的！

克拉拉：您不要骂您的佣人！这是和他们毫不相干的！那天你们邻居失火，您的太太在窗口拍手大笑，甚至于鼓起双颊去吹火，好像还想让火烧得更旺一些，自从那一天起，别人就只有把她叫做魔鬼或者叫做疯子了。这件事有几百个人看见呢。

伏尔佛拉姆：事情的确是这样。既然全城人都知道我的不幸，现在我还想请求您保持沉默，岂不是太蠢了。告诉您吧！那宗害您兄弟坐牢的窃案，原来是这个神经病干的！

克拉拉：您自己的太太——

伏尔佛拉姆：她啊，本来是全世界最高贵、最仁慈的女人，不料后来却变得极恶毒而又幸灾乐祸了，只要她一看见什么意外的不幸，例如女仆打破一个玻璃杯或者割伤了手指，她便得意得了不得，这是我早就知道的。可是把家里的东西和钱藏起来，或者私下把文件撕破这类的事，我却是知道得太晚了，今天中午才知道。当时我躺在床上，正要入睡，我发觉她轻轻地走近我身边，仔细地窥视我，看我是不是已经睡着了。我看她这样就更加闭紧我的眼睛，她于是从我那件搁在椅子上的背心里取出钥匙，打开写字台，拿走一包金子，然后锁好抽屉，又把钥匙放回原处。我看了实在吃惊，可是为了不要惊动她，我控制住自己。等她离开了卧房，我才蹑着脚尖跟在她后面。她走上顶楼，把那包金子扔到一口旧箱子里，这口箱子是从我祖父以来一直放在那里空着的；接着她畏怯地向四周望一望，没有发觉我就赶快走开了。我点起一支蜡烛，搜了一搜那口箱子，我找到我最小的女儿的那个布娃娃，女仆的一双拖鞋，一本账簿，一些信件，还有，说起来真难过，或者也算运气，我不知道应该怎样说，箱子最底下就放着那批失掉了的珠宝！

克拉拉：我可怜的妈妈啊！那真是太可恨了！

伏尔佛拉姆：天晓得，要是能够把这件事挽回来，要是能够使已经发生的事情回到没有发生之前一样，让我放弃这批首饰我也情愿！可是错并不在我！虽然我对您父亲十分尊敬，可是疑心到您的兄弟身上，那也不是没有理由的，他刚修理过那张写字台搬走了，我跟着就发现珠宝不见了；我当时差不多是立刻发觉的，因为我要从放珠宝的那一个抽屉拿纸张。可是我当时并没有打算立刻对他进行严厉的处理，我只把事情通知了法庭差役亚当，托他暗中侦查一下罢了；谁知道亚当根本不肯放松一步；他向我声明，他一定要立刻把案件告发。因为您的兄弟是一个酒鬼，到处借钱，这些事，他都知道，糟糕的是他在市长面前非常得势，他想做什么就可以做什么。这个人不知道为什么，对您父亲似乎有着不共戴天之仇。我简直没有办法叫他静下来，他用手塞住耳朵，一边跑，一边嚷："即使您把首饰送给我，我也没有现在这样高兴！"

克拉拉：有一次那个法庭差役在酒馆里把一个酒杯放在我父亲的酒杯旁边，同时向他点点头，似乎要找他碰杯的样子。我的父亲当场把他的酒杯拿开，说："穿红色外衣蓝袖口的人从前是要用木脚酒杯喝酒的，而且喝酒的时候必须站在窗口外面，下雨就站到大门口。当酒店老板给他们酒喝的时候，他们必须恭恭敬敬地脱下帽子。万一他们想找什么人来碰杯过过瘾呢，那他们就得等到刽子手老兄来才行。"天啊！天啊！世界上什么事情不会发生啊？我的母亲就为这件事白白送了一条命！

伏尔佛拉姆：一个人千万不要激怒别人，尤其不要激怒小人！您父亲在哪里？

克拉拉：上山找那个老樵夫去了。

伏尔佛拉姆：我骑马找他去。我已经去过市长家里，可惜他不在，不然的话，您兄弟已经回来了，不过市长的秘书已经立刻派人送信去了，天黑之前您就可以见到他。（下）

第四场

克拉拉：（独白）现在我应该可以高兴了！可是，天啊，天啊！我只能想到：现在有罪的只有我一个人了！然而我又觉得应该立刻想办法，把一切弥补过来似的！

第五场

佛里德里希：（上）您好呀！

克拉拉：（扶住一张椅子，好像要跌倒的样子。）他！唉，要是他没有回来过啊——

佛里德里希：你父亲不在家吗？

克拉拉：不在家！

佛里德里希：我带来一个快乐的消息。您的兄弟——不，克拉拉，我不能用这样硬的口气跟你讲话；我觉得，桌子也罢，椅子也罢，柜橱也罢，通通是旧相识，我们还是小孩子的时候，曾经蹦蹦跳跳地在它们周围转过多少次啊——你好呀，你！（他向一只柜橱点头）你倒没有什么改变！——我要不赶快改变口气，像过去那样叫你"克拉拉"，它们一定会交头接耳，取笑我这个傻瓜了。如果你不喜欢我这样称呼你，那你不妨这样想：这个可怜的家伙在做梦呢，我要去叫醒他，我要跑到他面前去而且（做一个挺直身子的姿势）把身子挺起来，让他看清楚，站在他面前的已经不再是一个小孩子，——你11岁那年只有这样高！（他指一指门板上的一条刻痕）——而是一个长大成人的女子了。现在即使你把糖放在柜橱顶上，她也可以伸手拿到了。你该还记得吧？就是这个地方，这座坚固的堡垒，把糖敞开放在那里，我们也毫无办法。所以每逢有糖放在那里的时候，我们总是拍着苍蝇玩，因为看见苍蝇兴冲冲地飞来飞去，我们很不服气，我们自己拿不到手的东西，决不甘心让它们来享受。

克拉拉：我还以为一个人精通了几百本、几千本书以后，是会忘掉这样的事情的呢。

佛里德里希：也会忘掉的！当然，抱着茹斯蒂尼安①和加茹斯②什么不会忘掉啊！那些极力反对念ABC的人，自然有他们的道理；他们有这样的一种想法，只要他们不识字，《圣经》就永远不会来麻烦他们了！看看大人们怎样引诱这些无辜的孩子学字的情形，真是可耻。他们把一张画了一只红鸡和满筐鸡蛋的画指给他们看，于是他们自然而然地说一声：A！接着就不停地像滚山坡一样地一直读到Z，这样越读越多，直到他们读到法典文献的时候才惊叹不已，原来那该死的24个字母开头给他们凑成的虽尽是些像樱桃和玫瑰一类又甜又香的字句，现在却把他们勾引到遍地

----

① 茹斯蒂尼安（482［?］—565），527年至565年间统治拜占庭亦即东罗马帝国的皇帝。著名的罗马法典就是在他主持之下由特里博尼安编纂成功的。现译查士丁尼一世或查士丁尼大帝——编者。

② 加茹斯（117—180），罗马的法学家，著有"罗马私法教科书"。

荆棘的森林里去了!

克拉拉:以后又怎样呢?(心不在焉地完全不感兴趣的样子)

佛里德里希:气质不同所走的路也就不同。有些人搞通了。通常要三年到四年通过了大森林,又重新见到阳光,虽然他们因此变得又瘦又苍白。可是,我们不应该怪他们。我就属于这一类。另外一些人在森林里面躺下了,他们原不过想休息休息,可是能重新再站起来的却很少。我自己认识一个人,他已经在《朱丽叶法典》的树荫下喝了三年啤酒,他是因为这个名字选上了这个地方的。这个名字唤起他许多愉快的回忆。还有另外一些人则到了绝望的地步,于是回头跑掉。这是最蠢的一些人,他们不知道他们逃出了这个森林,也只能进入另外一个森林。还有一些人更可怕,他们根本没有个了期!(自言自语)一个人心中有事,又不知如何开口的时候,就什么都胡扯起来了!

克拉拉:今天一切都是愉快的,活泼的,因为天气好的缘故!

佛里德里希:是的,这样的天气连猫头鹰也得从窠里掉下来,蝙蝠也得自杀,因为它们惋惜它们是魔鬼造出来的。田鼠在地底里挖得太深找不到回头路,要是挖不到地球的另一面,在美洲重新出现的话,就只好悲惨地闷死在地里面。今天每一支麦穗都要伸长一倍,每一朵罂粟花都要开得比平常红上一倍,如果不够红,也会因为害羞变红的。人类难道应该落后吗?难道我们应该付给上帝的一份利息,反映和赞美这一切光辉事物的一副愉快的面孔和一双明亮的眼睛,也赖掉不给他吗?的确是这样,当我早上看见那些要死不活的懒虫从他们门口摸出来,皱起眉头,望望天空,好像他们望着的是一张吸水纸的时候,我常常想:马上就要下雨了;为了免得看着那些怪脸生气,上帝只得放下雨幕。这些家伙实在应该作为娱乐集会的捣乱分子,作为收获时期天气的破坏分子送到法庭去吃官司。这么一来,除了好好活着以外,你还应该怎样对你的生活表示感谢啊!小鸟呀,歌唱吧,不然的话,你就要辜负了一副美丽的歌喉!

克拉拉:唉,这番话的确是千真万确,一点也不错——我听了真想立刻放声痛哭!

佛里德里希:这并不是指你一个人说的,这8天以来你比平常更觉得闷气,我非常了解,因为我知道你父亲的为人。可是感谢上帝,我可以使你重新快活起来,我今天到这里来,就是为了这个缘故。你在今天晚上又可以和你的兄弟见面了,而且应该受人指责的不是他而是那些把他关到牢里去的人。这个消息值得一个吻吗?假如不许是另一种性质的,就算是姊妹般的吻吧,可以吗?再不然,我们来捉一次迷藏也可以。如果我 10 分钟之内捉不到你，我不但放弃那个吻，而且可以让你打我一记耳光。

克拉拉：（自言自语）我觉得我一下子就老了 1000 岁，而且时间也不走了，我不能后退，也没法前进。唉，钉牢的太阳光啊，我周围的一切活泼气象啊！

佛里德里希：你不回答我。不错，我忘了，你是人家的未婚妻呢！姑娘啊，为什么你这样对待我！可是——我有什么权利来抱怨呢？她好比一切爱和善，因此一切可爱和善良的东西都应该引起我对她的想念，可是这些年来，我心目中好像没有她存在一样，因此她才——就算是这样吧，至少应该是一个叫人尊敬的家伙才对！可是这个列昂哈尔德——

克拉拉：（一听见这个名字，突然地）我必须去找他——真的，我不再是小偷的姊妹了——天啊，我还有什么愿望呢？列昂哈尔德就要而且一定要——是的，除非他是魔鬼，于是一切都会恢复原状！（战栗地）恢复原状！（向秘书）不要见怪，佛里德里希！——为什么我两条腿一下子变得那么沉重？

佛里德里希：你要——

克拉拉：我要找列昂哈尔德去，除了他那里我还有什么地方可去呢？我在这个世界上只有这一条路可走！

佛里德里希：你这样爱他吗？那就——

克拉拉：（暴怒）爱他？我只有嫁他，否则就是死！我选中了他，你觉得奇怪吗？要是我只为我自己打算，我才不会选他呢！

佛里德里希：不嫁他就是死？为什么，克拉拉，这是绝望的说法。难道——

克拉拉：不要把我逼得发狂吧！再不要提起绝望这个字！你！我爱的是你！我说了！我说了！我向你大声说了。我好像已经走到了坟墓那一边。那边的人，通通是赤裸裸地、哆嗦地身挨着身摸索过去，谁也不会脸红，因为他们和上帝接近，彼此之间根本忘怀了！

佛里德里希：爱我吗？始终还爱我吗？克拉拉，我在外面花园里看到你的时候，我就料到了！

克拉拉：料到了？唉，他也同样料到了！（声音低沉，好像是一个人在那里似的。）他跑到我面前！"不是他就是我！"唉，我的心，我那该受诅咒的心啊！为了向他，向我自己证明，不是那么回事，或者是为了堵死这样的念头，我才做下我现在——（大哭）上帝呀，假如我是您，您是我，我就要怜悯我了！

佛里德里希：克拉拉，做我的妻子吧！我到你这里来，就是为了再一次依照老规矩来看你。万一你不了解这副眼色呢，我早就会一言不发，走开完事。现在我要向你献出我的一切，我自己以及我所有的一切。说少吧，那当然少，可是还可以增加的。我早就想来的，偏偏你的母亲病了，不久又死了。（克拉拉疯狂地笑）鼓起勇气，克拉拉！你答应过他，所以你有点害怕。当然那是非常麻烦的事。你怎么可以——？

克拉拉：啊！你再问下去吧，问明白这一切是怎样凑在一起，使一个不幸的女子发疯的吧。自从你上了大学，从来没有给过我一封信，四面八方都嘲笑和讥讽起我来了。"她还在想他哩！——她以为，儿戏可以当做正经的！——她收到他的信没有？"——不久妈妈就说："找一个门当户对的人吧！高傲总要倒霉的！列昂哈尔德实在是个很好的人，你为什么老是看他不起，大家都觉得奇怪呢。"同时我自己也起了疑心：你既然把我忘了，我就——天啊！

佛里德里希：是我错了，我知道。现在，虽然困难，倒不见得就毫无办法。我设法去把你答应过的话收回来。也许——

克拉拉：唉，收回我的话吗——你看！（她把列昂哈尔德的信扔给他）

佛里德里希：（念）我是一个会计员——你的兄弟——贼——非常抱歉——为了顾全我的职位，不得不——（向克拉拉）这是他在你母亲死的那一天写给你的吗？他在信里还表示对她的突然逝世的吊唁！

克拉拉：是的！就在那一天。

佛里德里希：该死的东西！慈爱的上帝啊，在你创造世界的时候从你手指缝里溜走的猫呀蛇呀以及其他孽种给魔王看中了；他于是照你的办法去造它们，可是他比你更会替它们装扮，他给它们披上了人皮，于是它们就跟人类混在一起了，只有在它们抓人、咬人的时候，人才认得出它们的真面目！（向克拉拉）既然这样，那就再好没有了，（想去拥抱她）来吧，我们永远在一起！凭这一吻。

克拉拉：（倒在他怀里）不，我们不能永远在一起，只是为了我不致摔倒，不许吻我！

佛里德里希：克拉拉，你不爱他，你就已经收回你的话了——

克拉拉：（声音低沉，重新站起来。）但是我必须去找他，我必须向他跪下，哀求他说：请看我年老的父亲的份上，娶了我吧！

佛里德里希：不幸的人啊！要是我听懂你的意思，你已经——

克拉拉：是的！

佛里德里希：是大丈夫就不能放过他！对着一个应该唾骂的家伙，反而不得不向他低头吗？（紧紧抱住克拉拉）可怜的人啊！可怜的人啊！

克拉拉：现在走吧，你走吧！

佛里德里希：（自言自语地沉思）既然他知道，或者就把这只狗干掉吧！只要他有勇气！只要他敢出来！只要能够逼到他答应！至于中他一枪，在我是不成问题的！

克拉拉：我求你！

佛里德里希：（边走边说）只等天黑（又回转身，拉住克拉拉的手。）克拉拉，你站在我面前——（他转身走开）换上别的成千上万的女子一定会机警地、狡猾地把秘密隐瞒，到了甜蜜的忘情的时刻才会凑近男人的耳朵说出来！我知道，我对你欠下了什么债！（下）

第六场

克拉拉：（独白）关上吧！我的心啊，关上吧！紧紧地把自己关上吧，一滴血也不要让它流出来，把我那快要熄灭的生命重新燃烧。在您身上又有一件好像是希望一样的东西生长起来了！现在我才觉察到！我先以为——（微笑）不行，是大丈夫就不能放过他！假如——你自己就可以轻易放过他吗？你会有勇气去握那一只手吗？不，不，你不会有这样没出息的勇气！即使有人愿意从外面来打开你地狱的门，你也该从里面把门关紧——你是永远——唉，痛苦为什么有时要放松一点，为什么不永远把人折磨下去，为什么偶然要歇一歇呢？因为这个缘故才显得格外长久！受折磨的人因为折磨他的人停下来换一口气就以为他可以休息了，一个掉下水的人刚刚冒出头来换一口气，又被浪涛打下去。这种暂息是没有好处的，因为后来所得到的，只是加倍的痛苦，现在怎样了，克拉拉？是的，爸爸，我去，我去！你的女儿不会逼你去自杀的！我不久就是那个人的老婆，或者——上帝啊，不！我乞求的并不是幸福，我乞求的是痛苦，最深重的痛苦——您是会把我的痛苦给我的！走吧，——那封信在哪里？（她拿起信）到他家的路上有三口井——别让我在井边停留，你还没有这种权利呢！（下）

第三幕

第一场

（列昂哈尔德家中的一个房间）

列昂哈尔德：（坐在一张摆满公文的桌子前写字）这是饭后的第六张纸了！一个人尽了

他的责任，心里是多么舒服啊！现在随他什么人进门来，就算他是国王吧，——我也可以毫无愧色地站起身来！只有一个人是例外，那就是那个老木匠！其实他也拿我没有什么办法！可怜的克拉拉！我倒替她难过，想起她我总觉得不安！要是没有那一个该诅咒的晚上就好了！老实说，当时使我激动的原因，实在是妒忌多于爱情，而她之所以随我摆布，一定只不过是为了证明我对她的责怪是没有理由的，因为她当时对我的态度简直像死神一样的冰冷！摆在她面前的是灾难重重的日子；而我将来的麻烦也少不了！让个人负担个人的一份吧！在我最要紧的是切实抓住那个驼背姑娘，就是暴风雨突然来到，也不要让她从我手上溜走！这么一来，市长就在我一边，我什么都可以用不着害怕了！

第二场

克拉拉：（进来）晚安，列昂哈尔德！

列昂哈尔德：克拉拉？（自言自语）这个我可没有料到！（提高声音）你没有收到我的信吗？啊——也许你是替你父亲到这里来交税的？该交多少？（翻看一本账簿）实际上我应该记在心里才对！

克拉拉：我是来把你的信退给你的！它在这里！你再看一遍吧！

列昂哈尔德：（严肃地读信）这是一封完全合情合理的信！一个受任管理公家款项的人怎么可以跟一个做——（正要说出，忽然顿住。）跟一个出了你兄弟那样的人的家庭里的女子结婚呢？

克拉拉：列昂哈尔德啊！

列昂哈尔德：难道全城都弄错了？难道你的兄弟不在牢里吗？难道他从来没有坐过牢？你不是——你兄弟的姐姐吗？

克拉拉：列昂哈尔德，我是我父亲的女儿，今天我并不是作为一个已经被宣告无罪的无辜的被告——我的兄弟——的姐姐，也不是作为一个对非分的侮辱害怕的女子而来的，（轻声地）其实我对你的害怕还要厉害，我仅仅是为了那个教养我的老人才到这里来的！

列昂哈尔德：你打算怎样呢？

克拉拉：那还用问？唉，但愿我能自由自在地走开就好了！要是我——我的父亲一定要自杀的，和我结婚吧！

列昂哈尔德：你的父亲——

克拉拉：他已经发过誓了！和我结婚吧！

列昂哈尔德：手和脖子是至亲。它们是不会互相伤害的！不要担心吧！

克拉拉：他已经发过誓了——和我结婚吧，过后你把我弄死，这样我就更加感谢你了！

列昂哈尔德：你爱我吗？你是受爱情的驱使到我这里来的吗？我是不是那个缺少了他你就活不成死不成的人呢？

克拉拉：你自己答复吧！

列昂哈尔德：你能够发誓说你爱我吗？说你爱我就像一个女子应该爱一个永远和她生活在一起的男人吗？

克拉拉：不，我不能够这样发誓！可是有一点我却可以发誓：究竟我爱你还是不爱你，我可以永远不让你知道！我一定伺候你，我一定替你干活，可是你不必养活我，我会自己养活自己，我可以在夜里替别人缝衣纺线，要是没有活做，我情愿饿肚子，我宁可吃我自己的肉，也不肯去找我的父亲，免得他觉察到一点痕迹。如果因为你的狗不在身边或者是你把它赶走了，因而要打我一顿，我也宁可咽下我的舌头，决不嚷一嚷，免得给邻居知道。我不能保证，我的皮肤不留有皮鞭的血痕，因为这个主权不在我，可是我可以扯谎，在别人还来不及问起这青色瘢痕的来历之前，我就告诉他们那是因为我把头撞在柜橱上或者是因为油漆地板太滑，我摔了一跤。和我结婚吧——我是活不长的了。万一你还嫌太长，而你又不愿意花钱和我离婚，那你只要到药房买些毒药回来，假装是用来杀老鼠的。我用不着你暗示，就会把它吃掉，而且临死之前我还会告诉邻居，说我还以为是碎白糖呢！

列昂哈尔德：既然你预料我会做出这一些事情，那么我回答你一个不字，你该不会觉得意外吧？

克拉拉：那么，上帝呀，如果我不等您叫唤就先到达您那里去，请不要过分责备我吧！假如问题只涉及我一个人，那么，即使世界上的人看见我在万分不幸的时候并不来同情我，反而用脚来践踏我，我也情愿忍受，我也情愿把它当作对于我自己也莫名其妙的罪恶所应得的惩罚一样，忍耐地接受下来。我会爱我的小孩，尽管他像这一个人的相貌，唉，我要在这个可怜的无辜的孩子面前痛哭，等到他长大懂事的时候，不至于看不起他的妈妈，诅咒他的妈妈。可惜事情涉及的并不只我一个人，末日审判的时候，要我答复审判官的问话：干吗你自杀？也要比答复另一句：为什么你把你父亲逼到了这个地步？来得容易些。

列昂哈尔德：照你这样说，自古至今遭遇这种事情的好像只有你一个人似的！

千千万万人都在你之前遇到这种事，她们都忍受了。在你以后也会有千千万万人遇到这样的事情，而且也都会接受他们的命运的。难道她们都是贱骨头，只有你一个人配躲到犄角里面去？她们也有父亲，她们的父亲刚一听到这种事也会发明一大堆新的诅咒，也会说出千刀万剐那一套。但是过后呢，他们就觉得难为情，就会为他们赌过的咒和亵渎上帝的行为忏悔，——到头来他们总会坐下来摇孩子的摇篮，或者替孩子赶苍蝇！

克拉拉：噢，我实在可以说，你并不了解世界上也有能履行他的誓言的人！

第三场

男孩：（进来）我送花来了！可是花主人不让我说是谁送的。

列昂哈尔德：嗳，多么可爱的花啊（打自己的前额）这个魔鬼！真蠢！我倒是应该送一些去才对呀！应该怎样补救才好呢？对于这一套我很不高明，那个小东西却顶认真，除了这一套她实在也没有别的什么东西可想的！（接花）我不该全部收下！（向克拉拉）这些花是不是表示着忏悔和羞耻的？你不是曾经对我说过一次吗？（克拉拉点头。列昂哈尔德转向男孩）记住吧，小伙子，这些是我的，我插起来，你看，插在心头上！这些，深红的，像烈火一样燃烧着的，你带回去！懂吗？到我的苹果熟的时候，你再来吧！

男孩：那还早得很呢！（下）

第四场

列昂哈尔德：是的，你看，克拉拉，你刚才说到履行诺言。正因为我是一个说话负责的人，我不得不像刚才那样答复你。8 天前我写信向你退婚，你总不能否认这件事，信在这里。（他把信交给她，她机械地接信）当时，我有很充足的理由；你的兄弟——你说，他已经宣告无罪，我听了很高兴！可是在这八天期间我已经答应了别人了；我有权利这样做，因为你并没有及时地对我的信提出反对，我在感情上法律上都是不受拘束的。现在你来了，可是我已经答应过别人，别人也答应过我，是的——（自言自语）但愿事情是这样——而且她也已经处在跟你一样的情况之下，我替你难过，（他把她的鬓发朝后面抹过去，她随他摆布，好像她一点没有觉察到。）可是你要明白，跟市长是开不得玩笑的！

克拉拉：（好像心不在焉地）开不得玩笑的！

列昂哈尔德：好啦，你现在明白过来了！至于你父亲方面，那你可以理直气壮地当面告诉他，说错处全在他身上！不要这样盯着我，不要摇头，事情确实是这样，克拉拉，事情确实是这样！尽管去告诉他好了，他准会明白过来，而且会感到后悔的，这一点我可以保证！（自言自语）谁把女儿的陪嫁随便送给人，他就不应该怪她嫁不出去。我只要想到这一层，我的背脊就硬起来，我甚至希望，这个老家伙现在能够在这里，接受一番教训。为什么我一定要这么残忍？就因为他是一个傻瓜！不管发生什么事情，总之是要他负责，这是很显然的！（向克拉拉）或者你愿意我自己跟他说去？为了你，我愿意冒着打肿眼睛的危险去找他！他可以对我发脾气，他可以拿脱靴板扔到我头上来，可是不管真理如何胀疼他的肚皮，他也只好咬紧牙龈把真理咽下去，让你平安无事。你放心吧！他在家吗？

克拉拉：（笔直站起来）谢谢你！（要走）

列昂哈尔德：要我送你回去吗？我倒有勇气！

克拉拉：我感谢你，就像我要感谢一条蛇一样，它缠过我又自动放开我，因为有另一件猎物逗引它，它爬过去了。我知道我被它咬了，我知道它所以放了我，只是因为我身上的那一点骨髓不值得它花费气力来吸干，可是我仍然感谢你，因为我现在可以得到安静的死亡。这的确不是讽刺，我的确感谢你，我觉得我通过你的胸膛一直看到了地狱的深渊，不管我的命运在可怕的永劫中将如何结局，和你是没有关系的了，这也是一种安慰！正如一个不幸的人给毒蛇咬了，又在惊恐又恶心的情况之下切开了他的血管，让中毒的生命赶快流尽，是不会遭到责骂的，因此永恒的上帝看到你和你使我受到的遭遇，说不定它也会可怜我的，因为我绝对没有权利做的事情，为什么居然能够做出来了？还有：对于这件事我的父亲什么也不知道，他根本没有怀疑，为了永远瞒过他，我得趁今天晚上就离开人世！如果我认为你会——（她粗暴地向他抢前一步）算了吧，那是妄想，当别人都站在那里摇头而且徒然追问事情发生的原因的时候，你是再称心不过的了！玛利亚·玛格达莲。

列昂哈尔德：这种事情果真会发生！到那时候怎么办呢？克拉拉！

克拉拉：离开这里！人是会说话的！（要走）

列昂哈尔德：你以为我相信你会这样做吗？

克拉拉：不！

列昂哈尔德：天啊，你要是自杀了，那么也要成为杀害婴儿的凶手！

克拉拉：兼做这两样也比做杀害父亲的凶手好！唉，我知道，罪恶是不能拿罪恶来抵偿的！可是我现在所要做的事情，只伤害我一个人！如果我把刀子交到我父亲手上，就要伤害他和我两个人了！不论怎样我总是逃不掉的！想到这一点就是害怕，也可以产生不少勇气和力量！至于你，你在世界上是会有好日子过的！（下）

第五场

列昂哈尔德：（独白）我一定要！我一定要和她结婚！为什么一定要？她为了防止她父亲去闹一场疯癫的乱子，就自己先闹一场疯癫的乱子，那我何苦为了阻止她闹这场乱子，自己去闹一场更疯癫的乱子？至少在我还没有看到又有人要闹顶顶疯癫的乱子？免得我去闹乱子以前，我不能承认有这必要，而且，假如他同我一样想法，那就没有个尽头。这番道理怪中听的，可是——我一定得追她去！唔，有人来了，感谢上帝，天下再没有比和自己纠缠不清更讨厌的事了！头脑里面来一场造反，一条蛇接一条蛇生出来，这一条又去吞吃另一条或者咬它的尾巴，这是最糟糕的事情！

第六场

佛里德里希：（进来）晚上好！

列昂哈尔德：秘书先生吗？您到舍下来有何贵干——

佛里德里希：你就会知道！

列昂哈尔德：为什么用起你这样亲热的称呼？不错，我们过去曾经是同学？

佛里德里希：而且说不定也会一同死！（拔出手枪来）你懂得来这一手吧？

列昂哈尔德：我不懂您的意思！

佛里德里希：（扳起枪机）看见了吗？就是这样做。然后瞄准我，像我现在瞄准你一样，放！就是这样！

列昂哈尔德：您说些什么？

佛里德里希：我们两人之间总得死掉一个！死！而且要马上死！

列昂哈尔德：死吗？

佛里德里希：你晓得为什么！

列昂哈尔德：上帝为证，我实在不晓得！

佛里德里希：不要紧，临死的时候你就会想起来的！

列昂哈尔德：我真的连一点影子都没有。

佛里德里希：想想吧！我本来可以把你看作一只咬了我最亲爱的爱人还麻木不仁的疯狗一样，一枪打死完事，可是在半小时之内我还有必要把你当作和我同类的人看待！

列昂哈尔德：您还是不要这样大声说话！万一有人听见——

佛里德里希：假如真有人听得见，你早就会叫起来了！对不对？

列昂哈尔德：如果是为了那个姑娘的事情，我倒是可以和她结婚的！她自己在这里的时候，我已经是决定了一半了！

佛里德里希：她来过了，又走了，而并没有看见你跪下来向她忏悔赔罪！来吧！来！

列昂哈尔德：我求您——您说什么我都照办。我一定在今天晚上和她订婚！

佛里德里希：和她订婚的事，除了我，谁也不能做。哪怕天塌下来，也不许你再碰一碰她衣服的边缘！来！跟我到树林里去：可是要记住，我扶住你的胳膊，如果你敢在半路上哼一声，那就——（他提一提那支手枪）你可以相信我！为了防止你捣鬼，我们干脆走后门穿过花园的那条路！

列昂哈尔德：有一支枪是归我用的——把那一支给我吧！

佛里德里希：给你？好叫你把它扔掉，强迫我来谋杀你或者让你跑掉，是不是？忍耐一下吧，到了我们进入现场的时候，我就会公正地同你平分！

列昂哈尔德：（一走动，不小心碰倒他桌上的酒杯。）难道我再喝不到酒了吗？

佛里德里希：勇敢些，小伙子，也许你会交到好运呢，上帝和魔鬼好像永远总是在争夺天下的；谁知道谁就一定占上风呢！（扶住他的胳膊，同下。）

第七场

（木匠家中的一个房间。晚上。）

卡尔：（进来）没有人在家！要是我不知道每逢大家全出去的时候，总是把钥匙藏到门槛底下那个老鼠洞里，那我就进不来了。其实进不来，也没有什么大不了！现在我可以环绕全城走它20遍，而且可以这样想，世界上最大的快乐就是能够使用两条腿。让我把灯点上吧！（他去点灯）火柴一定还在老地方，我敢打赌，因为我们家里有着双料的十诫。帽子应该挂在第三口钉子上，挂在第四口上面就不行！9点半钟一定要上床，不困也得困！马丁节①之前不许你冷得发抖，马丁节之后不许你出汗！这一切都和"你应该敬畏上帝而且爱上帝！"一般重要。我口渴了！（叫）妈妈！呸！好像我已经忘掉她在这里躺下不动了，她躺过的地方，也就是那个啤酒老板的仆役曾经躺过的地方，现在那个仆役再用不着一听到叫声，便咧开他那胡桃钳式的嘴巴应一声"是，先生！"了！当我在那黑暗的囚牢里面听见丧钟的时候，我并没有哭，可是——那个穿红衣的家伙，你居然不让我滚完九柱戏的最后一次就把我带走，虽然我已经把球拿在手上。只要我单独碰到他，我决不让他有喘最后一口气的时间。而且这件事今天晚上就可能发生，我知道，10点钟在什么地方可以找到他。事情一办完，我就上船！克拉拉到哪里去了！我口渴，肚子也饿！今天是礼拜四，他们一定是吃过了小牛肉汤。如果是冬天，就会有卷心菜，斋戒节之前吃的是白的，斋戒节之后吃的是绿的！这是一定不变的，就好比礼拜三过了，就一定是礼拜四，礼拜四决不能对礼拜五说："你替我去吧，我的脚累了！"

第八场

（克拉拉进来）

卡尔：终于等到了！接吻也不该接得太多啦！凡是四片红嘴唇贴在一起的地方，就好像给魔鬼架好一道桥！那是什么东西？

克拉拉：哪里？什么？

卡尔：哪里？什么？你手上的！

克拉拉：什么也没有！

卡尔：什么也没有？难道是什么秘密？（他从她手上把列昂哈尔德的信抢过来）拿来！爸爸不在家，兄弟就是监护人！

克拉拉：我把这张破纸拿得牢牢的，可是晚风实在是猛得很，连屋顶上的瓦片也给吹下来了。当我走过礼拜堂的时候，有一块瓦片刚好掉在我跟前，碰伤了我的脚趾。上帝啊，我当时想，再来一块吧——于是我就站住不动。如果能够这样倒是妙得很，人家会把我葬掉，而且说我是死于非命。可惜我的希望却没有实现！

卡尔：（看完信）岂有此理——混账东西，我一定要把写这封信的家伙的胳膊打断！给我拿一瓶酒来！也许你的扑满空了？

_____

① 马丁节的日期是 11 月 11 日。

克拉拉：家里还有一瓶。这是我为母亲的生日偷偷地买了回来，把它搁在一边的。明天就是她的生日了——（她回转身）

卡尔：把它拿来！（克拉拉拿酒来，卡尔狂饮。）现在我们又可以重新开始了。刨木头、锯木头、打榔头，然后吃饭、喝水和睡觉，接着又继续不断地刨木头、锯木头、打榔头，礼拜天还得跪下说一声：感谢你，主啊，为了你让我有机会刨木头、锯木头、打榔头！（喝酒）祝福每一只被套上链子不乱咬人的好狗！（再喝酒）再来一遍：祝它万岁！

克拉拉：卡尔，不要喝得太多！父亲常说酒里有魔鬼！

卡尔：牧师常说，酒里有上帝。（喝酒）我们不妨看看，究竟谁说得对！那个法庭差役到家里来过没有？——他的态度怎么样？

克拉拉：好比到了贼窠。他刚一开口，母亲就晕倒死去了。

卡尔：好！如果你明天清早听说那个家伙给人打死了，那你可别诅咒那个凶手。

克拉拉：卡尔，你可不许——

卡尔：难道我是他唯一的仇人？不是多少人早就想揍他了吗？要从那么多可能对他来这一手的人里面找出真正的凶手，并不是容易的事，除非凶手在原地留下他的拐棍或帽子。（他喝酒）不管是谁：祝他成功！

克拉拉：好兄弟，你的话——

卡尔：不合你的口味吗？别听就是了！反正你再不会有多少时间看到我了！

克拉拉：（浑身发抖）不行！

卡尔：不行？难道你已经晓得我要出海？难道我的心思在额角上爬来爬去，给你看见了？难道老头子照他的老样子连骂带吓地不许我进门？嘿！这和那个狱卒咒我的话也没有什么两样，他说："不许你再在牢里待下去了，我把你轰到监牢外面去！"

克拉拉：你不了解我的意思！

卡尔：（唱）

　　　　船儿鼓起了船帆，
　　　　船帆装满了清风！

是的，不错，现在什么也不能把我拴紧在刨木凳上了！母亲死了，再也没有人每逢大风暴就想起儿子在海上不肯吃鱼了，我的愿望从小就是：出海！到广大的世界上去！在这个地方我是永远不会有出息的。除非我确实知道财神对于拿生命去打赌的人，对于把从大宝库里面领到的三个铜钱扔过去，看她是把钱藏起来还是镀上金子还给他的人，不再加以照顾，我决不回头。

克拉拉：那你就打算丢下父亲孤零零一个人吗？他已经60岁了呀！

卡尔：孤零零一个人？难道你不要跟他在一起吗？

克拉拉：我？

卡尔：你呀，他的宠儿！你究竟在想些什么怪主意，提出这样的问题来！我把他的快乐留给他，我一走，他就会从他长期的苦恼里解放出来，我为什么不应该这样做？我们两人根本合不来，他喜欢生命圈子越窄越好，甚至恨不得捏起拳头，连自己也钻进去，我却巴不得像脱掉婴儿袍一样剥掉我的皮，只要我做得到！（唱）

> 拔起了铁锚，
> 舵盘快把牢
> 放船冲破浪千重！

现在你告诉我吧，对于我犯罪这件事，他有没有一刻怀疑过？难道他不是凭他那高人一等的先见之明，安慰自己说："我早就预料到了！我一直都在这样想！总会有这样一天的！"要是你出了这样的事情，恐怕他就要自杀了！要是你干下了不贞的勾当，我倒想看看，他是什么样子！那准会像是他自己怀了孕，怀了鬼胎一样！

克拉拉：哎哟，多么使我伤心啊！是的，我一定要离开，离开！

卡尔：这是什么意思？

克拉拉：我要到厨房里去——难道还有什么事吗？（按住自己的额角）对！还有呢！就是为了这个我才回家来的呀！（下）

卡尔：她的态度很奇怪！（唱）

> 一只大胆的小鸟
> 飞绕船桅来问讯

克拉拉：（再进来）现在最后一件事也做完了，父亲晚上喝的东西已经放在炉火上了。当我顺手拉上厨房门想到我永远不会再进去的时候，不禁毛骨悚然！因此我想，当我要离开这个房间，离开这所房屋，离开这个世界的时候，也会有一样的感觉！

卡尔：（唱着，老在走来走去，克拉拉在舞台背后。）

太阳炙热，

小鱼活泼，

围绕着旅客游个不停！

克拉拉：为什么我还不做呢？难道我永远做不出来吗？难道我现在拖了一分钟又一分钟，还要拖了一天又一天，一直拖到——唉！还是走吧！——走吧！可是我还站着不动！我好像觉得有谁在我肚子里举起恳求的双手，好像有眼睛——（她在近旁的一张椅子坐下）这是怎么回事？难道我没有胆量吗？那么，我是不是有胆量看着我父亲自杀呢——（站起来）不！不！——天父啊，您在天上——您在天国是神圣的——上帝啊，上帝啊，我可怜的头啊——为什么我连祈祷也做不出来了？——卡尔！卡尔！——帮助我吧——

卡尔：你怎样了？

克拉拉：帮我祷告吧！（深思）我觉得我好像已经躺在水里而且在往下沉，可是忘了祷告！我——（忽然地）"免我们的债，如同我们免了人的债"！就是这样！是的！是的！我一定宽恕他，我再也不想到他了！晚安，卡尔！

卡尔：你这么早就想睡觉去了吗？晚安！

克拉拉：（像一个小孩子听腻了祷告一样）免我们——

卡尔：你还可以替我拿一杯水来吧，可是一定要很冷的！

克拉拉：（赶快地）我替你到井边去取！

卡尔：那随便吧，反正也不远！

克拉拉：谢谢！谢谢！使我苦恼的最后一件事，就是怕行动本身会使我露出马脚！现在他们也许会说：她的运气不好！她摔下井去了！

卡尔：可是你得小心，那块木板也许还没有钉好呢！

克拉拉：今晚上月亮挺好！——上帝啊，我到你那里来，只是为了不让我父亲到你那里来！宽恕我吧，因为我——发发慈悲啊——发发慈悲啊——（下）

第九场

卡尔：（唱）

但愿我耸身跳进去，

我的王国是九州四海！

是的，可是未走之前——（他看一看钟）几点钟了？9点！

我年纪轻轻，

只是为了航行，

到哪里去？我倒无所谓！

第十场

安东：（进来）我似乎要向你道歉，可是如果我宽恕你偷偷地向人借钱还替你把债还清，那么，道歉一层就可以免掉了吧！

卡尔：第一点很好，第二点可不必要，因为我只要卖掉我礼拜天穿的那些衣服，我就能够应付那些向我追讨一两块钱的人们，我明天就这样做。而且作为一个水手，（自言自语）哎呀，我一下子把话说出来了！（大声地）我再用不着那些衣服了！

安东：这又是什么话？

卡尔：您听这话不是头一次了！可是今天随您怎样回答，我的决心是下定的了！

安东：你已经成年了，这倒是真的！

卡尔：正因为我已经成年，我就不再争论。可是我认为，鱼和鸟不应该为空中好还是水里好的问题进行辩论。还有一点。要就是您一辈子再看不见我，要就是您看见我的时候，将会拍拍我的肩膀，说："你做得对！"

安东：那等着看吧。我现在不必再辞退那个做你替工的伙计了，还有什么事吗？

卡尔：我感谢您！

安东：告诉我，那个法庭差役带你去见市长的时候，是不是真的没走近路，而把你带着走遍了全城——

卡尔：大街小巷甚至市场都走遍了，他牵着我就像牵着斋戒节前夜的公牛一样，可是请您相信我，在我动身之前，我一定要跟他把这笔债算清。

安东：我不责备你，可是我要禁止你这样做！

卡尔：嘀！

安东：我要盯住你不放，如果你向他动手，我就会赶过去帮助那个家伙！

卡尔：我以为您也是爱妈妈的！

安东：这一点我自己自然会证实。

第十一场

佛里德里希：（面色苍白、歪歪倒倒地走进来，胸口按着一块手巾。）克拉拉在哪里？（他倒在一张椅子上）耶稣啊！晚安！感谢上帝，我总算挨到了这里。她在哪里？

卡尔：她去——怎么，她还没有回来？想起她的话——我倒有点害怕起来了！（下）

佛里德里希：她的仇报了——那个家伙倒下了——可是我也——为什么要这样啊，上帝？——现在我已经不能和她——

安东：您怎样了？出了什么事？

佛里德里希：我马上就要完了！把您的手给我吧，保证您决不把您的女儿赶出门吧——听着吧，决不把她赶出门，假如她——

安东：这话倒真奇怪了。我为什么要把她——唔，我明白了！难道我当初并没有错怪她？

佛里德里希：请把手伸给我保证吧！

安东：不！（把双手插进口袋里）可是我会替她安排好，这一点她知道，我已经告诉过她！

佛里德里希：（大吃一惊）您要她——不幸的人啊，现在我才完全了解你！

卡尔：（急迫地冲进来）爸爸，爸爸，有一个人掉在井里！但愿不是——

安东：拿长梯子来！钩子，绳子！迟疑什么？快点！哪怕是法庭差役也得救！

卡尔：东西都有了。邻居们比我先到。但愿不是克拉拉！

安东：克拉拉吗？（扶住一张桌子）

卡尔：她去打水，别人找到了她的手巾。佛里德里希，畜生，现在我知道了，为什么你的子弹打得准。原来是她！

安东：还是去看看清楚吧！（坐下）我不能去！（卡尔下）还是得去！（又站起来）假如我听懂了你的话，（向佛里德里希）那就一切都安排得很妥当。

卡尔：（回来）克拉拉！死了！头部在井栏上碰碎了，当她——爸爸，她不是摔下去的，她是跳下去的，一个婢女看见的！

安东：那个女孩子说话应该多考虑一下！天那么黑，她哪里能够辨得清楚，那是不十分可靠的！

佛里德里希：您不相信吗？也许您想怀疑，可是您不能怀疑！只要您想一想，您对她说过什么话！是您把她逼到死路上去，可是我也没有能够使她回过头来，那是我的错。当您预料到她的不幸的时候，您只想到那些在您背后嘀嘀咕咕的舌头，却没想一想那些长着这样的舌头的阴险的家伙是一钱不值的，因此您说出了一句话，这就把她逼到绝望的地步；而我呢，当我看见她把充满了说不出的恐怖的心展示在我面前的时候，我没有把她拥抱起来，只一味想着那个可能讥笑我的畜生，于是乎——现在呢，我受了一个比我更坏的家伙的支配，赔出了一条命，还有您，不管您怎样倔强，总有一天您也得说："女儿啊，我还是愿意，你不必顾虑我周围那些法利赛人①对我的摇头和耸肩，现在你不能在我临终的时候坐在我的床旁边，替我揩抹恐怖的冷汗，才真叫我丢脸哩！"

安东：她一点也没有顾虑到我——谁也看得出！

佛里德里希：凡是她能为您做的，她都做了——她所以不能成功，只是因为您不配！

安东：也许是她不配！

（外边一片骚乱）

卡尔：他们把她抬进来了——（欲下）

安东：（坚持到底，在卡尔背后叫喊。）把她抬到后面房间里去，放在安置她妈妈灵位的地方！

佛里德里希：我要迎接她去！（要站起来，又倒下去。）唉，卡尔呀！

（卡尔扶他起来，领他下。）

安东：我再也摸不清这个世界了！

（他沉思地站着不动）

---

① 法利赛人追求表面的仪式，不重视内心的虔诚，因此后来就成为伪善者的代名词。

译　后　记

　　《玛利亚·玛格达莲》[1]　据说就是那位用眼泪替耶稣洗脚，再用头发替他擦干的典型的赎罪的女性。赫贝尔这个剧本最初题名作《一部市民的悲剧》，因为当时有人说这个剧本是不道德的，于是作者将它改为《玛利亚·玛格达莲》，肯定了女主角克拉拉是纯洁无罪的女子，算是他对那些假道学先生的反击。

　　赫贝尔生于1813年，死于1863年，是德国19世纪中叶杰出的剧作家。他的生年正是拿破仑从俄国败退之后遭受联军夹击正式走上覆亡道路的一年。但是压在欧洲人民头上的势力却不过是由梅特涅及神圣同盟的特务统治代替了拿破仑的专制皇权。德国资产阶级亲眼看见了法国大革命时代人民声势浩大的进军，已经回过头来与容克贵族互相勾结，共谋扼杀革命的办法，中间阶层也开始了两面的分化，一部分人觉醒了，另一部分则投到统治阶级那边去，希望从统治阶级手上分到一些面包屑，狐假虎威，公报私仇，利之所在，更不惜翻云覆雨，落井下石。那些实心眼的所谓好人只能够对不合理的现象表示怀疑或者进行盲目的反抗，软弱的便默默地让传统的重担压死了自己。这是1848年革命前的德国社会，也就是构成赫贝尔剧本的主要内容的社会。

　　这个剧本不单是赫贝尔现实主义创作的最高峰，也是19世纪欧洲剧坛第一个以下层人物为主角的社会性的悲剧。过去的文学史家都喜欢拿它与席勒的《阴谋和爱情》做比较，本质上两者却是迥然不同的。席勒的《阴谋和爱情》显示了没落贵族与新兴市民的矛盾，赫贝尔的《玛利亚·玛格达莲》则暴露了小市民内部的分化。由于题材的重大的社会意义，他这部作品被公认为易卜生的社会问题剧的先驱。

　　书中的人物是实际存在的。1838年赫贝尔在慕尼黑大学念书，寄居在木匠安

---

　　① 玛利亚·玛格达莲，《圣经》译为抹大拉的马利亚。见《新约》《马可福音》第十六章。

东·许瓦尔茨家里，认识了他的女儿约瑟华。赫贝尔的日常生活是由她照顾的。有一次她告诉赫贝尔，说她受到了一个男子的诱惑，她曾经绝望地说过："我们这样的人是没有希望的，是注定没有福份的，所以我也再不愿意活下去了！"赫贝尔写信给他的朋友，也说到这一个正直的人家在他的儿子被宪兵抓去之后如何陷入凄惨的地步。但是他开始写这个剧本却在 1841 年年底，两年之后才在巴黎完稿（1843年 12 月 4 日）。

赫贝尔的出身是穷苦的（他父亲是一个泥水匠），他有一段长时间过着饥饿的生活。他的创作由于受到海涅、鲁格等人的影响，表现了一定的进步性。但是《玛利亚·玛格达莲》发表之后，他的现实主义的创作活动就难乎为继了。经历了 1848 年的革命，他不是变得更坚强，而是变得更软弱，他接受了黑格尔唯心主义的美学思想，他向古代的传说和历史去汲取创作的题材，他的思想转向神秘，所以有人说，资产阶级的颓废文学就是在他的后期创作里萌芽的。

1953 年 10 月 23 日

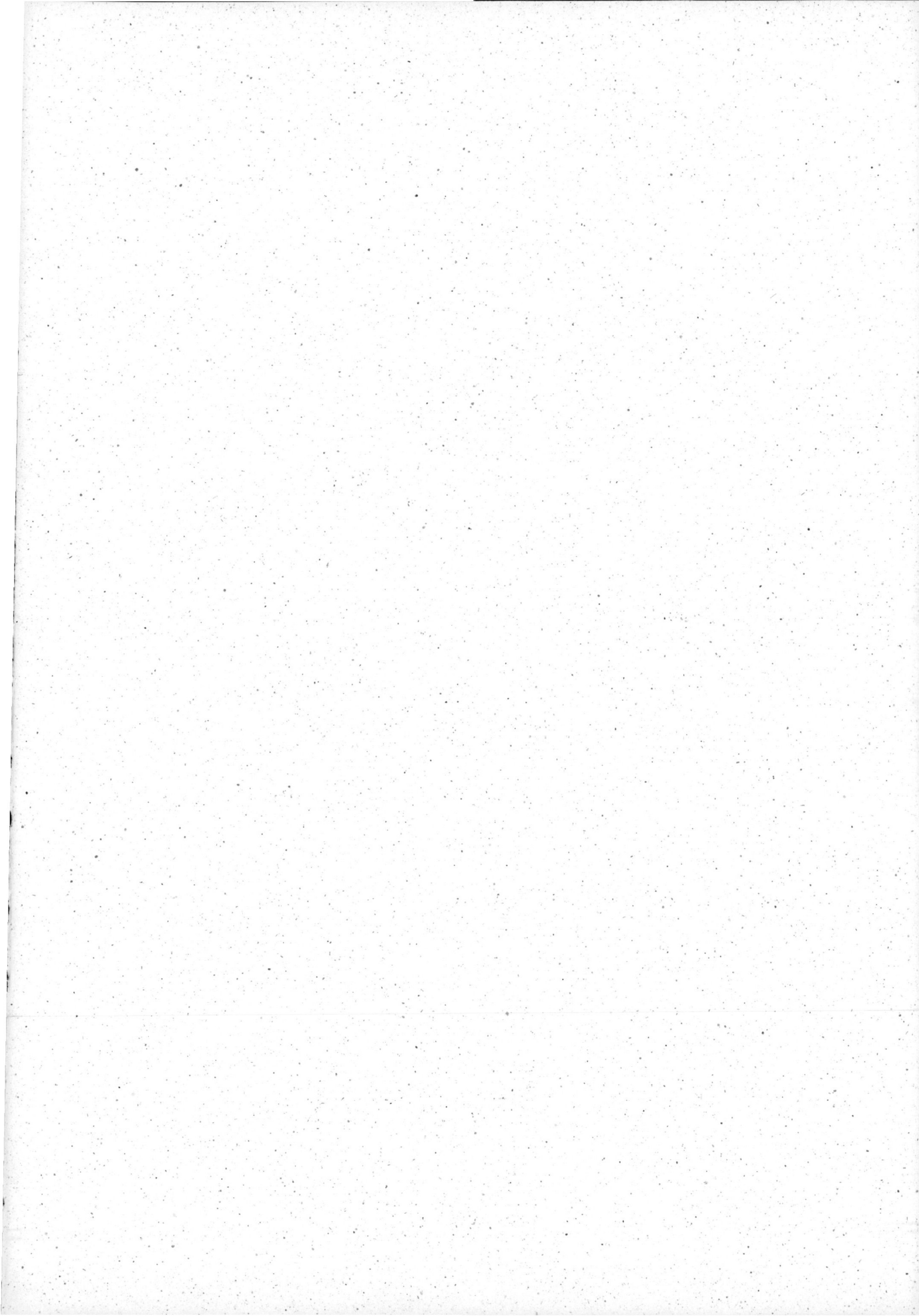